21 世纪普通高等教育规划教材·公共基础课系列

U0890399

电子商务概论

（第三版）

杜江萍　主　编

郭　蒙　冯丹萍　副主编

上海财经大学出版社

图书在版编目(CIP)数据

电子商务概论/杜江萍主编. —3版. —上海:上海财经大学出版社,2019.1

(21世纪普通高等教育规划教材·公共基础课系列)

ISBN 978-7-5642-3080-7/F·3080

Ⅰ.①电…　Ⅱ.①杜…　Ⅲ.①电子商务-高等学校-教材　Ⅳ.①F713.36

中国版本图书馆CIP数据核字(2018)第169943号

□责任编辑　黄　荟
□封面设计　晨　宇

电子商务概论

(第三版)

杜江萍　主　编
郭　蒙　冯丹萍　副主编

上海财经大学出版社出版发行
(上海市中山北一路369号　邮编200083)
网　　址:http://www.sufep.com
电子邮箱:webmaster@sufep.com
全国新华书店经销
上海景条印刷有限公司印刷装订
2019年1月第3版　2023年1月第4次印刷

787mm×1092mm　1/16　14.25印张　365千字
习题集　5.75印张　163千字
印数:38 501—40 000　定价:45.00元
(本教材附赠习题集　请向售书单位索取)

21世纪普通高等教育规划教材
21 SHI JI PU TONG GAO DENG JIAO YU GUI HUA JIAO CAI

编委会

BIAN WEI HUI

第三版前言

电子商务在我国的发展已经走过了20多个春秋。在2002年11月“非典”之前，我国电子商务，除个别几个平台之外，例如阿里巴巴，其余绝大多数处于摸索阶段。“非典”之后到2008年美国次贷危机高峰之前，我国电子商务发展迅猛，许多电子商务平台应运而生，如“淘宝”、“京东”等知名平台给消费者带来许多便利。2008年至2012年，我国电子商务逐步走向成熟，我国绝大多数企业积极参与电子商务，利用网络平台拓展国内外业务。2013年以来，我国电子商务已达到国家经济发展的战略高度，“跨境电子商务”、“互联网十”、“新零售”等新理念已深入人心，电子商务在我国已经走向成熟，并进入了电子商务发展的新阶段。

本教材《电子商务概论》自2009年第一次出版以来，作为“21世纪普通高等教育规划教材”之一，也与时俱进，反映出我国电子商务发展的现状。本教材第二版自2013年发行至今已有5个年头，日新月异的电商变化也促使本教材第三版的编写与发行，从而更好地帮助学生掌握电子商务的基础理论，了解我国电子商务发展的新动态，推动我国电子商务的全面发展。

考虑到教材的篇幅和教材的连贯性，本教材第三版保持了第二版的编写体系和章节构成。教材的前六章是电子商务的基础理论，在介绍电子商务的基本概念的基础上，分析了电子商务的相关环境，然后从电子商务的“信息流、资金流和物流”三大核心部分进行阐述，同时简单介绍与电子商务密切相关的网络营销基本理论；教材的后三章是电子商务的实际应用，主要从参与电子商务的两大主体——消费者和企业——角度对电子商务的应用进行分析，最后主要就电子商务在其他领域的发展进行阐述。

本次修改主要针对已过时的数据和内容进行更新、补充、删除，对陈旧的网站、案例等进行更换，对于电子商务新的模式和应用进行增补。与此同时，对配套的PPT课件内容、习题集内容进行了修订。

第三版中增补、修改内容较大的有以下三个章节：第三章“电子商务的技术基础”，增加了“电子商务新技术”内容，其中包括大数据与数据挖掘、云计算和物联网。第四章“电子商务的网上支付”，增加了“移动支付”内容，如“支付宝”、“财付通”、“百度钱包”以及“银联手机支付”等。第九章“电子商务的其他应用”，这章修改较大，删除了“网上证券”、“网上保险”和“电子政务”，替补了“网络金融”、“跨境电商”和“农村电商”三个小节，反映出我国电子商务发展的前沿议题。

本次修订由杜江萍担任总体设计，编写修订人员分工完成。具体分工如下：第一章（冯丹萍）、第二章（冯丹萍）、第三章（冯丹萍）、第四章（郭蒙）、第五章（郭蒙）、第六章（郭蒙）、第七章（郭蒙）、第八章（郭蒙）、第九章（杜江萍）。在分工完成初稿后，由杜江萍进行统稿。

本教材第三版修订的顺利完成，首先要感谢各位任课教师和同学的大力支持，其次要感谢上海财经大学出版社袁编辑和湖北众邦文化传播有限公司舒编辑的关怀和支持。在本教材修订过程中，我们借鉴、参考和引用了国内外电子商务的有关书籍、研究成果和相关网站，在此谨向原作者表示诚挚的谢意！

由于电子商务是一门综合性很强的学科，电子商务理论与实践仍有待进一步的探索和研究。本教材虽经再版修改，但由于时间和水平所限，仍不免有缺点和错误，敬请读者批评、指正。

编　者

2018 年 8 月

目 录

第六章 电子商务的物流配送

第七章 消费者电子商务应用

第八章 企业电子商务应用

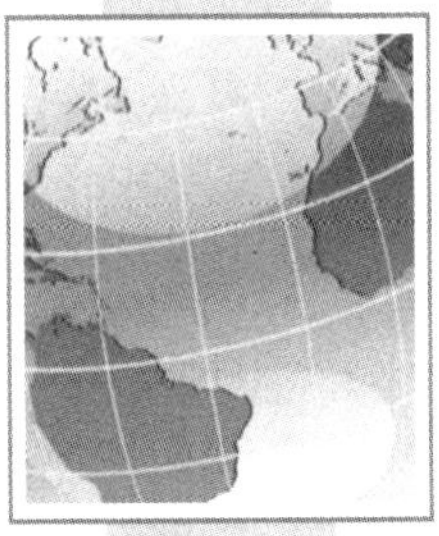

第一章 电子商务的基本原理

本章引言

20 世纪 90 年代以来，随着计算机网络、通信技术的迅速发展，特别是互联网的普及应用，人们的行为方式和观念受到巨大的冲击和影响。电子商务是互联网发展的市场之一，它代表着 21 世纪新经济的发展方向。电子商务这种商务运作方式带来了一次新的产业革命，这场革命的最终结果是将人类真正带入信息社会。

本章要点

- 电子商务的发展历程
- 电子商务的基本概念
- 电子商务的结构模型
- 电子商务的基本流程
- 电子商务的应用范围

第一节 电子商务的形成与发展

电子商务并非新兴之物。早在 1839 年，当电报刚出现的时候，人们就开始对运用电子手段从事商务活动进行了讨论。当人们通过摩尔斯码点和线的形式进行贸易活动时，就标志着运用电子手段进行商务活动的开始。

电子商务是在与计算机技术、网络通信技术的互动发展中产生和不断完善的，近年来依托于计算机互联网络，随着其爆炸性发展而急剧发展。

一、电子商务的起源及发展历程

电子商务的起源可以追溯到互联网(Internet)和电子数据交换的出现。前者为电子商务的推广应用奠定了基础；后者是电子商务的初始应用方式，至今仍是电子商务的重要组成部分。其发展形式多种多样，从最初的电话、电报到电子邮件以及其后的 EDI，都可以说是电子商务的某种发展形式。

电子商务的发展有其必然性和可能性。一方面，传统的商业是以手工处理信息为主，并且通过纸上的文字交换信息，但是随着处理和交换信息量的剧增，该过程变得越来越复杂，这不仅增加了重复劳动量和额外开支，而且也提高了出错概率，在这种情况下，需要一种更加便利和先进的方式来快速交流和处理商业往来业务；另一方面，计算机技术的发展及其广泛应用和先进通信技术的不断完善及其使用导致了 EDI 和 Internet 的出现和发展，全球社会迈入了信息自动化处理的新时代，这又使得电子商务的发展成为可能。

在必然性和可能性的推动下，电子商务得到了较快发展。特别是近两年来，由于信息技术的进步和商务的发展，使得社会网络化、经济数字化、竞争全球化、贸易自由化成为必然，现代电子商务就此产生。图1－1显示了电子商务的产生和发展。

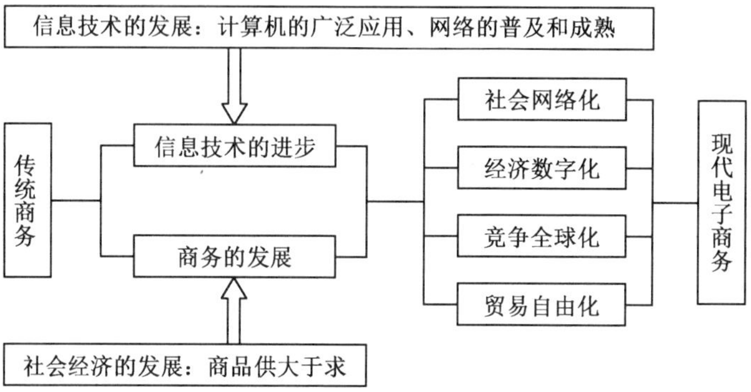

图1－1　电子商务的产生和发展

二、电子商务在中国的发展历程

我国计算机应用已有50多年历史，但电子商务仅有20多年历史，其发展过程可分为六个时期。

（一）起步期

1990～1993年，电子数据交换时代成为中国电子商务的起步期。我国自20世纪90年代起开展EDI的电子商务应用。自1990年开始，国家计委、科委将EDI列入“八五”国家科技攻关项目，如外经贸部国家外贸许可证EDI系统、中国对外贸易运输总公司中国外运海运/空运管理EDI系统等。1991年9月，由国务院电子信息系统推广应用办公室牵头，会同国家计委、科委、外经贸部、国内贸易部、商检局、外汇管理局、海关总署、中国银行等16个部委局发起成立“中国促进EDI应用协调小组”。同年10月成立“中国EDIFACT委员会”，并加入了亚洲EDIFACT理事会。EDI在国内外贸易、交通、银行等部门得到了广泛应用。

（二）雏形期

1993～1997年，政府领导组织开展“三金工程”阶段，为电子商务发展期打下了坚实基础。1993年成立了以国务院副总理为主席的国民经济信息化联席会议及其办公室，相继开展了金关、金卡、金税“三金工程”，取得了重大进展。1996年1月成立国务院国家信息化工作领导小组，由副总理任组长，20多个部委参加，统一领导组织我国信息化建设。1996年，全桥网与因特网正式开通。1997年，信息办组织有关部门起草编制我国信息化规划。1997年4月在深圳召开全国信息化工作会议，各省、市、地区相继成立信息化领导小组及其办公室，各省开始制定本省包含电子商务在内的信息化建设规划。1997年，广告主开始使用网络广告。1997年4月以来，中国商品订货系统（CGOS）开始运行。

（三）发展期

1998～2000年，互联网电子商务发展阶段。1998年3月，我国第一笔互联网网上交易成功。1998年10月，国家经贸委与信息产业部联合宣布启动以电子贸易为主要内容的“金贸工程”，它是一项推广网络化应用、开发电子商务在经贸流通领域的大型应用试点工程。

1999年3月，“8848”等B2C网站正式开通，网上购物进入实际应用阶段。1999年兴起政府上网、企业上网，以及网上纳税、网上教育(湖南大学、浙江大学网上大学)等，此外，远程诊断(北京、上海的大医院)等广义电子商务也开始启动并已有试点，进入实际试用阶段。

(四)稳定期

2000～2009年，电子商务逐渐从传统产业走向以B2B电子商务为主体，标志着电子商务已经进入可持续发展的稳定期。这一时期比较知名的电子商务网站有2000年4月由慧聪国际推出的慧聪网、2003年5月由阿里巴巴成立的淘宝网、2004年8月由亚马逊收购卓越网更名的卓越亚马逊网，以及2004年1月京东商城的设立等。此外，《中华人民共和国电子签名法》于2004年8月第十届全国人大常委会第十一次会议表决通过，并于2005年4月1日起施行。自2009年5月1日起，由中国国际经济贸易仲裁委员会颁布的《中国国际经济贸易仲裁委员会网上仲裁规则》正式施行，该规则的颁布为解决我国电子商务的争端提供了法律依据。

(五)成熟期

2009年1月，中国移动和中国联通分别获得国家3G牌照，这标志着我们进入了3G时代。与此同时，互联网B2B服务提供商——网盛生意宝——对外宣布其“3G战略”，并与移动通信运营商进行合作，推出一款新的电子商务搜索——生意搜，帮助中小企业主用手机随时随地联系到生意对象，从而开始了我国3G时代的新一轮电子商务。未来十年内，人类将全面利用网络，而无线网络将成为最重要的传输方式，现阶段急速发展的电子商务也将随着无线上网的普及而进入全新的移动电商时代。

(六)创新期

租车、租房、租设备等分享经济新业态，众创、众包、第四方物流等协同经济新业态，团购点评、体验购物、主题酒店等体验经济新业态百花齐放、争奇斗艳。分享经济使得消费者之间通过互联网直接建立联系，提升闲置资源的利用效率。滴滴快车分享了闲置的汽车运力，人人快递分享了闲置的人力资源，小猪短租分享了闲置的住房空间。体验经济促使线下企业通过互联网与消费者开展互动，打破信息壁垒，畅通消费渠道。广东省开业了66家跨境电商O2O体验店，展示进口商品，感受消费场景，匹配消费需求。跨境电商已成为加快外贸转型升级、推进内外贸协同发展、实现国际和国内市场一体化的重要举措，为促进外贸回稳向好作出了重要贡献。

第二节　电子商务的基本概念

一、电子商务的定义

电子商务虽然正在以难以置信的速度渗透到人们的日常生活中，但是至今也没有一个统一的定义。各国政府、学者、企业界人士都根据自己所处的地位和对电子商务的参与程度给出了许多不同的表述，下面就是几个比较有代表和权威的定义。

联合国经济合作与发展组织(OECD)在有关电子商务的报告中对电子商务的定义是：电子商务是发生在开放网络上的包含企业之间、企业与消费者之间的商业交易。

全球信息基础设施委员会(GIIC)电子商务工作委员会报告草案中对电子商务的定义是：电子商务是运用电子通信作为手段的经济活动，通过这种方式，人们可以对带有经济价值的产品和服务进行宣传、购买和结算。这种交易方式不受地理位置、资金多少或零售渠道的所有权影响，公有或私有企业、公司、政府组织、各种社会团体、一般公民、企业家都能参加广泛的经济活动，其中包括农业、林业、渔业、工业、私营和政府的服务业。电子商务使产品在世界范围内交易并向消费者提供多种多样的选择。

加拿大电子商务协会给出的定义是：电子商务是通过数字通信进行商品和服务的买卖以及资金的转账，包括公司间和公司内利用 E-mail、EDI、文件传输、传真、电视会议、远程计算机联网所能实现的全部功能（如市场营销、金融结算、销售和商务谈判）。

美国政府在其《全球电子商务纲要》中的定义是：电子商务是通过 Internet 进行的各项商务活动，包括广告、交易、支付、服务等。

欧洲议会在《电子商务欧洲动议》中对电子商务的定义是：电子商务是各参与方之间以电子方式而不是以物理交换或直接物理接触方式完成的任何形式的业务交易。这里的电子方式（或技术）包括 EDI、电子支付手段、电子订货系统、电子邮件、传真、网络、电子公告牌、条码、图像处理、智能卡等，这里的商务主要指业务交易。

国际商会于 1997 年 11 月在巴黎举行了世界电子商务会议（The World Business Agenda for Electronic Commerce），会上专家和代表对电子商务的概念进行了最有权威的阐述：电子商务（Electronic Commerce）是指实现整个贸易过程中各阶段的贸易活动的电子化。从涵盖范围方面，可以定义为交易各方以电子交易方式而不是通过当面交换或直接面谈方式进行的任何形式的商业交易；从技术方面，可以定义为电子商务是一种多技术的集合体，包括交换数据（如电子数据交换、电子邮件）、获得数据（共享数据库、电子公告牌）以及自动捕获数据（条形码）等。电子商务涵盖的业务包括信息交换、售前和售后服务（提供产品和服务的细节、产品使用技术指南，回答顾客意见）、销售、电子支付（使用电子资金转账、信用卡、电子支票、电子现金）、运输（包括商品的发送管理和运输跟踪，以及可以电子化传送的产品的实际发送）、组建虚拟企业（组建一个物理上不存在的企业，集中一批独立的中小公司的权限，提供比任何单独公司多得多的产品和服务）、公司和贸易伙伴可以共同拥有和运营共享的商业方法等。

美国学者瑞维·卡拉科塔和安德鲁·B. 惠斯顿在专著《电子商务的前沿》中给出的定义是：广义地讲，电子商务是一种现代商业方法。这种方法通过改善产品和服务质量、提高服务传递速度来满足政府、组织、厂商和消费者降低成本的要求。这一概念也用于通过计算机网络寻找信息以支持决策。

HP 公司认为，电子商务，简单地说，是指在从售前服务到售后支持的各个环节实现电子化、自动化。

IBM 公司认为，电子商务是指采用数字化电子方式进行商务数据交换和开展商务业务的活动，是在 Internet 的广阔联系与传统信息技术系统的丰富资源相互结合的背景下应运而生的一种相互关联的动态商务活动。

从上述不同定义中可以看出，电子商务是利用现有的计算机硬件设备、软件和网络基础设施，通过一定的协议连接起来的电子网络环境进行各种各样商务活动的方式。因此，对于电子商务概念的科学理解，应该包括以下几个基本方面：

（1）电子商务是整个贸易活动的自动化和电子化。

（2）电子商务是利用各种电子工具和电子技术从事各种商务活动的过程。其中，电子工具是指计算机硬件和网络基础设施（包括 Internet、Intranet、各种局域网等），电子技术是指处理、传递、交换和获得数据的多技术集合。

（3）电子商务渗透到贸易活动的各个阶段，因而内容广泛，包括信息交换、售前和售后服务、销售、电子支付、运输、组建虚拟企业、共享资源等。

(4)电子商务的参与者包括消费者、销售商、供货商、企业雇员、银行或金融机构以及政府等各种机构或个人。

(5)电子商务的目的就是要实现企业乃至全社会高效率、低成本的贸易活动。

二、电子商务的功能

(一)电子商务的基本功能

1. 内部管理

内部管理是指管理网上需要发布的各种信息,通过充分利用信息来增加品牌价值,扩大公司影响和服务。具体包括:公司范围的信息传播,如在企业内部网上发布公司政策、招聘及通知;提供有关品牌宣传及相关的信息,如有关产品供货、服务和策略等信息;提供保护及管理关键数据的能力,如公司的财务数据、客户数据、产品信息等;提供存储和利用复杂的多媒体信息的能力,如照片、录音、录像等。

2. 协同处理

协同处理是指能支持群体人员的协同工作,它提供自动处理业务流程,这样可以减少成本和开发周期。协同处理包括邮件和信息共享、写作与发行、人事和内部工作管理与流程、销售自动化。如通信系统,包括电子邮件和信息系统,这是公司网络应用中的首要内容;人力资源管理,包括员工的自我服务、查找公司的聘任政策、了解员工情况等;销售自动化,包括合同管理、合同审定及签署等。

(二)电子商务的服务功能

电子商务可提供网上交易和管理等全过程的服务,它具有以下服务功能:

1. 广告宣传

电子商务可凭借企业的 Web 服务器和客户的浏览器,在 Internet 上发布各类商业信息。客户可借助网上的检索工具(Search)迅速地找到所需商品信息,而商家可利用网上主页(Home Page)和电子邮件(E-mail)在全球范围内做广告宣传。与以往的各类广告相比,网上的广告成本最低廉,而给顾客的信息量却最丰富。

2. 咨询洽谈

电子商务可借助非实时的电子邮件、新闻组(News Group)和实时的讨论组(Chat)来了解市场和商品信息、洽谈交易事务,如有进一步的需求,还可用网上的白板会议(Whiteboard Conference)来交流即时的图形信息。网上的咨询和洽谈能超越人们面对面洽谈的限制,提供多种方便的异地交谈形式。

3. 网上订购

电子商务可借助 Web 中的邮件交互传送实现网上的订购。网上的订购通常都是在产品介绍的页面上提供十分友好的订购提示信息和订购交互格式框。当客户填完订购单后,通常系统会回复确认信息单来保证订购信息的收悉。订购信息也可采用加密的方式使客户和商家的商业信息不会泄露。

4. 网上支付

电子商务要成为一个完整的过程,网上支付是重要的环节。客户和商家之间可采用信用卡账号实施支付。在网上直接采用电子支付手段可省略交易中很多人员的开销。同时,网上支付将需要更为可靠的信息传输安全性控制以防止欺骗、窃取、冒用等非法行为。

5. 电子账户

网上的支付必须要有电子金融来支持，即银行或信用卡公司及保险公司等金融单位要为金融服务提供网上操作的服务，而电子账户管理是其基本的组成部分。信用卡号或银行账号都是电子账户的一种标志，而其可信度需配以必要的技术措施来保证。电子签名、加密、U盾等电子商务安全工具的应用提高了操作的安全性。

6. 供应链管理

电子商务会促进上下游关联企业的密切合作，实施供应链管理，提高原料采购、生产、包装、配送等环节的运行效率。

7. 网络调查

电子商务能十分方便地采用网页上的“选择”、“填空”等格式文件来收集用户对销售服务的反馈意见，这样使企业的市场运营能形成一个封闭的回路。客户的反馈意见不仅能提高售后服务的水平，更能使企业获得改进产品、发现市场的商业机会。

8. 交易管理

整个交易的管理涉及人、财、物，企业和企业，企业和客户及企业内部等各方面的协调和管理。因此，交易管理是涉及商务活动全过程的管理。一个良好的交易管理的网络环境及多种多样的应用服务系统能保障电子商务获得更广泛的应用。

三、电子商务的分类

电子商务参与方有四个，即企业、个人消费者、政府和中介方。应该看到，中介方只是为电子商务的实现与开展提供技术、管理和服务支持，而前三者则是以另一种姿态成为参与方。电子商务可以按电子商务参与交易的对象、电子商务交易涉及的商品内容、电子商务使用的网络类型分类。

（一）按电子商务参与交易的对象分类

1. 企业与消费者之间的电子商务(Business to Customer，B2C)

这是消费者利用互联网直接参与经济活动的形式，类同于商业电子化的零售商务。随着万维网(WWW)的出现，网上销售迅速地发展起来。目前，在互联网上有许许多多各种类型的虚拟商店和虚拟企业，提供各种与商品销售有关的服务。通过网上商店买卖的商品可以是实体化的，如书籍、鲜花、服装、食品、汽车、电视机等；也可以是数字化的，如新闻、音乐、电影、数据库、软件及各类基于知识的商品；还有提供的各类服务，如安排旅游、在线医疗诊断和远程教育等。

2. 企业与企业之间的电子商务(Business to Business，B2B)

B2B方式是电子商务应用最重要和最受企业重视的形式，企业可以使用Internet或其他网络对每笔交易寻找最佳合作伙伴，完成从订购到结算的全部交易行为，包括向供应商订货、签约、接收发票，使用电子资金转移、信用证、银行托收等方式进行付款，以及在商贸过程中发生的其他问题，如索赔、商品发送管理和运输跟踪等。企业对企业的电子商务经营额大，所需的各种硬件和软件环境较复杂，但在EDI商务成功的基础上发展得最快。

3. 企业与政府之间的电子商务(Business to Government，B2G)

这种商务活动覆盖企业与政府组织间的各项事务。例如，企业与政府之间进行的各种手续的报批，政府通过互联网发布采购清单、企业以电子化方式响应，政府在网上以电子交换方式来完成对企业和电子交易的征税等，这成为政府机关政务公开的手段和方法。

4. 消费者与消费者之间的电子商务(Consumer to Consumer,C2C)

这种模式主要是通过为买卖双方提供一个在线交易平台,使卖方可以主动提供商品上网拍卖,买方可以自行选择商品进行竞价。C2C 平台是我国网民最常用的网络购物平台,如淘宝网、拍拍网等。

5. 消费者与企业之间的电子商务(Consumer to Business,C2B)

C2B 模式是相对于 B2C 传统模式的逆转,多以网络团购的形式出现。通过充分利用 Internet 的特点,把分散的消费者及其购买需求聚集起来,形成类似于集团购买的大订单,以数量优势同厂商进行价格谈判,把价格主导权从企业转移到消费者身上,使消费者享受到以大批发商的价格购买单件商品的利益,从而增加了其参与感与成就感。例如,淘宝、易趣、拍拍等网站上的团购业务,都属于 C2B 这样一个基本范畴。

6. 消费者与政府之间的电子商务(Consumer to Government,C2G)

这种电子商务活动在中国目前还没有真正形成。在个别发达国家,如在澳大利亚,政府的税务机构已经通过指定私营税务或财务会计师事务所用电子方式来为个人报税。随着这种模式的不断发展,政府各部门向社会个人提供更全面、更便捷的服务,如社会福利金的支付等,将来都会在网上进行。

7. 企业与中介方、消费者之间的电子商务(Business to Medium to Consumer,BMC)

BMC 模式是 B2M 与 M2C 整合的一种电子商务模式,率先集量贩式经营、连锁经营、人际网络、金融、传统电子商务模式的优点于一体。在网络信用、市场信用、商品质量严重缺失的年代,消费者对网上经营的企业或个人不信任,就需要中介方有效地帮助消费者进行专业化的监管,检验商品和服务的质量,保障消费者的权益,于是 B2M、M2C 应运而生,形成创新的 BMC 模式。

8. O2O 模式(Online to Offline)

O2O 模式是近年来兴起的一种电子商务新商业模式,称为线上购买、线下消费,即将线下商务的机会与互联网结合在了一起,让互联网成为线下交易的前台。这样线下服务就可以用线上来揽客,消费者可以在线上筛选商品,在线下完成交易。该模式最重要的特点是:推广效果可查,每笔交易可跟踪。O2O 电子商务模式需具备五大要素:独立网上商城、国家级权威行业可信网站认证、在线网络广告营销推广、全面社交媒体与客户在线互动、线上线下一体化的会员营销系统。实现 O2O 营销模式的核心是在线支付,比如上门按摩、上门送餐、上门生鲜、上门化妆、滴滴打车。

(二)按电子商务交易涉及的商品内容分类

1. 间接电子商务(Indirect Electronic Commerce)

间接电子商务又叫不完全的电子商务,是指在网上进行的交易环节只能是订货、支付和部分的售后服务,而商品的配送还需交由现代物流配送公司或专业的服务机构去完成。因此,间接电子商务要依靠送货的运输系统等外部要素。这种方式主要适用于实体产品即有形的实物商品,如消费产品(服装、餐饮、鲜花)等。

2. 直接电子商务(Direct Electronic Commerce)

直接电子商务是指商家将无形商品和服务产品内容数字化,不需要某种物质形式和特定的包装,直接在网上以电子形式传送给消费者并收取费用的交易活动。这类电子商务在网上交易的是无形商品和各种服务,如计算机软件、音像制品、网上订票、网上参团旅游或娱乐、网上咨询服务、网上银行、网上证券交易等,通过互联网或专用网直接实现交易。

(三)按电子商务使用的网络类型分类

1. EDI 网络电子商务(Electronic Data Interchange,电子数据交换)

EDI 是按照一个公认的标准和协议将商务活动中涉及的文件标准化和格式化,在贸易伙伴的计算机网络系统之间进行数据交换和自动处理。EDI 主要应用于企业与企业、企业与批发商、批发商与零售商之间的批发业务。EDI 电子商务在 20 世纪 90 年代已得到较大的发展,技术上也较为成熟,但是因为开展 EDI 对企业有较高的管理、资金和技术要求,所以至今尚不太普及。

2. 互联网电子商务(Internet Electronic Commerce)

互联网电子商务是指在因特网开放的网络环境下,买卖双方在任何可连接网络的地点间进行各种商务活动,实现两个或多个交易者之间的生产资料交换及其所衍生出来的交易过程、金融活动和相关的综合服务活动的一种商业运营模式。

3. 内联网电子商务(Intranet Electronic Commerce)

内联网电子商务是指企业将内联网络有限度地对商业伙伴开放,允许已有的或潜在的商业伙伴有条件地通过互联网进入自己的内部电脑网络,从而最大限度地实现商业信息传输和处理的自动化。

4. 外联网电子商务(Extranet Electronic Commerce)

外联网是互联网的另一种应用,它是内联网的外部扩展和延伸。外联网将企业内部网通过访问控制和路由器予以链接,构成一个虚拟网络,便形成了企业外部网。外联网能使企业和相关的参与方(包括供应商、销售商、物流方等)之间实现互相沟通,并开展商品贸易和相关业务。一方面,由于外联网置于防火墙之后,拒绝非法外来访问,从而使得这种商务活动具有与内联网同样的安全性;另一方面,又因为它是通过互联网来实现内联网之间的链接,具有覆盖面广和成本低廉的优点。

四、电子商务的优势

B2B 和 B2C 这两种电子商务模式是电子商务中应用范围最广泛的形式,深受企业的欢迎。这是因为电子商务与传统商务形式相比,具有以下优势:

(一)树立企业良好的形象

在现代商战中,良好的企业形象对一个企业的生存起着至关重要的作用。在传统的商业模式中,树立一个良好的企业形象要经过很长时间的奋斗。而在电子商务环境下,却可以在较短时间内做到这一点。企业在 Internet 上建立自己的网站,通过网站可以把企业自身及其产品、服务的优势充分地展现出来,把企业的管理、经营理念和策略向公众很好地进行宣传,并且通过网络(站)与大众形成良好的沟通渠道,随时了解公众需求,及时调整自己的产品及企业的经营战略,为顾客提供受欢迎的产品和优质完善的服务,这一切都将在公众心中留下深刻的印象,从而树立起企业的良好形象。而且由于 Internet 是全球覆盖的网络,所以网络上树立的企业形象是广泛的且具有国际性的。这种良好的形象将会给企业带来大量的潜在顾客,对企业市场的拓展发挥着重要作用,因而增加了企业在竞争中的优势。

(二)增强成本竞争优势

1. 降低采购成本

在企业采购过程中,信息获取和信息传递是主要工作内容。相对于专用网络,Internet 网络信息传输费用极其低廉,这不仅使大企业在采购过程中所进行的电子数据交换费用大大降低，而且使中小企业也可以通过网络进行采购（由于专用网络的接入成本较高，中小企业难以承受，所以中小企业通过专用网络 EDI 进行采购是可望而不可即的）。另外，由于 Internet 网络的上网企业众多，所以采用网上招标可以寻求更理想的供应商，以尽可能低的价格完成物资和劳务的采购。总之，Internet 网上采购在降低采购费用方面的优势是显而易见的。

2. 实现无库存生产

企业的库存成本包括仓库场地占用费、建造费、维护费、仓库保管人员的工资，以及存货的毁损、变质损失等。大量的库存无论是生产材料还是产品都占用企业大量的资金，这笔资金不能周转使用，其需支付的利息也增加了企业的成本。因此，减少库存以至实现无库存是企业降低成本必不可少的措施，是企业管理中的重要目标。

在电子商务条件下，互联网全天 24 小时联通，高效迅速的物流配送中心会逐步建立起来。配送中心是集商流、物流、信息流于一体的现代化经营设施。现代化的配送中心一般建有两大系统功能，即物流系统作业流程布置和计算机数据处理、通信的用户需求分析及系统集成。物流配送中心的建立及网络信息技术在企业备货生产和订单生产中的应用，使得企业的原材料无库存及产成品无库存成为可能。

3. 降低营销成本

企业市场营销活动包括市场营销研究、市场需求预测、新产品开发、定价、分销、物流、广告、人员推销、销售促进、售后服务等。在当今企业竞争日趋激烈的条件下，越来越多的企业认识到市场营销对企业生存、发展的决定性作用。

企业在 Internet 网上建立自己的商业网站，通过网站可以发布企业的各种信息，如产品的广告、新产品的开发设想、销售策略、服务承诺、产品知识宣传、企业业绩报告等；通过企业网站可以广泛地与大众交流，获取他们对产品、服务、营销策略的意见，以及对新产品的建议和产品定价的看法等。另外，通过网络企业可以足不出户地了解全球的市场情况，对自己的营销策略加以调整，从而使得企业营销成本大为降低。因此，电子商务对于降低营销成本有着直接、明显的作用。

4. 降低企业组织管理费用

（1）利用互联网可以降低交通和通信费用。对于一些业务涉及全球的公司，业务人员和管理人员必须与各地业务相关者保持密切联系。现在利用互联网则可以很好地解决这些问题，通过网上低廉的沟通工具，如 E-mail、Facebook、微信、网络电话和网络会议等方式就可以进行足不出户的沟通。

（2）降低人工费用。传统管理过程中许多人工处理的业务，现在可以通过计算机和互联网自动完成。

（3）降低企业财务费用。借助互联网实现企业管理的信息化、网络化，可以大大降低企业对一般员工、固定资产的投入和日常运转费用开支，企业可以节省大量资金和费用，财务费用需求大大减少。

（4）降低办公室租金。通过互联网，商业企业可以实现无店铺经营，工业企业可以实现无厂房经营。

（三）创造新的市场机会

1. 突破时间限制

利用互联网可以实行 7/24（每周 7 天，每天 24 小时）营销模式，同时不需要增加额外的营销费用，因为利用互联网的顾客可以自助进行咨询、下订单和采购，无需人工干预，只需要利用计算机即可自动完成。

2. 突破传统市场中地理位置分割

利用互联网,美国著名的网上书店 Amazon. com 很轻松地将其市场拓展到世界任何一个地方;而全球第一大零售商 Wal-Mart 要想拓展全球市场,就必须花费巨大资金进行店址选择、店面装修、网络建立以及员工培训等准备工作,才可能正式营业,而且风险巨大,一旦市场开发不成功,则很难从市场中退出。而这一切对于网上商店来说都是不需要做的事情,需要做的只是将产品信息搬上网站,然后顾客可以方便地在网上进行选择和订购。

3. 吸引新顾客

作为新的营销渠道,互联网对企业传统的营销渠道是一个重要补充,它可以吸引那些在传统营销渠道中无法吸引的顾客到网上订购。由于网上订购比较方便快捷,而且不受时间和地理位置的限制,对那些在传统营销渠道中受到限制但又很喜欢公司产品的顾客,无疑可以增加很大的吸引力。

4. 开拓新产品市场

利用电子商务,企业可以与顾客进行交互式沟通,顾客可以根据自身需要对企业提出新的要求和服务需求,企业可以及时根据自身情况并针对消费者需求开发新产品或提供新服务。如著名的网上书店 Amazon. com 根据顾客的需求,很快将网上商店的商品从书籍扩展到音像制品和玩具等产品。

5. 进一步细分和深化市场

前面提到的几种机会都是拓展市场的宽度和广度。除此之外,利用电子商务,企业可以为顾客提供定制营销,最大限度地细分市场,满足市场中每一个顾客的个性化需求。如 Dell 公司为了最大限度地满足顾客的特殊需要,允许顾客根据自己的偏好自行选择电脑配件且组装自己满意的电脑,顾客根据网站上的提示选择电脑配置,然后自动生成订单,顾客只需要付款等待送货上门即可。

(四)缩短产品周期

在信息高速发展的时代,企业间的竞争已经进入管理层次上的竞争,电子商务是增强企业综合实力及市场竞争力的一个有效手段,它必然会推动企业管理的发展。电子商务缩短了研发和生产周期,提高了工作效率,主要体现在以下几个方面:

第一,研发和生产一种新产品都与一些固定的开销相联系,这些开销包括大部分管理费用及设备折旧费、大部分公用设施费用,这些费用不受产量多少的影响,它与时间有密切的联系,如果产品研发和生产的时间缩短,那么每件产品的固定开销就随之降低。在电子商务环境下,过去几周甚至几个月才能完成的步骤,几天就完成了,大大缩短了研发和生产周期,产品定位更加准确,企业以较低或同样的费用生产更多的产品,降低了生产成本,提高了工作效率。

第二,信息时代,人们生活水平不断提高,对服务的要求也随之上升,人们要求高速度、高质量的个性化服务,企业必须以全新的技术及过硬的产品质量赢得信誉。电子商务活动可以了解顾客的需要,而且消费者也可以提出一些设计方面的建议,帮助企业以最快的速度进行研发和生产产品,推动了企业的快速发展,节约了时间和成本,提高了工作效率。

第三,企业可以通过互联网了解竞争对手的最新动态,根据市场需求对自己的产品作出适当的调整,提高产品在竞争中的抗冲击能力。

(五)提高顾客满意程度

1. 让顾客满意

利用互联网，企业可以将自己的产品介绍、技术支持和订货情况等信息都放到网上，顾客可以随时随地根据自己的需要选择性地了解有关信息，这样就克服了在为顾客提供服务时的时间和空间障碍，购物过程不再是一种负担，甚至有时还是一种休闲、一种娱乐，在顾客服务效率、顾客的订单执行情况、顾客售后服务以及产品等方面让顾客更加满意。

2. 满足消费者个性化需求

(1)电子商务是一种以消费者为导向、强调个性化的营销方式。电子商务的最大特点在于以消费者为主导。消费者将拥有比过去更大的选择自由，可根据自己的个性特点和需求在全球范围内找寻满足品，不受地域限制。通过进入感兴趣的企业网址或虚拟商店，消费者可获取产品更多的相关信息，使购物更显个性。

(2)电子商务具有极强的互动性，是实现全程营销的理想工具。传统的营销管理强调4P(产品、价格、渠道和促销)组合，现代营销管理则追求4C(顾客、成本、方便和沟通)。在网络环境下，中小企业可通过电子布告栏和电子邮件等方式，以极低的成本在营销的全过程中对消费者进行即时的信息收集，消费者则有机会对产品从设计到定价(对采用理解价值定价法的企业尤具意义)和服务等一系列问题发表意见。这种双向互动的沟通方式提高了消费者的参与性和积极性，更重要的是，它能使企业的营销决策有的放矢，从根本上提高了消费者满意度。

(3)电子商务能满足价格重视型消费者的需求。电子商务能为企业节省巨额的促销和流通费用，使产品成本和价格的降低成为可能。而消费者则可以在全球范围内找寻最优惠的价格，甚至可绕过中间商直接向生产者订货，因而能以更低的价格购买。

3. 加强与顾客的关系

在现代商战中，良好的顾客关系与企业的成败也是休戚相关的，谁能抓住顾客、及时掌握顾客最新动向信息，谁就能够先发制人、抢得先机。传统的行销模式，无论是直接行销模式还是子公司经销模式，抑或是共同开发模式，均有很难逾越的繁琐环节，信息反馈、产品销售等相对滞后，浪费了时间，丧失了商机。企业通过 Internet 进行商务活动，能够以经济有效的方式与顾客联系沟通，能够让顾客了解公司的基本信息以及可以提供的商品和服务状况，这样也就多了 个潜在的顾客。如果这个顾客提供了一些公司以前没有想到过的想法和要求，那么这对于企业的产品或服务的改进大有好处，相当于企业没有付出什么代价，就可以得到宝贵的信息，说不定还同时接触到了一个以后的合作者。从最基本的角度来看，这也改变了公司和顾客之间的关系，公司既是信息获取者，也是信息提供者，同时为公司和顾客之间的沟通提供了良好的基础。但是聪明的公司不会止步于此，它们通过网络站点提供一对一的联系，提供智慧型的目录，针对不同个人顾客的购物需求呈现不同的内容，协助个别顾客选择最适合的产品，并提醒顾客可能会有感兴趣的产品特卖。同时，网络站点不分日夜地提供全天候技术支持来回答顾客的问题，24 小时站点的开放等于延长了营业时间，极大地方便了顾客，也使访问人数大大增加，无形中也增加了潜在的顾客。

总之，电子商务可以给顾客提供更为满意的服务，建立企业与顾客的良好关系，从而带来顾客的持续增长，使企业在竞争中保持优势。

五、电子商务的影响

电子商务的不断发展给人们的生活、工作、学习乃至娱乐都带来了直接和间接的影响，主要包括以下几个方面：

(一)信息传播方式的改变

首先,Internet 已经成为众所周知的方便、快捷的联络方式。诸如 E-mail、Facebook、网络电话、网络会议等功能的实现,使 Internet 不但成为私人之间极好的通信工具,也成为进行电子商务的极好工具。

其次,Internet 也成为新的传播媒介。作为一种广义、宽泛、公开和对大多数人有效的交流方式,Internet 具有访问成本低、可随时随地访问、传播便捷以及时空上的独立性等特点。而且,网络传播信息有着双向性的特点,客户可根据自己的需要获取信息、提出疑问,没有时间、地域的限制。股票信息站点之所以火爆,是因为它可以进行股票交易和股票查询。体育信息站点之所以吸引众多体育爱好者,是因为它不仅有实时的体育报道,而且允许体育爱好者在其上发表自己的评论。通过网络还可以得到其他双向的信息服务,如通过企业黄页可以找到商业机会、通过招聘站点可以寻找工作等。

此外,在线出版也对传统出版业造成了很大的冲击。与传统的印刷出版物相比,在线出版物具有许多不同的优点。一是网上出版物的成本极为便宜。在纸张非常紧张、昂贵的情况下,这一优点格外明显。二是网上出版物的读者面广。谁都喜欢多看一些东西,因此好的网页比好的书报传播得更广,这一现象将随着网络用户的增加而越来越明显。更为重要的是,由于网上出版物使用超文本文件,可以通过链接的方式指向互联网中所有与该网页相关的内容,不管是进行理论研究还是阅读新闻,抑或是寻找商业信息,都可以很方便地找到相关的资料。

(二)生活方式的改变

网络慢慢融入了人们的日常生活,人们可以在它上面发表自己的意见、参加聚会、购物、看电影、玩游戏、看书、收藏、旅游等。不同年龄的人都可以在 Internet 上找到自己活动的领域。孩子们可以通过 Internet 玩游戏,种类繁多的游戏使孩子们爱不释手;青年人可以利用网络交友、谈恋爱;成年人可以通过网络收集信息,通过网络处理并填写税收表格、缴纳税费;老年人则利用 Internet 聊天,消磨时光。Internet 正在改变着人们生活的方方面面,同时也带来一些新的问题。例如,小孩子上网成瘾,挤占了宝贵的学习时间。某些网站向青少年灌输不健康的思想,信息污染成为家长必须考虑的新问题。家庭隐私的保护也日益被人们所重视,政府还必须考虑新的网络犯罪问题。

(三)办公方式的改变

电子商务使在家办公成为可能。公司办公的目的是完成任务,电子商务保证了即时通信和业务处理,故办公方式可以是灵活的,无论在什么地方、什么时间都可以进行办公业务处理。特别是对于执行独立任务的管理人员来说,可以方便地在家中及时处理事务,不必花更多时间在路上和面对面的交流上。在家办公对于减轻城市交通负担、减少城市污染也将起到良好的效果。

(四)消费方式的改变

电子商务的推广,一方面使家庭购物成为现实,消费者能够真正做到足不出户就货比三家;另一方面使消费者的支付方式也得到很大的转变,消费者只需要拥有一个网络账号,就可以在任何地点、任何时间使用银行业务服务,包括储蓄、转账等业务,也包括信用卡、证券、交易、保险和公司财务管理等业务。

(五)教育方式的改变

这几年,网络大学、网上远程教育已经成为人们谈论的一个热门话题。它们都属于现代化远程教育的一种方式,以计算机通信技术和网络技术为依托,采用远程实时、多点、双向交互式的多媒体现代化教学手段,可以实时传送声音、图像、电子课件和教师板书,身处两地的师生能像现场教学一样进行双向视听问答，是一种实现跨越时间和空间的教育传递过程。远程教育是低投入、高产出的：首先，它不需要学生宿舍，不需要服务学生生活的庞大后勤辅助机构，学校管理人员和机构也大大减少；其次，排除了地域差别，实时性、交互性远程教育可使多种观念得以沟通和交流；再次，可以充分地发挥好教师、好教材的优势；最后，在线教育与培训为各个年龄层次、各种知识结构、各种需求层次和各个行业的从业者提供了一种新的学习途径，突破了传统教育体系在时间、空间和资源上的限制。

第三节　电子商务的框架结构与运作流程

一、电子商务的概念模型

电子商务的概念模型是对现实世界中电子商务活动的一般抽象描述，它由电子商务实体、电子市场、交易事务以及信息流、商流、资金流和物流等基本要素构成，如图 1—2 所示。

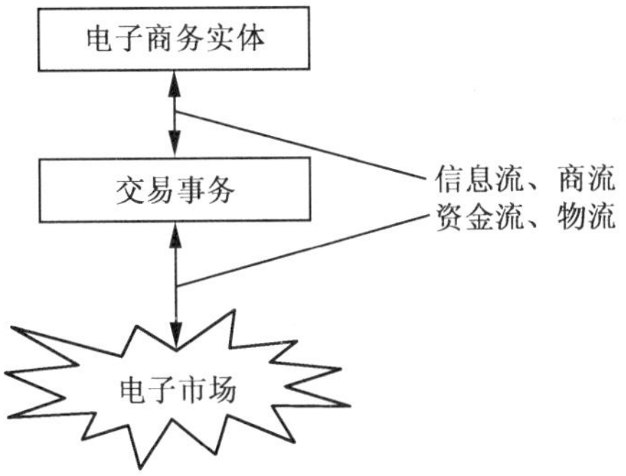

图 1—2　电子商务的概念模型

在电子商务概念模型中，电子商务实体是指能够从事电子商务活动的客观对象，它可以是企业、银行、商店、政府机构、科研教育机构和个人等；电子市场是指电子商务实体从事商品和服务交换的场所，它由各种各样的商务活动参与者利用各种通信装置通过网络连接成一个统一的经济整体；交易事务是指电子商务实体之间所从事的具体的商务活动内容，如询价、报价、转账支付、广告宣传、商品运输等。

电子商务的任何一笔交易都包含着物流、资金流、商流和信息流。其中，物流是指商品和服务的配送及传输渠道。资金流是指资金的转移过程，包括付款、转账、兑换等过程。商流是指商品或服务所有权的转移，它的标志是提货单、房产证等法律文书。信息流既包括商品信息的提供、促销营销、技术支持、售后服务等内容，也包括诸如询价单、报价单、付款通知单、转账通知单等商业贸易单证，还包括交易方的支付能力、支付信誉、中介信誉等。

在电子商务的概念模型中，强调信息流、商流、资金流和物流的整合，而信息流作为连接的纽带贯穿于电子商务交易的整个过程中，起着串联和监控的作用。

从电子商务概念模型中不难看出，电子商务实质上是电子商务实体围绕交易事务通过电子市场发生的经济活动关系，这些经济活动关系是通过物流、资金流、商流、信息流来实现的。电子商务区别于传统商务的一个重要方面就是电子市场取代了传统的有形市场。对于每个电子商务实体来说，它所面对的是一个电子市场，必须通过电子市场来选择交易的内容和对象。

因此，电子商务的概念模型可以抽象地描述为每个电子商务实体和电子市场之间的交易事务关系。

二、电子商务的一般框架

电子商务不仅影响了交易的过程，而且在很大程度上改变了市场的结构。传统的市场运作是以商品、服务和货币的交换为主要内容的。现在的电子商务则在信息方面进行了极大的强化，进而有了信息商品、信息服务和电子货币。整个贸易活动的依附载体发生了深刻的变化。科技成分的加大、虚拟活动的增多都在影响着业务活动的进行。

电子商务利用一种前所未有的网络方式，将顾客、销售商、供货商、公司、银行及政府等各部门紧密地联系在一起。电子商务的一般框架如图 1—3 所示。

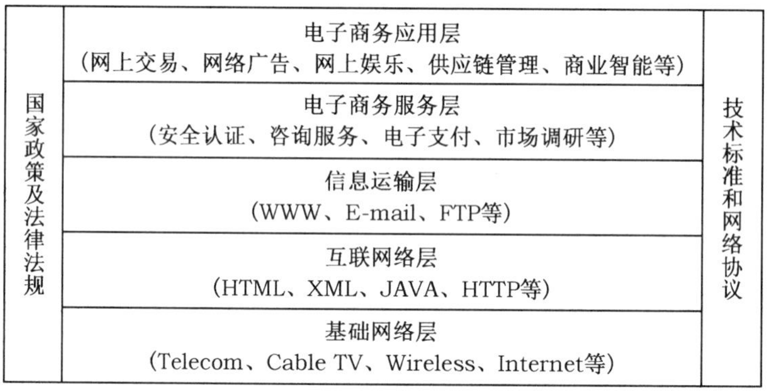

图 1—3　电子商务的一般框架

(一)基础网络层

基础网络层是电子商务的网络基础设施，是信息传输系统。主要包括远程通信网(Telecom)、有线电视网(Cable TV)、无线通信网(Wireless)和互联网(Internet)。远程通信网包括公用交换电话网、公用数据网、综合业务数据网等；无线通信网包括移动通信系统、微波通信系统和卫星通信系统；互联网是计算机网络，由骨干网、城域网、局域网等层层搭建而成。随着 Internet 上商贸业务的不断增长，ISP 的通信网络将得到更大的发展。

(二)互联网络层与信息运输层

网上最流行的信息发布方式是以 HTML 的形式将信息发布在 WWW 上。HTML 将这些多媒体信息组织得易于检索和富有表现力。Internet 上的信息传播工具提供了两种主要的交流方式：一种是非格式化的数据交流；另一种是格式化的数据交流。目前，大量的互联网使用者在各种终端和操作系统下，通过 HTTP 使用统一资源定位器(URL)查找到所需要的信息。

(三)电子商务服务层

为方便交易所提供的通用业务服务，是所有企业、个人在网上进行贸易时都会用到的服务。它主要包括保证商业信息安全传输的方法、买卖双方合法性的认证、电子支付工具与商品目录服务等。

目前的做法是，采用信息加密技术(非对称密钥加密、对称密钥加密等)、安全认证技术(数字签名、数字证书、CA 认证等)和安全交易协议(SET、SSL 等)来提供端到端的安全保障。

(四)电子商务应用层

在上述基础上，我们一步一步地建设实际的电子商务应用，如网上交易、网络广告、网上娱乐、供应链管理、商业智能等。但这些应用还必须有国家政策、法律法规、各种技术标准和网络协议的支持与保障。

(五)国家政策及法律法规

国家政策包括围绕电子商务的税收制度、信息的定价、信息访问的收费、信息传输成本、隐私保护问题等,需要政府制定政策。例如,对于咨询信息、电子书籍、软件等无形商品是否征税、如何征税,税收制度是否应与国际惯例接轨、如何接轨等。若处理得不好,将严重制约电子商务的发展。法律法规维系着商务活动的正常运作,违规活动必须受到法律制裁。

(六)各种技术标准和网络协议

技术标准定义了用户接口、通信协议、信息发布标准、安全协议等技术细节。它是信息发布、传递的基础,是网络信息一致性的保证。就整个网络环境来说,技术标准对于保证各种硬件设备与应用软件的兼容性和通用性是十分重要的。目前,许多企业和厂商、国际组织意识到技术标准的重要性,正致力于联合起来开发统一的国际技术标准,比如 EDI 标准、TCP/IP 协议、HTTP 协议、SSL 协议、SET 协议等。

三、电子商务的运作流程

商务流程是指具体从事一个商贸交易过程中的实际操作步骤和处理过程,它对电子商务系统十分重要,组织内部管理活动包括事务流、物流和资金流。事务流是指商贸交易过程中的所有单据和实务操作过程;物流是指商品的实物流动过程;资金流是指交易过程中资金在双方组织(包括银行)中的流动过程。电子商务流程基于传统商务流程,但与传统商务流程又有所不同。

(一)传统商务的运作流程

传统商务交易过程中的实务操作由交易前的准备、贸易磋商、合同签订与执行、支付过程等环节组成。

交易前的准备就是供需双方如何宣传或者获取有效的商品信息的过程。交易前的准备实际上就是一个商品信息的发布、查询和匹配过程。

贸易磋商实际上是贸易双方进行口头磋商或纸面贸易单证的传递过程。

在磋商过程完成后,交易双方必须要以书面形式签订具有法律效力的商务合同,来确定磋商的结果和监督执行。

(二)电子商务的运作流程

电子商务流程是指消费者从其客户端上网寻找产品/服务信息到售后服务与支持的全过程。在电子商务环境下,实务运作过程虽然也有交易前的准备、贸易的磋商、合同的签订与执行、支付过程等环节,但交易具体使用的运作方法是完全不同的。电子商务一般交易过程大致可分为以下四个阶段:交易前的准备、交易谈判和签订合同、办理交易前进行的手续、交易合同的履行和索赔。

1. 交易前的准备

这一阶段主要是指买卖双方和参与交易各方在签约前的准备活动,包括在各种商务网络和互联网上寻找交易机会、通过交换信息来比较价格和条件、了解各方的贸易政策、选择交易对象等。

买方根据自己要买的商品,准备购货款,制订购货计划,进行资源市场调查和市场分析,反复进行市场查询,了解各个卖方国家的贸易政策,反复修改购货计划和进货计划,确定和审批购货计划。然后再按计划确定购买商品的种类、数量、规格、价格、购货地点和交易方式等,尤其要利用 Internet 和各种电子商务网络寻找自己满意的商品和商家。

卖方根据自己要销售的商品，全面进行市场调查和市场分析，制定各种销售策略和销售方式，了解各个买方国家的贸易政策，利用 Internet 和各种电子商务网络发布商品信息，寻找贸易合作伙伴和交易机会，扩大贸易范围和商品所占市场的份额。

2. 交易谈判和签订合同

交易谈判和签订合同主要是指买卖双方利用电子商务系统对所有交易细节进行网上谈判，以电子文件形式签订贸易合同，明确在交易中所享有的权利及所承担的义务。对所购买商品的种类、数量、价格、交货地点、交货期、交易方式和运输方式、违约和索赔等合同条款，合同双方可以利用电子数据交换(EDI)进行签约，也可以通过数字签名等方式签约。

3. 办理交易前进行的手续

办理交易前进行的手续主要是指从买卖双方签订合同后到合同开始履行之前办理各种手续的过程，也是双方贸易前的交易准备过程。交易中要涉及有关各方，即可能涉及中介方、银行和金融机构、信用卡公司、海关系统、商检系统、保险公司、税务系统、运输公司等，买卖双方要利用 EDI 与有关各方进行各种电子票据和电子单证的交换，直到办理完可以将所购商品从卖方按合同规定开始向买方发货的一切手续为止。

4. 交易合同的履行和索赔

这一阶段是从买卖双方办完所有各种手续之后开始，卖方要备货、组货、发货，买卖双方可以通过电子商务服务器跟踪发出的货物，银行和金融机构也按照合同处理双方收付款、进行结算、出具相应的银行单据等，直到买方收到自己所购商品，完成了整个交易过程。索赔是在买卖双方交易过程中出现违约时，需要进行违约处理的工作，受损方要向违约方索赔。

(三)网络商品直销的流转程式

网络商品直销，是指消费者和生产者或者需求方和供应方直接利用网络形式所开展的买卖活动。B2C 电子商务基本属于网络商品直销的范畴。这种交易的最大特点是供需直接见面，环节少、速度快、费用低。其流转程式可以用图 1—4 加以说明。

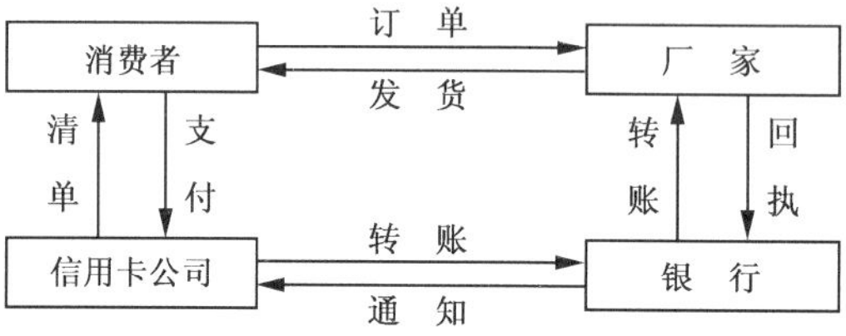

图 1—4 网络商品直销的流转程式

由图 1—4 可以看出，网络商品直销过程可以分为以下六个步骤：

(1)消费者进入互联网，查看在线商店或企业的主页。

(2)消费者通过购物对话框填写姓名、地址、商品品种、规格、数量、价格。

(3)消费者选择支付方式，如信用卡，也可选用借记卡、电子货币或电子支票等。

(4)在线商店或企业的客户服务器检查支付方服务器，确认汇款额是否认可。

(5)在线商店或企业的客户服务器确认消费者付款后，通知销售部门送货上门。

(6)消费者的开户银行将支付款项传递到消费者的信用卡公司，信用卡公司负责发给消费者收费清单。

为保证交易过程中的安全，需要有一个认证机构对在互联网上交易的买卖双方进行认证，以确认他们的真实身份。这时,图 1—4 演变为图 1—5。

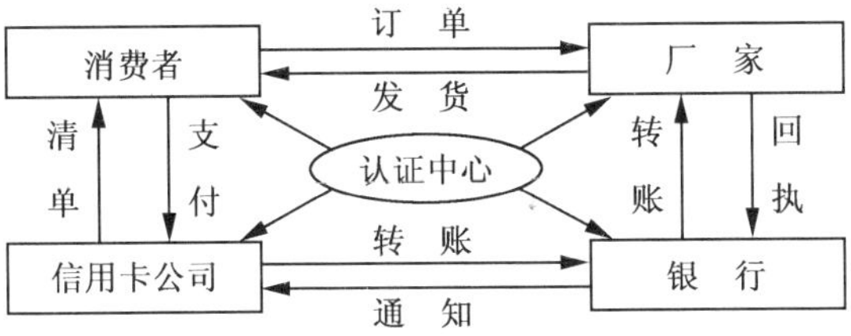

图 1—5 演变后的网络商品直销流转程式

在有认证中心参与的情况下,有关当事人(如厂家、银行、信用卡公司、消费者等)在交易前必须在认证中心进行身份认证,然后从事交易。其余流转程式与上述一致。

(四) 企业间网络交易的流转程式

企业间网络交易是 B2B 电子商务的一种基本形式。交易从寻找和发现客户出发,企业利用自己的网站或网络服务商的信息平台发布买卖、合作、招投标等商业信息。借助互联网超越时空的特性,企业可以方便地了解到世界各地其他企业的购买信息,同时也有随时被其他企业发现的可能。通过商业信用调查平台,买卖双方可以进入信用调查机构申请对方的信用调查;通过产品质量认证平台,可以对卖方的产品质量进行认证。然后在信息交流平台上签订合同,进而实现电子支付和物流配送。最后是销售信息的反馈,完成整个 B2B 的电子商务交易流程。

(五)网络商品中介交易的流转程式

网络商品中介交易是通过网络商品交易中心,即通过虚拟网络市场进行的商品交易。这是 B2B 电子商务的另一种形式。在这种交易过程中,网络商品交易中心以互联网为基础,利用先进的通信技术和计算机软件技术,将商品供应商、采购商和银行紧密地联系起来,为客户提供市场信息、商品交易、仓储配送、货款结算等全方位的服务。其流转程式如图 1—6 所示。

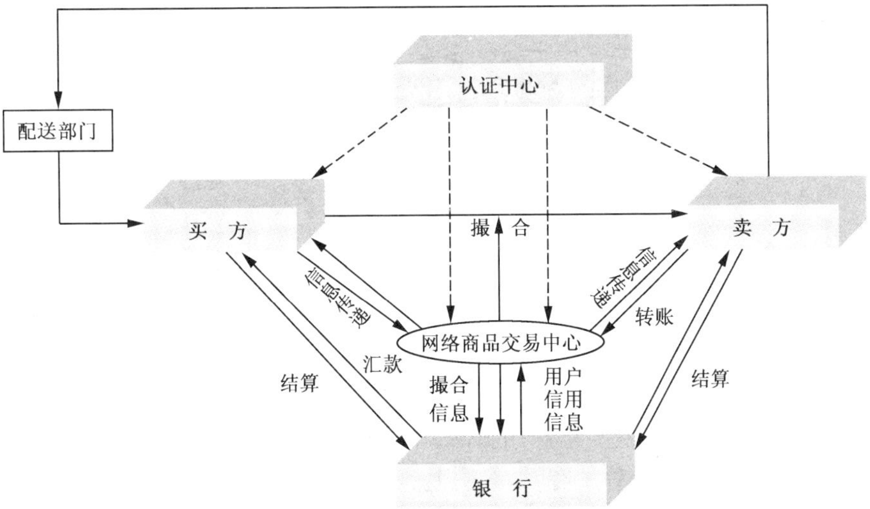

图 1—6 网络商品中介交易的流转程式

网络商品中介交易过程可以分为以下四个步骤:

(1)买卖双方将各自的供应和需求信息通过网络告诉网络商品交易中心,网络商品交易中心通过信息发布服务向参与者提供大量详细的交易数据和市场信息。

(2)买卖双方根据网络商品交易中心提供的信息选择自己的贸易伙伴,网络商品交易中心从中撮合,促使买卖双方签订合同。

(3)买方在网络商品交易中心指定的银行办理转账付款手续。

(4)网络商品交易中心在各地的配送部门将卖方货物送交买方。

(六)线上交易、线下消费的流转程式

商家通过免费开网店将商家信息、商品信息等展现给消费者,消费者在线上进行筛选服务并支付,在线下进行消费验证和消费体验。该模式的主要特点是商家和消费者都通过O2O电子商务满足了双方的需要。该模式的流程是:

(1)消费者挑选和下单。

(2)网络平台进行订单处理。

(3)消费者去实体门店进行商品和消费体验。

(4)消费者进行评价和分享。

(5)网络平台得到消息通知并反馈给实体门店。

(6)实体门店进行售后服务和保障。

第四节　电子商务的应用

电子商务是从企业全局角度出发,根据市场需求来对企业业务进行系统、规范的重新设计和构造,以适应网络知识经济时代的数字化管理和数字化经营需要。

不同公司和组织对电子商务有不同的定义,但其基本内涵是一致的。国际数据公司IDC的系统研究分析指出,电子商务的应用可以分为以下几个层次和类型,见图1—7。

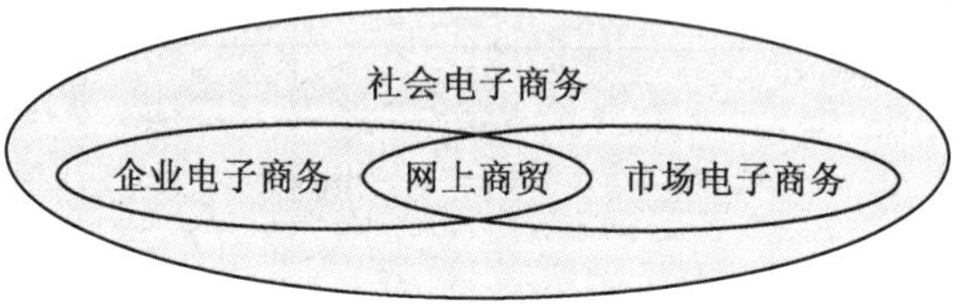

图1—7　电子商务应用层次关系

一、市场电子商务应用

第一个层次是面向市场的以市场交易为中心的活动,它包括促成交易实现的各种商务活动,如网上展示、网上公关、网上洽谈等活动,其中网络营销是最重要的网上商务活动;还包括实现交易的电子贸易活动,它主要是利用EDI、Internet来实现交易前的信息沟通、交易中的网上支付和交易后的售后服务等。有时,将网上商务活动和电子贸易活动统称为电子商贸活动。

(一)EDI业务

EDI(Electronic Data Interchange)的中文意思是电子数据交换。它是电子商务发展早期的主要形式。EDI指票据传送的电子化。EDI业务在各行各业的应用有许多竞争优势,如EDI在运输业的应用能最大限度地利用设备、仓位获得更大效益；EDI在零售业、制造业和仓储业的应用能大大提高货物提取及周转速率，增加资金流动；EDI在通关与报关中的应用实现了货物通关自动化和国际贸易无纸化；EDI在金融保险和商检中的应用能带来快速可靠的支付，减少时间和费用，加快资金流动；EDI在贸易业的应用带来的无纸化贸易提高了国内外贸易的竞争能力。

(二)网上银行

“网上银行”一词，通常泛指以Internet为基础提供各式各样金融服务的银行。网上银行的功能一般包括银行业务项目、商务服务以及信息发布。银行业务项目主要包括个人银行、对公业务(企业银行)、信用卡业务、多种付款方式、国际业务、信贷及特色服务等功能。商务服务包括投资理财、资本市场、政府服务等功能。信息发布包括国际市场外汇行情、对公利率、储蓄利率、汇率、国际金融信息、证券行情、银行信息等功能。

(三)网上购物

随着电子商务技术的发展和应用，网络购物将越来越普及，并日渐成为一种新的生活时尚。网络购物利用先进的通信技术和计算机网络的三维图形技术，把现实的商业街搬到网上。用户无须担心出门时的天气变化，足不出户便能像真的上街那样“逛商场”，方便、省时、省力地选购商品，而且订货不受时间限制，商家会送货上门。当然，用户也无须担心独自“逛街”的孤独，因为用户可以在网络的“大街”上约定或找到同行者，结伴“逛街”，乐趣无穷。

(四)广告宣传

由于WWW提供的多媒体平台使得通信费用降低，对于机构或公司而言，利用其进行产品宣传非常具有诱惑力。

网络广告可以根据更精细的个性化差别将顾客进行分类，分别传送不同的广告信息。而且网络广告的顾客不像电视广告的顾客那样被动接受广告信息，可以主动浏览广告内容。未来的广告将利用最先进的虚拟现实界面设计达到身临其境的效果，给人们带来一种全新的感官体验。以汽车广告为例，用户可以打开汽车的车门进去看一看，还可以利用电脑提供的虚拟驾驶系统体验一下驾车的感受。

二、企业电子商务应用

电子商务活动第二个层次是如何利用Internet来重组企业内部经营管理活动，使其与企业开展的电子商贸活动保持协调一致。最典型的是供应链管理(Supply Chain Management，SCM)，它从市场需求出发，利用网络将企业的销、产、供、研等活动串在一起，实现企业网络化、数字化管理，以最大限度地适应网络时代市场需求的变化，也就是企业内部的电子商务实现。

SCM是围绕供应商与需求商之间的物料流、信息流和资金流所进行的计划、协调与控制过程。Internet为SCM带来了很多机遇：

(1)客户可以从在线供应商目录中查找、选择供应商并直接订购商品，而不需要任何人为联络。

(2)采用多种方式，包括公路、铁路、海上和航空来实现装运并进行跟踪。

(3)与供应商或客户联系有关配送延迟、缺货、计划装运日期变更、推迟到达等客户服务问题以及其他问题。

(4)对发送和交货安排计划日程，制订服务分配中心的运货计划。

(5)提供24小时全球范围内的客户服务，对客户服务问题有更快响应，减少服务成本和响应时间。

(6)从国际客户中接受订单,检查与供应商达成订单的目前状况。

(7)当按订单生产的产品配置发生改变时,通知供应商作相应的变更。

(8)通过电子方式支付发票规定的费用,并检查借方余额。

(9)跟踪设备的位置,包括输送轨道小车、卡车和物料处理设备。

(10)通过 E-mail 直接与供应商和客户交流供应问题。

三、社会电子商务应用

第三个层次是指以 Internet 为基础的社会经济活动,如电子政务是指政府活动的电子化,它包括政府通过 Internet 处理政府事务,以及利用 Internet 进行招投标、实现政府采购、收缴税费等。

第三个层次的电子商务是第一个层次和第二个层次电子商务的支撑环境。只有三个层次的电子商务共同协调发展,才可能推动电子商务朝着良性循环方向发展。

(一)电子政府

电子政府是一个利用信息技术和通信技术,在大众公用计算机网络上有效实现行政、服务及内部管理等功能,在政府、社会和公众之间建立有机服务系统的集合。总体来说,电子政府的目的主要体现在以下五个方面:

(1)政府机构各部门实行电脑化、网络化和信息化,帮助提高政府在行政、服务和管理方面的效率。电子政府利用信息技术,积极推动精简组织和简化办公等工作。

(2)政府从被动服务转变为主动服务,企业、公民可以不受地点、时间的限制全面了解政府方针政策,接受政府的管理。

(3)政府的信息网络覆盖政府的各级部门。政府利用统一的信息资源,通过语音、Internet 等现代化手段,为公众提供简便的多元化服务。

(4)以政府的信息化发展推动和加速整个社会的信息化发展。向公众展示高新技术的应用,让社会享受信息网络的便利,切实地推动全社会信息化的发展。

(5)适应数字经济的发展,引导、规划和管理电子商务活动,建立电子商务的支撑环境。

(二)税务电子化

电子商务的发展迫切需要对税收方式进行变革。在农业社会中,农业生产是社会主要生产行业,农业税是国家最重要的税种。由于生产方式简单,政府往往按人口多少或按土地多少来征税。进入工业文明社会,生产行业复杂化,国家不得不建立一个繁杂的税法体系和一个庞大的征税机构以适应形势的变化。随着社会的进一步发展,传统的税收方式已经远远不能适应现实的需要。尽管税务机构已经十分庞大,但还是难以应付迅速膨胀的贸易额带来的挑战。税收方式实现电子化、网络化是发展的客观要求。

一些发达国家很早就开始了这方面的尝试,取得了一些很有价值的经验。一般的做法是,将纳税义务人按编号在计算机中开立户头。税务局除根据纳税人自己的申报资料外,还要与有关机构(如银行、工商管理部门、车辆注册机关及各种社会组织等)的数据库联网,随时获取所需的各种资料,由计算机监督纳税人是否已经登记,并对纳税报单进行分析比较,以防止纳税人偷税漏税。申报表由用户自己输入内容,经由电话线直接传递给税务局计算机系统,生成相应的申报数据,即可实现双向数据传递。

在电子商务环境下,税收是通过公共计算机网络自动、双向完成的,是通过数字方式无纸化进行的。税务机构从网上监控各纳税人的经济活动，以电子发票取代传统的发票形式。人们在家里即可完成购物、投资、理财及纳税活动。可以预见，伴随着电子商务的发展，完全可以用电子化的方式来管理税收活动，以适应电子商务的需要。服务于电子商务的税务系统可完成税务申报、支付、传输证明等功能。

本章小结

电子商务是整个贸易活动的自动化和电子化，是利用各种电子工具和电子技术从事各种商务活动的过程。Internet 的高速发展在环境、技术和经济上都为电子商务创造了条件。电子商务的发展时间虽短，但发展速度非常迅速。与传统商务相比较，实现电子商务给企业带来一系列的竞争优势，如速度优势、时空优势、成本优势、个性化优势、信息优势，这些都将为企业创造更多的市场机会，带来更大的市场竞争力。电子商务的概念模型由电子商务实体、电子市场、交易事务，以及信息流、商流、资金流和物流等基本要素构成。在电子商务环境下，实务运作过程虽然也有交易前的准备、贸易的磋商、合同的签订与执行、支付过程等环节，但交易具体使用的运作方法与传统交易是完全不同的。对于 Internet 商业来讲，电子商务交易基本上可以归纳为四种基本的流转程式：网络商品直销的流转程式、企业间网络交易的流转程式、网络商品中介交易的流转程式，以及线上交易、线下消费的流转程式。

国际数据公司 IDC 的系统研究分析把电子商务应用分为三个层次：第一个层次是市场电子商务应用，包括 EDI 业务、网上银行、网上购物、广告宣传；第二个层次是企业电子商务应用，最典型的是供应链管理；第三个层次是社会电子商务应用，包括电子政府和税务电子化。

关键术语

电子商务　B2B　B2C　O2O　信息流　资金流　物流　概念模型　网络直销
中介交易

课堂讨论

1. 简述电子商务的概念。
2. 简述电子商务的概念模型。
3. 说明电子商务与传统商务的基本区别。
4. 简述电子商务的优势。
5. 比较传统商务运作过程与电子商务运作过程的异同。

网上实践

1. 登录卓越亚马逊电子商务网站 http://www.amazon.cn，试从其网站上购买一件商品，分析其电子商务运营模式、付款方式及配送方案。

2. 访问海尔集团公司网站 http://www.haier.com，浏览网站内容，了解海尔集团的产品和服务，然后思考海尔集团如何利用电子商务方式提供这些产品和服务。

案例分析

“互联网＋”如何拯救星巴克？

过去数年，全球经济遇到了严重的衰退和危机，但星巴克的业绩却逆流而上，从 2010 年至今一直保持上扬。星巴克截至 2015 年 3 月 29 日的第二财季的财报显示，公司营收 45.6 亿美元，比上年同期增长 18%，净利润达到 4.95 亿美元。这已经是它连续多个季度保持业绩递增。其创始人霍华德·舒尔茨认为，这是星巴克成立 40 多年来最好的时期，他希望通过激发和孕育星巴克的人文精神，在“互联网＋”的推动下，使其业绩继续上扬。

今天，星巴克已经不再只是一个品牌，也不再只是囿于实体店消费的公司，正如星巴克重新设计的标志所显示的那样，迷人的女妖已经从束缚她的围栏中解放出来，星巴克与顾客的联系也已经进入了“第四空间”，“互联网＋”成了星巴克的救星。

● 出路是“第四空间”

2008 年，发展到一定规模的星巴克遇到了“瓶颈”：经济形势不佳，竞争对手强大，营销增长呈下降趋势，危机重重。公司决定将霍华德·舒尔茨重新请回 CEO 的位置，期盼这位意志坚定的创始人能够拯救星巴克。

霍华德不负众望，他带来了新的发展路线——顾客想往哪里去，星巴克就要去哪里。“我们不仅要在星巴克门店的四堵墙以内有所作为，而且必须在移动平台和社交媒体上面有所作为。向顾客传递星巴克体验时，不仅仅是在星巴克的物理空间，我们希望将它延展到数字空间，包括移动平台。”霍华德说。

在顾客的推动下，拥抱数字化，依靠互联网创造的第四空间，这是星巴克发展的新出路。霍华德敏锐地预见到，此时的消费者期待无缝的 O2O，即从线上到线下的体验。这个时代最大的变化就是数字媒介对人们生活状态的影响，他认为必须把这个时代特征迅速地融入星巴克的产品和服务之中。

霍华德做出了重大决策：明晰星巴克所处的时代背景，重新定位星巴克在其中的角色；坚决投资 IT 基础建设，果断建立新型的改革体制，以求带领星巴克进入数字新时代。而构成霍华德以“互联网＋”为特征的数字战略的主要有电子商务和移动付费、社交网络与数字化营销。其目的就是迅速占领数字化制高点，在众多的竞争对手中脱颖而出。

● 手机钱包促销

霍华德决意聚焦手机，这是他数字化战略的一个主要部分，他要星巴克既保持现有经营模式，同时扩展与顾客沟通的数字接触点。数据显示，使用手机进行移动支付能够节省信用卡刷卡时间并降低交易费用。移动支付平均只需花费 6 秒，比在柜台刷卡交易节省时间近 2/3。快捷支付对零售行业来说极为重要，它不仅能避免顾客在排长队时失去耐心、放弃购物，还能带动更多的产品销售。

事实上，星巴克的顾客在使用移动支付时，的确愿意花更多钱，因为移动支付的快捷性常能引发额外的购物冲动。为此，星巴克与科技公司 Square 合作，设计出了一种既具综合性又操作简便的移动付费和社交应用程序，供安卓或苹果手机用户使用。而二维码技术又为星巴克移动付费提供了保障，星巴克因此对公司的 POS 系统进行了大规模的升级改造，购买二维码扫描仪，将它与 POS 组装在一起。在星巴克与 Square 公司宣布合作后仅 3 个月，手机钱包支付系统就上线了，并在美国的近万家星巴克门店最先使用。为了鼓励顾客使用手机钱包，星巴克设计了一些小优惠，例如发送短信发票等。星巴克将顾客住址附近凡是使用 Square 手机钱包的商家统一列入一个名单，这样形成了一个良性循环，手机钱包很快在美国成为一种新的付款方式。

● O2O 互动求发展

星巴克非常幸运，霍华德多年来所倡导的企业文化——倾听、互动、谦恭、趣味等，有许多特征与社交媒体不谋而合。2008 年 3 月，“我的星巴克点子”(My Starbucks Idea)网站首次亮相。通过它，星巴克实现了无缝贴近顾客的目标。该网站的成员可以分享自己关于星巴克的想法，可以对改进星巴克的点子进行投票，也可以对具体的产品展开讨论或体验，提出意见和建议。

"我的星巴克点子"是一个良好的开端，随后，星巴克进入了互动性更强的平台——Twitter，继而进入 Facebook。因为有了 Twitter 的经验，星巴克在进入 Facebook 时做了很多前期准备工作。在与著名的社交网合作当中，星巴克很注意谦恭、平等、真实并具有趣味性，且目标明确：星巴克致力于在社交网上交朋友而不是提供优惠。换句话说，星巴克在 Facebook 上发布信息，是为了吸引星巴克粉丝，而不是推销产品或服务。当然，YouTube、Google、Instagram、Pinterest、LinkedIn 等也都是星巴克的内容渠道。

星巴克逐步建立自己的粉丝基础，然后利用社交图谱，围绕咖啡的各个话题以及星巴克提供的各种食物和饮品展开讨论，进而达到自己在社交环境中广而告之的目的。社交媒体 O2O 和数字消费给星巴克带来了巨大的投资回报。依照惠勒副总裁的说法，星巴克的数字化旅程真正重要的时刻是在 2009 年，即社交网站正式投入的第二年。那年星巴克推出免费糕点日活动。星巴克决定建立一个网络平台，专门用于新食物的推出，新款食物只在这里推出，这对星巴克来说意义非同寻常。那天有 100 万人走进了星巴克，通过 150 万份免费糕点，星巴克提高了品牌的知名度。数据表明，数字网络投资是一项非常高效的商业推动力。

星巴克管理层认为，数字世界日新月异，星巴克不能自满，必须阔步向前，争取更大的成就。

讨论：

1. 星巴克创始人霍华德·舒尔茨是如何通过"互联网＋"提升星巴克的人文精神的？
2. 星巴克是如何应用 O2O 模式进行促销从而提高品牌知名度的？
3. 星巴克是如何通过社交媒体打造自己的粉丝经济的？

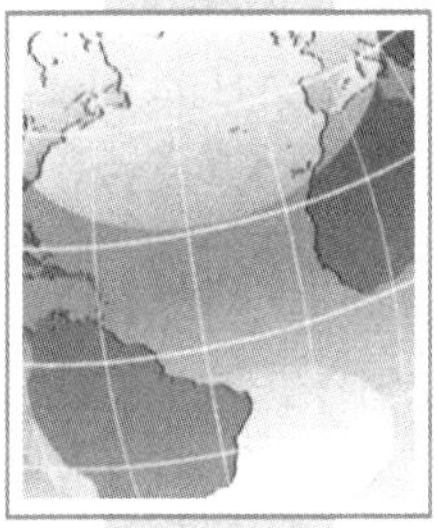

第二章 电子商务环境

本章引言

国际上和各国内部的政治、经济、文化、法律等环境对电子商务的发展有着显著的影响，同时电子商务的发展也对传统的经济、法律、文化提出了挑战。国际组织和各国相继进行了电子商务立法，以保障安全、健康的电子商务环境。电子商务的发展使商业面临着新的网络道德问题，营造良好的道德环境是电子商务发展的重要保证。本章主要从多维的角度剖析电子商务环境。

本章要点

- 电子商务的宏观经济环境
- 电子商务的中观经济环境
- 电子商务的微观经济环境
- 电子商务的政策法律环境
- 电子商务的道德环境
- 电子商务的网络文化环境

第一节 电子商务的经济环境

电子商务是一种经济活动，因此，经济环境对电子商务的发展起到了巨大的支持作用。电子商务的经济环境可以从宏观、中观和微观三个层面来考察。

一、宏观经济环境

宏观经济是指站在国家、民族的体制角度对经济的总量和结构进行的分析和把握，它是基本国情之一，是国家社会经济发展的基础，也是开展电子商务的基础。

（一）宏观经济总体状况

1. GNP 总量

国民生产总值（GNP）或国内生产总值（GDP）是衡量一个经济总体情况的最基本标准。国民生产总值可以分为实际国民生产总值、名义国民生产总值与潜在国民生产总值。这三者之间的关系能反映出经济周期与经济增长的情况。一般来说，实际国民生产总值大的国家对电子商务的投资支持力度会较大，这就使电子商务的发展具有了较好的基础，而名义国民生产总值、潜在国民生产总值与实际国民生产总值之间的差额，决定了电子商务的发展空间和发展速度。

2. 人口总量

一个国家的人口总量一直是一个重要的统计指标，它是国民经济总量的一个重要决定因素，同时也是参与其他统计运算的重要参数。对电子商务而言，一个国家的人口基数越大，那么潜在的上网资源就越丰富，电子商务的发展潜力也就越大。除了考察人口总量外，还需要考察人口年龄分布、地域分布、职业分布、失业率等重要指标，这些指标构成了支持电子商务发展的一个重要环境。

3. 经济增长率

将各年的实际国民生产总值进行比较处理，可以得出经济的年增长率。经济增长率反映了一个国家经济发展的势头。经济增长率为正值时，说明经济是增长的，否则就是萎缩。当经济持续增长或萎缩时，就形成了经济发展的趋势，由此可以判断是经济的上升期、繁荣期、衰退期或萧条期。在经济增长的不同状况下，电子商务发展自然也受到不同的影响，呈现出发展或衰退的迹象。

4. 人均总量及增长率

人口总量和经济增长率都是对总量的考察，另一个不可忽视的方面是人均总量及增长率。人均 GNP、人均总收入和人均增长率等在我国城乡和地区之间区别较大。人均衡量的经济指标和增长率可以从另一层面看出一个国家的经济水平。这也是决定电子商务如何发展的一个重要环境因素。

（二）经济体制

1. 计划经济体制

一般而言，电子商务市场是一个竞争占主导地位的市场，宽松的准入条件和低成本扩张使这个市场变得极具竞争性。另外，电子商务的另一个特点就是变化性，互联网将企业的发展以月为单位来计量，甚至每天都可能有巨大的变化。因此，计划经济体制无法适应电子商务发展对经济体制灵活性的要求。但电子商务还需要有力的宏观调控力量加以规范，所以计划经济体制在这方面具有一定的优势。从总体考察，在计划经济体制中，电子商务的发展会受到严重的制约。

2. 市场经济体制

由于电子商务市场具有天生的竞争性，而电子商务的发展又呈现出日新月异的特征，因此应当为电子商务营造一个市场经济的氛围，用价格机制、竞争机制和供求机制来自发调节电子商务的发展，使市场经济体制更适合电子商务发展。当然，强调市场经济并不是说就否定国家政府干预的作用，而是应当将政府干预纳入市场经济的调控范围内，以法律手段为主，注重宏观协调，努力推动政府向服务者转变。

（三）产业状况

产业是具有相同再生产特征的个别经济活动单位的集合体，在社会再生产过程中从事不同的社会分工活动，各有其不同的地位、作用和特点。同时它们之间又相互交换、相互合作，形成了不同的结构比例关系。产业的发展及其现代化，不仅是经济总量水平和生产技术水平的提高，更重要的是表现为经济结构的变化，因此产业的现代化又是一个经济、社会全面发展的概念。作为商务形式的变革，电子商务必然要置身于社会产业的大环境中发展，并会改变传统商务活动在社会产业氛围中的作用。

1. 产业划分

产业划分是对构成国民经济的各种产业活动按一定标准进行分解和组合，进行多层次的划分。最常用的产业划分方法是三次产业划分。所谓三次产业划分，就是把全部国民经济划分为第一次产业、第二次产业和第三次产业。第一次产业包括农业（种植业）、畜牧业、林业和狩猎业等,第二次产业主要包括采矿业、制造业、建筑业等,第三次产业主要包括商业、金融业、保险业、饮食业、科学教育、文化及政府公务等服务行业。近几年,随着信息产业在全世界范围内蓬勃发展,第四次产业的提法逐渐兴起。电子商务伴随着第四次产业的兴起而发展壮大,但作为电子商务发展环境,各产业及产业间的关系对电子商务的发展起到了重要的作用。这也是为什么在阐述电子商务所处的产业环境时,要首先对产业的划分加以说明。

2. 产业结构

产业结构是指国民经济活动中各个产业之间的比例关系及其构成。产业结构的演进推动着经济的发展。第四次产业的兴起,为电子商务的发展提供了广阔的空间。随着近几年电子商务的迅猛发展,信息产业在产业结构中的位置日渐突出,对经济的贡献越来越大,从而使传统产业受到巨大影响,迫使其纷纷介入电子商务。由于电子商务中具有传统产业所不具有的多种经济形式,甚至导致一个新的产业的形成,而传统的产业结构对电子商务的制约也日益突出,因此对传统产业结构的调整势在必行。总之,总体的产业结构支持或制约着电子商务的发展规模和速度,同时电子商务的发展又推动了传统产业结构的变革。这就是电子商务发展与产业结构演进的相互关系。

3. 产业政策

产业政策是指国家政府系统设计的有关产业发展的方针,是产业结构演进的政策目标与政策措施的总和,是从整个国家产业发展的全局着眼而系统设计的较为完整的政策体系。产业政策确定了一个国家的产业结构、产业组织、产业技术、产业布局等方面的发展方向。电子商务的发展也要受到国家产业政策的调控和影响。国家对信息产业的政策倾向、电子商务在产业结构中的比重以及产业组织政策安排、电子商务技术引导、电子商务传统产业的布局安排等,都是电子商务发展的重要环境。

(四)就业状况

1. 就业程度

就业程度反映了一个国家的经济景气程度。一个国家的总就业人数比总劳动力人口数,就得出了总就业率,这是反映一国就业状况的重要指标。电子商务的发展提供了许多就业机会,但反过来,它也受到了社会总就业率和就业人口的产业分布的制约。总就业率高的经济环境中,电子商务的发展很可能受到人才瓶颈的限制,与其他产业的人才竞争会尤为激烈;总就业率低的经济环境中,电子商务发展还要受到国家的总体经济状况、人口教育状况及风俗习惯的影响。所以,具体分析时要考虑多方面的因素。

2. 就业人口在产业间的分布

就业状况的另一个方面是各产业的就业状况,即产业间的分布状况。传统的三次产业中,就业人口分布的情况反映在各产业的规模与发展上。由于电子商务是新兴的高效率、高发展产业,它具有吸引人才的多方面优势,因此,从产业间的就业人口分布来看,大量的人才正在流向电子商务领域。如果将电子商务从第四次产业中剥离出来,它与传统产业的人才竞争相对缓和,但与第四次产业的人才竞争就极为激烈了。现在,产业间的人才布局发展呈现出高素质人才流向第四次产业的趋势,而包括第四次产业在内的各产业的复合型高级人才正流向电子商务领域。

(五)通货状况

1. 通货膨胀

在西方经济学中,通常将通货膨胀定义为商品和服务的货币价格总水平的持续上涨现象。

通货膨胀在国民经济发展过程中是一种经常性的现象。通货膨胀的状况影响着国民经济的发展规模和速度，同时也影响着作为国民经济新组成部分的电子商务的发展。我们不能简单地认为通货膨胀的作用是促进或是促退，必须要看具体的时期、条件和状况才能确定。因此，应当注意到通货膨胀对电子商务的影响作用，根据通胀的具体情况来确定和调整电子商务的发展对策。

2. 通货紧缩

通货紧缩可以理解为物价疲软乃至下跌的态势，它不是偶然的、一时的，而是作为一种经济走向和趋势存在。物价疲软趋势的存在，必然导致对经济前景的悲观预测，经营者不敢投资或者想投资而苦于找不到合适的项目，消费者也不敢放手消费，从而导致有效需求不足，使经济无力摆脱负增长的困境。近年来，由于世界性的经济衰退，电子商务的发展，尤其是中国电子商务的发展，必然要受到通货紧缩的影响。

二、中观经济环境

中观经济主要指行业发展状况和区域经济发展状况，它是相对于宏观经济视角和微观经济视角而言的。把握中观经济对于制定电子商务行业和区域政策、规划等十分必要。

（一）行业状况

不同的国家，其行业划分有所不同，譬如我国的行业划分就分为几十个大行业、几百个小行业。电子商务是多种要素复合的新生产力，它的内涵、外延、作用、效果和生存环境在各行各业中是不尽相同的。一般来说，没有物流的商务领域，如证券、银行、保险等，是相对简单的电子商务领域，应该首先采用电子商务；其次是有简单物流的商务领域，如旅游、服务、电子化产品、软件、音像制品、图书等，是半复杂电子商务领域，应该逐步采用电子商务；最后是有完全物流的商务领域，如机械、化工、冶金、煤炭、汽车等，是复杂电子商务领域，应该分步采用电子商务。

（二）区域经济

1. 区域经济划分

经济划分是以地理划分为基础的。最一般的划分是以地理方位划分，分为东部地区、西部地区、南部地区、北部地区及中部地区等。我国习惯上以原有的行政区域进行划分，全国分为几大行政区，分别为东北、西北、华北、华中、华东、西南、东南和华南地区。随着国家开发西部政策的出台，近年来还形成了东部地区、中部地区和西部地区的区域经济划分。区域经济划分为电子商务发展确定了地理经济区域的框架，并为电子商务发展的政策、模式、方法、速度和效果评定等方面提供了更为细致的分类依据。更为重要的是，它还为电子商务的区域间比较、借鉴和关系处理，抵制地方保护主义，促成电子商务大市场的形成提供了前提和基础。西部开发战略提出后，电子商务更有了地区发展的后发优势，利用电子商务低成本、高效率等特性促进西部经济腾飞已成为各界共识。

2. 区域经济特征

区域经济特征首先是各经济区域内部经济的总体特点，包括经济总水平、产业结构特征、就业状况、经济地理特征、人文和风俗等。各区域的经济特征形成了经济发展的特定风格和思路。深入把握区域经济特征来制定相应的经济政策和对策，结合本地特点因地制宜、走特色发展之路，是区域经济发展的必然选择。电子商务的发展应当把区域经济特征作为重要影响因素来考虑。区域经济特征影响了电子商务发展的方向、重点、步骤、思路、速度等诸多方面。将区域经济特征与电子商务特点相结合，综合分析发展机会，促进电子商务区域发展成最佳模式，既是电子商务创新的重要方面，也是区域经济创造性发展的机遇。与此同时，还应当深入把握区域经济特征中不利于电子商务发展的因素，比如经济规模、经济水平、城市化程度、经济观念、技术水平等方面，尽量克服不利于发展的因素，将失误率和风险程度降到最低，形成有针对性的控制和处理方法。

3. 区域经济合作与竞争

各经济区域之间的关系是合作与竞争的关系。首先，任何一个区域如果脱离了国家经济的总体，独立于其他经济区域之外发展，都会遇到巨大困难。各经济区域之间进行合作是必然的和首要的。其次，经济区域之间也存在着竞争。区域经济竞争主要围绕经济资源、政策导向、人才流动、技术和市场等方面展开。区域经济竞争的结果是资源流向了效率最高的区域和领域，达到资源的充分利用和形成区域经济特色。目前，电子商务已渗透到了区域经济的各个方面，伴随着区域经济的合作与竞争，电子商务领域也存在着类似的合作与竞争。对于整体的电子商务发展，由于区域间的联系而获得了更为丰富的内容，电子商务的整体创新会更加全面、完善，整个社会经济的贡献也将更大。而作为区域发展的电子商务，区域合作与竞争又为它提供了选择和取舍的可能。各经济区域内电子商务的发展将形成各自的特色。

三、微观经济环境

电子商务发展的微观经济环境是以从事电子商务活动的个体为考察对象的环境。这些个体可以是机构、企业或个人，其中最为重要的是企业组织。考察的环境包括企业的内部环境、具体企业面临的专业市场（或称企业市场）以及具体企业面对的消费者，即企业经济环境、市场经济环境和消费者经济环境。企业作为电子商务的主体，其信息化程度是电子商务运行的基础。

（一）企业经济环境

1. 法律环境

企业都是在特定领域内进行经营活动的组织。从国家的法律体系来看，对每个领域都有相应的法律进行协调。有一些法律适应各个领域，企业也应当进行研究。电子商务是近几年发展起来的，除了原有的法律之外，调节各领域电子商务企业行为及企业间关系的法律还很不健全。

2. 政策环境

政策的作用对于企业来讲同法律的作用相似。它也可用于调节企业的行为和企业间的关系，为维持一个正常、高效的发展环境做出贡献。不同的是，政策更具有灵活性，而在强制性和权威性上不如法律。虽然电子商务的发展必须规范，但是立法的周期又比较长，所以在过渡期间，政策的作用就显得尤为突出。对于单个企业面临的政策环境，主要包括两个层次：对所有企业都适用的政策和对某些企业才适用的专业领域内的政策。

3. 技术环境

技术环境对于企业的发展是非常重要的。具有先进核心技术的企业，其发展就如虎添翼。没有先进的技术，企业经营会遇到很多困难，应付竞争就显得力不从心。电子商务是高技术含量的活动，从事电子商务的企业必须开发、引进和掌握先进的技术，这已经在业界达成共识。

4. 资本环境

企业发展需要大量的资本。无论是正常的生产活动、开发活动、经营活动，还是应付突发事件等，都需要到资本市场上去吸引投资。电子商务企业由于具有明显的高技术、高风险、高回报的特征，往往可以进入股票市场融资或吸引大量的风险投资。除了资本总量的支持外，持续的资金注入对电子商务企业也是尤为重要的。没有持续资本的支持，电子商务企业往往无法支持到盈利的时候，而是在获得效益之前就夭折了。

5. 人才环境

企业发展的根本在于人才，电子商务企业更是如此。前面提到，电子商务企业所需要的人才大多是兼备商务知识、管理知识、技术知识于一身的复合型高级人才。就目前来看，电子商务人才的供求缺口很大。如何吸引到一批有能力、重事业的人才，并充分利用人才，发挥他们的作用，这是每个电子商务企业都要面临的重大问题。也可以说，这是一个人才环境塑造的问题。如果这个环境塑造得好，电子商务企业就会获得巨大的发展空间，提高发展速度；如果这个环境营造得不好，企业就可能输在起跑线上。

（二）市场经济环境

1. 管理环境

每个电子商务企业都面对一个特定的专业市场。在这个市场中有众多的法律、政策对其加以规范，加之市场的准入条件（资格）、企业所处的行业规范和行业自律及企业间达成的协调条款等，一起构成了电子商务企业面对的专业市场的管理环境。市场的管理对于规范市场交易行为、维持市场秩序、保障合法交易、惩治秩序破坏者等具有重要的作用。另外，电子商务企业的创新性很强，经常遇到市场转型的问题，面对一个新的专业市场，好的管理环境为电子商务企业的市场进入和拓展提供了引导、支持和保障。

2. 监督环境

监督是一个重要的职能，通过良好的监督机制，可以在破坏发生之前采取行动，避免伤害结果的发生。电子商务企业进行的生产经营活动大多具有灵活性，因此不确定因素会时常出现。所以，电子商务企业的发展需要一个好的监督环境。监督环境可以分为企业内部的监督环境和企业外部的监督环境。内部监督环境由电子商务企业根据自身发展的需要进行建设，一般由技术环节和制度环节共同构成，以保障电子商务的安全。外部监督环境则在企业外部产生，它由多个部分组成，如外部安全提供者（CA 认证中心等）、信用监督者、外部监督法规、企业间协议等。

3. 信用环境

电子商务企业所具有的高风险性必然要求有一个良好的信用环境来分担风险，保障正常经营和应付突发事件。电子商务企业的信用环境同样可以分为企业内部信用环境和企业外部信用环境。企业内部信用环境，或称企业信用环境，主要是由企业的资本总额、资产负债比率、盈利能力、技术专有性等方面构成，良好的企业信用是电子商务企业发展的可靠保障。企业外部信用环境，或称外部信用环境，主要是企业有能力利用的企业外部的信用。外部信用环境的构成也很复杂，比如企业与银行的关系、企业提供的外部担保、资本市场对企业的评价等。

（三）消费者经济环境

电子商务企业直接面对的消费者的经济状况构成了企业的消费者环境。与市场环境不同的是，这里是以最终需求方为对象的，而市场环境里的阐述还停留在中间层。另外，消费者经济环境作为企业面对的微观环境，主要是针对 B2C 型电子商务企业而言的。

1. 收入水平

消费者的收入水平直接影响了他们的购买能力，决定了电子商务企业的市场空间。消费者的收入还影响了他们的消费观念，以及他们对电子商务方式的接受程度。收入较高的消费者更容易转变消费观念，容易接受电子商务的新形式。较高的收入可支持消费者购买足够的信息设备和服务，以实现电子化的交易。

2. 消费者观念

消费者观念是消费者态度的集中反映。消费者观念越开放，就越容易进行购买行为，也越容易接受新的购买和消费方式；相反，消费者观念越保守，就越难引导他接受新的电子商务的购买和消费形式。

3. 消费行为

消费行为是说明消费者属性的一个重要部分。作为企业产品或服务的购买者和使用者，消费行为可以被分为两个部分，即购买行为和使用行为。其中，对企业影响较大的是购买行为，但使用行为会关系到下次购买行为，因此间接地影响了企业的决策。电子商务企业要潜心研究所面对的消费者行为，充分掌握消费者行为各阶段的特征和相关信息，为企业决策提供依据。

第二节 电子商务的政策法律环境

电子商务的发展不仅需要良好的经济环境作为保障，而且还需要健全的政策法律环境作为保障。本节分别从法律环境和政策环境两个方面进行阐述。

一、法律环境

(一)联合国的电子商务立法

1991 年，联合国国际贸易法委员会下属的国际支付工作组开始负责制定一部世界性的电子数据交换(EDI)统一法。1993 年，该工作组全面审议了《电子数据交换及贸易数据通信手段有关法律方面的统一规则草案》。为切实解决全球电子商务所遇到的法律冲突，消除各国电子商务立法出现的新的冲突和规则上的不统一，适应各国对 EDI 统一法的迫切要求，1996 年联合国国际贸易法委员会大会决定，将法案名称改为《联合国国际贸易法委员会电子商务示范法》(The United Nations Commission on International Trade Law Model Law on Electronic Commerce)，简称《电子商务示范法》。该法是第一个世界范围内的电子商务的统一法规，其目的是向各国提供一套国际公认的法律规则，以供各国法律部门在制定本国电子商务法律规范时参考，促进现代通信和信息存储手段，诸如电子数据互换、电子邮件和传真的使用；其基础是建立“书写”、“签名”和“原件”等纸面化概念的等同功能。

由于《电子商务示范法》对于签名问题的规定过于简单，对于已经在实践中出现的法律争端没有可操作性的规定，因此，在《电子商务示范法》出台后，联合国国际贸易法委员会将工作的重点放在制定电子签名领域的法律规范上。在贸易法委员会电子商务工作组第 37 次会议上，提出了“电子签名示范法”的草案，并在第 38 次会议上进一步完善。按照电子商务工作组的计划，该示范法草案提交贸易法委员会第 34 次会议(2001 年 6 月 25 日～7 月 13 日)审议通过。所以，《电子签名示范法》(2001)是国际上关于电子签名的最新立法文件。《电子签名示范法》是在《电子商务示范法》第 7 条关于电子签名规定的基础上，进一步就电子签名涉及的定义、不同安全水平与程度的签名要求，以及签名人、认证服务提供者和签名信赖方的行为及其义务等作了明确规定，更具操作性。

(二)经济合作与发展组织的电子商务立法

经济合作与发展组织(OECD)于1998年10月在加拿大渥太华召开了第一次以电子商务为主题的部长级会议,会议名称为"一个无国界的世界,发挥全球电子商务的潜力"。经过讨论,与会者一致得出结论,达成全球电子商务的共识,形成了一批对于电子商务实际运作具有指导性意义的文件,主要有《OECD全球电子商务行动计划》、《有关国际组织和地区组织的报告:电子商务的活动和计划》和《工商界全球商务行动计划》。渥太华会议是迈向全球电子商务的里程碑,推动了电子商务的全面发展,促进了国际政策的进一步协调,为各种经济体充分利用新的电子平台提供了广阔的空间。

(三)欧洲地区的电子商务立法

1. 俄罗斯的电子商务立法

俄罗斯是世界上最早进行电子商务立法的国家之一。2001年出台了《电子商务法》,明确了电子商务领域的法律调整关系,规定了电子商务主体的权利和义务,订立了电子合同的规则,并确认了电子文件的法律凭证。2011年出台了《电子签名法》,规定了电子签名的使用目的、原则、类型、确认、安全等。同年《国家支付系统法》确定了支付的系统概念,规定了对电子货币汇兑业务的要求。

2. 欧盟的电子商务立法

1997年4月,欧盟委员会提出《欧盟电子商务行动方案》,从宏观的角度规定了信息基础设施、管理框架和电子商务等方面的行动原则。2000年3月,欧盟委员会发起了一项名为"电子欧洲"(e-Europe)的行动方案。"电子欧洲"行动计划是一个政治协议,其目的是确保欧盟所有成员国能够从信息社会所带来的变化中受益。2000年5月,欧洲议会通过《电子商务指令》。《电子商务指令》是欧盟发展电子商务的核心内容,它确立了欧洲单一市场准则同样适用于电子商务,其目的是防止出现因各国制度不同而导致欧洲电子商务发展受限的局面,从而推动泛欧在线服务的开展。

3. 其他欧洲国家的电子商务立法

包括意大利1997年的《数字签名法》、法国2000年的《信息技术法》、德国2001年的《德国电子签名框架条件法》等。

(四)北美洲、澳大利亚的电子商务立法

1. 美国的电子商务立法

1995年美国犹他州制定了世界上第一部《数字签名法》,1997年在《统一商法典》中增加了两章——"电子合同法"和"计算机信息交易法",1998年作出进一步的修改,2000年颁布《国际与国内商务电子签章法》。20世纪末,美国已有44个州制定了与电子商务有关的法律。21世纪以来,美国出台了一系列的法律和文件,从而构成了电子商务的法律框架。

2. 加拿大的电子商务立法

1999年加拿大制定了《统一电子商务法》,正式承认数字签名和电子文件的法律效力。此后,通过制定具体的政策、法规,实现电子商务的发展,通过及时更新法律法规,消除电子商务的障碍。

3. 澳大利亚的电子商务立法

1999年澳大利亚颁布了《电子交易法》,确定了电子交易的有效性,并对适用范围进行了适当限制,对"书面形式"、"签署"、"文件之公示"、"书面信息的保留"、"电子通信发出、接收的时间和地点"、"电子讯息的归属"进行了规定。

（五）亚洲地区的电子商务立法

1. 新加坡的电子商务立法

新加坡政府非常重视电子商务方面的立法。在联合国国际贸易法委员会于 1996 年颁布《电子商务示范法》之后，新加坡即开始相关电子商务的立法研究与立法起草工作。自 1998 年开始，新加坡推出了一系列关于规范网络信息和电子商务的法律法规，主要包括《电子交易法》(Electronic Transactions Act)及配套法规、《滥用计算机法修正案》(Computer Misuse Act)，修订了知识产权法，明确了网络内容规范和电子商务税务处理等方面的法律法规。

2. 马来西亚的电子商务立法

马来西亚是亚洲最早进行电子商务立法的国家。20 世纪 90 年代中期提出建设"信息走廊"的计划；1997 年颁布了《数字签名法》，该法采用了以公共密钥技术为基础并建立配套认证机制的技术模式，极大地促进了电子商务发展。

3. 韩国的电子商务立法

韩国政府于 1999 年颁布《电子署名法》，并成立电子署名认证管理中心，以全面推行本法令；同年还制定了《电子商务基本法》，并通过两次修订扩大了该法案的应用范围。2007 年 1 月，韩国政府正式实施《电子金融交易法》。

4. 日本的电子商务立法

1999 年 11 月，日本邮政省、通产省、法务省联合草拟和公布了题为《与电子签名和认证有关的法律条款——促进电子商务并为基于网络的社会和经济活动奠定基础》的政策性文件。为了实现"数字化日本"这一雄心勃勃的目标，日本政府于 2000 年 6 月又推出了《数字化日本之发端——行动纲领》(以下简称《行动纲领》)。该《行动纲领》目的不仅在于促进本国电子商务的发展，而且意在全方位地推动日本在网络环境下的经济和社会发展。

5. 中国的电子商务立法

中国香港 2000 年颁布了《电子交易条例》。中国台湾 2001 年制定了《电子签章法》。《中华人民共和国电子签名法》于 2004 年 8 月 28 日在第十届全国人大常委会第十一次会议上被表决通过，2005 年 4 月 1 日起实行，该法共 5 章、36 条，赋予电子签名与手写签名或盖章具有同等的法律效力，明确了电子认证服务的市场准入制度。

2012 年 12 月 28 日，十一届全国人大常委会第三十次会议审议通过了关于加强网络信息保护的决定草案。此外，我国已经制定了《第三方支付管理办法》、《网络交易管理办法》、《互联网信息服务管理办法》等规范性文件，但这些规范性文件仅是当电子商务发展过程中出现较大问题时，相关部门才开始牵头组织制定相关规定，缺乏完整体系。

目前，《电子商务法》已结束二审。自 2013 年 12 月 27 日全国人大常委会召开电子商务法第一次起草会议正式启动，到 2016 年 12 月 25 日该法进入一审，再到如今作为党的十九大召开后第一批提交审议的法律草案之一，这部与消费者权益息息相关的法律一直备受社会各界的关注。《电子商务法》是我国法律体系的重要补充，也是电子商务可持续发展的法律保证，尽早尽快地出台该法对我国电子商务加快转型升级、促进新电子商务代替旧电子商务具有重要的指导意义。

二、政策环境

政府对某一新兴产业的重视程度及扶持与否，往往体现在政府所制定的政策上。而政府所制定的政策确实对一个产业或行业的发展起着重要的推进作用。为了推进我国电子商务快速、持续地发展，我国政府应该制定出一系列适应我国国情的电子商务政策。

（一）电子商务投资政策

在社会主义市场经济环境下，投资主体应该由政府转向广大企业，尤其是中小企业，因为它们的灵活性、积极性往往高于大型企业。在瞬息万变的市场经济中，中小企业更能“适者生存”，我们国家十几年来的实践也显示出中小企业特有的朝气。政府应当营造能让中小企业方便投资的资金市场和环境，当然也包括融资环境。

政府的国家资金一般应作为引导、启动或配套资金进行注入，以表明政策支持那些经济、社会效益均好或社会必需的行业。政府投资的大小体现其重视程度或工程的难易程度。对于电子商务这样的系统化大型工程，国家应做好宣传、知识普及、制定投资政策等工作。譬如，在通信网络方面，国家投资可占较大的比例；在计算机网络建设方面，国家投资就应该较小；对信息资源网，则应视行业信息情况酌情给予投入；对电子商务增值网，则主要是给予法律、法规上的指导，帮助企业解决新问题，原则上不宜进行较大投资，这一部分应促进企业的市场行为，应营造向这样的项目投资的市场；典型的示范工程投资应该是国家投资的主体领域，这种工程耗资不大，但对社会影响大，示范带动作用明显，这是政府在投资领域中大有作为的领域。

（二）电子商务税收政策

1. 美国的电子商务税收政策

1998 年 10 月，美国国会通过了《互联网免税法案》(Internet Tax Freedom Act，ITFA)。ITFA 最简单、最基本的原则就是：“虚拟商品”不应该被课税。该法律是美国第一个正式的有关电子商务税收的法律规定，其主要内容包括：(1)从 1998 年 10 月 1 日起三年内避免对互联网课征新税；(2)三年内避免对电子商务多重课税或加以税收歧视；(3)访问远程销售商站点(该站点的服务器在境外)只被作为确定其具有税收征收的一个因素时，国家、州不能对销售商征税。

2000 年 3 月 20 日，美国电子商务咨询委员会会议再次通过了《互联网免税法案》，将电子商务免税期延至 2006 年，并强调：(1)即使征税，也要坚持中性原则，不能阻碍电子商务发展；(2)坚持透明简易原则，不增加网络交易成本；(3)征税应符合美国与国际社会现行税收制度，不开征新税；(4)跨国交易的货物和劳务免征关税；(5)放宽税收征管。

2001 年 11 月 28 日，时任美国总统布什签署了一项旨在延长《互联网免税法案》两年或更长时间的法案，该法案禁止美国各州对互联网贸易征收销售税，保持互联网的免税贸易。2004 年，美国国会又颁布了《网络租税非歧视法案》，将禁止网络交易征税的期限延长至 2007 年 11 月 1 日。2007 年 10 月 1 日，又颁布了《网络租税自由法案 2007 修改法案》，将禁止课税期间延长至 2014 年。

根据官方通知，2018 年 1 月 1 日以后，所有通过 FBA 或者 FBM 发往华盛顿的订单，包括运费部分，都会被征收 8.39%的消费税。亚马逊会负责收取并支付给当地税务部门，卖家无须执行任何操作。3 月 3 日，亚马逊再次通知第三方卖家，将会对卖向宾夕法尼亚州的商品征收销售税。这项新政策将会从 4 月 1 日起开始实施。目前，除了华盛顿州和宾夕法尼亚州，科罗拉多州和南达科他州等州也已经通过了立法，强迫征收电商销售税。不难想象，随着 1992 年 Quill Corp. v. North Dakota 在越来越多的州受到挑战，各州政府将纷纷效仿，开启对在线电商的消费税征收，电商消费税或将迎来巨变。

2. 加拿大的电子商务税收政策

1997 年 4 月，加拿大国税局成立了电子商务咨询委员会，研究国际和国内电子商务的发展趋势及相关的税收政策。1998 年,加拿大联邦税务局提出了 72 条有关电子商务的建议,主要涉及所得税、消费税、进口税、关税及其他领域。1999 年,提出了在与美国的技术交易中应考虑的法律和商业问题,并明确了电子商务的一些税收问题,包括进口税的应用、预提税的应用、常设机构问题、有关货物劳务税的登记问题以及转让定价问题等。2000 年举行的“加拿大电子商务机遇”圆桌会议上又公布了一份旨在加速加拿大互联网经济发展的报告,报告中提及了电子商务的税收优惠问题。

加拿大对电子商务征税政策所持的原则为:(1)政府应避免制定不适当的法令或限制措施妨碍电子商务的发展;(2)加强国际合作,制定有利于电子商务发展的政策,以促进网络交易;(3)注重公平,电子商务与非电子商务交易功能相同的纳税人,征税要一致,不能因交易形态而有所差别。

自 2016 年 2 月开始,加拿大财政部就紧锣密鼓地与瑞士等国家陆续签订 CRS 金融账户涉税信息自动交换的协议,承诺将落实执行世界经合组织推行的全球反避税行动方案 CRS。加拿大政府认为,CRS 涉税信息的自动交换,将帮助加拿大政府侦查和揭露更多税务逃税、海外资产隐匿、税务合规违法行为,从而确保加拿大税务体系的高度安全和更加完善。随后,加拿大在世界经合组织(OECD)的 CRS 操作框架指导下,提出了对现行所得税法的修订,在原有的 Income Tax Act 基础上增加了第 21 章,即有关 Common Reporting Standard(CRS)统一申报标准的部分,并计划于 2017 年 7 月 1 日起实施,第一次金融财务涉税信息将于 2018 年开始交换。此外,增加了税法第 270 至 280 条款以及税法 9005 条款和 9006 条款,同时出台修订税法的法规解释条文。

3. 欧盟的电子商务税收政策

1998 年 2 月,欧盟发布了有关电子商务的税收原则:(1)目前尚不考虑征收新税;(2)在增值税征税系统下,少数商品的交易视为提供劳务;(3)在欧盟境内购买劳动力要征收增值税,境外不征税。欧盟委员会对电子商务的税收问题主要考虑到两个方面:一是保证税收不流失;二是要避免不恰当的税制扭曲电子商务的发展。

1998 年 6 月 8 日,欧盟发表了《关于保护增值税收入和促进电子商务发展》的报告,认为不应把征收增值税和发展电子商务对立起来,而且为了控制此项税基流失,决定对成员国居民通过网络购进商品或劳务时,不论其供应者是欧盟网站还是外国网站,一律征收 20%的增值税,并由购买者负责扣缴。1998 年底,欧洲经济委员会(EU 的政体)确立电子商务征收间接税的第一步原则:(1)除致力于推行现行的增值税外,不开征新税;(2)电子传输被认为是提供服务;(3)现行增值税的方法必须遵循和确保税收中性原则;(4)互联网税收法规必须易于遵从,并与商业经营相适应;(5)应确保互联网税收的征收效率,以及将可能实行无纸化的电子发票。

2002 年 5 月,欧盟通过了一项针对现行增值税法的修正案,该修正案对原增值税法中要求非欧盟居民销售数字产品要缴增值税的规定作了修正,非欧盟居民在向欧盟居民销售数字产品时,可以享受免征增值税的待遇。该法案 2003 年 7 月生效,并自生效日后三年内对非欧盟居民向欧盟居民销售数字产品免税。

目前有消息称,欧盟金融事务委员会推出了一套针对电商的增值税(VAT)新规,欧盟成员国各财政部长一致同意,年跨境交易额不足 1 万欧元的欧盟企业,可直接在自己的国家申报缴纳 VAT。欧盟财政部长还同意,所有电商公司可以通过统一的电子平台来申报缴纳 VAT,避免企业向各个有业务往来的欧盟成员国注册缴税。新规还取消了 22 欧元的免税额度,以整治 VAT 诈骗,这一做法将使欧盟国家增加 10 亿欧元的 VAT 收入。且从 2018 年起,欧盟境内国家之间的个人贸易往来将强制性取消“国家地域限制”，向欧盟一体化的主战略方针靠拢，并逐渐在各国落实。

4. OECD国家的电子商务税收政策

作为协调发达国家经济发展的OECD早在1996年6月就着手研究电子商务税收问题，多次召开部长级会议对电子商务税收原则进行磋商。

在1998年渥太华会议和1999年巴黎会议上，OECD国家就电子商务税收问题达成如下共识：(1)保持税制的中性、高效、确定、简便、公平和灵活；(2)明确电子商务中消费税的概念和国际税收规范；(3)对电子商务不开征新税，而是采用现有的税种；(4)加强电子商务税收信息的国际交流，但避免增加纳税人的不当负担；(5)在服务被消费的地方征收消费税；(6)要确保在各国间合理分配税基，保护各国的财权，并避免双重征税；(7)在定义常设机构时，要区分计算机设备的硬件与软件，如只有前者构成常设机构等；(8)OECD的税收协定范本可适用于电子商务的跨国交易，但该范本及其注释应视需要予以修改。

2003年12月，联合国国际税收合作特设专家小组第十一次会议在日内瓦召开。会议上就是否允许电子商务所得的支付国对支付给非居民的所得征收预提所得税问题进行了激烈的讨论。大部分发展中国家和经济转型国家的代表对此均持赞同意见，认为这样可以维护电子商务所得支付国的利益；而另一派则持反对意见，主张坚持OECD《1998渥太华框架》，维护已有的国际税收原则（如常设机构原则等），在既定的原则内做适当调整。

2004年上半年，OECD召开会议，讨论电子商务税收问题。专家们对现行的税收协定原则是做根本性修改还是在现行税收协定原则的基础上做适当的调整提出了不同的建议，基本上是基于严格常设机构认定条件的一种考虑，作为电子商务输入国（收入来源国）是否接受，值得商榷。专家认为，在重新制定国际税收管辖权划分规则时，应尽量维护发展中国家的利益。

2017年9月13日，OECD发布《OECD国家和部分其他国家：税收政策改革(2017)》(*Tax Policy Reforms 2017：OECD and Selected Partner Economies*)新报告，反映OECD成员国和阿根廷、南非国家2016年税收政策变革情况。报告主要分三章：宏观经济背景、税收收入趋势和2016年各国税收政策改革情况。

5. 中国的电子商务税收政策

我国电子商务税收政策的制定应该遵循国际上公认的电子商务税收的几条最基本原则，包括：为促进新兴的电子商务的发展，网上交易的税率至少应低于实体商品交易的税率；网上税收手续应简便易行，便于税务部门管理和征收；网上税收应当具有高度的透明性，有利于因特网用户的了解和查询；对在因特网上进行的电子商务的课税应与国际税收的基本原则相一致，应避免不一致的税收管辖权和双重征税。

2013年12月，财政部、国家税务总局联合下发《关于跨境电商零售出口税收政策的通知》，明确了从事跨境电商零售企业退免税的条件，从而大大降低了企业成本；2017年4月8日，财政部联合海关总署和国家税务总局共同推出《关于跨境电子商务零售进口税收政策的通知》等。跨境电商政策的密集出台，对行业发展起到积极的推动作用。

第三节　电子商务的社会环境

电子商务除了受经济环境、政策法律环境影响外，还受到社会环境影响。本节从电子商务的道德环境和网络文化环境两方面加以分析。

一、电子商务的道德环境

由于电子商务以互联网为运行平台，而网络行为又具有匿名性、虚拟性甚至某种程度的无政府性等特点，使得道德问题成为电子商务中的热点和重点问题。

（一）电子商务活动中的道德问题

1. 商业欺诈问题

所谓商业欺诈，是指在市场交易、投资、服务过程中，通过虚构隐瞒事实、发布虚假信息、签订虚假合同以及夸大宣传等手段，误导、欺骗单位和个人，骗取钱财和各种物质利益，破坏市场经济秩序，损害人民群众合法权益的行为。商业欺诈涉及的领域是非常广泛的，从国家有关方面的信息显示主要在 11 个领域，比如虚假广告、非法行医、商业的不规范行为、贸易合作的欺诈、房地产的交易、网络欺诈、虚假中奖等。

网络欺诈主要表现为：网上购物付款以后不发货，或者寄款以后以批发、手续费、被查封等各种名义进一步套取钱财；以通过网络预测彩票中奖号码的方式骗取钱财等。比如“购满 2 000 元可以 1 元购买某某商品”，遇到单纯的超低价、正版新品的机会还真不多。很多时候，低价只是一个诱人的陷阱。

2. 商业诽谤问题

由于网上言论可以自由发布，某些商家或个人可能利用互联网随意发布一些与事实不相符合的评价，以贬低竞争对手的产品，损害别人或别的商家的声誉，构成了商业诽谤行为。

诽谤是一种有损于别人或别的公司声誉的虚假陈述。如果这种陈述损害的是产品或服务而不是人的声誉，就称为诋毁产品。在有些国家中，对产品的真实比较也会被认为是诋毁产品。由于判断什么是诽谤和诋毁产品有很大的主观性，所以商务网站最好别对其他人或产品进行负面的评价。正当的批评和诽谤之间的界限是很难确定的。网站的设计者尤其要小心避免因改变他人的照片而带来的诽谤责任。因此，在互联网上对竞争者的陈述中如果有诽谤的因素，那么在决定发布之前应该小心地审查。

3. 网上隐私问题

随着互联网日益成为重要的商务平台，网上隐私问题也越来越引人注目。商务网站能够收集访问者的浏览习惯、产品选择倾向和个人统计数据，但如果商务网站未经访问者的许可，就将这些涉及访问者个人信息的资料随意公开或有偿提供给他人，则可能形成对访问者的隐私权的侵犯。网上隐私权当然应有相应的法律保护，但在有关法律尚未出台之前，或在法律鞭长莫及的范围之内，是否尊重访问者的隐私权首先便成了一个道德问题。

消费者在网上通信、购物、注册过程中，会将一些个人资料如姓名、身份证号码、电子信箱地址、信用卡号码存储在网站上。有些网站贪图不义之财，未经访问者的许可，把用户资料出售给第三者。当然，也有些个人资料是利用市场调查、网上调查等多种方式来获取的，也有网民是在上网聊天或通过其他方式无意透露出去的。因此，如何保障个人信息的安全，已经成为网络应用发展所必须要直面的问题。

4. 商业信息的安全问题

进入电子商务领域的商家，一般都有与其自身利益密切相关的商业秘密。由于某些技术上的缺陷的存在，使得人们有可能通过采取不正当途径获取竞争对手的商业秘密。此外，还有人雇用网络黑客非法侵入竞争对手的商业网站，致使对方的商业信息处于不安全状态。

5. 知识产权问题

电子商务的知识产权有版权、专利和商标。由于互联网的特殊性及其发展的超常规性，有关电子商务中知识产权的法律保护一直相当滞后。而且，在知识产权的保护与网络资源的共享之间，又存在着复杂的矛盾关系。如果单纯强调保护知识产权，则有可能损害网络资源的共享；而如果单纯强调网络资源的共享，又有可能导致对知识产权的忽视。由于这一问题一直未能得到妥善的解决，因而使得在目前的电子商务活动中，侵犯知识产权的行为甚至比在传统商务中更为猖獗。

6. 商业信用问题

商业信用是电子商务发展的重要支撑点，没有信用就没有电子商务的发展，完整的电子商务活动有赖于完善的社会信用体系。国家工商总局发布数据显示，2017 年全国工商和市场监管部门共受理消费者投诉 240.04 万件，同比增长 44%。网络购物类投诉 68.57 万件，同比增长 184.4%，投诉量大幅增加。受理商品类投诉 120.63 万件，占 50.3%；受理服务类投诉 119.41 万件，占 49.7%。此外，农村消费投诉增速超过城镇消费投诉。农村相关消费投诉量达 7.35 万件，同比增长 66.4%，高于城镇消费投诉 20.5 个百分点。质量和售后服务是农村消费投诉的焦点。

(1)支付平台的信用。虽然第三方支付很好地解决了电子商务的交易问题，但它同样也存在着许多道德问题。在消费者付款之后和货款打入商家账户之间，有一个时间差，在这段时间里，消费者们大量的货款会停留在第三方支付平台的账户里。提供第三方支付的企业可能将这笔资金“专款专用”是不得而知的。第三方支付企业可能将这笔资金用于相应投资以获取收益，也有可能出现第三方支付企业恶意侵吞资金的情况。而且，一些第三方支付不需要实名制认证就能完成交易，这样就会使得第三方支付平台成为不法分子洗钱的工具，甚至为网络赌博、色情网站等提供资金渠道。

(2)物流配送中的信用。物流配送是电子商务活动中的一个重要环节，如果没有相应的物流配送，电子商务就不能够有效地运作和实现，也无法产生规模效应。不能为消费者提供满意的物流服务，将最终使消费者对电子商务这种先进的商业运作方式产生怀疑、失去信任。这一问题的解决，技术因素仅仅是一个方面，良好商业伦理的培养更为重要。

(3)商品品质的信用。电子商务的虚拟性特点，使交易过程虚拟化，消费者在事前无法看到商品的实样，不能够当面交易，暴露出来的问题日益严重，出现了“网络广告满天飞，货送上门面目全非”的现象。在线公司、企业不讲信誉，制造假冒伪劣产品的行为，需要法律和道德的约束。

(4)购物平台的信用。中小企业网站知名度低，在大多数网民面前是“生面孔”，很难取信于民，也因而成为网络诚信缺失的最大受害者。

7. 流氓软件问题

从技术上讲，恶意广告软件、间谍软件、恶意共享软件等都处在合法商业软件和电脑病毒之间的灰色地带。它们都可以被定义为“流氓软件”。强制安装、逃避用户卸载、不经用户明确授权即收集私人信息等是流氓软件的典型“流氓”行为。目前，“流氓推广”、“流氓广告”等流氓软件的受害用户首次超过了电脑病毒，成为当今互联网上的又一大毒瘤。流氓软件的猖獗归根到底是利益作祟，巨大的市场利益使许多公司投身到制作流氓软件的行列中来，不少涉嫌“流氓软件”的软件产品出自赫赫有名的大公司之手。

(二)建立无害、诚信、公正、尊重的网络伦理体系

伦理学认为，道德的作用机制主要有两方面：一是社会的道德舆论；二是主体的道德良心。

后者作为一种内在机制，使得其能够自主自觉地选择正确的道德行为；对于自己的不道德行为，则能够予以内心的谴责而产生羞愧，从而纠正、放弃道德上错误的行为取向。网络世界的弱约束性使社会舆论比较无力，因此主体的道德良心约束机制尤为重要。在电子商务活动中，应秉承无害、诚信、公正、尊重的原则，建立道德伦理体系。

1. 无害原则

电子商务道德主体应该尽可能避免对他人造成不必要的伤害，应提供安全而无害的商品、信息及服务。这是电子商务伦理体系必须严格遵守的最低道德标准，它可以简单地概括为“无论如何不要伤害”的强制命令。因此，它要求行为者在事先要存有无害他人的意图，并以此及时调整自己的行为，坚决杜绝那些可能对他人造成严重道德伤害的行为。只有坚守无害原则，商品的品质和信息的安全才可能得到基本的保障，人们才可能逐步建立对电子商务的信任感。

2. 诚信原则

这是民商法领域的“帝王条款”，是市场经济交易当事人应严格遵循的基本商业道德。电子商务活动不仅需要交易双方的诚实，而且要以信用作为长期交易的保障。

3. 公正原则

电子商务道德主体的权利分配应该体现社会平等，表现为参与电子商务交易的双方在权利和义务上是对等的。具体表现为在行为准则、技术应用、信息拥有、文化尊重等方面的公正。

4. 尊重原则

在电子商务活动中，尊重原则具体化为对电子商务主体的人格权、隐私权、知识产权以及物权等方面的尊重。尊重是指电子商务参与各方之间的相互尊重，但居于优势的一方尤其应当尊重弱势一方的各项权利。

二、电子商务的网络文化环境

网络经济的兴起冲击了传统的文化，并形成一种独具风格的新的文化形式——网络文化。网络文化作为一种社会存在反映的社会意识形态的文化现象，对当前和未来人类的生存极具冲击力、影响力和渗透力。随着信息革命席卷全球，网络时代已向我们走来。网络文化为我国发展和繁荣社会主义先进文化提供了广阔的领域、途径和手段，同时，对现有的传统也提出了新的挑战。

（一）网络文化的定义

网络作为人类文明的创造物，与其他文明成果一样，并不是一开始就形成了自己的文化体系。网络首先产生于人的求知意识与观念，诞生之初仅仅是一种单纯的技术发明，在发展过程中随着其信息交流媒介功能的显著而逐渐深入人们的日常生活，使人们在全新沟通方式的基础上创建新的生活。网络不但衍生出新型的生活内容和习惯，而且开始影响人们的行为和心理。因此所谓“网络文化”，有两方面含义：一是网络不仅是一种技术与社会现实，更是一种文化现实，网络本身就是一种新兴文化形态；二是文化是以网络的形态存在和发展的，人无时无刻不生活在文化之网中，网络文化是人类文化发展的网络化形态的最典型体现。简言之，就是“网络的文化（特性）”与“文化的网络（形态）”。

网络文化作为一种以网络技术为基础、以网上生活为核心内容的新文化形式，不仅造就了人们对于以往占主流地位的传统文化价值规范的反思和检讨，而且正在塑造全新的文化价值规范体系。国外有学者认为：“网络文化是一种分布很广的、松散的、准合法的、选择性的、对立的亚文化复合体，它可以分为几种主要的领域，如视觉技术、边缘科学、先锋艺术、大众文化等。”

(二)网络文化的特征

网络文化作为一种文化形式，除具有传统文化的一般特征外，还具有以下几个主要特征：

1. 快捷性

网络信息的更新是以小时甚至分钟为周期的，人们通过网络，随时可以了解世界各地发生的大事，真正做到了"足不出户尽知天下事"。由于信息可以高效快捷地传递，即使万里之外的网友和异国他乡的亲人都可以"当面"交流思想、讨论问题、互通信息，提高了人类对信息和资源的利用率。

2. 民主性

与报纸、广播、电视等传统媒体相比，网络更富有民主性，它的异步传输与交互式沟通使得个人能够更从容地选择和吸纳信息，弱化了个体对社团及他人权威的相对依附，而且人们可以大胆发表自己的意见，贡献自己的聪明才智，充分展现自己的闪光点，并相互交流、相互帮助，获得尊重、友情和自我价值的实现，使更多的个人和群体享受到民主。

3. 渗透性

网络自诞生以来，不仅其自身不断演进，而且迅速地与其他文化特质相结合，形成了一个庞大的文化丛。网络文化既能以物质的形态出现(如计算机硬件)，又能以精神的形态出现(如电子信息)，还能以制度的形态出现(如使用网络的有关程序)。它集文字、声音、图像于一体，构成一种主体化的传播形态，营造了一种平面化、标准化、形象化的"快餐文化"，因此具有更强的渗透性。

4. 虚拟与现实的并存性

与现实的物理空间相对应的物质层面的网络空间是一个"虚拟的世界"。这里有虚拟的医院、公园、邮局、图书馆等，人们可以超越时空的限制，足不出户而周游世界、网上购物、网上交友、网上休闲等，过一种完全虚拟的生活。在网络空间里，甚至连网络个体都是"虚拟"的。比尔·盖茨的《未来之路》一书中有一幅漫画，一条狗对另一条正在上网的狗介绍经验说："在互联网上，没人知道你是条狗。"的确，在网上除非你告诉别人，否则没有人能知道你在现实社会中的真实身份。网络中的个体完全是现实中自己的理想化想象。迅速崛起的虚拟现实技术又为我们提供了一个与虚拟世界沟通的桥梁，为人类想象力和创造力的发挥提供了一个巨大的文化空间，使人类能够创造出虚拟的现实。在这里，真实和虚拟的界限已经变得模糊了，把我们已经承认作为实体的现实的东西与我们创造的现实空间连接起来，从而将从根本上改变人类认知世界的方式。一方面，它因建立于数字化而表现出虚拟特征；另一方面，它仍然保持着与"实体"物质的联系，而且赋予"实体"以新的含义。

5. 全球性

网络创造了一种可以进行全球沟通的"网络语言"，它能够超越空间的限制而把世界各地的人们联系起来，为建立"环球化"提供了一种技术手段和物质载体。网络使人们的交流超越了国界，赋予其更大的国际性。网络还强化了"资源共享"的价值观念，只要进入网络系统，人们就可以突破社会制度、思想体系、阶级特征等种种局限而共享着丰富的国际信息，并提供了一种现实的操作方法。

6. 大众性

网络文化是"草根文化"，有着很强的大众性。从互联网上可以及时收集到大量信息，使得少数人对信息和知识的垄断难以为继。人们不再仰视专家和学者，而是将他们的观点与自己掌握的知识进行比较和分析，从新的角度提出自己的看法。在传统媒介上，普通民众缺少话语权；只有在网络上，他们才能畅叙胸怀、指点江山，表现出对传统的颠覆和对权威的挑战。

（三）网络文化的影响

网络的发展给人们的工作、学习、生活、消费和交往方式带来极大的方便，同时使人们的生产和生活方式、观念和意识形态等方面产生了翻天覆地的变化。任何事物都是一分为二的。互联网既给人们许多正面的影响，也给人们一些负面影响。在这里，我们重点分析互联网的负面影响。

1. 对社会道德的影响

首先，面对电脑工作和学习，无疑这在物理空间上进一步孤立了个人，限制和改变了人们的传统交往方式和感情方式，产生了诸如孤独、网瘾、网恋等一系列包括道德问题在内的社会问题。生活方式、交往方式、感情方式的改变，必然引起心理、观念、情感等方面的变化。其次，网络带来个人隐私与社会服务和安全之间的矛盾。个人隐私应该得到保护，对社会而言，个人又要对自己的行为及其所产生的后果负相应的责任，包括经济的、法律的和道德的责任，因而其行为需要在网络中留下可资查证的原始记录。最后，网络不受任何限制，一些文化垃圾在网络中流动并迅速传播，如色情的、暴力的、腐朽的、有毒的等不健康文化都将毒害意志薄弱、立场不坚定的网民。

2. 对传统文化的影响

(1)网络文化对传统文化的积极影响。网络文化对传统文化进行继承和发展。人类的生活是连续的，所以文化本身就不可能互相割裂。网络文化是信息时代人们生活方式的总结，它虽然具有诸多前所未有的特性，但它依然不能脱离传统文化而孤立地存在，总是把既存的所有文化成果作为自己发展的依据和创新的源泉。传统文化内容借助于网络文化时代的载体得到了更广泛的传播和更迅速的发展。同时，网络文化对传统文化的继承和发展也会使人们的文化生活结构发生变化，形成新的文化生产和消费方式。网络文化创造的虚拟世界和在线身份，给了现实生活中的人们以充分的文化活动空间。

(2)网络文化对传统文化的消极影响。网络文化在形成过程中，自身并没有完善的过滤系统，或者说它本身就是一个并不完善的文化系统。所以，网络文化在继承和发展传统文化时，并不能理想地按照社会和谐发展的要求对传统文化进行选择过滤。和传统文化系统一样，网络文化也是精华与糟粕共存。网络文化世界助长了媚俗文化的泛滥，威胁网络文化生活的健康发展。网络打破了传统文化生活中的精英主导模式，在制造平民文化表现机会、释放平民文化欲望的同时，也给存在于街头巷尾的媚俗文化提供了流行和扩散的渠道。例如，网络文化的特点是加速各种文化的相互吸收和融合，这必然要受到"殖民文化"和"文化侵略"的威胁。美国前总统克林顿发表了举世瞩目的"网络新政"演说，其核心要点之一就是，要继续保持美国在计算机等高科技领域的绝对领先地位，从而为其文化霸权和政治霸权服务。显然，美国之所以大力发展互联网，建设"信息高速公路"，其深层动机之一就是要通过互联网来进行意识形态和世界观的全球性输出，从而保证其所谓的文化安全，巩固自己在文化上的霸主地位。任何国家在进入信息社会的时候，传统文化与网络文化都会发生冲突碰撞，这是一种历史的必然。但是，中国传统文化与网络文化的冲突碰撞尤为激烈，具体体现在天理与人欲、有限与无限、伦理与技术、前喻与后喻、现实与虚拟、封闭与开放、纵向与横向、繁琐与简便共8个方面。

3. 对社会稳定的影响

信息网络文化是丰富多彩、无所不容的文化，也为各种思想意识的多元化创造了一个繁衍滋生的天地。多元化的思想意识在网络上快速而广泛地流传将给社会带来种种问题。从个人来讲，任何人都可以在互联网上表达自己的各种思想，同时也可以在互联网上找到想要的东西，一个普通人也有了一个向全世界传播自己思想的机会，通过网页、邮件发送、清单、新闻组、网上论坛、网上聊天室等方式传播自己的思想，不用任何人的批准、检查和修改。由于上网不受限制及信息传播的无政府状态，可能有些人在网上传播异端思想和歪理邪说，或者一些臭味相投的人组成团伙散发网络传单，扰乱社会思想，造成不稳定因素。另外，信息网络是跨国界、跨地区、跨文化的大规模频繁交流，为许多原来即将消亡的宗教、哲学思想流派开辟了一个新的空间。在这个空间里，不仅能容纳各种不同的宗教、哲学思想流派，其数量将大大超过以往，而且能够迅速地发展和传播。这些都将影响人们的思想意识和社会安宁。

本章小结

电子商务环境主要有经济环境、政策法律环境和社会环境。电子商务的经济环境又包括宏观经济环境、中观经济环境和微观经济环境。电子商务的宏观经济环境是指电子商务赖以发展的国民生产总值、人口总量、经济增长率、人均总量和增长率，以及经济体制、产业状况、就业状况、通货膨胀等。电子商务的中观经济环境是指电子商务行业、区域政策、电子商务规划等情况。电子商务的微观经济环境是以从事电子商务活动的个体为考察对象的环境。

电子商务的法律环境是指各国政府为了支持和规范电子商务发展所制定的法律法规。主要的电子商务法律有联合国国际贸易法委员会于1996年通过的《电子商务示范法》、经济合作与发展组织于1998年10月通过的《OECD全球电子商务行动计划》、欧盟于1997年提出的《欧盟电子商务行动方案》、美国于2000年颁布的《国际与国内商务电子签章法》、加拿大于1999年制定的《统一电子商务法》、澳大利亚于1999年颁布的《电子交易法》、新加坡于1998年制定的《电子交易法》、马来西亚于1997年颁布的《数字签名法》、韩国于1999年颁布的《电子商务基本法》、中国香港于2000年颁布的《电子交易条例》、中国台湾于2001年制定的《电子签章法》、中国内地于2004年通过的《中华人民共和国电子签名法》。

电子商务的政策环境是指我国政府为了推进电子商务的快速、持续发展所制定出的一系列适应我国国情的电子商务政策，包括电子商务投资政策、电子商务税收政策。政府应营造能让中小企业方便投资的资金市场和环境，当然也包括融资环境。在税收政策方面，美国国会1998年10月通过的《互联网免税法案》规定了课税的原则就是："虚拟商品"不应该被课税。

电子商务的社会环境包括道德环境和网络文化环境。电子商务活动中的道德问题表现为商业欺诈、商业诽谤、网上隐私、商业信息的安全、知识产权、商业信用和流氓软件，为此需建立无害、诚信、公正、尊重的网络伦理体系。网络文化具有快捷性、民主性、渗透性、虚拟与现实的并存性、全球性和大众性的特征，有两方面的含义：一是网络不仅是一种技术与社会现实，更是一种文化现实，网络本身就是一种新兴文化形态；二是文化是以网络的形态存在和发展的，人无时无刻不生活在文化之网中，网络文化是人类文化发展的网络化形态的最典型体现。网络文化对社会道德、传统文化和社会稳定都存在影响。

关键术语

电子商务环境　　电子商务的政治环境　　电子商务的经济环境　　电子商务的法律环境
电子商务的道德环境　　电子商务立法　　网络文化　　《电子签名法》

课堂讨论

1. 谈一谈一国宏观经济环境对电子商务的影响。
2. 简述微观经济环境对企业开展电子商务的影响。
3. 为什么说法律法规是企业开展电子商务的保障?
4. 简述我国制定的电子商务的法律法规和税收政策。
5. 评析网络文化的影响。

网上实践

1. 为什么 Google 不敌本土的百度? 从文化、本土化、网民上网习惯等多个角度分析。

2. 打开网页 http://b2b.toocle.com/index.html,分析企业开展电子商务面临的问题,并针对问题提出帮助企业开展电子商务的建议。

3. 打开网页 http://www.ec.org.cn/Content/News/63.htm,对建设网上支付法制环境的知识进行学习,针对其中《指引》的不足提出相关的完善网上支付安全的建议。

案例分析

全国首例众筹融资案终审落槌

2015 年 12 月 22 日,北京市第一中级人民法院对备受关注的北京飞度网络科技有限公司("人人投"众筹平台)与北京诺米多餐饮管理有限责任公司居间合同纠纷一案进行二审。此次二审维持了一审判决:"人人投"胜诉。

● 事件回顾

案件原告飞度公司是运营"人人投"的股权众筹平台,被告为北京诺米多餐饮管理有限责任公司。

2015 年 1 月 21 日,诺米多公司与飞度公司签订《委托融资服务协议》,在融资期内,飞度公司成功为诺米多公司融到 86 位投资人的 70.4 万元。随后,诺米多公司选定东城区金宝街的一处房屋作为经营用房。

但飞度公司认为,该房屋性质、店铺租金均与实际情况不符,可能涉及违建,在诺米多公司拒绝提供房屋真实产权信息的情况下,飞度公司依据《委托融资服务协议》第七条第一款之约定,于 2015 年 4 月 14 日解除与被告的协议,并要求被告支付融资费、违约金、经济损失共计 10 万余元。

诺米多公司对此提出反诉,理由是本案有 87 位合伙人,超过《中华人民共和国合伙企业法》规定的 50 人以下,而且飞度公司公开融资未取得中国人民银行批准,属于违法融资。同时,诺米多公司已依约完成充值、项目选址等工作,飞度公司在无明确证据的情况下拒绝拨付融资款的行为构成违约。故请求判令飞度公司返还 17.6 万元和相应利息,并赔偿经济损失 5 万元。

● 一审结果:"人人投"胜利

9 月 15 日,经过北京市海淀区人民法院审理认为,本案中的投资人均为经过"人人投"众筹平台实名认证的会员,且人数未超过上限 200 人,不属于"公开发行证券",未违反《证券法》第 10 条规定。且飞度公司在取得营业执照、电信与信息服务业务经营许可证等手续的情况下开展业务,最终认定本案融资协议有效。

最终,一审法院判决诺米多公司给付飞度公司委托融资费用 2.52 万元、违约金 1.5 万元,飞度公司返还诺米多公司出资款 16.72 万元,并驳回双方当事人其他诉讼请求和反诉请求。所以一审判决,"人人投"胜诉。

● 二审:维持原判

一审法院判决作出后,诺米多公司不服,上诉至北京市第一中级人民法院。

诺米多公司称自己并未违约，不应承担赔偿责任，而飞度公司未履行拨付款项义务构成违约，故应赔偿损失，请求二审法院依法改判。

12 月 22 日，经北京市一中院审理认为，《委托融资服务协议》系双方当事人的真实意思表示，其内容并未违反国家法律、行政法规的禁止性规定，合法有效。

飞度公司及投资人要求诺米多公司提供房屋产权证及转租文件等属于维护自身的正当权益，导致双方融资协议解除的主要责任在于诺米多公司。并且飞度公司以此为由有相应的事实依据，提出解除合同并无问题。

同时，由于双方合同未履行完毕即予以解除，一审法院结合飞度公司已完成合同义务的情况，对于融资费数额进行酌减并无不当。

所以北京市一中院驳回了诺米多公司的上诉，维持原判。

12 月 23 日，两家公司也都拿到了二审判决书。至此，这个案件已经终审落槌。可是，这个全国首例众筹融资案带来的影响是不可估量的。

虽然我国现行法偏于大陆法系，但由于股权众筹是目前互联网金融领域中最具创新和争议的一种交易模式，国内还未对股权众筹出台专门的法律法规，这次的案件可以说对众筹立法有着十分重要的参考价值。

讨论：

1. 法院为何支持“人人投”起诉北京诺米多餐饮管理有限责任公司的诉求？
2. 该众筹融资案对于我国完善电子商务有关法律会有何影响？

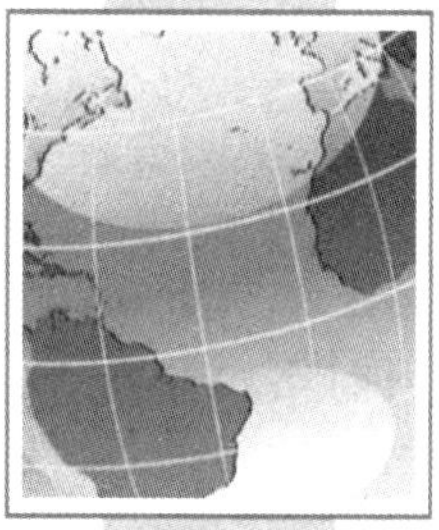

第三章 电子商务的技术基础

本章引言

电子商务建立在发达的电子技术基础之上，而高性能的计算机技术、快捷的通信条件、完善的计算机网络系统和现代信息处理技术是电子商务赖以存在的基础。本章从电子技术在电子商务中的应用出发，分别探讨了从事电子商务所必需的计算机技术、通信技术、计算机网络技术和电子商务信息处理技术。

本章要点

- 计算机网络技术
- Web 技术
- 电子数据交换技术
- 电子商务安全技术

第一节 计算机网络技术

一、计算机网络的定义

计算机网络是计算机技术与通信技术相结合的产物，始于 20 世纪 50 年代，近 20 年来得到迅猛发展，在信息社会中起着举足轻重的作用。如今，计算机网络的发展水平不仅反映一个国家的计算机科学技术和通信技术的水平，更是衡量其国力及现代化程度的重要标志之一。

一台计算机的资源是有限的，要想实现共享数据和硬件资源，就必须将计算机连接起来形成网络。因此，从组成结构来讲，计算机网络是通过外围设备和连线，将分布在相同或不同地域的多台计算机连接在一起形成的集合；从应用角度来讲，具有独立功能的多台计算机连接在一起，能够实现信息的相互交换，并且共享计算机资源的系统均可称为计算机网络。

二、计算机网络的分类

计算机网络从不同的角度可以分为不同的类型，最常见的是按覆盖范围分，可以分为局域网、城域网、广域网和互联网。

(一)局域网

局域网(Local Area Network，简称 LAN)，是处于同一建筑、同一大学或者方圆几公里远地域内的专用网络。局域网常被用于连接公司办公室或工厂里的个人计算机和工作站，以便共享资源(如打印机)和交换信息。

在局域网中，通常至少有一台计算机作为服务器提供资源共享、文件传输、网络安全与管理服务，其他入网的计算机称为工作站。服务器作为管理整个网络的计算机，一般来说性能较好、运行速度较快、硬盘容量较大，可以是高档计算机或专用的服务器；而工作站作为日常使用的计算机，其配置相对较低。值得一提的是，对等网是一种常见的局域网，通常用于10台以下的计算机联网。这种网络不需要专门的服务器，每台计算机都具有双重身份，既是服务器又是工作站，拥有绝对的自主权。对等网是一种经济实用的网络，只需要少量投入，并且简单设置后即可享受联网的乐趣，常用于家庭、学生宿舍和小型企业中。

（二）城域网

城域网（Metropolitan Area Network，简称MAN），基本上是一种大型的LAN，通常使用与LAN相似的技术。它可以覆盖一组邻近的公司办公室和一个城市，既可能是私有的，也可能是公用的。MAN可以支持数据和声音，并且可能涉及当地的有线电视网。MAN仅使用一条或两条电缆，并且不包含交换单元，即把分组分流到几条可能的引出电缆的设备。这样做可以简化设计。

之所以把城域网列为单独的一类，主要是因为已经有了一个标准并正在实施。这就是分布式队列双总线（Distributed Queue Dual Bus，DQDB）。对于那些习惯于使用数字代号的人来说就是802.6（即其定义的IEEE标准号）。DQDB由两条单向总线（电缆）组成，所有的计算机都连接在上面。每条总线都有端点（Head-end），这是一个启动传输活动的设备。目的计算机在发送者右方时使用上方的总线；反之，则使用下方的总线。

城域网的关键之处是使用了广播式介质（802.6，使用两条电缆），所有的计算机都连接在上面。和其他类型的网络相比，它极大地简化了设计。

（三）广域网

广域网（Wide Area Network，简称WAN），是一种跨越大的地域的网络，通常包含一个国家或州。它包含想要运行用户（即应用）程序的机器的集合。按照传统的说法，这些机器称为主机（Host），有时也称为端点系统（End System）。主机通过通信子网（Communication Subnet，或简称子网）连接。子网的功能是把消息从一台主机传到另一台主机，就好像电话系统把声音从讲话方传到接收方。通过把网络纯粹通信部分（子网）和应用部分（主机）分开，整个网络的设计就简化了。

在大多数广域网中，子网由两个不同的部件组成，即传输线和交换单元。传输线也称线路（Circuit）、信道（Channel）和干线（Trunk），在机器之间传送比特。

（四）互联网

互联网让距离遥远的网上用户可以交流资讯，是一个把世界上互联的电脑连接在一起的网络。资讯在网上被观看实际并不是在网内，而是在其他的电脑中。一个显浅的比喻便是电话网路：人们在两个遥远的地点以电话口头上交换资讯，而互联网允许用户在遥远的地点以电子交换资讯。

互联网的物理构成是导线系统、光纤电缆，以及使连接成为可能的路由器和电路。许多人观看互联网犹如一个抽象身体漂浮在“网际空间”，这不是实际情形。互联网连接着全世界的电脑网路，而资讯是直接从被连接的电脑上获取的。

互联网即广域网、局域网及单机按照一定的通信协议组成的国际计算机网络。互联网最普遍的服务是万维网（WWW）。WWW以超文本标记语言HTML与超文本传输协议HTTP为基础。网页是一种可以在WWW网上传输，并被浏览器认识和翻译成页面显示出来的文件。网页是存放在Web服务器上供客户机用户浏览的页面——HTML文档。网页浏览应用了一种超链接技术。所谓超链接，是指从一个网页指向一个目标的连接关系，这个目标可以是另一个网页，也可以是相同网页上的不同位置，还可以是一个图片、一个电子邮件地址、一个文件，甚至是一个应用程序。超链接在本质上属于一个网页的一部分，它是一种允许我们同其他网页或站点之间进行连接的元素。各个网页链接在一起后，才能真正构成一个网站。

三、计算机网络系统的组成

计算机网络系统由通信子网和资源子网组成。而网络软件系统和网络硬件系统是网络系统赖以存在的基础。在网络系统中，硬件对网络的选择起着决定性作用，而网络软件则是挖掘网络潜力的工具。

（一）网络软件

在网络系统中，网络上的每个用户都可享有系统中的各种资源，系统必须对用户进行控制；否则，就会造成系统混乱、信息数据的破坏和丢失。为了协调系统资源，系统需要通过软件工具对网络资源进行全面的管理、调度和分配，并采取一系列的安全保密措施，防止用户对数据和信息的不合理访问，以防数据和信息的破坏与丢失。网络软件是实现网络功能不可缺少的软件环境。通常网络软件包括：

（1）网络协议和协议软件：通过协议程序实现网络协议功能。

（2）网络通信软件：通过网络通信软件实现网络工作站之间的通信。

（3）网络操作系统：网络操作系统是用以实现系统资源共享、管理用户对不同资源访问的应用程序，它是最主要的网络软件。

（4）网络管理及网络应用软件：网络管理软件是用来对网络资源进行管理和对网络进行维护的软件，网络应用软件是为网络用户提供服务并为网络用户解决实际问题的软件。

（二）网络硬件

网络硬件是计算机网络系统的物质基础。要构成一个计算机网络系统，首先要将计算机及其附属硬件设备与网络中的其他计算机系统连接起来。不同的计算机网络系统，在硬件方面是有差别的。随着计算机技术和网络技术的发展，网络硬件日趋多样化，功能更加强大、更加复杂。

（1）线路控制器（Line Controller，LC）。LC 是主计算机或终端设备与线路上调制解调器的接口设备。

（2）通信控制器（Communication Controller，CC）。CC 是对数据信息各个阶段进行控制的设备。

（3）通信处理机（Communication Processor，CP）。CP 是数据交换的开关，负责通信处理工作。

（4）前端处理机（Front End Processor，FEP）。FEP 也是负责通信处理工作的设备。

（5）集中器（Concentrator，C）、多路选择器（Multiplexor，MUX）。它们是通过通信线路分别与多个远程终端相连接的设备。

（6）主机（Host Computer，HOST）。

（7）终端（Terminal，T）。

随着计算机网络技术的发展和网络应用的普及，网络节点设备会越来越多，功能更加强大，设计也更加复杂。

四、计算机网络的功能

(一)数据通信

这是计算机网络最基本的功能。计算机网络提供的数据通信服务包括电子邮件、传真、电子数据交换、电子公告牌、远程登录和信息浏览等。

(二)资源共享

网络上的计算机彼此之间可以实现资源共享,包括硬件、软件和数据。在信息时代,资源共享具有重大意义:首先,从投资考虑,网络上的用户可以共享使用网上的打印机、扫描仪等,这样就节省了资金;其次,现代的信息量越来越大,单一的计算机已经不能将其储存,只有分布在不同的计算机上,网络用户可以共享这些信息资源;最后,现在计算机软件层出不穷,在这些浩如烟海的软件中,不少是免费共享的,这是网络上的宝贵财富,任何连入网络的人,都有权使用它们。

(三)远程传输

计算机应用的发展,已经从科学计算到数据处理、从单机到网络。分布在很远位置的用户可以互相传输数据信息,互相交流,协同工作。

(四)提高计算机系统的可靠性和可用性

可靠性是指网络中的计算机可以互为后备,一旦某台计算机出现故障,其任务可由网络中其他计算机取而代之。可用性是指当网络中某些计算机负荷过重时,网络可将新任务分配给较空闲的计算机完成,以提高每一台计算机的可用性。

(五)负荷均衡

负荷均衡是指工作被均匀地分配给网络上的各台计算机系统。网络控制中心负责分配和检测,当某台计算机负荷过重时,系统会自动转移负荷到较轻的计算机系统去处理。

由此可见,计算机网络可以大大扩展计算机系统的功能,扩大其应用范围,提高可靠性,为用户提供方便,同时也减少了费用,提高了性能价格比。

计算机网络技术的发展和应用,已使得现代的办公手段、经营管理等发生了变化。目前,已经有了许多 MIS 系统、OA 系统等,通过这些系统可以实现日常工作的集中管理,提高工作效率,增加经济效益。

(六)实现分布式处理

网络技术的发展,使得分布式计算成为可能。对于大型课题,可以分为许许多多的小题目,由不同的计算机分别完成,然后再集中起来,解决问题。

五、网络的拓扑结构

网络的拓扑结构是指网络中的通信线路和节点间的几何排序,并用以表示网络的整体结构外貌,也反映了各组成模块之间的结构关系。拓扑结构有很多种,主要有环形结构、星形结构、总线形结构、树形结构、网状结构及任意形结构等,最常用的是星形结构、总线形结构和环形结构。

(一)星形结构

图 3—1(a)是星形结构,由一个中心主节点和一些与它相连的从节点组成。主节点可以与从节点直接通信,而从节点之间必须经中心点转接才能通信。星形结构是一种较新的网络拓扑结构,具有分组转发速度快的优点。同时,又不必像直接连接方式那样浪费线路资源和加

重用户主机负担。星形结构的典型例子是 ATM 交换机组成的计算机网络。ATM 交换机是星形结构网络控制中心，计算机通过相应的 ATM 网络接口设备与其连接，并由 ATM 交换机控制和转发数据分组。

(二)总线形结构

图 3—1(b)是总线形结构。它是局域网中最常用的一种拓扑结构。它在逻辑上由一根共享的电缆以及与其连接的计算机组成。计算机和总线结构需要有相应的 BNC 接头以及相应的网络接口卡 NIC 与局域网连接。这些网卡设置有发送与接收分组的缓冲区以及进行发送和接收等处理的低层协议程序和执行这些程序的 CPU。总线形局域网的代表是以太网，它是 20 世纪 70 年代初期由美国 Xerox 公司首先研制成功的。以太网是当前最大和最流行的局域网。经过 30 年的发展，总线形网络在物理形态上发生了较大的变化。而且，总线以太网也在向星形结构的交换式以太网专业化，或总线与星形综合构成传统的以太网。

(三)环形结构

图 3—1(c)是环形结构。它是一种常用的局域网结构。环形结构是用电缆或光纤把一台台计算机串联起来形成一个圆环。环形结构的计算机网络必须使用 NIC、光纤或同轴电缆等连接而成。从外形上看，环形局域网并非是在物理上呈现给人们一个环的形状，而是有令牌环网和 FDDI 网。令牌环网是 IBM 公司于 20 世纪 70 年代初期开发成功的，主要用于厂矿企业等数据传输较大的地方。由于令牌环网造价较高，用户使用比较少。FDDI 网的传输速率较高，达 100Mb/s，在快速以太网、千兆以太网等高速网络出现之前受到广泛欢迎，许多企业网都用它作为主干网，并以此为基础与其他局域网连接。

此外，随着移动通信技术的不断成熟和发展，特别是手机和手提电脑的上网，任意形拓扑结构逐渐成为一种常用拓扑结构形式。

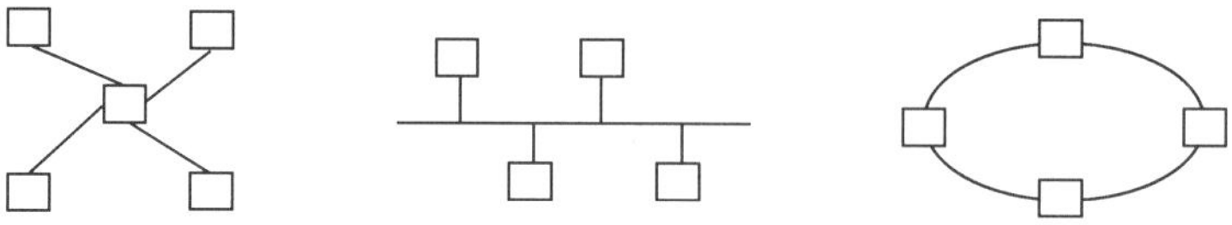

(a) 星形结构　　(b) 总线形结构　　(c) 环形结构

图 3—1　网络拓扑结构

六、计算机网络体系结构与网络协议

计算机网络体系结构可以从网络体系结构、网络组织、网络配置三个方面来描述。网络体系结构是从功能上来描述计算机网络结构；网络组织是从网络的物理结构和网络的实现两方面来描述计算机网络；网络配置是从网络应用方面来描述计算机网络的布局，从硬件、软件和通信线路来描述计算机网络。

网络协议是计算机网络必不可少的，一个完整的计算机网络需要有一套复杂的协议集合，组织复杂的计算机网络协议的最好方式就是层次模型。而将计算机网络层次模型和各层协议的集合定义为计算机网络体系结构(Network Architecture)。

(一)网络体系结构

网络体系结构是指通信系统的整体设计，它为网络硬件、软件、协议、存取控制和拓扑提供标准。它广泛采用的是国际标准化组织(ISO)在 1979 年提出的开放系统互连(Open System

Interconnection,OSI)的参考模型和 TCP/IP 协议。

(二)网络协议

网络协议是指为计算机网络中进行数据交换而建立的规则、标准或约定的集合。例如,网络中一个微机用户和一个大型主机的操作员进行通信,由于这两个数据终端所用字符集不同,因此操作员所输入的命令彼此不认识。为了能进行通信,规定每个终端都要将各自字符集中的字符先变换为标准字符集的字符后,才进入网络传送,到达目的终端之后,再变换为该终端字符集的字符。当然,对于不相容终端,除了需变换字符集的字符外,还需转换其他特性,如显示格式、行长、行数、屏幕滚动方式等也需作相应的变换。目前,计算机网络存在两个协议标准:一个是国际标准化组织制定的 OSI/RM 参考模型;另一个是事实上的工业标准 TCP/IP 协议。

1. OSI/RM 参考模型

OSI 是一个理想的模型,一般网络系统只涉及其中的几层,很少有系统能够具有所有的 7 层,并完全遵循它的规定。在 7 层模型中,每一层都提供一个特殊的网络功能。从网络功能的角度观察:下面 4 层(物理层、数据链路层、网络层和传输层)主要提供数据传输和交换功能,即以节点到节点之间的通信为主;第 4 层作为上、下两部分的桥梁,是整个网络体系结构中最关键的部分;而上面 3 层(会话层、表示层和应用层)则以提供用户与应用程序之间的信息和数据处理功能为主。简言之,下面 4 层主要完成通信子网的功能,上面 3 层主要完成资源子网的功能,如图 3—2 所示。

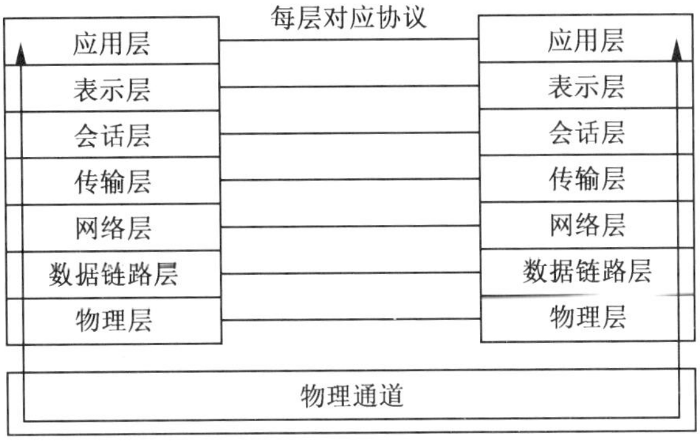

图 3—2 OSI/RM 参考模型及协议

2. TCP/IP 协议

传输控制协议(Transportation Control Protocol,TCP)和网际协议(Internet Protocol,IP)是网际互联网的通信协议,其目的在于通过它实现异构网络或异种机之间互相通信。TCP/IP 协议是目前最完整的被普遍接受的协议,其中包含了许多通信标准,用来规范各计算机之间如何通信、网络如何连接等操作。TCP/IP 协议模型由 4 层构成,每一层对应多种通信协议,如图 3—3 所示。

应用层	应用程序 SMTP、TELNET、SNMP、FTP、HTTP、DNS等
传输层	TCP、UDP
网络层	IP(ICMP)、ARP、RARP
网络接口层	网络接口协议
物流网络	以太网、令牌网、其他网

图 3—3　TCP/IP 模型及协议

第二节　Web 技术

Web 技术自从十几年前诞生至今，经历了无数的风风雨雨。在过去的十几年中，Web 技术由最初的静态网页逐渐演化成了动态更新的网页，后台的语言也从最初的 ASP 发展成由 ASP. NET、PHP、JSP 等 Web 技术或语言组成的多元化 Web 技术体系。但这一切显得过于平稳，这些技术也只是在功能和稳定性上得到了提高，而并非从理念上。就像过去几十年间 PC 的发展一样，不管 PC 的性能、速度、容量有多大的提高，它总逃不出冯·诺依曼机的基本结构。

一、Web 技术的定义

(一)Web 的定义

Internet 采用超文本和超媒体的信息组织方式，将信息的链接扩展到整个 Internet 上。Web 就是一种超文本信息系统，Web 的一个主要概念就是超文本链接，它使得文本不再像一本书一样是固定的、线性的，而是可以从一个位置跳到另外的位置，你可以从中获取更多的信息，可以转到别的主题上。想要了解某一个主题的内容，只要在这个主题上点一下，就可以跳转到包含这一主题的文档上。正是这种扩展链接，我们才把它称为 Web。

(二)超文本与超媒体

1. 超文本(Hypertext)

这是一种全局性的信息结构，它将文档中的不同部分通过关键字建立链接，使信息得以用交互方式搜索。它是超级文本的简称。

2. 超媒体(Hypermedia)

超媒体是超文本与多媒体在信息浏览环境下的结合，是超级媒体的简称。用户不仅能从一个文本跳到另一个文本，而且可以激活一段声音、显示一个图形，甚至可以播放一段动画。

二、Web 技术的特点

(一)Web 是图形化的和易于导航的

Web 流行的一个很重要的原因就在于，它可以在一页上同时显示色彩丰富的图形和文本。在 Web 之前，Internet 上的信息只有文本形式。Web 可以将图形、音频、视频信息集合于一体；同时，Web 是非常易于导航的，只需要从一个链接跳到另一个链接，就可以在各页各站点之间进行浏览了。

(二)Web 与平台无关

无论你的系统平台是什么,你都可以通过 Internet 访问 WWW。浏览 WWW 对你的系统平台没有什么限制。无论是从 Windows 平台、UNIX 平台、Macintosh 还是别的什么平台,我们都可以访问 WWW。对 WWW 的访问是通过一种叫做浏览器(Browser)的软件实现的,如 Netscape 的 Navigator、NCSA 的 Mosaic、Microsoft 的 Explorer 等。

(三)Web 是分布式的

大量的图形、音频和视频信息会占用相当大的磁盘空间,我们甚至无法预知信息的多少。对于 Web 没有必要把所有信息都放在一起,信息可以放在不同的站点上,只需要在浏览器中指明这个站点就可以了,使在物理上并不一定在一个站点的信息在逻辑上一体化,从用户来看这些信息是一体的。

(四)Web 是动态的

由于各 Web 站点的信息包含站点本身的信息,信息的提供者可以经常对站点上的信息进行更新,如某个协议的发展状况、公司的广告等。一般各信息站点都尽量保证信息的时效性,所以 Web 站点上的信息是动态的、经常更新的。这一点是由信息的提供者保证的。

(五)Web 动态的特性还表现在 Web 是交互的

Web 的交互性首先表现在它的超链接上,用户的浏览顺序和所到站点完全由他自己决定。另外,通过 FORM 的形式可以从服务器方获得动态的信息。用户通过填写 FORM 可以向服务器提交请求,服务器可以根据用户的请求返回相应信息。

三、Web 技术的起源和发展

(一)Web 的起源

Web 这个 Internet 上最热门的应用架构是由 Tim Berners-Lee 发明的。Web 的前身是 1980 年 Tim Berners-Lee 负责的 Enquire(Enquire Within Upon Everything 的简称)项目。1990 年 11 月,第一个 Web 服务器 nxoc01. cern. ch 开始运行,Tim Berners-Lee 在自己编写的图形化 Web 浏览器"World Wide Web"上看到了最早的 Web 页面。

(二)Web 的发展

Web 是一种典型的分布式应用架构。Web 应用中的每一次信息交换都要涉及客户端和服务端两个层面。因此,Web 开发技术大体上也可以分为客户端技术和服务端技术两大类。

1. 客户端技术的萌芽和演进

Web 客户端的主要任务是展现信息内容。Web 客户端设计技术主要包括 HTML 语言、Java Applets、脚本程序、CSS、DHTML、插件技术以及 VRML 技术。

(1)HTML 语言。HTML 是 Hypertext Markup Language(超文本标记语言)的缩写,它是构成 Web 页面的主要工具。

(2)Java Applets,即 Java 小应用程序。使用 Java 语言创建小应用程序,浏览器可以将 Java Applets 从服务器下载到浏览器,在浏览器所在的机器上运行。Java Applets 可提供动画、音频和音乐等多媒体服务。1996 年,著名的 Netscape 浏览器在其 2.0 版本中率先提供了对 Java Applets 的支持,随后,Microsoft 的 IE3.0 也在这一年开始支持 Java 技术。Java Applets 使得 Web 页面从只能展现静态的文本或图像信息,发展到可以动态展现丰富多样的信息。动态 Web 页面不仅仅表现在网页的视觉展示方式上,更重要的是,它可以对网页中的内容进行控制与修改。

(3)脚本程序。它是嵌入 HTML 文档中的程序。使用脚本程序可以创建动态页面,大大提高交互性。用于编写脚本程序的语言主要有 JavaScript 和 VBScript。JavaScript 由 Netscape 公司开发,具有易于使用、变量类型灵活和无须编译等特点。VBScript 由 Microsoft 公司开发,与 JavaScript 一样,可用于设计交互的 Web 页面。需要说明的是,虽然 JavaScript 和 VBScript 语言最初都是为创建客户端动态页面而设计的,但它们都可以用于服务端脚本程序的编写。客户端脚本程序与服务端脚本程序的区别在于执行的位置不同,前者在客户端机器执行,而后者是在 Web 服务端机器执行。

(4)CSS(Cascading Style Sheets),即级联样式表。1996 年底,W3C 提出了 CSS 的建议标准,同年,IE3.0 引入了对 CSS 的支持。CSS 大大提高了开发者对信息展现格式的控制能力,1997 年的 Netscape4.0 不但支持 CSS,而且增加了许多 Netscape 公司自定义的动态 HTML 标记,这些标记在 CSS 的基础上,让 HTML 页面中的各种要素"活动"了起来。

(5)DHTML(Dynamic HTML),即动态 HTML。1997 年,Microsoft 发布了 IE4.0,并将动态 HTML 标记、CSS 和动态对象模型(Dynamic Object Model)发展成为一套完整、实用、高效的客户端开发技术体系,Microsoft 称其为 DHTML。同样是实现 HTML 页面的动态效果,DHTML 技术无须启动 Java 虚拟机或其他脚本环境,可以在浏览器的支持下,获得更好的展现效果和更高的执行效率。

(6)插件技术。这一技术大大丰富了浏览器的多媒体信息展示功能,常见的插件包括 QuickTime、Realplayer、Media Player 和 Flash 等。为了在 HTML 页面中实现音频、视频等更为复杂的多媒体应用,1996 年的 Netscape2.0 成功地引入了对 QuickTime 插件的支持,插件这种开发方式也迅速风靡了浏览器的世界。同年,在 Windows 平台上,Microsoft 将 COM 和 ActiveX 技术应用于 IE 浏览器中,其推出的 IE3.0 正式支持在 HTML 页面中插入 ActiveX 控件,这为其他厂商扩展 Web 客户端的信息展现方式提供了方便的途径。1999 年,Realplayer 插件先后在 Netscape 和 IE 浏览器中取得了成功,与此同时,Microsoft 自己的媒体播放插件 Media Player 也被预装到了各种 Windows 版本之中。同样具有重要意义的还有 Flash 插件的问世:20 世纪 90 年代初期,Jonathan Gay 在 FutureWave 公司开发了一种名为 Future Splash Animator 的二维矢量动画展示工具。1996 年,Macromedia 公司收购了 FutureWave,并将 Jonathan Gay 的发明改名为我们熟悉的 Flash。从此,Flash 动画成了 Web 开发者表现自我、展示个性的最佳方式。

(7)VRML 技术。Web 已经由静态步入动态,并正在逐渐由二维走向三维,将用户带入五彩缤纷的虚拟现实世界。VRML 是目前创建三维对象最重要的工具,它是一种基于文本的语言,并可运行于任何平台。

2. 服务端技术的成熟与发展

与 Web 客户端技术从静态向动态的演进过程类似,Web 服务端的开发技术也是由静态向动态逐渐发展、完善起来的。Web 服务端技术主要包括服务器、CGI、PHP、ASP、ASP.NET、Servlet 和 JSP 技术。

(1)服务器技术。主要指有关 Web 服务器构建的基本技术,包括服务器策略与结构设计、服务器软硬件的选择及其他有关服务器构建的问题。

(2)CGI(Common Gateway Interface)技术,即公共网关接口技术。最早的 Web 服务器简单地响应浏览器发来的 HTTP 请求,并将存储在服务器上的 HTML 文件返回给浏览器。

CGI是第一种使服务器能根据运行时的具体情况动态生成HTML页面的技术。1993年，NCSA(National Center for Supercomputing Applications)提出CGI1.0的标准草案，之后分别在1995年和1997年制定了CGI1.1和1.2标准。CGI技术允许服务端的应用程序根据客户端的请求，动态生成HTML页面，这使客户端和服务端的动态信息交换成为可能。随着CGI技术的普及，聊天室、论坛、电子商务、信息查询、全文检索等各式各样的Web应用蓬勃兴起，人们可以享受到信息检索、信息交换、信息处理等更为便捷的信息服务。

(3)PHP(Personal Home Page)技术。1994年，Rasmus Lerdorf发明了专用于Web服务端编程的PHP语言。与以往的CGI程序不同，PHP语言将HTML代码和PHP指令合成为完整的服务端动态页面，Web应用的开发者可以用一种更加简便、快捷的方式实现动态Web功能。

(4)ASP(Active Server Pages)技术，即活动服务器页面技术。1996年，Microsoft借鉴PhP的思想，在其Web服务器IIS 3.0中引入了ASP技术。ASP使用的脚本语言是我们熟悉的VBScript和JavaScript。借助Microsoft Visual Studio等开发工具在市场上的成功，ASP迅速成为Windows系统下Web服务端的主流开发技术。

(5)ASP.NET技术。它是面向下一代企业级网络计算的Web平台，是对传统ASP技术的重大升级和更新。ASP.NET是建立在.NET Framework的公共语言运行库上的编程框架，可用于在服务器上生成功能强大的Web应用程序。

(6)Servlet和JSP技术。以Sun公司为首的Java阵营于1997年和1998年分别推出了Servlet和JSP技术。JSP的组合让Java开发者同时拥有了类似CGI程序的集中处理功能和类似PHP的HTML嵌入功能，此外，Java的运行时编译技术也大大提高了Servlet和JSP的执行效率。Servlet和JSP被后来的J2EE平台吸纳为核心技术。

第三节　EDI技术

一、EDI系统概述

20世纪六七十年代，以微电子技术、通信技术、计算机技术为核心的高新技术得到迅速的发展，信息技术逐渐在各个领域普及应用。工业、交通与通信的发展以及生产社会化，促进了经济全球化；产业结构的调整、资本的大量转移、跨国公司的涌现，推动了国际贸易的发展。全球贸易额的上升带来了各种贸易单证与纸面文件的激增。正是在这种背景下，以计算机网络通信和数据标准化为基础的EDI应运而生。20世纪60年代末，在美国和欧洲几乎同时出现了电子数据交换，并显示出其强大的生命力。

(一)EDI的定义

EDI(Electronic Data Interchange)中文名称是电子数据交换。联合国国际贸易法委员会对EDI的定义为："EDI是计算机之间信息的电子传输，并使用某种商定的标准来处理信息。"国际标准化组织对EDI的定义为："将商业或行政事务处理按照一个公认的标准，形成结构化的事务处理或信息数据格式，从计算机到计算机的数据传输方法。"

(二)EDI的内容

EDI是商业贸易伙伴之间，将按照标准、协议规范化和格式化的经济信息通过电子数据网络，在单位的计算机系统之间进行自动交换和处理。EDI是电子贸易活动的一种工具，将贸易文件如订单、发票、货运单据、报关单和进出口许可证等，按统一的标准制成计算机能识别和处理的数据格式，在计算机之间进行传输。由此可见，EDI 具有以下几个要求：

（1）EDI 是在企业（制造商、供应商、运输公司、银行等）之间传输商业文件数据。

（2）传输的文件数据必须采用共同的标准并具有固定格式。

（3）传输数据的通信网络一般是增值网或专用网。

（4）数据是从计算机到计算机自动传输，不需要人工介入的操作。

二、实现 EDI 的技术支持

（一）软硬件的技术支持

企业之间要实现“无纸化贸易”，也就是各自的计算机能相互交换数据，需要硬件和软件两方面的支持。硬件就是指计算机和计算机通信网络，软件就是指一种标准化的协议。由于各个企业所采用的数据库模式不一定相同，为保证企业之间能“看懂”对方传来的数据文件，这就需要大家都遵循一个统一的标准，企业根据这个标准来编制具有统一格式的单证，如银行单证、海关单证、保险单证、运输单证等。目前大多数国家认可的是 EDIFACT，EDIFACT 是联合国欧洲经济委员会制定的一套国际标准，主要用于行政、商业和运输业。

（二）EDP 的支持

EDP（Electronic Data Process）中文译为电子数据处理，它是指企业内部业务处理的自动化，如使用计算机来进行人事、财务、销售、进货等自动化管理。只有当企业内部实现了 EDP，企业和企业之间才能真正实现 EDI。

三、EDI 的基本组成

用企业计算机编制或从数据库中调出贸易文件，通过 EDI 软件中的连接软件联通系统，连接软件将文件或数据传入翻译软件，翻译软件将企业内部格式的文件或数据转换成 EDI 标准格式的文件，然后通过通信软件从 EDI 网络发出；对方企业的 EDI 系统收到信息，按相反的程序将 EDI 文件转化为企业内部格式的文件。要实现 EDI，必须具备三个要素。

（一）数据标准化

EDI 标准是由各企业、各地区代表共同讨论制定的电子数据交换共同标准，可以使各组织之间的不同文件格式通过共同的标准达到批次之间文件交换的目的。EDI 标准是实现 EDI 的关键，EDI 标准有国际标准、国家标准和行业标准。

EDI 标准包括以下三个要素：

（1）标准报文。一份公司格式的商业单据必须转换成一份 EDI 标准报文才能进行信息交换。

（2）数据元素。基本数据元素是基本信息单元，用于表示某种有特定含义的信息，相当于自然语言中的字；复合数据元素由一组基本数据元素组成，相当于自然语言中的词。

（3）数据段。数据段是标准报文中的一个信息行，由逻辑相关的数据元素组成。

（二）EDI 软件与硬件

1. EDI 的相关软件

（1）转换软件。可以帮助用户将原有计算机系统中的文件转换成翻译软件能够解读的文件，或是将翻译软件接收的文件转换成计算机系统中的文件。

（2）翻译软件。将文件翻译成 EDI 标准格式，或将接收到的 EDI 标准格式文件翻译成平面文件。

(3)通信软件。将 EDI 标准格式的文件外层加上通信信封，再送到 EDI 系统交换中心的邮箱，或从 EDI 系统交换中心将接收到的文件取回。

2. EDI 的硬件设备

(1)计算机。目前所使用的计算机，无论是个人计算机、工作站、小型机还是服务器，均可使用 EDI。

(2)调制解调器。由于使用 EDI 进行电子数据交换需通过网络，而采用电话网络进行通信是很普遍的方法，因此调制解调器是必备的硬件设备。调制解调器的功能和传输速率应根据实际需求而选择。

(三)通信网络

商务信息的交流和传递主要采用 PSTN(电话交换网)、PSDN(分组交换网)、DDN(数字数据网)、ISDN(综合业务数字网)、VAST(甚小口径卫星地面站)、FRN(帧中继网)、数字移动通信网和 VAN 等。

四、EDI 的实现过程

EDI 的实现过程就是用户将相关数据从自己的计算机信息系统传送到有关交易方的计算机信息系统的过程，该过程因用户应用系统以及外部通信环境的差异而不同。在有 EDI 增值服务的条件下，这个过程分为以下几个步骤：

(1)将要发送的数据从信息系统数据库调出，转换成平面文件(亦称中间文件)；

(2)将文件翻译为标准 EDI 报文；

(3)发送 EDI 信件；

(4)从 EDI 信箱收取信件；

(5)拆开信件并翻译为平面文件；

(6)转换文件并送到接收方信息系统中进行处理。

由于 EDI 服务方式不同，平面转换和 EDI 翻译可在不同位置(用户端、EDI 增值中心或其他网络服务点)进行，但基本步骤应是上述六步。其中后三步是前三步的逆过程。

为了理解 EDI 如何工作，下面以订单回复为例，介绍一个简单的 EDI 应用过程。

◆第一步：制作订单。

购买方根据自己的需求在计算机上操作，在订单处理系统上制作出一份订单，并将所有必要的信息以电子传输的格式存储下来，同时产生一份电子订单。

◆第二步：发送订单。

购买方将此电子订单通过 EDI 系统传送给供货商，此订单实际上是发向供货商的电子信箱，它先存放在 EDI 交换中心，等待来自供货商的接收指令。

◆第三步：接收订单。

供货商使用邮箱接收指令，从 EDI 交换中心自己的电子信箱中收取全部邮件，其中包括来自购买方的订单。

◆第四步：签发回执。

供货商在收妥订单后，使用自己计算机上的订单处理系统为来自购买方的电子订单自动产生一份回执。经供货商确认后，此电子订单回执被发送到网络，再经由 EDI 交换中心存放到购买方的电子信箱中。

◆第五步：接收回执。

购买方使用邮箱接收指令，从EDI交换中心自己的电子信箱中收取全部邮件，其中包括供货商发来的订单回执。整个订货过程至此完成，供货商收到订单，购买方则收到了订单回执。

五、单证、报文及报文的处理过程

（一）单证

单证是指所有贸易文件、票据、单证和许可证等的统称。单证一般由栏目和相应的数据构成。例如一张普通的发票，包括的栏目有客户名称、日期、交易内容、金额、开票人、收款人等，各栏目都应填写相应的数据，并且同类发票，其栏目应具有相同的格式。常用的单证有发票、合同、银行汇票、信用证、订货单等。

（二）报文

报文是具体单证在计算机通信网络中信息表示的形式。报文有很严格的格式，它一般以首标开始，以尾标结束；其主题由段构成，段又由若干数据元构成，这一系列数据元表达了贸易过程的详细信息，如贸易双方的名称、时间、地点、贸易发生额等。报文是EDI系统在计算机通信网络中所处理的主要对象。

（三）报文的处理过程

（1）报文的生成。EDI系统生成报文处理除要按照上面所说的固定格式外，其内容还需要根据某种具体的贸易业务来确定。但一般情况下，报文大多是以屏幕格式的形式生成，所以用户只需要按系统提示像填单一样操作即可，无需考虑系统内部的技术问题。

（2）报文的传输。企业传输报文给贸易伙伴，都是先将报文通过网络传到EDI系统的服务器上，然后再传由服务器的主系统进行相应的处理，最后发给贸易对方。

（3）报文的存储。对于一个完善的EDI系统来说，自动保存所有的报文是必要的，这样可以方便日后查询。如果某些报文的内容涉及企业的内部管理系统，那么这些报文还应能自动地存储到企业的内部数据库中去，使内部数据库可以得到及时更新。

六、EDI所能处理的单证类型

（1）贸易单证。主要有订货单、发货单、装箱单、发票、尺码单等。

（2）海关单证。主要有海关发票、报关单、海关收据、海关放行通知、进出口统计报表等。

（3）银行单证。主要有银行汇票、汇款通知、银行本票、信用证、付款单等。

（4）保险单证。主要有保险单、保险人发票、承保单、保险申请报表等。

（5）商检单证。主要有卫生检疫证书、动物检疫证书、植物检疫证书等。

（6）运输单证。主要有提货单、空运单、到货通知、运费收据、联运提单等。

七、EDI在我国的应用

（一）“金关工程”的应用系统

“金关工程”是由经贸部负责领导开发的外贸处理信息化系统，主要包括配额许可证管理系统、出口退税管理系统、出口收汇和进口付汇核销管理系统、进出口统计系统。

（二）海关的电子通关系统

海关是处理国际贸易单证最多的单位。其电子通关系统的开发和逐步完善，使原来一些很复杂的单证文件和报关手续的处理简单化了，大大提高了工作效率和经济效益。

(三)商检应用系统

商检是国际贸易过程中不可缺少的一环。商检机构与各外贸企业、口岸、海关、保险机构等单位都有紧密的联系,处理各类单证的工作量自然很大。1993 年国家商检局提出了商检 EDI 应用系统的三个阶段任务:技术标准和通信设备、开发商检应用系统、逐步推广商检应用系统。

(四)制造业、运输业和仓储业应用系统

制造业利用 EDI 系统能充分理解并满足客户的需要,制造业订出供应计划,达到降低库存、加快资金流动的目的。运输业采用 EDI 能实现货运单证的电子数据传输,充分利用运输设备、仓位,为客户提供高层次和快捷的服务。对于仓储业,采用 EDI 可以加速货物的提取及周转,减少仓储成本。

(五)其他领域

在金融、保险、税务方面,EDI 具有广泛的应用前景。通过 EDI 和电子商务技术,可以实现电子报税、电子资金划拨(EFT)等多种功能。

第四节　电子商务安全技术

随着 Internet 的发展,电子商务已经逐渐成为人们进行商务活动的新模式。越来越多的人通过 Internet 进行商务活动。电子商务的发展前景十分诱人,而其安全问题也变得越来越突出,如何建立一个安全、便捷的电子商务应用环境,对信息提供足够的保护,已经成为商家和用户都十分关心的话题。

电子商务的一个重要技术特征是,利用 IT 技术来传输和处理商业信息。因此,电子商务安全从整体上可分为两大部分:计算机网络安全和商务交易安全。计算机网络安全的内容包括计算机网络设备安全、计算机网络系统安全、数据库安全等。它针对计算机网络本身可能存在的安全问题实施网络安全增强方案,以保证计算机网络自身的安全性为目标。商务交易安全则紧紧围绕传统商务在互联网络上应用时产生的各种安全问题,在计算机网络安全的基础上,保障电子商务过程的顺利进行。即实现电子商务的保密性、完整性、匿名性、可鉴别性、不可伪造性和不可抵赖性。

计算机网络安全与商务交易安全实际上是密不可分的,两者相辅相成、缺一不可。没有计算机网络安全作为基础,商务交易安全就犹如空中楼阁,无从谈起。没有商务交易安全保障,即使计算机网络本身再安全,仍然无法达到电子商务所特有的安全要求。

一、电子商务安全的基本概念

(一)计算机网络系统安全

1. 计算机网络的潜在安全隐患

(1)未进行操作系统相关安全配置。不论采用什么操作系统,在缺省安装的条件下都会存在一些安全问题,只有专门针对操作系统安全性进行相关的、严格的安全配置,才能达到一定的安全程度。千万不要以为操作系统缺省安装后,再配上很强的密码系统就算作安全了。网络软件的漏洞和“后门”是网络攻击的首选目标。

(2)未进行 CGI 程序代码审计。如果是通用的 CGI 问题,防范起来还稍微容易一些。但是,对于网站或软件供应商专门开发的一些 CGI 程序,很多存在严重的 CGI 问题。对于电子商务站点来说，会出现恶意攻击者冒用他人账号进行网上购物等严重后果。

(3)拒绝服务(Denial of Service，DoS)攻击。随着电子商务的兴起，对网站的实时性要求越来越高，DoS或DDoS对网站的威胁越来越大。以网络瘫痪为目标的袭击效果比任何传统的恐怖主义和战争方式都来得更强烈，破坏性更大，造成危害的速度更快，范围也更广，而袭击者本身的风险却非常小，甚至可以在袭击开始前就已经消失得无影无踪，使对方没有实行报复打击的可能。

(4)安全产品使用不当。虽然不少网站采用了一些网络安全设备，但由于安全产品本身的问题或使用问题，这些产品并没有起到应有的作用。很多安全厂商的产品对配置人员的技术背景要求很高，超出对普通网管人员的技术要求，就算厂家最初给用户做了正确的安装、配置，一旦系统改动，从而需要改动相关安全产品的设置时，便容易产生许多安全问题。

(5)缺少严格的网络安全管理制度。网络安全最重要的还是要在思想上高度重视，网站或局域网内部的安全需要用完备的安全制度来保障。建立和实施严密的计算机网络安全制度与策略是真正实现网络安全的基础。

2. 电子商务中存在的安全威胁

传统交易是面对面的，比较容易保证交易双方建立信任关系和交易过程的安全性。而电子商务活动中的交易行为是通过网络进行的，买卖双方互不见面，因而缺乏传统交易中的信任感和安全感。在电子商务交易过程中，买卖双方都可能面临的安全威胁有：

(1)由于非法入侵者的侵入，造成商务信息被窃取、篡改和丢失；

(2)商务机密在传输过程中被第三方获悉，甚至被恶意窃取、篡改和破坏；

(3)虚假身份的交易对象及虚假订单、合同；

(4)贸易对象的抵赖(如拒绝承认双方已商定的价格、数量、订单、合同，拒绝承认收到的货款或商品等)；

(5)由于计算机系统故障对交易过程和商业信息安全所造成的破坏。

(二)电子商务的安全性需求

电子商务的安全性需求可以分为两个方面：一方面是对计算机及网络系统安全性的要求，表现为对系统硬件和软件运行安全性和可靠性的要求、系统抵御非法用户入侵的要求等；另一方面是对电子商务信息安全的要求。

1. 信息的保密性

信息的保密性是指信息在存储、传输和处理过程中，不被他人窃取(不论是无意的还是恶意的)。要保证信息的保密性，需要防止入侵者侵入系统；对商务机密(如信用卡信息等)要先经过加密处理，再送到网络传输。

2. 信息的完整性

信息的完整性包括信息在存储中不被篡改和破坏，以及在传输过程中收到的信息和原发送信息的一致性。前面提到的信息的加密处理只能保证信息不被第三方看到，不能保证信息不被篡改。信息的完整性要求系统能够识别信息是否被篡改或破坏，从而决定是否使用信息。

3. 信息的不可否认性

信息的不可否认性是指信息的发送方不可否认已经发送的信息，接收方也不可否认已经收到的信息。例如，卖方不可因市场价格的上涨而否认收到订单的日期或完全否认收到订单；再如，网上购物者订货后，不能谎称不是自己订的货等。

4. 交易者身份的真实性

交易者身份的真实性是指交易双方是确实存在的，不是假冒的。例如，A 公司与 B 公司进行网上交易，交易双方必须确认对方身份是否真实，商家要排除客户不是骗子，客户要确认商家不是假店、有信誉，这样才能建立彼此信任的交易关系。此外，还要能识别是否有第三方在假冒交易对象。

5. 系统的可靠性

系统的可靠性是指计算机及网络系统的硬件和软件工作的可靠性，即是否会因为计算机故障或意外原因（如停电）造成信息错误、失效或丢失。提高系统的可靠性主要是要选择质量好、可靠性高的硬件和软件产品，并且要考虑系统配置的冗余和备份，还要配置良好的备用电源和防雷设施，系统维护人员要经常对系统进行保养和维护，不可带故障运行等。

6. 交易的匿名性

电子商务系统应确保交易的匿名性，防止交易过程被跟踪，保证交易过程中用户信息不会泄露，确保合法用户的隐私不被侵犯。

二、电子商务的安全体系结构

电子商务的安全体系结构是保证电子商务中数据安全的一个完整的逻辑结构。它由网络服务层、加密控制层、安全认证层、安全协议层、应用系统层五个部分组成（如图 3－4 所示）。下层是上层的基础，为上层提供技术支持，上层是下层的扩展与递进。各层次之间相互依赖、相互关联，构成统一整体，各层通过控制技术递进，实现电子商务系统的安全。

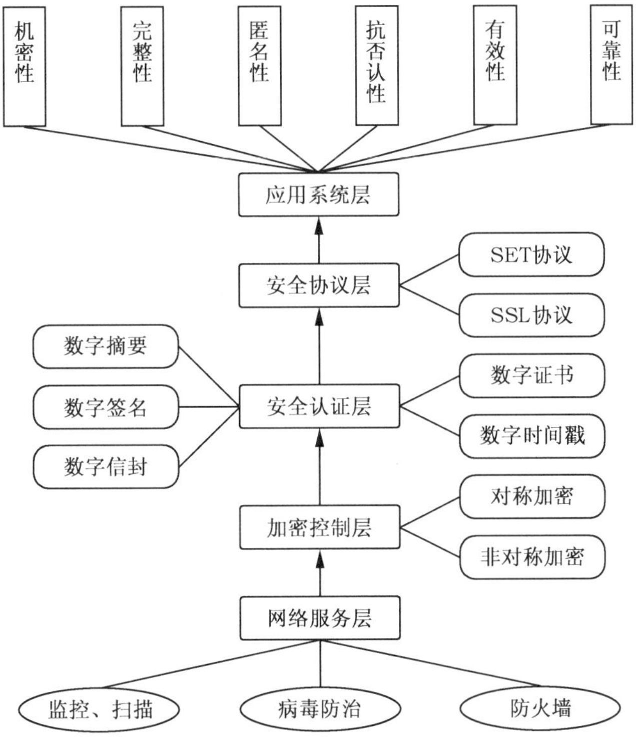

图 3－4　电子商务安全体系结构

三、电子商务的几种安全技术

(一)防火墙技术

1. 防火墙的基本概念

概括地说，防火墙是位于两个(或多个)网络之间执行安全策略的一组组件的集合。它包括硬件和软件，目的是保护内部网络不被 Internet 用户侵扰。因此，防火墙应该满足如下的基本条件：

(1)内部网络和外部网络之间的所有信息流都应该经过防火墙。

(2)只有符合防火墙安全策略的信息流才能通过防火墙。

(3)自身要具有较高的可靠性，不易受到各种网络攻击的影响。

(4)人机交互界面良好，用户使用方便，系统管理员可以方便地对防火墙进行配置。同时，为了实现保护内部网络的目的，必须为防火墙制定安全策略。

所谓安全策略，是指明确地定义允许使用或禁止使用的网络服务，以及这些服务的使用规定。例如，“除非明确允许，否则就禁止”的安全策略，除了那些被明确允许的服务和应用程序之外，堵塞外部网络和内部网络之间的所有数据传输；再如，“除非明确禁止，否则就允许”的安全策略，除了那些被明确禁止的服务和应用程序之外，允许外部网络和内部网络之间的所有数据传输。

2. 防火墙的类型

从 OSI 分层模型角度，防火墙可以分为三类：包过滤防火墙、应用代理(网关)防火墙和状态检测防火墙。同时，由这三类防火墙可以推导和演绎出其他可能的变化。

(1)包过滤防火墙。这个层次的防火墙通常工作在 OSI 的第三层及第三层以下，它可控的内容主要包括报文的源地址、目标地址、服务类型，以及第二层数据链路层的 MAC 地址等。除此以外，随着包过滤防火墙的发展，OSI 第四层的部分内容也被包括进来，如报文的源端口和目的端口。

(2)应用代理防火墙。这种类型的防火墙将 OSI 第七层的应用层包含了进来。在某种意义上，可以把这种防火墙看作一个翻译器，由它负责外部网络和内部网络之间的通信，当防火墙两端的用户打算进行网络通信的时候，两端的通信终端不会直接联系，而是由应用层的代理来负责转发。代理会截获所有的通信内容，如果连接符合预定的访问控制规则，则代理将数据转发给目标系统，目标系统将处理后的数据回应给代理，然后代理再将接收到的数据送回客户机。

(3)状态检测防火墙。状态检测防火墙在网络层有一个检查引擎截获数据包并抽取出与应用层状态有关的信息，以此为依据决定对该连接是接受还是拒绝。这种技术提供了高度安全的解决方案，同时具有较好的适应性和扩展性。状态检测防火墙一般也包括一些代理级的服务，它们提供附加的对特定应用程序数据内容的支持。状态检测技术最适合提供对 UDP 协议的有限支持。它将所有通过防火墙的 UDP 分组均视为一个虚拟连接，当反向应答分组送达时，就认为一个虚拟连接已经建立。状态检测防火墙克服了包过滤防火墙和应用代理服务器的局限性，它不仅仅检测“to”和“from”的地址，而且不要求每个访问的应用都有代理。

3. 防火墙的体系结构

(1)屏蔽路由器体系结构。这种防火墙体系结构是最初的防火墙设计方案。它并没有采用专门的硬件设备，而是在原有的路由器上进行包过滤的设置。具备这种包过滤技术的路由器称为“屏蔽路由器”。

(2)双宿/多宿主机(堡垒主机)体系结构。双宿/多宿主机(堡垒主机)体系结构是围绕具有双重宿主的计算机而构筑的。该计算机至少具有两个网络接口,它位于外部网络和内部网络之间。内部网络和外部网络均可与双宿主主机通信,但内部网络和外部网络之间不可直接通信,它们之间的数据流完全被双宿主主机切断。

(3)屏蔽主机体系结构。屏蔽主机体系结构又称为主机过滤结构。在这种结构中,需要配一台堡垒主机和一个有过滤功能的屏蔽路由器。屏蔽路由器连接外部网络,堡垒主机安装在内部网络上。通常在路由器上设置数据包过滤规则,并使堡垒主机成为从外部网络唯一可直接到达的主机。入侵者要想入侵内部网络,必须过屏蔽路由器和堡垒主机两道屏障,所以屏蔽主机结构比双重宿主主机结构具有更好的安全性和可用性。

(4)屏蔽子网体系结构。尽管用户尽最大的努力保护堡垒主机,但由于它的地位特殊,所以它仍是内部网络上最容易受侵袭的计算机。在屏蔽主机体系结构中,如果攻击者能够侵入堡垒主机,就可以毫无阻挡地进入内部网络。因为在该结构中,在堡垒主机与其他内部网络中的主机之间没有特殊的防御手段,内部网络对堡垒主机不做任何防备。

(二)数据加密技术

1. 数据加密的概念

数据加密的基本过程就是对原来为明文的文件或数据按某种算法进行处理,使其成为不可读的一段代码,通常称为密文,使其只能在输入相应的密钥之后才能显示出本来内容,以达到保护数据不被非法窃取、阅读的目的。该过程的逆过程为解密,即将该编码信息转化为其原来数据的过程。

2. 数据加密的算法

加密技术按照密钥的公开与否,可以分为以下两种体系:

(1)对称加密技术。对称加密技术使用 DES(Data Encryption Standard)算法,发送者和接收者拥有相同的密钥,密钥的长度一般为 64 位或 56 位。为了安全性,密钥要定期改变。对称算法速度快,所以在处理大量数据的时候被广泛使用,其关键是保证密钥的安全。典型的算法有 DES 及其各种变形。这种加密方法解决了信息的保密问题,但又引出了新的问题。设想发送者用对称密钥对报文加密后发送给接收者,接收者必须要有相同的密钥才能解密,但是如何将密钥传送给接收者呢? 显然不能通过网络传送。因此,对称加密技术在实际应用中存在以下问题:

- 在首次通信前,双方必须通过除网络以外的另外途径传递统一的密钥。
- 当通信对象增多时,需要相应数量的密钥。
- 对称加密建立在共同保密的基础上,在管理和分发密钥的过程中,任何一方的泄密都会造成密钥的失效,存在着潜在的危险和复杂的管理难度。

(2)非对称加密技术(公—私钥加密技术)。为了克服对称加密技术存在的密钥管理和分发上的问题,产生了非对称加密技术。非对称加密技术加密和解密使用两把密钥,一把称公钥,另一把称私钥。两把密钥实际上是两个很大的质数:用其中的一个质数与明文相乘,可以加密得到密文;用另一个质数与密文相乘可以解密,但不能用一个质数求得另一个质数。非对称加密技术将加密算法和公钥公开,可以放在网页上供人下载,也可公开传送给需要通信的人,私钥只有自己知道,严密保管。通信时,发送方用接收者的公钥对明文加密后发送,接收方用自己的私钥进行解密,这样既解决了信息保密问题,又克服了对称加密中密钥管理与分发传递的问题，但其效率低于对称密钥体系。最有影响的公钥加密算法是 RSA，足够位数的 RSA 能够抵抗到目前为止已知的所有密码攻击。

（三）网络安全技术

计算机网络安全是电子商务安全的基础，一个完整的电子商务系统应建立在安全的网络基础设施之上，网络安全技术所涉及的方面比较多，如操作系统安全、身份认证技术、访问控制技术、防火墙技术、虚拟专用网 VPN 技术和系统漏洞检测、黑客跟踪技术等。

1. 身份认证技术

身份认证技术的目的是证实被认证对象是否属实和是否有效，其基本思想是通过验证被认证对象的属性来达到确认被认证对象是否真实有效的目的。被认证对象的属性可以是口令、问题解答或指纹、声音等生理特征，常用的身份认证技术有口令、标记法和生物特征法。

2. 防火墙技术

防火墙就是在网络边界上建立相应的网络通信监控系统，主要是通过对网络之间传输的数据包和链接方式按照一定的安全策略进行检查，来决定网络之间的通信是否被允许，防止外部网络用户以非法手段通过外部网络进入被保护网络。防火墙技术主要有包过滤技术、代理服务技术和状态监控技术三类。

3. 虚拟专用网 VPN 技术

VPN 技术是在公用网络中建立专用的数据通信网络的技术。这是 Internet 交易的一种专用网络，它可以在两个系统之间建立安全的信道（或隧道），用于电子数据交换。VPN 技术通过 IP 隧道等方法来保证企业协作网中企业间数据和企业内部网中远程分支机构或异地职工对中央系统的远程访问数据的安全传递。它与信用卡交易和客户发送订单交易不同，因为在 VPN 中，双方的数据通信量要大得多，而且通信的双方彼此都很熟悉。这意味着可以使用复杂的专用加密和认证技术，只要通信双方认可，没有必要为所有的 VPN 进行统一的加密和认证。现有的或正在开发的数据隧道系统可进一步增强 VPN 的安全性，从而能够保证数据的机密性和可用性。

（四）安全认证技术

1. 常见的安全认证技术

安全认证技术是为了满足电子商务系统的安全性要求而必须采用的安全技术。安全认证的主要作用是进行信息认证。信息认证的目的：一是确认信息发送者的身份；二是验证信息的完整性，即确认信息在传送或存储过程中未被篡改过。

常用的安全认证技术主要有数字摘要、数字信封、数字签名、数字时间戳、数字证书等。

（1）数字摘要。数字摘要也称 Hash 编码法，是采用单向 Hash 函数对文件中若干重要元素进行某种变换运算得到固定长度的摘要码，并在传输信息时将之加入文件一同发送给接收方，接收方收到文件后，用相同的方法进行变换运算，若得到的结果与发送的摘要码相同，则可断定文件未被篡改；反之亦然。

（2）数字信封。数字信封是利用加密技术来保证只有特定的收信人才能阅读信的内容。

（3）数字签名。在现实日常生活中，通常采用对某一文档进行签名来保证文档的真实有效性，防止其抵赖。在网络环境中，可以用电子数字签名，为电子商务提供不可否认的服务。将 Hash 函数和公钥算法结合起来，可以在提供数据完整性的同时保证数据的真实性。完整性保证传输的数据没有被修改，而真实性则保证是由确定的合法者产生的 Hash，而不是由其他人假冒，把这两种机制结合起来就可以产生数字签名。数字签名相对于手写签名在安全性方面具有这样的好处:数字签名不仅与签名者的私有密钥有关,而且与报文的内容有关,不能将签名者对一份报文的签名复制到另一份报文上,同时也能防止篡改报文的内容。

(4)数字时间戳。在书面合同中,文件签署的日期和签名一样均是防止文件被伪造和篡改的关键性内容。而在电子交易中,同样需对交易文件的日期和时间信息采取安全措施,而数字时间戳服务(DTS)就是能提供电子文件发表时间的安全保护。数字时间戳服务是网络安全服务项目,由专门的机构提供。时间戳是一个经加密后形成的凭证文档,它包括三个部分:需加时间戳的文件摘要、DTS收到文件的日期和时间、DTS的数字签名。

(5)数字证书。数字证书又称数字凭证,是用电子手段来证实一个用户的身份和对网络资源的访问权限。在交易支付过程中,参与各方必须利用认证中心签发的数字证书来证明各自的身份。数字证书是唯一用来确认安全电子商务交易双方身份的工具。由于它由证书管理中心做了数字签名,因此任何第三方都无法修改证书的内容。任何信用卡持有人只有申请到相应的数字证书,才能参加安全电子商务的网上交易。数字证书一般有四种类型:客户证书、商家证书、网关证书及CA系统证书。

2. 安全认证协议

电子商务的主要特征是在线支付。为了保证在线支付的安全,需要采用数据加密和身份认证技术,以便构建一个可信赖的电子交易环境。不同的企业可能会采用不同的手段或方法来实现,这就要求有一种统一的标准来规范。目前电子商务中有两种安全认证协议被广泛使用,即安全套接层(Secure Sockets Layer,SSL)协议和安全电子交易(Secure Electronic Transaction,SET)协议。

(1)SSL协议。SSL协议是由Netscape公司于1994年设计开发的安全协议,主要用于提高应用程序之间的数据安全系数。SSL协议是一个保证任何安装了安全套接层的客户和服务器间事务安全的协议,该协议向基于TCP/IP的客户/服务器应用程序提供了客户端和服务器的鉴别、数据完整性及信息机密性等安全措施。它解决了Internet上主要协议(TCP/IP)难以确定用户身份的问题,支持B2B方式的电子商务。

在SSL协议中,采用了公开密钥和私有密钥两种加密方法。SSL协议主要是使用公开密钥体制和X.509数字证书技术来保护信息传输的机密性和完整性,它不能保证信息的不可抵赖性,主要适用于点对点之间的信息传输,常用Web Server方式。

(2)SET协议。SET协议是一个通过开放网络进行安全资金支付的技术标准,是由VISA和MasterCard两大信用卡公司于1997年推出的规范。该协议涵盖了信用卡在电子商务交易中的交易协定、信息保密、资料完整、数字认证和数字签名等技术,被认为是Internet上进行在线交易而设立的一个开放的、以电子货币为基础的电子付款规范,为确保电子商务顺利进行提供了安全保障。

在一个交易的过程中,参与交易的实体有客户、网上商店、认证中心、收单银行和发卡银行。SET将建立一种能在Internet上安全使用银行卡购物的标准。SET协议是一种为基于信用卡而进行的电子交易提供安全措施的规则,是一种能广泛应用于Internet上的安全电子付款协议,它能够将普遍应用的信用卡使用场所从目前的商店扩展到消费者家里,扩展到消费者个人计算机中。

(五)计算机病毒防治

目前计算机病毒的种类繁多,可以通过不同途径来传播,不同的计算机病毒的破坏行为和结果也不同。事实上,采取主动防范是对付计算机病毒积极而有效的措施。通常可以把以下几方面结合起来考虑计算机病毒的防范：

(1)要把整个网络作为一个整体来进行计算机病毒的防范，不仅仅是保护单个主机；

(2)组建计算机网络时，选择适当的网络操作系统；

(3)对网络内重要的数据进行有规律的备份；

(4)要有一套合理的网络使用管理制度和综合网络安全体系；

(5)选择适当的反病毒软件，定时进行网络或单机的扫描、屏蔽、清除计算机病毒。

四、电子商务新技术

(一)大数据与数据挖掘

1. 大数据的概念

大数据(Big Data/Mega Data)，或称巨量资料，指的是需要新处理模式才能具有更强的决策力、洞察力和流程优化能力的海量、高增长率和多样化的信息资产。在维克托·迈尔—舍恩伯格及肯尼斯·库克耶编写的《大数据时代》中，大数据指不用随机分析法(抽样调查)这样的捷径，而采用所有数据进行分析处理。大数据的5V特点：Volume(大量)、Velocity(高速)、Variety(多样)、Value(价值密度)、Veracity(真实性)。大数据的核心在于为客户挖掘数据中蕴藏的价值，而不是软硬件的堆砌。因此，针对不同领域的大数据应用模式、商业模式研究将是大数据产业健康发展的关键。

2. 数据挖掘的概念

从海量的数据库中选择、探索、识别出有效的、新颖的、具有潜在效用的乃至最终可理解的模式以获取商业利益的非平凡的过程，就是Fayyad和Piatetsky-Shapiror在1996年提出的数据挖掘的定义。这个定义有三个要点：处理海量的数据；揭示企业运作中的内在规律；为企业运作提供直接决策分析，并带来巨大经济效益。数据挖掘的任务按照目标可以分为四类：分类、回归、聚类和关联规则。

3. 大数据时代下的数据挖掘

技术不断演进，社会不断发展，在大数据时代下对于数据挖掘的定义也发生了一些变化：

(1)对于数据量级的变化，从海量已经到了巨量。

(2)数据处理的样本规模也在从采样发展到全量。

(3)数据应用发掘企业的内在规律已经拓展到了社会运行特征、人群行为特征、经济发展特征等各个方面。

(4)数据挖掘的目的不仅是为了经济效益，也为社会生产力提升和管理水平提升提供了相应支持。

(5)从因果关系到相关性分析。大数据分析通过对事件和多种因素进行相关性分析，通过数据挖掘和机器学习的算法找到其关联关系，并运用回归分析从而实现预测。

(二)云计算

1. 云计算的概念

云计算(Cloud Computing)是基于互联网的相关服务的增加、使用和交付模式，通常涉及通过互联网来提供动态易扩展且经常是虚拟化的资源。

现在广为接受的是美国国家标准与技术研究院(NIST)的定义：云计算是一种按使用量付费的模式，这种模式提供可用的、便捷的、按需的网络访问，进入可配置的计算资源共享池(资源包括网络、服务器、存储、应用软件、服务)，这些资源能够被快速提供，只需投入很少的管理工作，或与服务供应商进行很少的交互。

2. 云计算发展历程

云计算早期就是简单一点的分布式计算，解决任务分发，计算结果合并就好了。云计算曾经还有一个别名，叫网格计算。如今，云计算发展成了分布式计算（Distributed Computing）、并行计算（Parallel Computing）、效用计算（Utility Computing）、网络存储（Network Storage）、虚拟化（Virtualization）、负载均衡（Load Balance）、热备份冗余（High Available）等传统计算机与网络技术融合的产物。

3. 云计算服务形式

云计算一般包括以下几个层次的服务：

（1）IaaS（Infrastructure-as-a-Service）：基础设施即服务。消费者通过 Internet 可以从完善的计算机基础设施中获得服务。例如，硬件服务器租用。

（2）PaaS（Platform-as-a-Service）：平台即服务。PaaS 实际上是指将软件研发的平台作为一种服务，以 SaaS 的模式提交给用户。因此，PaaS 也是 SaaS 模式的一种应用。但是，PaaS 的出现可以加快 SaaS 的发展，尤其是加快 SaaS 应用的开发速度。例如，软件的个性化定制开发。

（3）SaaS（Software-as-a-Service）：软件即服务。它是一种通过 Internet 提供软件的模式，用户无需购买软件，而是向提供商租用基于 Web 的软件来管理企业经营活动。例如，阳光云服务器。

（三）物联网

1. 物联网的概念

物联网是新一代信息技术的重要组成部分，也是“信息化”时代的重要发展阶段。顾名思义，物联网是物物相连的互联网。这里有两层意思：其一，物联网的核心和基础仍然是互联网，是在互联网基础上的延伸和扩展的网络；其二，其用户端延伸和扩展到了任何物品与物品之间，进行信息交换和通信，也就是物物相息。物联网通过智能感知、识别技术与普适计算等通信感知技术，被广泛应用于网络的融合中，也因此被称为继计算机、互联网之后世界信息产业发展的第三次浪潮。

2. 物联网与互联网的关系

根据物联网与互联网的关系分类，不同专家学者对物联网给出了各自的定义，可归纳为如下四种类型：

（1）物联网是传感网，不接入互联网。有专家认为，物联网就是传感网，只是给人们生活环境中的物体安装传感器，这些传感器可以更好地帮助我们认识环境，这个传感器网不接入互联网络。例如，上海浦东机场的传感器网络，其本身并不接入互联网，却号称是中国第一个物联网。物联网与互联网的关系是相对独立的两张网。

（2）物联网是互联网的一部分。物联网并不是一张全新的网，实际上早就存在了，它是互联网发展的自然延伸和扩张，是互联网的一部分。互联网是可包容一切的网络，将会有更多的物品加入这张网中。也就是说，物联网包含于互联网之内。

（3）物联网是互联网的补充网络。我们通常所说的互联网是指人与人之间通过计算机结成的全球性网络，服务于人与人之间的信息交换。而物联网的主体则是各种各样的物品，通过物品间传递信息从而达到最终服务于人的目的，两张网的主体不同。所以，物联网是互联网的扩展和补充，物联网与互联网是相对平等的两张网。如果把互联网比作人类信息交换的动脉，那么物联网就是毛细血管，两者相互连通，是互联网的有益补充。

(4)物联网是未来的互联网。从宏观概念上讲，未来的物联网将使人置身于无所不在的网络之中，在不知不觉中，人可以随时随地与周围的人或物进行信息的交换，这时，物联网也就等同于泛在网络，或者说未来的互联网。物联网、泛在网络、未来的互联网，它们的名字虽然不同，但表达的都是同一个愿景，那就是人类可以随时随地使用任何网络、联系任何人或物，以达到信息交换的自由。

事实上，物联网与互联网的关系是相对独立的两张网，只不过两者在数据传输技术上有一定的共性而已。

3. 物联网原理

物联网是在计算机互联网的基础上，利用射频自动识别(RFID)、无线数据通信等技术，构造一个覆盖世界上万事万物的“Internet of Things”。在这个网络中，物品(商品)能够彼此进行“交流”，而无需人的干预。其实质是利用 RFID 技术，通过计算机互联网实现物品(商品)的自动识别和信息的互联共享。

4. 物联网关键技术

物联网其实是一个融合的技术(不是单纯的一个技术)，涉及传感技术、射频 ID 技术、通信技术、互联网技术、云计算技术、大数据技术、自动化技术、嵌入式编程、行业相关应用软件技术等各种技术。在物联网应用中，有如下三项关键技术：

(1)RFID 技术。它是融合了无线射频技术和嵌入式技术为一体的综合技术，RFID 在自动识别、物品物流管理领域有着广阔的应用前景。

(2)传感器技术。它也是计算机应用中的关键技术。大家都知道，到目前为止绝大部分计算机处理的是数字信号。自从有计算机以来，就需要传感器把模拟信号转换成数字信号，计算机才能处理。

(3)嵌入式系统技术。它是综合了计算机软硬件、传感器技术、集成电路技术、电子应用技术为一体的复杂技术。经过几十年的演变，以嵌入式系统为特征的智能终端产品随处可见，小到人们身边的 MP3，大到航天航空的卫星系统。嵌入式系统正在改变着人们的生活，推动着工业生产以及国防工业的发展。如果把物联网用人体做一个简单比喻，传感器相当于人的眼睛、鼻子、皮肤等感官，网络就是神经系统用来传递信息，嵌入式系统则是人的大脑，在接收到信息后要进行分类处理。这个例子很形象地描述了传感器、嵌入式系统在物联网中的位置与作用。

本章小结

计算机网络是计算机技术和通信技术相结合的产物，可以分为局域网、城域网、广域网和互联网。计算机网络系统是由通信子网和资源子网组成的。而网络软件系统和网络硬件系统是网络系统赖以存在的基础。计算机网络的功能主要有数据通信、资源共享、远程传输、提高计算机系统的可靠性和可用性、负荷均衡、实现分布式处理。其网络拓扑结构最常用的是星形结构、环形结构和总线形结构。

Web 就是一种超文本信息系统，其特点是图形化、易于导航、分布式、动态性和交互性。Web 客户端的主要任务是展现信息内容，而 HTML 语言则是信息展现的最有效载体之一。作为一种实用的超文本语言，HTML 的历史最早可以追溯到 20 世纪 40 年代。1990 年，第一个图形化的 Web 浏览器“World Wide Web”终于可以使用一种为 Web 度身定制的语言——HTML——来展现超文本信息了。Web 服务端的开发技术也是由静态向动态逐渐发展、完善起来的。

电子数据交换(EDI)是商业贸易伙伴之间,将按照标准、协议规范化和格式化的经济信息通过电子数据网络,在单位的计算机系统之间进行自动交换和处理。用企业计算机编制或从数据库中调出贸易文件,通过EDI软件中的连接软件联通系统,连接软件将文件或数据传入翻译软件,翻译软件将企业内部格式的文件或数据转换成EDI标准格式的文件,然后通过通信软件从EDI网络发出;对方企业的EDI系统收到信息,按相反的程序将EDI文件转化为企业内部格式的文件。

电子商务安全从整体上可分为两大部分:计算机网络安全和商务交易安全。计算机网络安全的内容包括计算机网络设备安全、计算机网络系统安全、数据库安全等。它针对计算机网络本身可能存在的安全问题实施网络安全增强方案,以保证计算机网络自身的安全性为目标。商务交易安全则紧紧围绕传统商务在互联网络上应用时产生的各种安全问题,在计算机网络安全的基础上,保障电子商务过程的顺利进行,即实现电子商务的保密性、完整性、匿名性、可鉴别性、不可伪造性和不可抵赖性。

电子商务新技术包括大数据与数据挖掘、云计算和物联网。大数据指的是需要新处理模式才能具有更强的决策力、洞察力和流程优化能力的海量、高增长率和多样化的信息资产。数据挖掘是指从海量的数据库中选择、探索、识别出有效的、新颖的、具有潜在效用的乃至最终可理解的模式以获取商业利益的非平凡的过程。云计算是基于互联网的相关服务的增加、使用和交付模式,通常涉及通过互联网来提供动态易扩展且经常是虚拟化的资源。物联网是物物相连的互联网。

关键术语

计算机网络　局域网　广域网　城域网　互联网　网络软件　网络硬件　网络拓扑结构　Web　超文本　超媒体　电子数据交换　电子数据处理　防火墙　数据加密　对称加密　非对称加密　身份认证　数字摘要　数字信封　数字签名　数字时间戳　数字证书　SSL 协议　SET 协议　大数据　数据挖掘　云计算　物联网

课堂讨论

1. 计算机网络主要有哪几种类型?其工作原理是什么?
2. 什么是EDI?简述EDI的工作过程。
3. 电子商务活动中存在哪些安全威胁?电子商务的安全需求可归纳为哪几方面?
4. 简述防火墙的安全策略。
5. 对称加密和非对称加密有哪些异同点?
6. 数字签名有什么作用?简述数字签名的形成过程。
7. 什么是数字证书?数字证书包括哪些内容?数字证书有什么作用?
8. 目前常用的电子商务安全交易协议有哪些?说出SSL协议和SET协议的区别。
9. 什么是云计算?它有几种服务形式?
10. 什么是物联网?它与互联网有何区别?

网上实践

1. 访问 http://www.antidu.cn 反病毒网。查看目前有何最新病毒?有何反病毒软件?

2. 访问 http://www.bjca.org.cn/index.htm 北京数字证书认证中心。你可以为自己申请个人数字证书,或为某个公司申请企业数字证书,你也可以在其他数字认证网站进行个人或公司数字证书的申请。

案例分析

"我查查":物联网新思维

"货比三家知好坏,价问三处知贵贱",这句老话大家都知道,可是在快节奏的城市里,"货比三家"交通成本高、消耗时间多,还挺累人的。因此,多数买家即使发现买到的东西比其他地方贵,也只能自认倒霉。但随着移动互联网行业的飞速发展,"我查查"这样的应用软件应运而生,让"货比三家"变成了不挪步、不询问、一扫便知的易事。这类移动端的比价软件通过手机这个现成的硬件产品,从技术层面实现比价全国的新功能,打开了属于物联网时代的新思路。

● 模糊识别在条码上做文章

"我查查"成立于2010年1月,它从应用最广泛的一维条码切入,建立起一个基于手机平台的商品信息查询与比价的物联网系统,成为手机比价行业最早的一批开拓者。2011年,"我查查"获得红杉资本和常春藤资本1 200万美元A轮融资。

目前,"我查查"在移动互联网平台有三款产品,其中"我查查条码比价"手机应用为其核心产品。"我查查"APP的下载用户数已突破2.1亿,千万级的商品数据已涵盖全国32个省市区将近500个城市,形成每周近亿计的商品数据变动。

作为国内首款基于手机客户端条码扫描应用的移动物联网信息查询平台,行业领先的条码识别技术是"我查查"的立根土壤。"我查查"独有的模糊识别算法,可以从模糊的图像中算出准确信息,能够支持中低端智能机定焦摄像头,确保用户快速扫描识别条码,并有较好的识别准确性。这样一来,使用低分辨率摄像头和中低端定焦机型的用户也能适用,这大大扩展了用户的范围。

除此之外,4年间,"我查查"还获得了在手机浏览器中获取条形码的方法与装置、基于图像采集设备的信息获取方法与装置及移动通信设备等近20项发明专利。"我查查"开发的软件可适用于包括塞班、微软等不同系统的诸多型号移动端。

● 线上线下三方面挖数据

有了技术支持,海量的价格信息同样是用户信赖的基石。"我查查"的信息又是从何而来呢?与阿里巴巴"一淘网"的强大线上后台数据支持不同,"我查查"的价格数据来自三方面。"线下的商超价格主要来自员工的线下人工采集。"CEO赵立新介绍道。"我查查"成立了专门的数据部,其中600多人的团队下分成数据采集与核查两个独立的团队。数据部的采集团队会实地到访各家商超,使用公司统一配发的终端采集工具,扫描各种商品来获取价格信息。而数据部的核查团队会在一周内按不同品类完成采集数据的核实抽查,并按95%的准确率来考核采集员工的绩效。

近年来,随着"我查查"的发展,也吸引了不少零售巨头和网络电商的关注,一些商超和电商开放了数据接口,与"我查查"实现数据对接。例如,线下商超华润和家乐福以及线上的亚马逊与京东等,这形成了"我查查"数据的第二种来源。

最后一种就是基于大数据技术的数据抓取,"像一些港澳台或者海外的商品价格,就是通过网上数据来获取,以便一些海淘能有价格参考"。赵立新表示,由于无法对真实性核查,这部分数据还不是很精确。

● 衔接两端2C和2B服务两不误

移动互联网要寻找商业模式,关键看提供的服务,从"我查查"提供的服务来看,此款比价软件实际上是上下衔接2C和2B两端。C端用户可以通过比价,了解许多产品的市场价格,少花冤枉钱,这也是"我查查"获得上亿下载量的原因。

B端则是"我查查"平台的推荐服务,这其中又有两部分内容。第一部分服务内容是各大实体商超与电商的产品价格展示。商超与电商的产品信息直达消费者,给予消费者选择权的同时也给了商超与电商产品信息展现的曝光率。尤其是那些打折促销商品,"商超原有的促销海报会第一时间出现在我们的平台上"。赵立新告诉记者,这是近期才有的新内容,让原本线下的宣传资料,在"我查查"的移动端轻松查看,这也是一种物联网 O2O 的方式，从比价到商超的促销海报，附加了线下实体商超更多在线的内容。在这个价格展示的同时，商超、电商之间也能彼此了解价格动向，可以参考并调整好自己产品的价格定位。

另一部分服务内容是商户认证与广告服务，统称“VIP 商户认证信息”服务。在“我查查”平台上，商家可以统一发布或者分区域发布其商品的图片、品名、价格、品牌 logo 及其联系方式。用户查询到该商户的某一具体商品时，该商户与其他线下实体店或电商按照价格排序一同展示。赵立新说：“这些服务主要是针对经销代理商或者厂家的，它们有定价权也掌握渠道，所以‘我查查’上不仅有商家的基本信息，还会展示商家的市场指导价、所有品牌商品的权威防伪说明，以及其与防伪公司合作的查询数据。根据商户提交的相关证明，商家可以改动自己展示页面上的商品指导价、产品信息及其他相关内容。”从这一点看，“我查查”的服务给了更多不同类型商家的展示空间。

● 创新思路同样面对诸多短板

面对商超、电商琳琅满目的商品，消费者对于过多的信息依然有些无所适从。然而，互联网最大的价值就在于极大地促进信息交流和信息共享，使公众可以以低价或免费获得丰富广泛的信息服务。“我查查”的商品比价，是具有创意性的网络信息服务样式与物联网时代思维，但总体尚属起步阶段，数据库和技术的不完善都会制约其服务力度与企业发展。

单从技术层面来讲，比价软件的开发并不难，难度最大的是商品信息的采集和后台数据库的建设，这也正是比价软件竞争的核心点。“我查查”的商品价格信息采集分为线上和线下，其中线下数据采集的准确率同样是较难把控的。数以亿计的商品条形码靠线下团队一条条采集、收录并上传到“我查查”数据库，每周亿计变动的跟踪、变化，就算是 95% 的抽查准确率，对于庞大的数据基数来说，数据错误仍然不是个小数目。而且，线下商超的价格还存在着“这一秒”和“下一秒”的时间差，时差上太多价格变动的可能性同样会诞生“我查查”数据的“漏网之鱼”。

对于“我查查”来说，目前需要的是获得更多线下商超的认可与普及，“我们也希望通过越来越多的价格对接，能在第一时间展现更多商超的真实价格。更数据化、自动化，这是一个非常大的工程，但也是我们的目标”。

而对于商业模式，“我查查”试图在 C 端和 B 端找到一个平衡点。但商家的展示信息与商超的价格信息会在同页展示，彼此价格的偏差及服务内容都可能踩到地雷，更有可能给自己带来负面信息与法律问题。在不断完善产品的同时，商业模式的梳理也是“我查查”需要仔细思考的问题。

讨论：

1. “我查查”APP 软件面世的缘由是什么？它有何特色？

2. “我查查”是如何获取数据的？

3. “我查查”所遇到的技术难题是什么？如何解决？

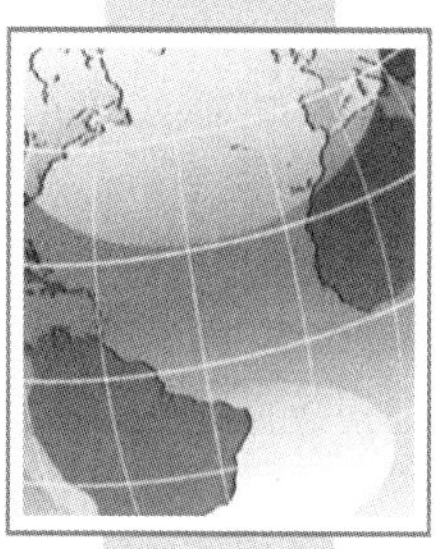

第四章 电子商务的网上支付

本章引言

电子商务作为一种新型的商务模式，正在改变着每个人的消费观念和消费手段。电子商务的网上支付安全与否，在很大程度上影响着电子商务的普及。电子商务目前的网上支付方式有一定的优点，但是也存在很多不足，尤其是支付过程中的安全问题。电子商务正在呼唤一个更加安全、快捷、费用低廉的网上支付方式，以保证和促进电子商务快速发展。

本章要点

- 网上支付的概念、功能和模式
- 网上银行的概念、特点和发展
- 网上支付的安全和技术要求
- 国内外网上银行的发展现状和趋势

第一节　网上支付概述

一、网上支付的定义

电子商务运作模型和业务流程中有三个环节——信息流、资金流和物流，它们是促进电子商务发展的关键。作为中间环节的网上(在线)支付是电子商务流程中交易双方最为关心的问题。如果这个环节不能解决，那么真正实现电子商务就成为空谈，就失去了电子商务发展的基础条件，电子商务就成了“虚拟商务”，只能是信息传递的电子化、合同的无纸化，而无法完全实现网上交易，使得电子商务快捷、便利的优势大打折扣。我们认为，网上支付是指电子商务交易的当事人，包括消费者、网商和金融机构，以计算机和通信技术为手段，通过计算机网络系统以电子信息传递形式实现的货币支付与资金流通，主要包括电子货币类、电子信用卡类、电子支票类。

二、网上支付的特点

由于网上支付基于网络，它必须具备以下特点：

(一)安全性

网上支付是基于开放的Internet网络传输的，这意味着消费者要利用互联网将自己的资金划出去，若得不到应有的回报，则无法保障消费者的权益。因此，网上支付必须采取数据加密、数字摘要、数字签名等安全技术，以保证传输信息的安全性、完整性以及不可篡改性。

（二）认证性

网上支付系统在将支付过程无形化的同时，也将原本面对面的信用关系无形化了。在支付结算关系中仅仅用网络中的某些数据代表参与者，而这些数据所代表的身份以及这些身份的真实可信性就需要验证。通过建立认证体系，以确保信用关系在网络这个无形世界中是真实的。认证是网上支付顺利实施的基本条件。认证的实现需要第三方认证机构的参与，目前认证体系主要由基于证书的认证来实现。

（三）信用性

网上支付中各种支付手段必须是得到权威机构支持的，要依托于某种信用形式，如信用卡一般是由银行发行且由银行提供其信用额度的，电子支票也必须依托于银行信用，电子现金涉及发放电子现金的群体向持有电子现金的群体提供信用。在第三方支付平台的模式下，由第三方平台保证交易双方的权益，交易双方进行网上支付是基于对第三方平台的信任。

另外，与传统的支付方式相比，网上支付具有以下特点：

(1)网上支付采用先进的技术通过数字流转来完成信息传输和款项支付，而传统的支付方式则是通过现金流转、票据转让以及银行汇兑等物理实体的流转来完成款项支付。

(2)网上支付的工作环境是互联网这样一个开放的平台，而传统支付则是在较为封闭的系统中运作。

(3)网上支付使用的是互联网等先进通信手段，而且要求有相关的软件及其他一些配套设施；传统支付使用的则是传统的通信媒介，对通信设备也没有太高的要求。

(4)网上支付具有方便、快捷、高效、经济的优点。用户只要拥有一台能够上网的计算机，便可足不出户，在短时间内完成整个支付过程，而且只需花费相当于传统支付的几十甚至几百分之一的费用。

(5)网上支付的技术支持。由于网上支付工具和支付过程具有无形化、电子化的特点，因此对网上支付工具的安全管理不能只依靠普通的防伪技术，而是通过用户密码、软硬件加密和解密系统以及防火墙等网络安全设备的安全保护功能来实现。

三、网上支付的功能

网上支付是电子商务的关键环节，也是电子商务得以顺利发展的基础条件。总的来说，网上支付应该具有以下功能：

（一）认证交易双方、防止支付欺诈功能

能够使用数字签名和数字证书等实现对网上商务各方的认证，以防止支付欺诈，对参与网上贸易的各方身份的有效性进行认证，通过认证机构或注册机构向参与各方发放数字证书，以证实其身份的合法性。

（二）即时结算功能

网上支付系统的目的是实现网上交易的即时支付，从而使消费者与商家的交易同正常购物交易时一样，这是网上支付系统存在的前提条件，也是电子商务支付系统最基本的功能。这一功能要求网上支付系统应该在保证安全支付的前提下，尽量快速地处理交易信息，尽量缩短时间，只有这样才能鼓励更多的人进行网上支付。

（三）安全保密功能

安全可靠是对网上支付系统最基本的要求。保证支付过程的安全可靠，是电子商务系统的核心。一个安全可靠的网上支付系统，首先必须具有一个安全可靠的通信网络，从而保证电子商务支付过程的安全;其次是必须通过信息流的加密保证数据服务的绝对安全,可以采用单密钥体制或双密钥体制进行信息的加密和解密,用数字信封、数字签名等技术加强数据传输的保密性与完整性,防止未被授权的第三者获取信息的真正含义,保证消费者和商家各自的保密信息不致外泄。

(四)信用评估功能

网上支付系统作为提供金融服务的系统,应当能够向消费者和商家提供有关的信用评估信息,或以自己的信用提供相应的担保,从而保证和维护消费者与商家的利益。

(五)提高支付效率功能

网上支付的方便、快捷在于,网上支付系统不应要求消费者和商家掌握更多的技巧,从而能提高支付效率。复杂的支付操作程序将丧失电子商务的优势。

(六)金融业务功能

作为金融中介机构,网上支付系统应具有其他金融业务的功能,如账户查询、交易清单查询、转账操作、纠纷仲裁等。总之,网上支付系统不应仅仅满足网上购物即时支付的要求,其服务范围应该要广泛得多。

(七)保证交易行为和业务的不可抵赖性

当网上交易双方出现纠纷,特别是出现有关支付结算的纠纷时,系统能够保证对相关行为或业务的不可否认性。网上支付系统必须在交易的过程中生成或提供足够充分的证据来迅速辨别纠纷中的是非,这一过程可以用数字签名等技术来实现。

四、网上支付的模式

利用互联网进行商务活动已经成为现今一种主要的趋势,尽快实现安全高效的网络支付就成为必然要求。从实现技术方面来讲,在线商务最关键的问题是如何完全地实现网上支付功能,并保证交易各方在交易过程中的安全性和信息的保密性。最初的电子商务不包括网上支付功能,在线商务只负责商品浏览和下订单,付款则通过其他途径解决,如电话、传真、传统支付网络等。目前在互联网上出现的支付模式已经有十几种,这些支付系统大致可以划分为五类:第一类是支付系统没有安全措施的模式;第二类是通过第三方经纪人进行支付的模式;第三类是电子现金的支付模式;第四类是支付系统使用简单加密的模式;第五类是通过网络安全电子交易协议的银行卡支付模式,即 SET 模式。在 Internet 上提供电子商务服务的模式完全按照传统的商务和交易的工作流程进行设计,实现的技术由简单到复杂。下面我们来具体介绍以下这几种不同类别的网上支付模式。

(一)支付系统无安全措施的模式

1. 流程

用户从商家订货,信用卡信息通过电话、传真等非网上传送手段进行传输(见图 4—1)。

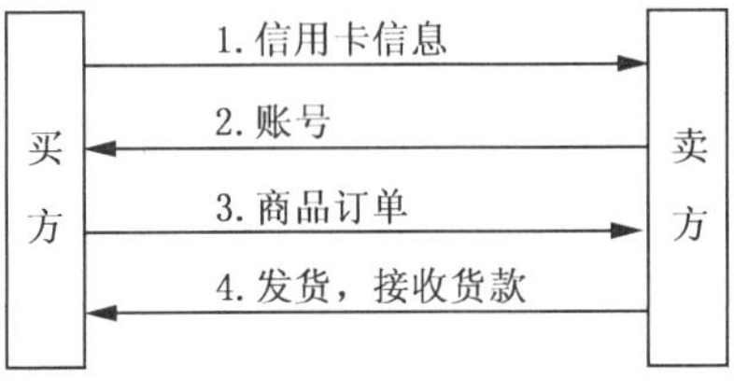

图 4—1 支付系统无安全措施的模式流程

2. 特点

风险由商家承担；信用卡信息可以在线传送，但无安全措施。

(二)通过第三方经纪人支付的模式

用户在第三方付费系统服务器上开一个账号，用户使用账号付费，交易成本很低，对小额交易很适用。

1. 流程

用户在网上经纪人(第三方)处开账号，网上经纪人持有用户账号和信用卡号，用户用账号从商家订货，商家将用户账号提供给经纪人，经纪人验证商家身份，给用户发送 E-mail，要求用户确认购买和支付后，将信用卡信息传给银行，完成支付过程(见图 4—2)。

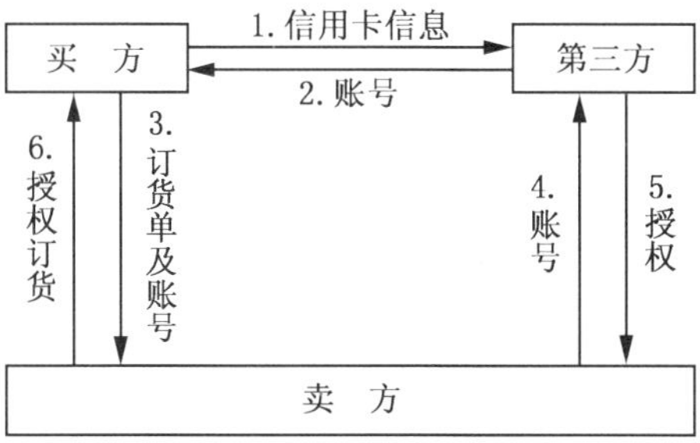

图 4—2　通过第三方经纪人支付的模式流程

2. 特点

用户账号的开设不通过网络；信用卡信息不在开放的网络上传送；使用 E-mail 来确认用户身份，防止伪造；商家自由度大，无风险；支付是通过双方都信任的第三方(经纪人)完成的。美国 First Virtual Communications 公司(简称 FVC 公司)首先提出第三方经纪人支付系统的方案，并于 1994 年 10 月正式投入使用。

第三方经纪人支付的实例 CyberCash：

买方必须先下载 CyberCash 软件，即“钱夹”；在建立钱夹过程中，买方将信用卡信息提供给第三方 CyberCash；CyberCash 指定一个加密的代码代表信用卡号码，传送给买方；当买方向接收 CyberCash 的卖方购物时，只需要简单地输入代码；卖方将代码及购买价格传送给 CyberCash；CyberCash 证实这一事务，并将资金及购买商品的授权传送给卖方(见图 4—3)。

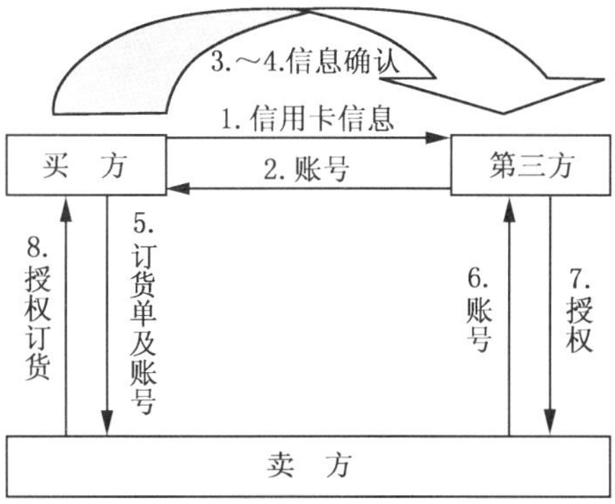

图 4—3　第三方经纪人支付的实例 CyberCash

(三)电子现金支付模式

用户用现金服务器账号中预先存入的现金来购买电子货币证书,这些电子货币就有了价值,可以在商业领域中进行流通。电子货币的主要优点是匿名性,缺点是需要一个大型的数据库存储用户完成的交易和 E-Cash 序列号以防止重复消费。

1. 流程

用户在 E-Cash 发放银行开设 E-Cash 账号,购买 E-Cash,然后使用 PC E-Cash 终端软件从 E-Cash 银行取出一定数量的 E-Cash 存在硬盘上,通常少于 100 美元。用户从同意接收 E-Cash 的商家处订货,使用 E-Cash 支付所购商品的费用。接收 E-Cash 的商家与 E-Cash 发放银行之间进行清算,E-Cash 银行将用户购买商品的钱支付给商家(见图 4—4)。

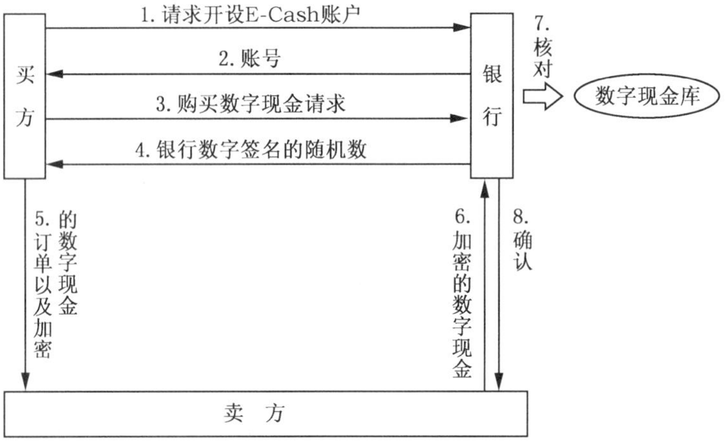

图 4—4 电子现金支付模式流程

2. 特点

银行和商家之间应有协议和授权关系;用户、商家和 E-Cash 银行都需使用 E-Cash 软件;适用于小额交易量(Mini Payment);身份验证是由 E-Cash 银行本身完成的——E-Cash 银行在发放 E-Cash 时使用了数字签名,商家在每次交易中将 E-Cash 传送给 E-Cash 银行,由 E-Cash 银行验证用户支持的 E-Cash 是否有效(伪造或使用过等);E-Cash 银行负责用户和商家之间资金的转移;有现金特点,可以存、取、转让。

Digicash 公司提供了一种 E-Cash 模式的系统。目前使用该系统发放 E-Cash 的银行有十多家,包括一些世界著名银行。IBM 的 Mini-pay 系统提供了另一种 E-Cash 模式。该产品使用 RSA 公共密钥数字签名,交易各方的身份认证是通过证书来完成的,电子货币的证书当天有效,主要用于网上的小额交易。

(四)支付系统使用简单加密的模式

使用这种模式付费时,用户信用卡号码被加密,采用的技术有 S-HTTP、SSL 等。这种加密的信息只有业务提供商或第三方付费处理系统能够识别。由于用户进行在线购物时只需一个信用卡号,所以这种付费方式给用户带来了方便。这种方式需要一系列的加密、授权、认证及相关信息传送,交易成本较高,所以对小额交易而言是不适用的。

1. 流程

以 CyberCash 安全 Internet 信用卡支付系统为例,CyberCash 用户从 CyberCash 商家订

货后，通过电子钱包将信用卡信息加密后传给 CyberCash 商家服务器；商家服务器验证接收到的信息的有效性和完整性后，将用户加密的信用卡信息传给 CyberCash 服务器，商家服务器看不到用户的信用卡信息；CyberCash 服务器验证商家身份后，将用户加密的信用卡信息转移到非 Internet 的安全地方解密，然后将用户信用卡信息通过安全专网传送到商家银行；商家银行通过与一般银行之间的电子通道从用户信用卡发行银行得到证实后，将结果传送给 CyberCash 服务器，CyberCash 服务器通知商家服务器交易完成或拒绝，商家再通知用户。整个过程大约历时 15～20 秒。

交易过程中每进行一步，交易各方都以数字签名来确认身份，用户和商家都必须使用 CyberCash 软件。签名是用户、商家在注册系统时产生的，而且本身不能修改。用户信用卡加密后存在微机上。加密技术使用工业标准，使用 56 位 DES 和 768～1 024 位 RSA 公开/秘密密钥对来产生数字签名(见图 4—5)。

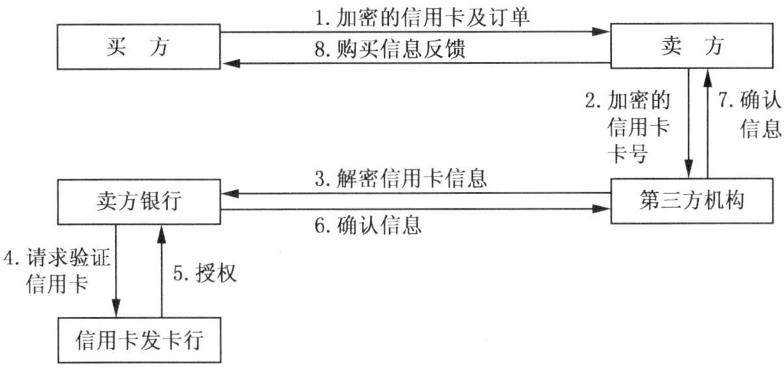

图 4—5 支付系统使用简单加密的模式流程

2. 特点

部分或全部信息加密，使用对称和非对称加密技术，可能使用身份验证证书，采用防伪造的数字签名。CyberCash 支持多种信用卡，如 Visa、MasterCard、美国运通卡等。

(五)SET 模式

SET(Secure Electronic Transaction)协议，也称为安全电子交易协议，是 1996 年 2 月 1 日由 VISA、MasterCard 等国际信用卡组织会同一些计算机供应商联合开发的。SET 协议为在 Internet 上安全地进行交易提出了一整套完整的方案，特别是采用数字证书的方法。用数字证书来证实在网上购物的确实是持卡人本人，以及向持卡人销售商品并收钱的商户确实是真实存在的商户，保护了在 Internet 上交易的持卡人、企业、银行等各方的安全。

1. SET 协议下的交易参与方

(1)持卡人(Card Holder)。SET 交易是在网上进行的，无法使用现金，同平时使用信用卡或银行现金存储卡一样，在开放的 Internet 上进行交易，SET 交易就是采用信用卡扣款的方式进行支付的，所以在 SET 协议中将购物消费者称为持卡人。

持卡人需要拥有一台能够上网的电脑，并且到发卡银行申请取得一套 SET 交易专用的持卡人软件(称为电子钱包软件)，才能参加 SET 交易。软件安装好后的第一件事就是上网去向数字认证中心申请一张数字证书。持卡人依据数字证书在 Internet 上就可以安全交易。

(2)企业(Business)或商户(Merchant)。商户或企业要参与 SET 交易，作为卖方首先必须开设网上交易平台(网上商店),在网上提供商品或服务,满足持卡人(消费者)的购买需求或服务。网上商店必须集成 SET 交易商户软件,在购物结束进行支付时,由 SET 交易商户软件进行支付服务。与持卡人一样,企业或商户在参与 SET 交易前,必须先到收单银行进行申请,在该银行设立账户,而且必须先上网申请一张数字证书。注意,这种申请一般不在发卡银行进行。

(3)支付网关(Payment Gateway)。支付网关是一个相对独立的系统,只要保证支付网关到银行之间信息数据的安全,银行也可以委托第三方担任网上交易的支付网关。由于商户或企业收到持卡人的购物请求后,要将持卡人账号和扣款金额等信息传给收单银行,所以支付网关最好由收单银行来设置。且支付网关的一端必须连在 Internet 上,并每天 24 小时开放,接收商户传来的扣款信息;另一端则与收单银行或金融专网相连,及时将信息转送给收单银行。

(4)收单银行(Acquirer)。收单银行是完成网上交易的必要参与方。与传统交易相类似,企业与商户要参加 SET 交易,必须在参加 SET 交易的收单银行建立账户。网关接收了商户送来的 SET 支付请求后,要将支付请求转交收单银行,并在内部金融网上进行支付处理工作,这部分工作由于网关的存在而与 Internet 无关,属于信用卡之类的正常受理工作。可以想象,SET 交易实际上是信用卡受理的一部分,它充分利用了信用卡受理的全过程,由于商户必须在收单银行建立账户,所以收单银行也是商户的开户银行。

(5)发卡银行(Issuer)。同收单银行一样,发卡银行也不属于 SET 交易的直接组成部分,但同样是完成交易的必要参与方。由商户或企业提出的扣款请求最后必须通过银行专用网络(对 VISA 国际卡则通过 VISA NET)经收单银行传递到持卡人的发卡银行,进行授权和扣款。若持卡人要参加 SET 交易,发卡银行必须要参加 SET 交易。SET 系统的持卡人软件一般是从发卡银行获得的,同时要申请的数字证书也必须由发卡银行批准,才能从 CA 得到。而在每一单 SET 交易中,发卡银行则同收单银行一样,要完成传统信用卡联网受理的那一部分工作。可以看出,持卡人所属的发卡银行在安全电子交易中起着很重要的作用。

(6)认证中心(Certificate Authority,CA)。CA 是由政府与信息管理部门直接参与授权、由 CA 管理机构或网络管理中心直接建设的一系列级别不同的独立网络部门设施。CA 的职能就是对 SET 交易数字证书的发放、更新、废除、身份认证及建立证书黑名单等进行管理。CA 虽然不直接参加 SET 交易,但在 SET 交易中起着非常重要的作用。

2. SET 商户系统的应用

图 4—6 为简单的 SET 系统应用示意图,CA 通过 Internet 向持卡人、商户、网关发放证书,并通过金融专网与收单银行、发卡银行建立联系,进行证书发放的身份认定工作。持卡人、商户或企业、网关通过 Internet 进行交易,网关通过专线与收单银行之间传递交易信息,所有收单银行与所有发卡银行通过金融专用网传递交易信息。

3. SET 交易支付流程

SET 交易支付流程与实际购物流程非常相似,不同点是它的一切操作都是通过 Internet 完成的。图 4—7 所示的是授权与确认同时进行交易方式下的 SET 交易支付流程。

SET 系统在网上交易的支付过程为:

(1)商户将启动 SET 商户系统,并激发持卡人软件,持卡人软件接到启动信息,向商户发送初始请求,本请求只是持卡人向商户发送请求,不发送任何有用数据,因为持卡人还未收到商户及网关的数字证书,无法对数据进行加密。

(2)商户接收持卡人的初始请求,向持卡人发送初始应答。

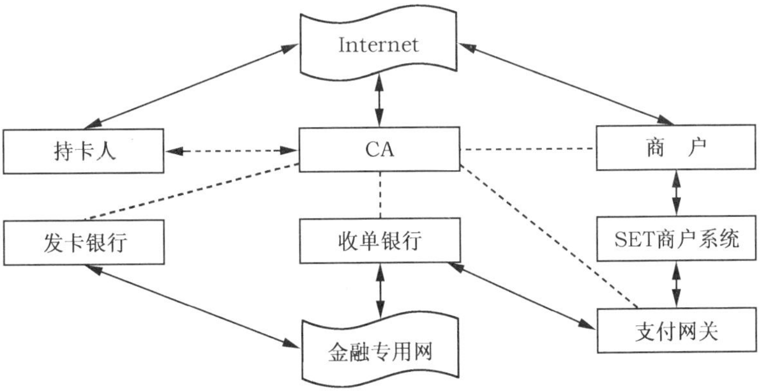

图 4－6　简单的 SET 系统应用示意图

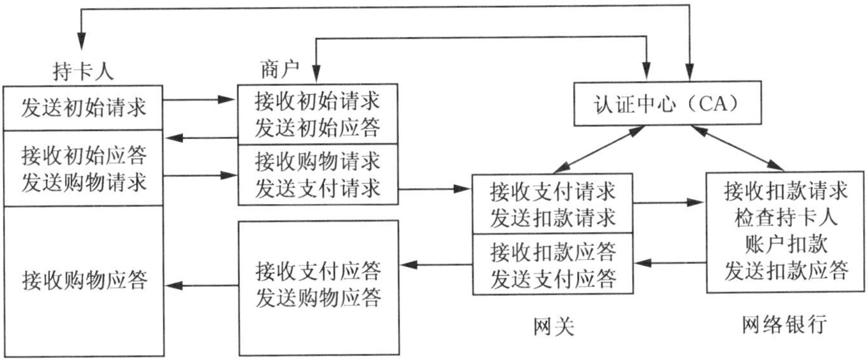

图 4－7　SET 交易支付流程

(3)持卡人接收商户的初始应答，再向商户发送购物请求。

(4)当商户接收持卡人的购物请求后，再向支付网关发送支付请求。

(5)当支付网关接收商户的支付请求时，向银行发送扣款请求。

(6)银行接收支付网关的扣款请求，账户扣款，向网关发送扣款应答。

(7)网关接收银行的扣款应答后，向商户发送支付应答。

(8)商户接收支付网关的支付应答后，最后再向持卡人发送购物应答。

(9)持卡人接收商户的购物应答后，可得到所需商品。

4. SET 支付的特点

(1)信息在互联网上安全传输，不能被窃取或篡改。

(2)持卡人资料会妥善保护，商户只能看到订货信息，看不到持卡人的账户信息。

(3)持卡人和商户相互认证，以确定对方身份。

(4)软件遵循相同的协议和信息格式，有兼容性和相互操作性。

(5)严格按照 SET 的标准，具有较高的可靠安全性。

SET 的加密技术、数字签名技术、电子认证等在前面已有论述。由于 SET 提供了多方认证和加密，这些都保证了其操作过程的安全性。

第二节　网上银行概述

一、网上银行的定义

网上银行(Internet Banking)从机构层面上讲，是指通过信息网络开办业务的银行；从业务层面上讲，是指银行通过信息网络提供的金融服务，包括传统银行业务和因信息技术应用带来的新兴业务。网上银行的定义有以下三个层面：

(一)银行提供服务的载体

在传统金融服务方式下，客户需要到银行办公场所，通过与银行业务人员面对面的接触，填制一系列纸质凭证，例如各种申请表、传票等，才能获得所需要的银行服务。在网上银行服务方式下，客户无须与银行业务人员见面，只需借助虚拟的网络空间填制电子表格、电子凭证，便可以享受银行服务。

(二)银行服务的场所

在传统金融服务方式下，银行需要在繁华、方便的中心地带建造或租用体面的办公楼，需要配备设备齐全的营业柜台，需要在营业场所制定和落实周全的安全措施，才能向客户提供银行服务。在网上银行方式下，银行只需设计友好的用户界面，借助客户自用的个人电脑、手机或其他智能设备就可以向客户提供服务。也就是说，网上银行的服务前台已经前移。

(三)银行服务的内涵

通过网上银行，客户不仅可以享受传统的“存、放、汇”银行服务，而且可以享受因信息技术应用而带来的其他服务。实际上，由于网上银行的交互性特征，网上银行提供的服务已经不局限于以上两个方面，还跨越了银行业的界限，向证券、保险和其他行业渗透。

二、网上银行的特点

(一)跨越时空性

“3A”特征是网上银行的基本特点，即网上银行是全天候运作的银行(Anytime)、开放的银行(Anywhere)、服务方式多样化的银行(Anyhow)。全天候运作的银行，即无时限银行。由于互联网不分昼夜每天24小时运转，网上银行服务不受时间因素的制约，可以全天候地连续进行，摆脱了上下班及白天和黑夜的时间制约，也摆脱了全球时区划分的限制。开放的银行，即全球化银行。由于互联网把整个世界变成了“地球村”，地域距离变得无关紧要，导致网上银行不受空间因素的制约，大大加快了银行全球化的进程，金融市场的相互依存性也就空前加强了。服务方式多样化的银行，客户将不需要到银行柜台办理业务，而是通过电话、手机电脑终端等方式享受查询、转账、证券交易等银行服务。除此之外，客户还可以通过网上银行享受证券、保险、信托等方面的服务。

(二)虚拟性

虚拟化银行，即可以在虚拟世界中进行活动的银行。互联网在把地球变小的同时又为经济活动构筑了一个虚拟世界，即网络空间，使网络经济得以在网上网下虚实结合、同时并存、相互促进。与其他行业相比，金融产品的交易以虚拟资本为交易对象，不是实物的交换，这就使得金融与构筑虚拟活动空间的信息网络具有天然的结合基础，使得银行服务无纸化程度大大增强，服务效率大大提高。虚拟化特征还使人们业已形成的银行概念受到全面冲击。银行不一定再以高楼大厦的形态出现，客户面对的将可能不是银行柜台，而是计算机屏幕上显示的虚拟银行柜台。银行无须再为扩张分支行网络而投入大量购置或租用办公场地的资金，也无须为刻意树立银行形象而建造或租用雄伟的办公大楼。

（三）高速性

高速性银行，即高效率银行。互联网以光速传输信息，信息流动空前加快，反映技术变化的“网络年”只相当于日历年的1/4，实时信息变得日益重要。以计算机芯片为例，其发展速度遵循摩尔定律，即每18个月处理速度增加一倍。当世界上第一批个人电脑在1979年问世时，其芯片处理速度为每秒钟33万个字符，三年后诞生的英特尔286芯片每秒钟能处理120万个字符。现在，芯片的处理速度要用“mips”（每秒百万个字符）表示。目前，电脑CPU的处理速度已达到4 800mips。互联网使银行服务活动的节奏大大加快，一步落后就会步步落后。产品老化变快，创新周期在缩短，竞争越来越成为时间的竞争。“大吃小”将变成“快吃慢”，银行不论大小，转型快的必将战胜转型慢的。大、中、小银行将站在同一起跑线上竞争，许多金融机构将有机会利用其优秀的服务在网络上重建自己的地位，中小银行可凭借技术优势掌握商业先机，赢得传统金融服务时代难以得到的客户资源和竞争优势。

（四）创新性

创新性银行，即技术创新与制度创新、产品创新紧密结合的银行。随着网络技术的不断更新，市场对银行提供的服务手段和提供产品的功能要求也会随之不断提高，这就要求银行不断地进行创新，通过创新建立竞争优势，维持银行的持续发展。

（五）全能性

网上银行具有很强的交互性。通过银行传统营业网点销售保险、证券、基金等金融产品很难成功，因为客户在购买这类产品时往往要进行详细的咨询和了解，而一般营业网点的业务人员不能为客户提供咨询，聘请金融专家提供咨询又成本过高。利用互联网的交互性，银行只需要少数专业职员就可以低成本地同时回答各类客户的疑问，从而顺利地实施分销。从西方发达国家国际银行提供的网上银行服务看，网上银行已经成为“一站式服务”的金融超市，客户不仅可以得到各种银行服务，而且可以在网上银行的平台上进行各类证券投资，购买不同的保险产品，甚至可以获得其他行业的交易信息。

（六）个性化

相对于传统银行，网上银行的客户散布于不同的终端之前，传统的大众营销方式已不适合新的客户结构。如何根据客户的实际需要为客户提供个性化的服务，是网上银行竞争成败的关键所在。借助网上银行完善的交易记录，银行可以对客户的交易行为进行分析和数据挖掘，从中发现重要的价值客户。通过对客户行为偏好的分析，细分服务市场，利用互联网交互性的特点，投其所好地设计营销策略和服务内容，对产品进行金融创新，从而为客户提供量身定制的服务。

三、网上银行业务的范围

一般来说，网上银行的业务品种主要包括基本业务、网上投资、网上购物、个人理财助理、企业银行及其他金融服务。网上银行的基本业务流程如图4—8所示。

（一）基本网上银行业务

商业银行提供的基本网上银行服务包括在线查询账户余额和交易记录、下载数据、转账和网上支付等。

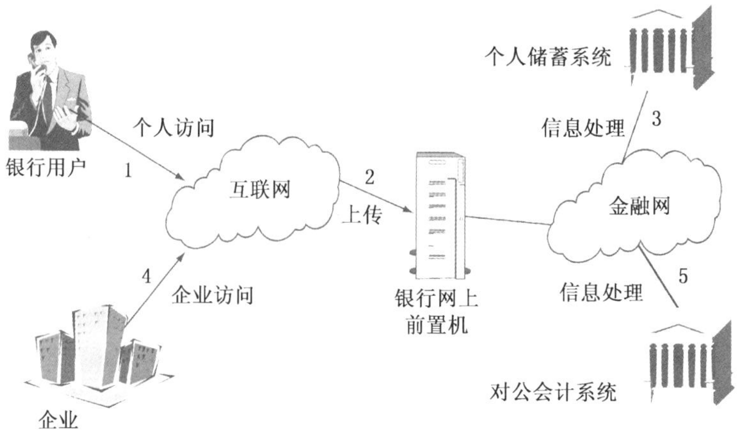

图 4—8　网上银行的基本业务流程

(二)网上投资

由于金融服务市场发达,可以投资的金融产品种类众多,国外的网上银行一般提供包括股票、期权、共同基金投资和 CDs 买卖等多种金融产品服务。

(三)网上购物

商业银行的网上银行设立的网上购物协助服务大大方便了客户网上购物,为客户在相同的服务品种上提供了优质的金融服务或相关的信息服务,加强了商业银行在传统竞争领域的竞争优势。

(四)个人理财助理

个人理财助理是国外网上银行重点发展的一个服务品种。各大银行将传统银行业务中的理财助理转移到网上进行,通过网络为客户提供理财的各种解决方案,提供咨询建议,或者提供金融服务技术的援助,从而极大地扩大了商业银行的服务范围,并降低了相关的服务成本。这也逐渐成为国内个人理财方式的主要发展趋势。

(五)企业银行

企业银行服务是网上银行服务中最重要的部分之一。其服务品种比个人客户的服务品种更多,也更为复杂,对相关技术的要求也更高,所以能够为企业提供网上银行服务是商业银行实力的象征之一,一般中小网上银行或纯网上银行只能部分提供,甚至完全不提供这方面的服务。

企业银行服务一般提供账户余额查询、交易记录查询、总账户与分账户管理、转账、在线支付各种费用、透支保护、储蓄账户与支票账户资金自动划拨、商业信用卡等服务。此外,还包括投资服务等。部分网上银行还为企业提供网上贷款业务。

(六)其他金融服务

除了银行服务外,大型商业银行的网上银行均通过自身或与其他金融服务网站联合的方式,为客户提供多种金融服务产品,如保险、抵押和按揭等,以扩大网上银行的服务范围。

四、网上银行的影响

(一)网上银行改变了传统银行的经营模式

网络信息技术在银行业的应用打破了传统金融服务的地域、时间限制。理论上,银行可以全天候地连续收集、处理和应用大量的信息，使金融机构能在更广的地域和范围开发新的客户群，开辟新的利润来源。因此，银行的业务战略不能仅局限于某个市场，竞争对手也不能限于某几家银行，任何一家银行，无论距离多远都有可能成为其潜在的竞争对手。与传统银行业相比，网上银行的经营成本下降，利差大大降低，银行无法再靠资金规模、网点优势或其他垄断优势盈利，银行必须改变其传统的定价策略才能与网上银行相抗衡。

(二)网上银行改变了传统银行的营销方式

网上银行不仅会改变银行与客户之间的关系，而且会改变银行服务的传递、产品推销和交易处理等一系列银行营销方式。网上银行能够充分利用网络与客户进行交互式沟通，从而促使传统金融服务的营销活动由以产品为导向转变为以客户为导向，能根据客户的具体要求去创新出具有鲜明个性的金融产品，最大限度地满足客户利益多样化的金融需要。

(三)网上银行将使客户群体重新划分、银行的业务范围重新定位

网上银行为银行吸引主力客户创造了重要条件。最频繁使用网上银行业务的是那些年轻网民。他们受过良好的教育，是创造社会财富的主力，收入远远高于社会平均水平，是一个正在成长的客户群体，能为金融服务业带来丰厚的利润。抓住这个客户群体，将是银行提高效益、降低成本的重要因素之一。而对于那些没有互联网服务的银行，部分年轻的主力客户将会流失。

(四)网上银行提供更具价格竞争力的金融产品

网上银行增加和提供了银行在产品、服务及应用方面创新的机会和工具，增强了银行的盈利能力。传统金融服务产品的形式和内容将被进一步延伸，并拓宽其表现空间。随着网上银行业务的发展，信息将可能取代资金而成为金融业最重要的资源。当前，银行业的竞争既是服务手段的竞争，也是网上银行的竞争。哪家银行网络化程度高，则该银行就可以做到信息灵、成本低、服务好，在竞争中就能立于不败之地。因此，西方各家银行均投入大量资金购买先进的硬件和软件，并投入巨资引进人才和培训人员。借助网上银行，各种新的金融工具、金融服务项目不断产生，银行业的服务效率将大大提高。

(五)网上银行对银行结算职能与竞争产生影响

网上银行使得客户的应付款可以直接从银行转账。电子账单的传递费用远远低于传统的邮寄账单费用。随着小额结算方法的多样化，以及网上结算服务使用者队伍的不断扩大，结算业务作为银行固有业务的地位受到越来越大的威胁，结算业务提供者已超出银行范围。例如，电信、交通、旅游等行业发行的名目繁多的、储值性质的磁卡或IC卡，实际上已成为新形式的“结算账户”。储值卡的发行公司在售卡时，即与购买者之间产生了借贷关系，这笔资金是在储值卡使用时逐步清算的。这种资金清算与银行存款用做结算的作用相似。而且，如果这些行业能用更低的价格，通过电话、互联网提供更贴近顾客需求的服务，那么银行在结算业务领域有可能被其他行业抢去更多的机会。

(六)网上银行将大大降低银行的经营成本

随着网上银行服务方式的不断变革，银行电子化技术发展的重点不再是单纯地提高办公自动化程度，而是以先进的信息技术引导整个银行业务流程、经营管理模式和功能的再造，达到提高效率、降低成本的目的。银行的大楼不必建在繁华的商业中心，银行不再需要太多的营业机构和柜台工作人员。人们甚至会感觉到身边的银行没有了，但银行服务无处不在、无时不在。银行服务就像自来水、电和管道煤气一样，我们坐在家里，打开开关就能享受，无须过问银行设在什么地方。银行经营成本因此而大幅度下降。

第三节　网上银行的支付安全

一、网上支付的安全需要

从传统的贸易方式向电子化、网络化的贸易方式转变的过程中，人们关注的焦点是如何保证电子化的贸易方式的安全可靠性。只有一个安全可靠的贸易方式，才能保证贸易的参与者资金和信息的安全。网上支付必须具有高度的安全性。这种安全性包括以下几个方面：

（一）信息传输的安全性

电子支付作为交易的一种手段，其信息直接代表着个人、企业或国家的商业机密。传统的纸面交易都是通过邮寄封装的信件或通过可靠的通信渠道发送商业报文来达到保守机密的目的。电子支付是建立在一个较为开放的网络环境上的（如 Internet 这一开放的网络），维护商业机密是电子商务全面推广应用的重要保障。因此，所谓信息传输的安全性，就是要预防非法的信息存取和信息在传输过程中被非法窃取。

（二）交易各方身份的认证

要使网上交易成功，参与交易的人首先要能确认对方的身份，确定对方的真实身份与对方在网上交易的身份是否一致。网上交易的双方可能素不相识。对于商家来说，要确定与自己进行交易的对方的真实身份，而客户也应该能够确定商家是一个合法的、真实的商家。因此，能够方便而可靠地确认对方身份，是实现网上交易的前提。

（三）信息的防止抵赖性

如何确定要进行交易的贸易方正是进行交易所期望的贸易方这一问题，是保证电子支付顺利进行的关键。在传统的纸面贸易中，贸易双方通过在交易合同、契约或贸易单据等书面文件上手写签名或印章来鉴别贸易伙伴，确定合同、契约、单据的可靠性并预防抵赖行为的发生。而在网上，一条信息被发送或被接收后，应该通过一定的方式，保证信息的收发各方都有足够的证据证明接收或发送的操作确实发生了，并能够确定发送方或接收方的身份，发送方或接收方都不能否认其发送或接收操作已经发生。由于市场商情千变万化，交易一旦达成，是不能被否认的，因此电子商务中信息交流过程的各个环节，都必须设法防止交易中任何一方抵赖。

（四）信息的完整性

电子支付简化了贸易过程，减少了人为的干预，同时也带来了维护贸易各方商业信息完整、统一的问题。由于数据输入时的意外差错或欺诈行为，可能导致贸易各方信息的差异。此外，数据传输过程中信息的丢失、信息重复或信息传送的次序差异，也会导致贸易各方信息的不同。因此，要预防对信息的随意生成、修改和删除，同时要防止数据传送过程中信息的丢失和重复，并保证信息传送次序的统一。

二、网上支付的安全问题

电子支付的安全隐患五花八门，我们把它们划归为以下几个大类：

（一）信用隐患

即来自买方的信用风险。对于个人消费者来说，可能在网络上使用信用卡进行支付时恶意透支，或使用伪造的信用卡骗取卖方的货物；对于集团来说，存在拖延货款的可能，卖方需要为此承担风险。

（二）管理隐患

严格管理是降低网络交易风险的重要保证，特别是在网络商品中介交易的过程中，客户进入交易中心，买卖双方签订合同，交易中心不仅要监督买方按时付款，还要监督卖方按时提供符合合同要求的货物。在这些环节上，都存在大量的管理问题。防止此类问题的风险需要有完善的制度设计，形成一套相互关联、相互制约的制度。

（三）法律隐患

电子商务的技术设计是先进的、超前的，具有强大的生命力，现代电子交易手段已越来越被人们所认识，电子商务代表着未来贸易方式的发展方向，其应用推广将给经济和社会带来极大的效益。但必须清楚地认识到，传统的经济和社会形态下的法律制度不能甚至不利于电子商务的发展。目前在法律上找不到现成的条文保护网络交易方式。一方面，在网上交易可能会承担由于法律滞后而无法保证合法交易的权益造成的风险；另一方面，在网上交易可能承担由于法律的事后完善所带来的风险。

三、网上支付的安全技术

在线支付的信息传输中，怎样才能达到使机密信息难以被泄露，或者即使被泄露了也难以被识别，或者即使被识别了也难以被篡改，这已经成为信息安全领域的研究热点。加密技术正是达到上述目的的核心技术手段，是认证技术及其他许多安全技术的基础，是信息安全技术的核心，也是电子商务采用的基本安全技术手段。

没有安全的网络基础设施和高强度的密码技术，就不可能进行在线支付。在线支付必须建立在一定的网络基础之上，而保密信息都是经过密码技术处理后经网络传输的，两者相辅相成，共同构成了在线支付的安全保障。因此，密码技术是实现安全在线支付的重要基础。目前所广泛采用的安全在线支付协议，也是依赖于使用加密技术和加密算法的。关于加密技术，详见前述电子商务的几种安全技术。

第四节　国内外网上银行的发展

一、网上银行在国外的发展

国外网上银行的发展速度很快。尽管受到全球经济衰退和网络泡沫破灭的冲击，网上银行的发展势头依然良好，每年交易额、交易量都有成倍的增长，已经在银行业务中占有相当大的比例。目前网上银行业务已是一支不可忽视的新生力量，正在推动着传统银行向新经济时代的新型银行转变。国外网上银行的服务种类和国内网上银行相比有很大不同，这主要是由国内外银行业务差异造成的。例如，国外银行利用混业经营的优势，在网上银行中融入了很多金融创新，但对于国内银行来说，这种发展思路并不一定适用。下面对国外网上银行的主要发展业务进行说明，希望为我国网上银行的发展提供参考。

（一）利率优惠政策

由于网上银行有助于提高效率、降低成本，国外网上银行通常使用利率优惠政策，将节约的成本以优惠方式回赠客户。例如，美国银行个人贷款年化利率在9%左右，网贷平台如Lending Club平均年化利率为14.66%，发薪日贷款则从30%到300%不等，以鼓励更多的客户在网上申请私人贷款。

(二)信贷按揭业务

按揭业务(抵押贷款)是国外银行业竞争最激烈的业务,许多国外银行均以此作为网上银行服务的先导产品。

(三)电子商务门户

如果网上银行仅局限于利用互联网提供银行服务,则网上银行的作用只是作为提供基本银行服务的补充销售渠道,除了使客户通过计算机途径与银行进行交易之外,网上银行与传统网点、电话银行、自动柜员机的作用区别不大。为了开拓新的业务领域,许多传统银行积极进军电子商务领域,提供网上金融服务,并设计和开发出许多新型金融产品。

(四)电子货币和电子支票

电子货币和电子支票是国际银行业根据金融电子化发展而推出的新型金融产品。随着越来越多的电脑安装了 IC 卡读卡器,一些银行已发行基于 IC 卡介质的电子货币,其中一些是专门在互联网上使用的虚拟货币。

(五)网上购物与网上贸易

随着电子政务和电子商务的加快发展,国外银行也积极发展网上购物方案与网上贸易方案。从国外网上银行发展趋势来看,国外网上银行服务既可为客户提供多元化及价格便宜的服务,为客户提供即时财务信息,也可使银行降低经营成本。此外,银行提供网上服务还可以树立紧跟高科技潮流的形象,提高知名度,吸引新客户,特别是年轻的专业人士,避免因技术落后而导致客户流失。

二、网上银行在中国的发展

随着银行经营策略的调整和因特网环境的改善,在全球网络经济和电子商务快速发展以及政府政策的倾力支持这个大的政治经济背景下,我国的网上银行已进入一个全面发展的快车道。然而,与西方发达国家相比,在发展水平上还是存在一定差距,下面以我国四大国有商业银行为例,说明网上银行近几年在中国的发展。除了利用互联网在 PC 端办理银行业务外,近几年,随着以支付宝和微信支付为代表的移动支付的兴起,逐渐改变了国民的支付方式。移动支付不仅给个体带来不用带钱包的便利,还能撬动社会的更大潜能,以移动支付为代表的互联网技术,正以前所未有的态势推动社会全面进步,并塑造着新的国民习惯。

(一)国有商业银行

1. 中国银行

中国银行 1996 年 2 月在国际互联网上建立了主页,成为国内第一家在国际互联网上发布信息的银行。任何客户只要在一台电脑上输入站点地址,就能查阅到中国银行概况、中国银行业务概览、国内外金融热点、海内外机构、信用卡、国际业务、当日外汇牌价等信息。1997 年底,中国银行开始与北京的两家 ISP(Internet Service Provider)进行网上交易的合作;1998 年 3 月,中国银行国内第一笔 Internet 网上电子交易成功;1999 年 6 月 28 日,中国银行全面推出网上银行服务;2000 年,中国银行分别与中国平安保险公司签订合作协议,与中国移动通信集团公司签署了联合开发手机银行服务合作协议,并开通了北京等 26 个地区的手机银行服务;2010 年 1 月,中国银行个人网银成功升级 BOCNET3.2 阶段,网银客户端新增了中银理财计划,同年 5 月又推出了手机银行(WAP)服务——“中银掌上行”,为移动端客户提供相关的网上银行业务服务;2014 年,中国银行推出 B2B 跨行支付服务,支持多家银行企业账户在线支付;2017 年 5 月,中国银行率先推出“中银 E 贷 · 校园贷”产品,通过为高校学生量身打造小额信用循环贷款，将正规、安全、公平、有正能量的消费金融服务注入校园。

2. 中国建设银行

中国建设银行自 1999 年 8 月 2 日起正式向社会推出网上银行个人服务，相对于其他银行而言，中国建设银行网上银行业务推出时间较晚，客户认知度相对较低，在业界竞争力较弱。为了改变这种落后局面，2002 年，中国建设银行向外界推出了自行开发的"重要客户服务系统"，该系统是中国建设银行面向重要客户的金融信息服务平台。2007 年，建设银行网上银行正式推出网上银行外汇汇款、网上银行个人贷款及虚拟卡业务；2011 年，"电子银行客户之声综合管理平台"正式上线，收集客户之声，改善客户服务，提高服务质量，建设银行还与浙江支付宝、上海快钱、北京通融通等第三方支付平台及商户开展反欺诈合作；2012 年，推出建设银行手机网(m. ccb. com)，支持用户通过手机及平板电脑访问，实现了移动互联网用户的全面覆盖，正式对外推出电子商务金融服务平台——善融商务。随着建设银行的发展，2015 年，建设银行的企业网银注册用户已经达到 402 万户，同比增长 21.56%；企业网银交易额也达到 177.62 万亿元，同比增长 43.26%；个人网银用户数达到 2.09 亿户，同比增长 16.84%；而个人网银交易额也高达 44.97 万亿元，同比增长 13.57%。近日，更是在由中国金融认证中心(CFCA)举办的"第十三届中国电子银行年度盛典"上，获颁重量级大奖"2017 年最佳电子银行奖"和"2017 年最佳手机银行功能奖"。今后，建行将通过积极跟进金融科技新趋势、新常态，加大金融科技运用，采取有效措施，使产品创新成为促进转型发展的新引擎。

3. 中国工商银行

中国工商银行于 2000 年 6 月 30 日起在深圳等 31 个城市开通网上银行业务。作为国内最大的商业银行，其网上银行开通对公业务对业界触动极大，也使网上银行开始形成竞争的格局。目前，中国工商银行在国内拥有 22 000 多家营业网点，并在全球建立了业务网络，为全球客户提供网上办理业务和了解中国工商银行的平台，网站界面简洁、架构清晰、内容充实。经过数十年的发展，工商银行的客户总数已突破 460 万户，年交易额超过 450 万亿元人民币，并且超过 90%的对公银行业务通过企业网上银行办理。在 2017 年初，工商银行推出了一个新的业务——"融 e 借"。"融 e 借"(个人信用消费贷款)是工商银行面向符合特定条件的借款人发放的一种人民币贷款，可用于个人合法合规的消费用途，具有无担保、无抵押、利率低、额度高、期限长等特点。近几年，工商银行凭借其在服务实体经济、提升客户服务、倡导绿色金融、回馈社会等方面的突出贡献，连续第八年获评"年度责任企业"荣誉称号。除此之外，2016 年 6 月 22 日，由世界品牌实验室(World Brand Lab)主办的"世界品牌大会"发布了《中国 500 最具价值品牌》分析报告，中国工商银行排名第 3 位；8 月，中国工商银行在 2016 中国企业 500 强中，排名第 4 位；2017 年 2 月，Brand Finance 发布 2017 年度全球 500 强品牌榜单，中国工商银行排名第 10 位，在中国排名第一；2017 年 7 月 31 日，《财富》中国 500 强排行榜发布，中国工商银行排名第 7 位。

4. 中国农业银行

中国农业银行网上银行项目于 2000 年 5 月正式立项，截至 2015 年，农业银行的企业网银用户数已达 377.5 万户，企业网银年交易额也达到 100.10 万亿元，同比增长 29.9%，而个人网银用户数和交易额分别为 1.5 亿户及 84.4 万亿元，表现相当突出。2016 年以来，农业银行全力推动网络金融业务转型升级，将线上与线下、对公与对私、城市与农村、产品与服务、平台与渠道有机结合，重点打造智能化、个性化、场景化的全新金融生态系统，有力推进了全行经营战略转型，成为农业银行创新发展的新名片。在参与市场竞争和业务拓展方面，成功推出了

“农银快 e 宝”、“农银快 e 贷”、“农银快 e 付”等优质金融产品，极大地提升了农业银行网络金融品牌的市场影响力；在跨界合作方面，农业银行基于互联网生态和应用场景，积极推进线下服务渠道与互联网金融的深度融合，通过提供移动互联化的服务平台、个性定制化的服务内容、响应实时化的服务体验、应用场景化的服务方式，为广大客户提供“衣、食、住、行、医、娱”等全方位的在线金融服务。农业银行凭借良好的网络金融品牌影响力、产品与服务的不断创新、客户体验的持续优化，于 2016 年获得了权威研究杂志《亚洲货币》(*Asiamoney*)颁发的“最佳数字化银行”实力大奖。农业银行是中国区唯一获此殊荣的商业银行。同年 3 月 31 日，农业银行的“幸福农场”荣获“2016 金融业十大社会化营销案例”，中国农业银行的“微信银行”荣获“2016 金融业社会化营销最佳平台”。

(二)移动支付

移动支付(Mobile Payment)，也称为手机支付，是指交易双方为了某种货物或者服务，使用移动终端设备为载体，通过移动通信网络实现的商业交易。移动支付是使用手机、PDA 或移动 PC 等移动终端，将终端设备、互联网、应用提供商以及金融机构相融合，为用户提供货币支付、缴费等金融业务的一种支付方式。

移动支付最早出现在 1999 年，截至 2014 年 6 月，我国使用网上支付的用户规模达到 2.92 亿，较 2013 年底增加 3 558 万人，半年度增长率为 12.3%。与 2013 年 12 月相比，我国手机支付增长迅速，用户规模达到 2.05 亿，半年度增长率为 63.4%，是整体网上支付市场用户规模增长速度的 5.2 倍，网民手机支付的使用比例由 25.1%提升至 38.9%。移动支付带来的不仅仅是个体不带钱包的便利，还能对社会产生一系列正向影响。比如，让贫困地区获得更多机会、减少碳排放等。据 2017 年第三方支付平台榜单显示，身居前三位的移动支付平台分别是支付宝、财付通和银联，其次是百度钱包。排名评定的标准主要是企业的综合实力、在互联网的曝光率、占有市场份额以及未来的规划蓝图等方面。

1. 支付宝

支付宝(中国)网络技术有限公司是国内领先的第三方支付平台，致力于提供简单、安全、快速的支付解决方案。支付宝公司于 2004 年建立，旗下有“支付宝”与“支付宝钱包”两个独立品牌，自 2014 年第二季度开始成为当前全球最大的移动支付厂商。支付宝主要提供支付及理财服务，包括网购担保交易、网络支付、转账、信用卡还款、手机充值、水电煤缴费、个人理财等多个领域。在进入移动支付领域后，为零售百货、电影院线、连锁商超和出租车等多个行业提供服务，还推出了余额宝等理财服务。根据余额宝方面公布的数据，余额宝总规模已突破 8 000 亿元，用户数超 3 亿，其中农村用户超 1 亿，个人用户占比超过 99%。

2016 年 9 月 12 日，支付宝发布公告，自 2016 年 10 月 12 日起，支付宝将对个人用户超出免费额度的提现收取 0.1%的服务费，个人用户每人累计享有 2 万元基础免费提现额度；11 月 15 日，支付宝宣布与 10 家卫视合作，开启“电视红包节”；11 月 27 日，支付宝的“圈子”功能上线测试；12 月 1 日，支付宝发布保障用户资金安全公告；2017 年 1 月，支付宝推出“汽车充电站”电动汽车一键支付充电费服务；8 月 16 日，支付宝“发现”平台宣布接入全球最大点评网站 Yelp，这意味着中国游客在美国通过支付宝就能查找 Yelp 提供的当地餐馆、商店等商户信息。相关数据显示，2017 年 5.2 亿支付宝用户的移动支付占比为 82%，这相当于每 10 笔支付中，有 8 笔是通过支付宝移动支付完成的。2018 年初，支付宝推出的最高 99 元新年红包和 2017 年度账单关键词又掀起了一波热潮。

2. 财付通

财付通(Tenpay)是腾讯公司于2005年9月正式推出的专业在线支付平台,其核心业务是帮助在互联网上进行交易的双方完成支付和收款,致力于为互联网用户和企业提供安全、便捷、专业的在线支付服务。财付通核心支付产品为QQ钱包与微信支付,QQ钱包借助虚拟场景积累了大量线上用户,微信支付围绕小额高频场景拓展了大量线上和线下应用场景,如话费充值、打车等。

2017年,财付通所占市场份额达到40%,腾讯财付通在第三方支付市场份额的不断扩大主要来自以微信支付、QQ钱包为代表的移动支付产品服务,在腾讯大连接战略下不断丰富的应用场景作为基础支撑,财付通以近3年时间完成其他支付平台数十年的积累。以微信支付为例,在用户数量和使用时长方面,微信支付背靠的微信及WeChat合并月活跃账户数已经达到9.38亿,是目前用户打开频率最高的APP,2016年直接带动了信息消费1 742.5亿元,相当于当年中国信息消费总规模的4.54%。微信支付线下场景渗透的生活服务类几乎涵盖了衣、食、住、行等所有领域,具备更加广阔的市场潜力。

为保障支付安全,财付通在移动支付领域已经形成了一套风控流程管理,从支付前期危机预警与识别,到支付交易全程的风险监控,以及事后支付风险的应急处理,形成支付安全风控闭环。此外,腾讯还建立了金融级智能的大金融安全平台,为微信支付、QQ钱包提供安全技术支持、风险控制解决方案。腾讯大金融安全的风控模型能在0.2秒内单笔识别超过2 000种风险,用户的资金损失率远低于百万分之一。

3. 银联手机支付

银联手机支付(UnionPay payment by mobile phone)是中国银联所推出的手机在线支付客户端软件,它整合丰富的线上、线下资源,为广大持卡用户倾力打造领先型即时支付产品。该产品采用业界最高标准的安全保障机制,保证支付安全,可以足不出户,轻松管理银行卡账户,尽享金融自助、便民支付、远程购物等服务。

银联手机支付是基于互联网数据信道及电话网语音信道的双信道非同步传输交易信息和确认信息的无磁有密的新型支付模式,其支付原理是通过商户系统获取用户的银行卡号、身份证号及手机号,通过银联IVR系统回拨用户手机,采集用户银行卡密码,由以上两条不同信道非同步采集银行卡号、身份证号及密码后,匹配成无磁有密的交易支付请求,发送银联公共支付平台完成支付交易,即发送给银行的扣费报文中包括银行卡号和密码,但不包括磁条信息,银行对这两项匹配关系进行验证后扣费。银联手机支付使用了目前国际最先进、最安全的智能加密技术,采用硬件级加密无法破译,双重密码保护(SD卡密码和银行卡交易密码),比传统的银行卡和网上银行都更加安全。

2017年12月11日,银联携手商业银行、支付机构等共同发布银行业统一APP“云闪付”,加快了对交通出行支付服务体系的布局,为合作伙伴提供涵盖银联手机闪付、银联IC卡闪付、二维码支付的综合支付解决方案,在多地取得丰硕的合作成果。

4. 百度钱包

百度钱包是由全球最大的中文搜索引擎公司百度所创办,是中国领先的在线支付应用和服务平台。百度钱包将百度旗下的产品及海量商户与广大用户直接“连接”,提供超级转账、付款、缴费、充值等支付服务,并全面打通O2O生活消费领域,同时提供“百度金融中心”业务,包括提供行业领先的个人理财、消费金融等多样化创新金融服务,让用户在移动时代轻松享受一站式的支付生活。

2015年11月,百度钱包开启“常年返现计划”,打造一个能返现金的钱包,常年立返现金

1%起，最高免单，资金实时返还至用户百度钱包账户余额，可提现、可消费，永不过期，将权益真正反馈用户。2015 年 12 月，百度钱包支付业务及团队转入金融服务事业群。2017 年 5 月，百度钱包负责人章政华离职。2017 年 7 月 27 日，PayPal 和百度宣布签署战略合作协议。根据协议，中国消费者将可以在中国境内通过百度钱包，在境外的数百万 PayPal 国际商户进行购物和付款，中国消费者跨境在线购物将拥有新的选择。

百度钱包的背后是百度金融。2017 年，百度金融旗下的百信银行已得到银监会批复，成为国内少数几家获得银行牌照的民营银行机构之一。而根据百度官方数据：截至 2016 年 12 月底，百度钱包用户数达到 1 亿。在教育信贷领域，百度钱包处于行业的领先地位。

本章小结

网上支付是指电子商务交易的当事人，包括消费者、网商和金融机构，以计算机和通信技术为手段，通过计算机网络系统以电子信息传递形式实现的货币支付与资金流通，主要包括电子货币类、电子信用卡类、电子支票类。网上支付具有安全性、认证性、信用性，也具有款项的结算支付、支付过程中的资金安全、支付操作的有效和便捷以及商业信息的安全保障等功能。支付系统大致可以划分为五类：第一类是支付系统没有安全措施的模式；第二类是通过第三方经纪人进行支付的模式；第三类是电子现金的支付模式；第四类是支付系统使用简单加密的模式；第五类是通过网络安全电子交易协议的银行卡支付模式，即 SET 模式。

网上银行是指银行通过信息网络提供的金融服务，包括传统银行业务和因信息技术应用带来的新兴业务，其特点是跨越时空性、虚拟性、高速性、创新性、全能性和个性化。一般来说，网上银行的业务品种主要包括基本业务、网上投资、网上购物、个人理财助理、企业银行及其他金融服务。

网上支付必须具有高度的安全性，例如信息传输的安全性、交易各方身份的认证、信息的防止抵赖性、信息的完整性。网上支付存在信用、管理、法律等方面的安全隐患。

目前，网上银行业务已是一股不可忽视的新生力量，正在推动着传统银行向新经济时代新型银行的转变。国外网上银行的服务种类和国内网上银行相比有很大的不同，这主要是由国内外银行业务差异造成的。例如，国外银行利用混业经营的优势，在网上银行中融入了很多金融创新，但对于国内银行来说，这种发展思路并不一定适用。

关键术语

网上支付　安全电子交易协议　无安全措施支付　第三方经纪人支付　电子现金支付
简单加密　网上银行　网上投资　网上购物　个人理财　企业银行　支付安全
安全隐患　安全技术　电子货币　电子支票　网上企业银行　网上个人银行
移动支付

课堂讨论

1. 数字签名是否就是对报文的内容加密？
2. 电子商务的交易安全是否必须由法律和安全技术双方面进行保障？
3. SET 的主要目的是不是解决信用卡电子付款的安全保障性问题？为什么？
4. 电子商务交易过程主要面临哪些非安全因素？
5. 电子商务安全交易体系包括哪些层次？
6. 什么是对称密码体制？其特点是什么？

7. 电子支付的方式主要有哪几种？

8. 简述电子钱包的特点及使用过程中要注意的问题。

9. 什么是在线支付？

10. 什么是移动支付？

网上实践

1. 请登录当当网 www.dangdang.com，选购你所需要的物品，真实体验购物流程。（如果不愿真实购物，可到网上书店购物演示去体会。）

(1)请叙述购物流程。

(2)当当网对于国内顾客有哪些付款方式？对于国外客户有哪些付款方式？

(3)货到付款的条件是什么？共开通了多少个城市的货到付款？

(4)网上支付有哪些方式？

(5)请访问招商银行网上银行“一网通”http://www.cmbchina.com/corporate/firmbank/，对网上银行开通和网上支付进行了解和实践。

2. 掌握网银在线电子钱包使用和管理流程，了解网银在线电子钱包的应用特点。可通过访问 https://www.bestpay.com.cn/，以天翼电子钱包为例。

(1)新建登录用户；

(2)完成电子钱包设置；

(3)利用电子钱包在网上购物；

(4)查看电子钱包购物记录。

案例分析

支付宝——基于淘宝的第三方支付

支付宝网络技术有限公司由阿里巴巴公司创办，为解决电子商务交易过程中的诚信和安全问题而提供第三方支付服务。其实质是第三方支付企业作为信用中介，在买家确认收到商品前，替买卖双方暂时保管货款的一种增值服务。这种模式使得买卖双方的交易风险得到控制，维护了网络交易的安全性。

一、支付宝支付概况

2015 年 9 月 25 日起，支付宝与麦当劳进行大数据合作，全上海地区的麦当劳将可使用支付宝支付，并将进一步推广至全国门店。2016 年 5 月 20 日，三星移动支付服务 Samsung Pay 与支付宝正式宣布合作，用户可以在三星手机上通过上滑屏幕的方式快速调出支付宝的支付界面。2016 年 11 月，苹果 App Store 应用商店新增“支付宝”支付方式。中国大陆用户已经能在 App Store 的付款方式和充值两个地方看到支付宝的加入，可以用于购买应用、给账户充值，或给 Apple Music 等订阅服务付费等。2017 年 1 月，电动汽车车主可以在支付宝“城市服务”内的“汽车充电站”，通过地图筛查和关键字查询迅速找到最近的充电站，在手机里实时查看充电桩、充电枪的使用状态。根据 2017 年支付宝公布的账单，5.2 亿支付宝用户移动支付占比为 82%；其中移动支付占比超过 90%的省份逾 11 个，贵州、山西以 92%并列第一。

二、支付宝特色

1. 提供货款担保服务和“你敢用，我就敢赔”的服务承诺

支付宝在设计之初就更多地考虑买方利益，用户通过支付宝付款时，货款并不直接打到卖方的账上，而是由支付宝替买卖双方暂时保管，只有用户确认收货并在自己的支付宝账户中认可交易时，货款才会被转到卖方账户中。这些服务激发了用户网上交易的热情。

2. 支付宝的安全防线

(1)账户双重密码设置。即登录密码和支付密码,缺少任何一个均不能使资金发生流转。若同一天内出现两次以上密码输入错误,系统将自动锁定该账户,三个小时后才能解除。

(2)短信提醒功能。在进行修改密码、使用账户余额付款、申请提现、修改 E-mail 地址等操作时,用户会收到短信通知,随时掌握账户信息变更情况,确保账户安全。

(3)双重身份认证。即身份证和银行卡认证。除通过公民身份证号码校验身份证的真伪外,还利用银行账户实名认证来校验用户的姓名和银行账户号码,极大地提高了账户的安全性。

3. 与多家银行合作,方便网上交易

支付宝这一第三方账户最终要通过银行系统进行结算,为此,支付宝与许多银行建立了合作关系,如中国银行、交通银行、中信银行、中国建设银行等,方便了网上交易。

三、支付宝交易流程

申请一个支付宝账号,选择与支付宝合作的银行进行充值,流程如图 4—9 所示。

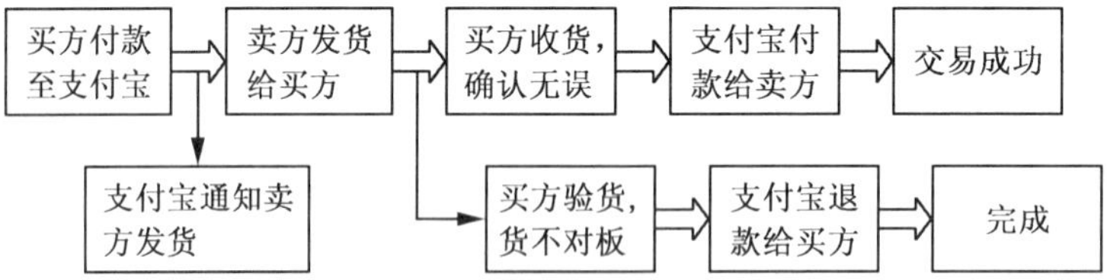

图 4—9 支付宝交易流程

买方选中所需商品后,与卖方达成协议并确认购买信息;确认无误后,付款到支付宝;支付宝作为中介立刻通知卖方发货;卖方发货后,把支付宝上的状态改为“等待买家收货”;买方确认收货后,将支付宝的状态改为“付款”,支付宝把货款汇到卖方账户,此时交易成功。

讨论:

1. 支付宝的网上支付是在什么环境下展开的?
2. 支付宝支付有什么特色?如何吸引客户?
3. 简单描述支付宝支付流程。
4. 你认为支付宝公司今后应如何改进?

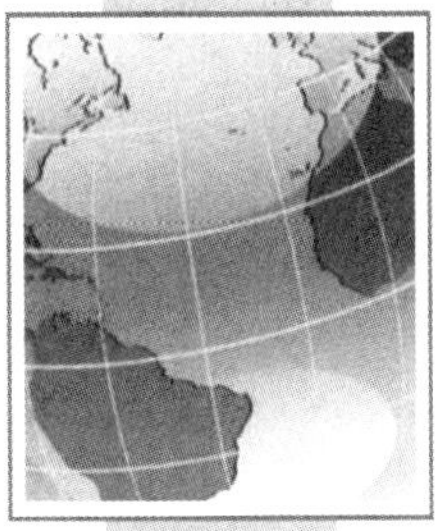

第五章 网络营销

本章引言

伴随着互联网技术和电子商务技术的发展，涌现出了一系列新的市场空间、市场手段、消费人群、消费观念、消费模式等，如网上银行、网上书店、网络广告、网络游戏、网上市场、虚拟企业、网络咨询、远程教育、网上售后服务中心、网络信息搜索、网络信息下载、电子邮件、即时通信、网上社区等，促使生产企业和商家在产品创新、设计、生产、定价、分销、促销等方面引入面向互联网的内容，将传统的市场营销观念与网络技术相结合，充分利用互联网的优势，提高产品的竞争优势。

本章要点

- 网络营销的内容及特点
- 网络消费者行为
- 网络营销的 STP 策略
- 网络营销的 4P 策略
- 网络营销的顾客服务策略

第一节　网络营销概述

基于 Internet 的网络营销模式，为现代企业的营销实践注入了崭新的内涵。但是，网络营销毕竟不是某种虚幻的存在，网络营销甚至市场营销的形成与发展，从来都不可能超越历史，而必然遵循其自身的演变轨迹和内在逻辑。网络营销是从传统营销基础上发展而来的，是发生于市场营销领域的一次革命，而不是市场营销的终结。

一、网络营销的主要内容

网络营销和传统营销的基本营销目的是一致的，但网络具有传统渠道和媒体所不具备的独特的性质。例如，信息交流直接、互动、自由、高效、开放和平等；信息交流费用低廉，消费者个性化突出，易于目标用户锁定；技术含量高，新的技术和表现形式不断涌现等。作为新的营销方式和营销手段，与传统营销方式在理念上和操作上都有很大的区别。因此，在网上开展营销活动，必须适应这些变化和特点，改变传统的一些营销手段和方式。当前，网络营销的主要内容如下：

(一)网上市场调查

网上市场调查是指企业利用 Internet 交互式的信息沟通渠道来实施调查活动。通过网络来收集市场调查中需要的各种资料，包括：直接在网上通过问卷以及给客户发送电子邮件进行调查；在网上商店、网络论坛、邮件清单、新闻组中获得消费者对公司和产品的评价、有关市场竞争者的信息;利用搜索引擎和一些专业网站的企业数据库资料开展市场调研等。在市场调查中,首先要特别关注消费者的需求、购买动机和购买行为等消费者方面的信息,其次是产品以及竞争对手同类产品的信息。根据市场调查的结果,企业才能提出解决问题的建议,作为营销决策的依据。例如,可以在网上展示尚未试制的虚拟产品(不像传统调研中需要试制一小批样品),利用网络的互动特性,请消费者参与设计,提出自己的要求,并可开展订购,从而减少新产品样品开发的费用和风险。相对于传统营销方式,网上调查具有如下优势:

(1)网上调查的互动性。

(2)网上调查的便捷性和经济性。

(3)网上调查的及时性和客观性。

(4)数据的可再利用性和升值,即数据整理、分类和分析后,本身具有相当的商业价值;并可以通过数据库、数据挖掘等手段,为企业开展数据库营销、智能营销等提供数据基础。

(5)无时空和地域限制性。网上市场调查是24小时全天候的调查,这与受区域制约和时间制约的传统调研方式有很大不同。

(二)网络消费者分析

寻找和确定适当的消费群体或目标市场是企业营销成功的前提。网上用户作为一个特殊的消费群体,在购买需求动机、购买心理动机、购买行为方式、购买过程等方面与传统市场上的消费群体有着明显的特征区别。因此,有效的网络营销活动必须深入了解网上用户群体的需求特征、购买动机和购买行为方式,找到正确的消费市场。例如,研究网上虚拟社区,了解这些虚拟社区消费者聚集的原因、特征和偏好习惯,虚拟社区的需求因素,虚拟社区的文化等。同时,网络消费者分析有助于企业与用户建立深层次关系,有利于锁住用户和扩大市场。

(三)网络营销策略制定

不同企业在市场中所处的地位不同,要想实现企业的营销目标,必须制定符合企业特性的营销策略,因为网络营销虽然是非常有效的营销工具,但企业在实施网络营销时需要进行投入,而且也会有一定的风险。在营销策略中,应该考虑交易成本、交易机会、产品市场份额和对企业知名度的影响等。例如,网络营销系统模式的制定、网络营销组织创新、如何提高企业的网站知名度等。

(四)网上产品和服务策略

企业的营销活动是从确定向目标市场提供产品和服务开始的,产品是市场营销组合中最重要的因素。网络营销不但充分利用网络作为信息有效的沟通渠道,在网上显示产品的性能、特点、品质、使用说明等,同时可以针对消费者的个性化需求,开展一对一的营销服务。另外,网络可以成为一些无形产品(如软件和远程服务)的载体,改变了传统产品的营销策略特别是渠道的选择。作为网上产品和服务营销,必须结合网络特点重新考虑产品的设计、开发、包装和品牌的传统产品策略,如根据网上消费者的总体特征确定最适合在网络上销售的产品,网上产品应该怎样进行宣传,怎样让消费者了解公司产品及他们对产品和服务的评价,从而协助产品的研发和改进。

(五)网上价格营销策略

适当的价格策略是企业盈利和竞争的重要手段。网络固有的全球性、信息公开和低交易成本等特点使消费者对产品和价格了解充分,它的结果是使价格变化不定、存在差异的产品最终的价格水平趋于一致,这对执行差别化定价策略的公司会产生重要的影响。由于消费者对价格的敏感性,以及网络带来产品及营销的低成本和天然的扩张性,使得网上市场的价格大多采取低价、折扣或者免费的策略。因此，制定网上价格营销策略时，必须考虑到季节变动、市场供需状况、竞争产品价格、Internet 对企业定价的影响和 Internet 本身独特的免费思想，甚至消费者参与的直接议价、拍卖等各种方式的因素。

（六）网上渠道选择

所谓营销渠道，是指产品从生产者转移到消费者或者使用者所经过的途径。传统营销渠道的一般形式是“生产者—批发商—零售商—消费者”。互联网将企业和消费者直接连在一起，使渠道更加简单和多功能化。渠道的选择可以是直销方式或中介的、多层次的网上营销渠道，如 Dell 的直销计算机模式、阿里巴巴的网络中介模式。网络营销渠道是利用互联网提供可利用的产品和服务，以便使用计算机或其他能够使用技术手段的目标市场通过电子手段进行和完成交易活动。然而，网上销售同时会带来大量货物配送问题，因此，需要现代物流技术支持。

相比于传统营销渠道而言，网络营销渠道具有以下多样性：(1)信息发布渠道；(2)咨询服务渠道；(3)货物配送渠道；(4)售后服务渠道；(5)培训学习渠道等。

最大限度降低渠道中的营销费用和提高效率，是销售成功的关键因素之一。展销会和零售展场等传统的渠道在一段时间内仍然会发挥巨大的作用，如广交会或沃尔玛超市等。问题在于，如何通过网络和计算机技术来整合传统的销售渠道，如何相互结合，达到提高效率和竞争力的目的。

（七）网上促销与网络广告

促销是企业为了激发顾客的购买欲望、扩大产品销售而进行的一种宣传工作。一般包括人员推销、广告、营业推广和公共关系等。Internet 作为一种信息双向沟通渠道，最大优势是可以实现沟通双方突破时空限制直接进行交流，而且简单、高效、海量、费用低廉，被称为第四媒体。

网络广告的沟通方式不是传统促销中“推”的形式而是“拉”的形式，不是传统的“强势”营销而是“软”营销。网络广告使广告由“印象型”向“信息型”转变，消费者作出购买决策的机制也产生了变化。网络广告主要是基于信息的理性说服机制，通过提供海量信息、信息展现、信息比较，甚至可以通过智能化软件，使消费者更易做出理性的判断。同时，网络广告是一种即时交互式广告，它的营销效果是可以测试的，在一定程度上克服了传统广告效果测试的困难。

为了提高网上促销的效果，不但要研究新的 IT 技术在网络广告形式和内容表现形式上的应用和创新，同时需要研究网络消费者的购买心理和意愿，遵循网上一些信息交流与沟通规则，例如，遵循虚拟社区的礼仪、赠送礼品等奖励措施。网络链接和搜索引擎的使用也会提高网上促销的效率。另外，在现阶段，还需要与报纸杂志、无线广播和电视等传统媒体发布广告的优势相结合，提高企业网站知名度，充分发挥网络广告的交互性和直接性。总之，需要各种促销手段组合运用，充分吸引消费者的注意力。

利用网络发展和巩固公司与新闻界的公共关系，利用网络论坛、邮件清单、新闻组等网络社区聚集的场所发展企业与其潜在顾客的公关关系，这是网络促销研究的另一个重要内容。如网上新闻发布会、网上消费者联谊活动等。

（八）网络营销管理与控制

网络营销作为在 Internet 上开展的一项新的营销活动，面临许多传统营销活动无法碰到的新问题，如网络信息内容的管理、消费者隐私保护、产品质量保证和售后服务、消费者信息和交易信息的管理与挖掘、信息安全与保护问题等。这些问题对网络营销效果的顺利达到、企业经营目标的顺利实现、企业的品牌效应、网站的知名度等都会产生很大的影响，因此必须重视和进行有效控制。

二、网络营销的特点

网络营销和传统营销之间不存在相互取代的关系，其最终目的都是占有市场份额。但是，网络营销符合数字化潮流，是对营销方式的重组和创新，有其自身独特的特点。网络营销的特点表现在以下几个方面：

（一）交互性

一方面，企业通过网络向顾客发布丰富生动的、即时的产品信息和相关资料，进行市场调查、产品设计调查、产品测试与消费者满意度调查、售后服务等营销活动；另一方面，消费者可以通过网站、搜索引擎、E-mail或其他软件工具方便地了解和比较所需信息，理智地选择商品，做出购物决策，甚至提出自己对商品从设计到服务的要求和定制要求。因此，在网络中，企业和顾客的信息沟通是互动的、即时的。这种交互性既提高了用户的参与性和积极性，满足了个性化的需求，也提高了企业营销策略的针对性。另外，交互性要求网络营销以顾客为导向，顾客有选择的权利，处于中心地位，而企业或商品处于被选择的地位。

网络营销的交互性使企业更容易向特定用户传递信息，而用户也更方便地获取信息。在交互性的营销方式下，用户可以在一定程度上参与，使得用户与商家的距离感大大缩短，买卖双方信息不对称的情形也有较大的改善。

（二）跨时空

通过互联网进行交易，企业突破了营业场所大小、地域、距离、营业时间和国别的限制，可以用低廉的价格开展全球营销；消费者也突破了地域和距离的制约，拥有了更多的灵活性、更多的选择时间和空间。

同时，由于网上交易的非“面对面”方式，交易双方可能相互之间不了解，产生不能“眼见为实”的问题，因此，除了引入认证中心机制和加强网络信息安全外，网络交易更需要“诚信为本”，企业的品牌效应会更加突出。

（三）个性化

网络营销具有鲜明的个性化特征，其促销和交易方式是一对一的、理性的、消费者主导的，与以强势推销为主的传统营销方式有很大的区别。当今买方市场的形成也促使企业充分考虑消费者的个性化需求，并通过一定的方式与消费者建立长期良好的关系。现代的电子商务技术和柔性化制造技术已经为消费者的个性化消费提供了良好的技术基础。例如，在制造中，可以小批量采购和生产，甚至按照每一个用户的订单制造；在销售之前，通过网络向消费者提供丰富的产品信息和便利的查询比较工具，以利于消费者做出购买决策；在销售中，提供个性化的购物环境和支付手段，以及各种个性化的奖励手段，并送货上门；在消费者购买商品后，提供随时与厂家联系的渠道，使消费者得到及时的服务和技术支持，同时可以利用网络的各种信息机制为用户提供更为个性化的关怀和周到的服务。

Dell公司一直就是按照用户自己的设计和配置来为用户生产和服务，既可以由用户通过互联网或电话指定计算机软件和硬件的配置、配件的性能、不同的运输方式和付款方式，以满足不同消费者的个性化需求，也可以为不同企业中不同的工作岗位提供适合该岗位的机器。通过这些看似简单的方法，Dell创造了低库存、高效率和高满意度。

(四)整合性

互联网上的营销可由商品信息的收集和发布至收款、售后服务一气呵成,因此也是一种全程的营销渠道,具有整合的特点。企业可以借助互联网将不同的传播营销活动进行统一设计规划和协调实施,如网上广告与电视广播广告相结合、发送电子邮件与邮政信件相结合,以统一的传播渠道向消费者传达信息,避免传播不一致产生的消极影响,提高整体营销的效果。这就是通常所称的网上、网下之间的整合。

(五)经济性

在互联网上,无论是存储信息、处理信息、发布信息、获得信息还是渠道建设费用,与传统方式进行比较,其成本都是非常低廉的。因此,网络技术的应用为企业营销活动和消费者购买商品提供了降低成本的基础。首先,企业利用网络既可以加强与主要供应商之间的协作联系,也可以容易地扩大供应商的范围至全球范围,将原材料与产品制造过程有机地结合起来,降低企业的库存和采购成本;其次,网络营销的直销性降低了传统营销迂回式、多层次流通的损耗和费用。另外,网络营销在市场调查、宣传促销、经营管理等方面也减低了费用:一方面,由于减少了印刷与邮递成本,可以无店面销售,免交租金,节约水电与人工成本;另一方面,也由于网络的作用提高了效能。

(六)高效性

网络营销的高效性主要表现为网络海量的数据存储能力、快速准确的数据处理和传输能力、信息的可测量性和交互能力。电脑可储存大量的多媒体信息,利用软件工具可以快速地查询产品信息,简化交易和支付过程。由于网络营销以网络通信技术和计算机技术为其技术支撑,可传送的信息数量与精确度表现出来的商业智能和个性化,远远超过现有的其他媒体和营销手段。同时,现代银行电子支付技术的完善,使整个交易过程更加简单、高效,适宜于电子商务和网络营销的发展。再者,现在的企业竞争必须是高效能的,必须对市场需求做出快速反应,及时更新产品或调整价格,及时有效了解并满足顾客的需求。这些都要求企业必须是在高效的平台上运作。例如,亚马逊书城高效能的表现令所有的传统书店不得不纷纷上网竞争。

(七)成长性

随着互联网基础建设的日趋完善、互联网技术的日趋普及,互联网正在成为一种功能强大的营销工具,它同时兼具渠道、促销、电子交易、互动顾客服务,以及市场信息分析与提供的多种功能。它所具备的一对一营销能力正符合个性化营销与直复营销的未来趋势。另外,就现阶段而言,使用者多属年轻、高教育水准,由于这部分群体购买力强,而且具有很强的市场影响力,因此这是一条极具开发潜力的市场渠道。

(八)技术性

网络营销是建立在以高技术作为支撑的互联网络的基础上的,它包括网络通信技术、信息处理技术、多媒体技术、数据库技术、人工智能技术等计算机硬件和软件技术,极大地丰富了网络营销的手段和表现形式。高技术性不等于高复杂性,实际上,技术的进步体现在使用技术的方便性和简单化。网络营销的技术性要求企业必须有一定的技术投入和技术支持,改变传统的组织形态,提升信息管理部门的功能,引进懂营销与电脑技术的复合型人才,未来才能具备市场的竞争优势。

(九)可测试性

能明确地知道营销的效果,是公司调整、改进营销管理决策的基础。网络营销的互动性、网络的可追踪性以及计算机技术与数据库技术的发展,决定了网络营销的效果是可测试的。

网络营销的可测试性在准确性和成本方面是传统营销不可比拟的。因此,如何形成一套完整的、公认的网络营销效果衡量指标和评价方法的体系,是网络营销需要解决的重要问题。

(十)智能性

网络营销天然的高技术性必然促进企业决策系统、专家系统、数据挖掘、商业智能等各种优化方法的使用,使网络营销的手段逐步智能化。

第二节 网络消费者行为

一、网络消费者购买行为

(一)网络消费者的购买动机

动机是指推动人进行活动的内部原动力、内在驱动力,即激励人行动的原因。而网络消费者的购买动机是指在网络购买活动中,驱使网络消费者产生购买行为的某些内在的驱动力。

对于企业促销部门来说,通过了解消费者的动机,就能有依据地说明和预测消费者的行为,采取相应的促销手段。

网络消费者的购买动机基本上可以分为两大类:需求动机和心理动机。

1. 网络消费者的需求动机

(1)传统需求层次理论在网络需求分析中的应用。需求层次理论是研究人的需求结构的理论,它是由美国心理学家马斯洛提出的。他认为,人的需求包括生理的需求、安全的需求、社交的需求、尊重的需求、自我实现的需求五个层次。不同收入阶层对不同层次需求的渴望程度是不同的。

(2)现代虚拟社会中消费者的新需求。马斯洛的需求层次理论可以解释虚拟市场中消费者的许多购买行为,但是虚拟社会与实体社会毕竟有很大的差别,马斯洛的需求层次理论也面临着不断补充的要求。

从表面上看,这个社会一直在聚集信息以及其他媒体的资源。而实质上,这个社会是在聚集人,因为他们提供了一种吸引人的环境。这种环境的维系,靠的是人们的互相联系。

虚拟社会,人们联系的基础实质上是人们希望满足虚拟环境下三种基本的需要:首先是兴趣。分析畅游在虚拟社会中的网民可以发现,网民之所以热衷于网络漫游,是因为对网络活动抱有极大的兴趣。这种兴趣的产生,主要出自两种内在驱动力:一是探索的内在驱动力;二是成功的内在驱动力。其次是聚集。虚拟社会提供了具有相似经历的人们聚集的机会,这种聚集不受时间和空间限制,并形成富有意义的个人关系。通过网络聚集起来的群体是一个极为民主的群体。在这样一个群体中,所有成员都是平等的。最后是交流。聚集起来的网民自然产生交流的需求。随着信息交流频率的增加,交流的范围也在不断地扩大,从而产生示范效应,带动对某些种类的产品和服务有相同兴趣的成员聚集在一起,形成商品信息交易的网络,即网络商品交易市场。

从事电子商务活动的网络营销人员要想成功地在互联网上营销,他所构思的网络营销计划除了需要考虑传统市场中顾客的各种需求外,所设计的网站要从调动顾客兴趣入手,利用和谐的气氛与丰富的信息资源聚集顾客群体,通过完善的检索手段和通信设计充分交流信息,最后达到扩大销售的目的。

2. 网络消费者的心理动机

(1)理智动机。这种购买动机的形成基本上受控于理智,而较少受到外界气氛的影响。

(2)感情动机。这种购买动机还可以分为两种形态:低级形态的感情购买动机,由喜欢、满意、快乐、好奇而引起的;高级形态的感情购买动机,由人们的道德感、美感、群体感所引起的,具有较大的稳定性和深刻性。

(3)惠顾动机。这是基于理智经验和感情之上的,对特定的网站、图标广告、商品产生特殊的信任与偏好而重复地、习惯性地前往访问并购买的一种动机。同时,当商品存在折扣时,对产品产生特殊偏好。

(二)网络消费需求的特点

(1)层次性。网络消费本身是一种高级的消费形式,但就其消费内容来说,仍然可以分为由低级到高级的不同层次。

(2)差异性。网络消费者来自世界各地,国别、民族、信仰、生活习惯都不同,因而产生了明显的需求差异性。这种差异性远远大于实体商务活动的差异。

(3)交叉性。网络虚拟商店可以囊括几乎所有商品,人们可以在较短时间里浏览多种商品,因此产生交叉性购买需求。

(4)个性化。网络消费者借助网络,根据自己的时间、空间以及喜好特点进行网上消费,网络的便捷性和即时性满足了网络消费者的消费需求。

(5)超前性和可诱导性。在虚拟市场中,最先进的产品和最时髦的商品会以最快的速度与消费者见面。具有创新意识的网络消费者必然很快接受这些新的商品(包括国内的和国外的),从而带动周围消费层新一轮的消费热潮。

(6)主动性和方便性。网络消费者往往会主动通过各种可能的渠道获取与商品有关的信息并进行分析和比较;一部分工作压力大的消费者追求时间和劳动成本的节省,以方便性为目标进行消费。

(7)品牌忠诚度下降。网络消费者借助网络能够获取更多的信息,更容易对比获得物美价廉的商品,可能会导致对于常用品牌忠诚度的降低。

二、影响消费者网上购物的外在因素

(一)商品价格

网络营销渠道减少了许多中间环节,使得商品价格大大低于传统流通渠道中的商品价格,从而对消费者产生了越来越大的吸引力。

(二)购物时间

购物时间包含两方面的内容:购物时间的限制和购物时间的节约。

网络虚拟商店一天 24 小时开业,随时接待客人,没有任何时间的限制,为人们上班前和下班后购物提供了极大的方便。

(三)商品挑选范围

网络为消费者提供了众多的检索途径,消费者可以通过网络方便、快速地搜寻相关的商品信息,挑选满意的厂商和满意的产品。

消费者也可以通过公告板,告诉千万个商家自己所需要的产品,吸引千万个商家与自己联系,从中筛选符合自己要求的商品或服务。

(四)商品的新颖性

追求商品的时尚和新颖是许多消费者,特别是青年消费者重要的购买动机。这类消费者特别重视商品新的款式、格调和社会流行趋势，而对商品的使用程度和价格高低不太计较。

三、网络消费者的购买过程

网络消费者的购买过程可以粗略地分为以下五个阶段：

（一）诱发需求

网络购买过程的起点是诱发需求。对于网络营销来说，诱发需求的动因只能局限于视觉和听觉。从事网络营销的企业或中介商应注意了解与自己产品有关的实际需求和潜在需求，了解这些需求在不同时间的不同程度，了解这些需求是由哪些刺激因素诱发的，进而巧妙地设计促销手段去吸引更多的消费者浏览网页，诱导他们的需求欲望。

（二）收集信息

这个环节的作用是汇集商品的有关资料，为下一步的比较选择奠定基础。

在购买过程中，收集信息的渠道主要有内部渠道和外部渠道。内部渠道是指消费者个人所储存、保留的市场信息，外部渠道则是指消费者可以从外界收集信息的通道。

在网络购买过程中，商品信息的收集主要是通过互联网进行的。一方面，网络消费者可以根据已经了解的信息，通过互联网跟踪查询；另一方面，网络消费者可以不断地在网上浏览，寻找新的购买机会。

（三）比较选择

比较选择是购买过程中必不可少的环节。消费者对各条渠道汇集而来的资料进行比较、分析、研究，了解各种商品的特点和性能，从中选择最为满意的一种。

网络购物不直接接触实物，消费者对网上商品的比较依赖厂商对商品的描述。消费者应从发布渠道、广告用语、主页内容更换频率、尝试性购买等不同角度考察网络广告的可信度。

（四）购买决策

网络购买决策是指网络消费者在购买动机的支配下，从两件或两件以上的商品中选择一件满意商品的过程。首先，网络消费者理智动机所占比重较大，而感情动机的比重较小。其次，网络购买受外界影响较小。网络消费者在决策购买某种商品时，一般必须具备三个条件：(1)对厂商有信任感；(2)对支付有安全感；(3)对产品有好感。

（五）购后评价

顾客"满意"的标准是产品的价格、质量和服务与消费者预料的符合程度。消费者购买商品后，往往通过使用，对自己的购买选择进行检验和反省，重新考虑这种购买是否正确、效用是否理想，以及服务是否周到等问题。这种购后评价往往决定了消费者今后的购买动向。为了提高企业的竞争力、最大限度地占领市场，企业必须虚心倾听顾客反馈的意见和建议。

四、企业网上交易行为

（一）企业的业务购买类型

(1)直接再采购。直接再采购描绘了采购部门根据惯例再订购产品的购买情况。购买者根据以往购买的满意程度给予不同的供应商以一定的权数，按照"供应者名单"选择供应商。

(2)修正再采购。修正再采购是指购买者希望修改产品规格、价格、其他条件或者供应商的情况。

(3)新任务。当采购者首次购买某一产品或劳务时，便面临着新任务。由于新任务中涉及复杂的推销问题，因而许多公司采用一种特殊的推销队伍。新任务购买过程经过几个阶段，大致可分为知晓、兴趣、评价、试用和采用。

(二)企业的业务购买的影响因素

(1)环境因素。包括需求水平、经济前景、利率、技术变化率、政治与规章制度、竞争与发展、社会责任心。

(2)组织因素。每一个采购组织都有具体目标、政策、程序、组织结构及系统。

(3)人际因素。采购中心通常包括一些不同利益、职权、地位和有说服力的参与者。

(4)个人因素。参与者的年龄、收入、教育、专业文凭、个性、风险意识等。

(5)B2B 网站因素。发达的 B2B 网络系统已经给传统的企业购买带来了巨大的冲击。企业只有使用适合自身的电子购买系统,充分利用网络带来的极大信息量和沟通的方便,才能在未来的购买活动中降低采购成本。

(三)企业的业务购买过程

(1)交易前。交易前主要是指买卖双方和参与交易各方在签约前的准备活动,包括在各种商务网络和互联网上寻找交易机会、通过交换信息来比较价格和条件、了解各方的贸易政策、选择交易对象等。

(2)交易中。交易中包括交易谈判、签订合同和办理交易进行前的手续等。

(3)交易后。交易后包括交易合同的履行、服务和索赔等活动。

不同类型的电子商务交易,虽然都包括上述三个阶段,但其流转程式是不同的。对于 Internet 商业来讲,基本上可以归纳为两种基本的流转程式:网络商品直销的流转程式和网络商品中介交易的流转程式。

五、政府网上采购行为

政府采购是指各级国家机关、事业单位和团体组织,使用财政性资金采购依法制定的集中采购目录以内的或者采购限额标准以上的货物、工程和服务的行为。

政府网上采购行为是指在网络上发生的政府采购行为。利用网络采购,政府可以买到价格较低廉的产品或服务,网络化的作业程序也将降低投标公司的成本。

网络采购不仅增加了采购工作的透明度,同时也大大方便了国内外供应商通过电子商务参与政府采购竞标。

在网络环境下,政府采购的公开招标主要包括 4 个步骤:

(1)准备招标。招标人需按照所审核的行政事业单位采购计划,核实采购要求、技术标准及各项条件,按照相关法规和国际惯例制作标书。

(2)在网上发布竞标公告。招标人筛选招标网站,在招标网站上注册,并将本单位营业执照的复印件提交招标网站。审查合格后,招标人可以在这些网站上发布招标公告。

(3)投标。投标人浏览招标网站,根据招标条件,在规定的投标截止时间以前上传标书,并按照要求递交有关证明文件,缴纳投标保证金。

(4)开标与评标。政府网络采购通常使用两种方法进行开标与评标。一是通过网络竞价即时开标。投标人可以全程监控网上招标竞价过程,并通过 E-mail 方式将投标人应价信息即时通知招标人。二是通过谈判评标。招标人利用网络商务洽谈系统与投标人进行视频洽谈,根据投标人履约的综合贸易条件做出全面的评估后确定中标人。

第三节 网络营销的 STP 策略

市场细分(Market Segmentation)的概念是由美国营销学家温德尔·史密斯(Wendell R. Smith)在 1956 年最早提出的,此后,美国营销学家菲利普·科特勒进一步发展和完善了温德尔·史密斯的理论并最终形成了成熟的 STP 理论。STP 是指市场细分(Segmenting)、目标营销(Targeting)和市场定位(Positioning),是网络营销开始有效交换的起点。

一、网络营销市场细分

(一)网络营销市场细分概述

顾客的需求随着商品经济的发展表现出多样性,为满足不同顾客的需求,要在激烈的竞争中获胜,就必须进行市场细分。网络的发展、买方市场的形成、网民的多样化,都成为网络营销市场细分的前提。

网络营销市场细分指为实现网络营销的目标,根据网上消费者对产品不同的欲望与需求、不同的购买行为与购买习惯,把网络上的市场分割成不同或相同的小市场群。

(二)网络市场与传统市场的差异

1. 传统市场

在传统市场环境下,顾客所见的是实物,并且通过视觉、触觉、嗅觉等感官系统对商品形成直觉印象。之后,顾客亲身进行市场调研,综合各种因素,如厂家信誉度、商品质量、价格比等,决定是否购买产品,购置何种品牌、型号。

2. 网络市场

网络市场是虚拟市场,因此顾客难凭自己的感官系统做出正确判断,需综合商家在网页中介绍产品的所有信息和平时对该公司声誉、技术能力、售后服务等必要资料的了解才能做决断。促使顾客做决定的主要因素在于商家对其商品的描述能否打动顾客、其售后服务能否赢得顾客。

(三)网络营销市场细分的策略

市场由消费者组成,消费者具有不同特性,如所处地理环境、性别、年龄、文化、生活方式等均不同,这些都可以作为市场细分的变量。一般而言,重要变量有四类:地理变量、人口统计变量、心理变量和行为变量。

1. 以地理变量细分网上市场

地理变量有区域、国家、省与州、都市大小、人口密度、环境和气候等。地理变量之所以可以用来细分市场,是因为假设不同地理区域的消费者的需求和偏好不一致。然而要注意的是,互联网是开放性的全球网络,它打破了常规地理区域的限制,因此在网上营销,除非所营销的是区域性产品和服务,或者带有文化差异的产品或服务,否则不宜用地理变量来区分市场。

2. 以人口统计变量细分网上市场

人口统计变量包括年龄、种族、性别、家庭人口数、家庭生命周期、收入、教育、宗教、国籍等。人口统计变量常与消费者的需求、偏好和使用频率有关,因此常用来细分市场。网上市场细分常用此变量,同时借由这个变量可以表达一些非人口统计变量。

3. 以心理变量细分网上市场

心理变量包括消费者所属的社会阶层、生活方式、个性特征等。以此细分网上市场,则可以得到不同子市场中的消费者具有不同的心理层面。在生活方式的变量运用上，有著名的AIO分析模式和VALS分析模式。AIO分别指态度、兴趣和意见。由此模式可划分出多种生活方式的群体。VALS是Values and Life-Style（价值观和生活形态）的缩写。这两个分析模式非常适合在互联网上使用。网站可以先依这两个模式的内容来设计问卷，然后在网上收集信息，将收集到的信息配合人口统计变量来对其生活方式作分类，从中找出特殊的生活方式群体。

4. 以行为变量细分网上市场

虽然在实际的消费活动中，真正了解和把握消费者的行为是困难的，但是消费者的消费行为还是有规律可循的。行为变量一般是指消费者的消费时机（通常在什么时间、什么场合消费）、追求的利益（消费的动因）、消费频率（是经常性消费还是偶尔消费）以及消费的手段和方式等。通过分析消费者的使用场合、追求利益、使用者状况、使用率、忠诚程度以及对产品的态度等，可以有效地细分市场。

二、网络营销目标营销

（一）网络营销目标营销概述

“目标营销”是现代营销管理的一大经典成果，它同样适用于网络营销。也就是说，在开展网络营销之前，应先将网上市场细分为多种不同的子市场，然后选定其中一个或多个细分市场，发展出适当的网上营销组合，这就是“网上目标营销”。这个原理同样适用于“网站营销”，即把网站当作一个产品，特定的用户则是目标市场。公司可以开发出系列网站，以服务于各个细分市场。

（二）目标市场选择策略

目标市场的选择策略，即关于企业为哪个或哪几个细分市场服务的决定。通常有五种模式供参考：

1. 市场集中化

企业选择一个细分市场，集中力量为之服务。较小的企业一般这样专门填补市场的某一部分。集中营销使企业深刻了解该细分市场的需求特点，采用针对的产品、价格、渠道和促销策略，从而获得强有力的市场地位和良好的声誉，但隐含较大的经营风险。

2. 产品专门化

企业集中生产一种产品，并向所有顾客销售这种产品。例如，服装厂商向青年、中年和老年消费者销售高档服装。企业为不同的顾客提供不同种类的高档服装产品和服务，而不生产消费者需要的其他档次的服装。这样，企业在高档服装产品方面建立很高的声誉，不过一旦出现其他品牌的替代品或消费者流行的偏好转移，企业将面临巨大的威胁。

3. 市场专门化

企业专门服务于某一特定顾客群，尽力满足他们的各种需求。例如，企业专门为老年消费者提供各种档次的服装。企业专门为这个顾客群服务，能建立良好的声誉。不过一旦这个顾客群的需求潜量和特点发生突然变化，企业要承担较大风险。

4. 有选择的专门化

企业选择几个细分市场，每一个对企业的目标和资源利用都有一定的吸引力。但各细分市场彼此之间很少或根本没有任何联系。这种策略能分散企业经营风险，即使其中某个细分市场失去了吸引力，企业还能在其他细分市场盈利。

5. 完全市场覆盖

企业力图用各种产品满足各种顾客群体的需求，即以所有的细分市场作为目标市场。例如，服装厂商为不同年龄层次的顾客提供各种档次的服装。一般只有实力强大的企业才能采用这种策略。例如，IBM 公司在计算机市场、可口可乐公司在饮料市场开发众多的产品，满足各种消费需求。

三、网络营销市场定位

（一）网络营销市场定位概述

市场定位是在 20 世纪 70 年代由美国营销学家艾・里斯和杰克・特劳特提出的，其含义是指企业根据竞争者现有产品在市场上所处的位置，针对顾客对该类产品某些特征或属性的重视程度，为本企业产品塑造与众不同的鲜明形象，并将这种形象生动地传递给顾客，从而使该产品在市场上确定适当的位置。

传统营销的市场定位是单向的，即企业可以到市场上找顾客，也可以选定顾客群后再找产品。而网络营销的市场定位是双向的，营销者既应了解网上顾客的情况，又需了解经营的产品是否适合网络营销。为使经营的产品具有特色，适合目标顾客的需求与偏好并区别于竞争对手，企业需要准备充足的营销策略，使产品做到既有特色又满足顾客的需要。

（二）网络营销市场定位策略

网络营销所定位的目标市场应具备以下三个条件：

1. 初次定位与重新定位

初次定位（潜在定位）指新成立的企业初入虚拟市场，或企业新产品投入虚拟市场，或产品进入虚拟市场时，企业必须从零开始，运用所有的市场营销组合，使产品特色确定符合所选择的目标市场。

重新定位（二次定位、再定位）指企业变动产品特色，改变目标顾客对其原有的印象，使目标顾客对其产品新形象有一个重新的认识过程。

出现下列情况时，需考虑重新定位：（1）在本企业产品定位附近出现了强大的竞争者；（2）消费者偏好发生变化。

2. 对峙性定位与回避性定位

对峙性定位（竞争性定位、针对式定位）指企业选择靠近于现有竞争者或与其重合的市场位置，争夺同样的顾客，彼此在产品、价格、分销及促销等各个方面区别不大。

回避性定位（创新式定位）指企业回避与目标市场竞争者直接对抗，将其位置定在市场上某处空白领地，开发并销售目前市场上还不存在的、具有某种特色的产品，以开拓新的市场。

3. 心理定位

心理定位是指企业从顾客需求心理出发，以自身最突出的优点来定位，从而达到使顾客心目中留下特殊印象和树立市场形象之目的。

第四节　网络营销的 4P 策略

网络营销策略组合指企业的网络综合营销方案，是企业根据目标市场需要和市场定位，对企业内部可控制的营销要素 4P（产品、价格、渠道、促销）进行优化组合和综合运用，使之协调配合，为企业取得良好的经济效益和社会效益。4P 组合是从企业的角度提出的营销策略，是网络营销理论的基础。

一、网络营销产品策略

一个企业是否能生存和发展，关键在于它所生产的产品能否满足消费者的需求。任何企业制定产品策略都必须适应消费者的需求及其发展的趋势。

(一)产品整体的概念

1. 传统营销的产品整体

按照传统观念，产品就是指某种有形的劳动产物，如服装、家具、电视机等。但从市场营销学观点来看，市场营销过程不单是推销产品的过程，首先是一个满足顾客需要的过程，而顾客的需要是多方面的，不但有生理和物质方面的需要，而且还有心理和精神方面的需要，所以营销产品应是一个产品整体，包含三个层次（见图 5—1）：核心产品、有形产品和附加产品（延伸产品）。

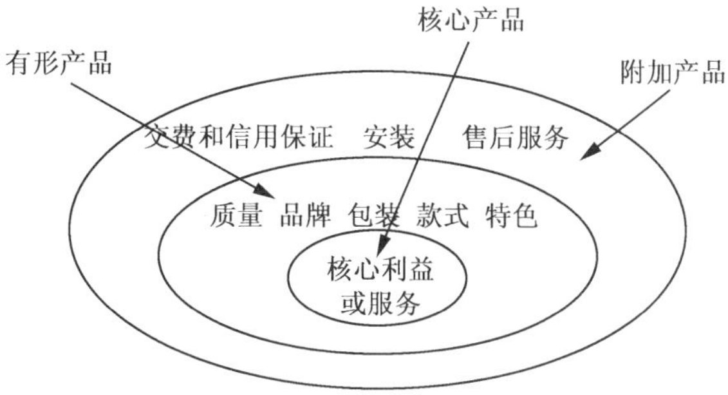

图 5—1 整体产品的三个层次

2. 网络营销的产品整体

由于网络营销是在网上虚拟市场开展营销活动以实现企业营销目标，面对与传统市场有差异的网上虚拟市场，必须要满足网上消费者一些特有的需求特征。所以，网络营销产品的内涵与传统产品的内涵有一定的差异性，主要是网络产品的层次比传统营销产品的层次大大扩展了。在网络营销中，产品整体的概念可分为 5 个层次：

(1)核心利益或服务层次。这是产品最基本的层次，是满足顾客需要的核心内容，是顾客要购买的实质性的东西。例如，消费者购买食品的核心是为了满足充饥和营养的需要，购买计算机是为了利用它作为上网的工具等。

(2)有形产品层次。这是产品在市场上出现时的具体物质形态，包括产品的质量水平、功能、款式、特色、品牌和包装等，如不同款式的计算机。

(3)期望产品层次。在网络营销中，应满足消费者需求呈个性化的特征，不同的消费者可以根据自己的爱好对产品提出不同的要求，因此，产品的设计和开发也必须满足顾客的个性化消费需求。顾客在购买产品前对可购产品的质量、使用方便程度、特点等方面的期望值，就是期望产品。例如，海尔集团设计的三角形冰箱，戴尔公司的计算机配置实现网上定制。

(4)延伸产品层次。这是指顾客在购买产品时所得到的附加的服务或利益，主要是帮助消费者如何更好地使用核心利益和服务。例如，提供信贷、质量保证、免费送货、售后服务等。

(5)潜在产品层次。这是在延伸产品层次之外，由企业提供能满足顾客潜在需求的产品层次。它主要是产品的一种增值服务。例如，有的用户用计算机来开发网页，企业就可以提供网页制作的培训产品。

（二）网络营销商品的分类

网络营销的商品按商品形态的不同，可分为实体商品、虚体（虚拟）商品两大类，详见表5—1。

表5—1　　网络营销产品的类型

<table>
<tr><th>商品形态</th><th colspan="2">商品品种</th><th>商　品</th></tr>
<tr><td>实体商品</td><td colspan="2">普通商品</td><td>消费品、工业品等实体商品</td></tr>
<tr><td rowspan="4">虚体商品</td><td colspan="2">软件、音像制品</td><td>计算机软件、电子游戏等</td></tr>
<tr><td rowspan="3">在线服务</td><td>互动式服务</td><td>远程医疗、法律救助、网络交友、计算机游戏</td></tr>
<tr><td>网络预约服务</td><td>航空、火车订票，电影、音乐会、球票预订，预订饭店、餐馆，旅游预约服务，医院预约挂号</td></tr>
<tr><td>信息咨询服务</td><td>法律咨询、医药咨询、股市行情分析、金融咨询、资料库检索、电子新闻、电子报刊、研究报告、论文等</td></tr>
</table>

（三）电子商务对产品策略的影响

电子商务对产品策略的影响主要体现在以下几个方面：

1. 产品形态与定位选择策略

在互联网上，虚体产品和实体产品的销售是不一样的。虚体产品可以提供在线销售，而且软件产品一般可以试用，而实体产品只能通过网络展示。尽管多媒体技术可以充分生动地展示产品的特色，但无法直接尝试非数字产品。因此，网络营销的产品和服务应尽量是数字化的，对于非数字产品或服务，应尽力考虑产品的标准化，提高消费者对产品与服务的认识和信心。

2. 产品定制化策略

网络所带来的低成本、高效率和互动的传递信息方式，改变了企业传统的运作模式，使大规模的定制成为可能。个性化定制使市场细分达到了极限，每一个客户都被看成一个微型市场，目标市场更加明确化。企业必须具有根据每一个客户的特别要求定制产品或服务的能力，即所谓的“一对一”定制化服务。

3. 产品的品牌策略

第40次中国互联网络发展状况统计报告显示，在年龄构成上，我国网民年龄较轻，主要以10～39岁群体为主，占整体的72.1%，他们愿意购买信誉度较高的名牌产品、新产品，而且能够比较容易地买到这些产品，为此，产品中的品牌要素一定比传统情况下更重要。

在这种情况下，会出现某公司产品质量和竞争对手相当，甚至比对手还要好，但仅仅因为“原产地”原因而不受消费者欢迎的现象。解决这一问题的基本对策是，实施名牌战略以及与有美誉的知名公司进行生产及销售上的合作。

4. 产品的服务策略

同传统工业相比，后工业社会中系统的服务正占据越来越重要的地位。而电子商务的出现，使这越来越重要的服务得到了真正的履行。在这种情况下，新的竞争不在于工厂制造的产品，而在于能否给产品加上包装、服务、广告、咨询、融资、送货、保管或顾客认为有价值的其他东西。

5. 新产品开发策略

新产品开发主要以满足市场需求为前提，企业以获利为目标，以顾客参与为核心，充分利用互联网，捕捉新产品开发的创意。它包括：

(1)注重消费者感到不满、不快、不平、不便、不洁等方面的研究与利用。

(2)注重消费者盼望、欲望与希望等方面的研究与利用。

(3)着眼于在发达国家、发达地区或其他有关地区畅销过的产品的研究与利用。

(4)着眼于国内外流行现象的观察与利用。

二、网络营销价格策略

价格策略是市场营销活动中极为重要的一部分，通过网络进行产品销售，本身就具有成本低的优势。

(一)选择定价目标

1. 生存

如企业生产能力过剩，或面临激烈竞争，或试图改变消费者需求，需要把维持生存作为主要目标。

2. 当期利润最大化

估计需求和成本，并据此选择一种价格，使之能产生最大的当期利润、现金流量或投资报酬率。

3. 市场占有率最大化

通过定价来取得控制市场的地位，即市场占有率最大化，而通过开发市场、走访用户等手段提高市场占有率是实现企业效益最大化的保障。

4. 产品质量最优化

考虑在市场上产品质量领先这样的目标，要求用高价格来弥补高质量和研究开发的高成本。

(二)网络营销定价策略

1. 低于进价销售策略

采取此种定价方式能吸引很多消费者，意在扩大销售规模。主要适用于价格弹性较大的日用品。

2. 差别定价策略

对不同的人确定不同的价格。在网上，通过“黑箱操作”，厂家与每一顾客的交易价格可以不透明，使“把每一分可能挣的钱都挣到”成为现实。

3. 高价策略

网上商品的价格有时也高于传统方式，这主要指一些独特商品或对价格不敏感的商品，如艺术品、鲜花等。另外，如果商品的地区差价较大，少数先上网销售的供货商也有可能卖个好价。

4. 竞价策略

厂家可规定底价，让消费者竞价，厂家花费极低。

5. 集体砍价策略

集体砍价是网上出现的一种类似于拍卖的新业务。网站上推出的每种商品都有竞价者加入。随着每一个新的竞价者加入，原定价格就会下跌；竞价的人越多，价格越低。

三、网络营销渠道策略

网络营销渠道的选择是整个市场营销组合策略的重要组成部分。网络营销的渠道可分为直接营销渠道和间接营销渠道。与之相对应的网络营销的渠道策略可分为直接渠道策略、间接渠道策略，以及直销渠道和间接渠道并用的双道策略（又称双道法）。

（一）传统营销渠道与网络营销渠道的区别

1. 作用分析

传统营销渠道是指某种货物或劳务从生产者向消费者转移时所需经过的流通途径。其作用是单一的，它仅仅是商品从生产者向消费者转移的一个通道。

网络营销渠道的作用则是多方面的：(1)它是信息发布的渠道；(2)它是销售产品、提供服务的快捷途径；(3)它是企业间洽谈业务、开展商务活动的场所，也是进行客户技术培训和售后服务的理想园地。

2. 结构分析

传统营销渠道，根据有无中间商可以分为直接分销渠道和间接分销渠道。其中，由生产者直接将商品卖给消费者的营销渠道叫直接分销渠道；没有中间商的，叫零级分销渠道。包括至少一个以上中间商的营销渠道则叫间接分销渠道。间接分销渠道则包括一级、二级、三级乃至级数更高的渠道。

网络直接分销渠道和传统的直接分销渠道一样，都是零级分销渠道；而其间接分销渠道结构要比传统营销渠道简单得多，网络营销中只有一级分销渠道，即只存在一个电子中间商来沟通买卖双方的信息，而不存在多个批发商和零售商的情况，因而也就不存在多级分销渠道。

3. 费用分析

传统直接分销渠道常用两种方法：(1)直接出售，没有仓库，工厂需要支付推销员的工资和日常推销开支；(2)直接出售，设有仓库，工厂要支付推销员的工资和费用，还要支付仓库的租赁费。

而采用网络直接分销渠道，网络管理员从互联网上直接受理订单，所需的费用仅是管理员的工资和上网费用。

采用传统间接分销渠道，中介机构必不可少。

而采用网络间接分销渠道，网络商务交易中心就承担起了信息中介机构的作用。网络商品交易中心使中介机构的数目减少，从而商品流通的费用大幅度降低。

（二）网络直接销售渠道

网络直销是指生产厂家通过网络直接分销渠道直接销售产品。目前常见的做法有两种：一是企业在互联网上建立自己独立的站点，申请域名，制作主页和销售网页，由网络管理员专门处理有关产品的销售事务；二是企业委托信息服务商在其网点上发布信息，利用有关信息与客户联系，直接销售产品。

网络直销的优点有：(1)网络直销促成产需直接见面，对买卖双方都有直接的经济利益；(2)营销人员可以利用网络工具，开展各种形式的促销活动，迅速扩大产品的市场占有率；(3)企业能够通过网络及时了解到用户对产品的意见和建议，并针对这些意见和建议改善经营管理。

网络直销的缺点有：(1)面对大量分散的企业域名，网络访问者很难有耐心一个个去访问制作平庸的企业主页；(2)对一些不知名的中小企业网站，大部分网络漫游者不愿意在此浪费时间，或只是在路过时看一眼；(3)我国目前建立的企业网站，除个别行业和部分特殊企业外，大部分访问者寥寥，营销收效不大。

问题的解决方式有：(1)尽快组建具有高水平的专门服务于商务活动的网络信息服务站

点;(2)从网络间接分销渠道中寻找出路。

原外经贸部的 MOFTEC 网站的经验:(1)免费链接国内所有已经上网发布信息的公司网页;(2)开设“贸易机会”栏目,为国内外商家提供免费粘贴买卖、合作等商业信息的公告板;(3)建立检索方便的中国网上出口产品数据库。

(三)网络间接销售渠道

从经济学的角度分析,有 4 个基本原因导致网络商品交易中介机构的存在成为必然。

1. 网络商品中介交易简化了市场交易过程

设想一种最简单的情况,市场上仅仅存在 3 个生产者和 3 个消费者。在没有网络商品中介机构的情况下,总共需要发生 9 次交易关系。增加一个中介机构,在网络直销中必须发生的 9 次交易关系由此减少到 6 次。交易中介机构的存在,简化了市场交易过程,使交易双方都感到方便和满意。

2. 网络商品交易中介机构的撮合功能有利于平均订货量的规模化

网络商品交易中介机构能以最短的渠道销售商品,满足消费者对商品价格的要求;能够通过计算机自动撮合的功能,组织商品的批量订货,满足生产者对规模经济的要求。这种具有功能集约的商品流转程式的出现,为从根本上解决现代工业发展中批量组货与订货的难题创造了先行条件。

3. 网络商品中介交易使得交易活动常规化

在传统交易活动中,影响交易的因素多得不可胜数。如果这些变量能够在一定条件下常规化,交易成本就会显著降低,从而有效提高交易的成功率。网络商品中介交易在虚拟市场进行,可避免时间上、时差上的限制。交易表格的统一规范,避免了买卖双方相互扯皮;分散的配送中心,减少了运输费用;严密的支付程序,增加了彼此信任感。

4. 网络商品中介交易便利了买卖双方的信息收集过程

网络商品交易中介是一个巨大的数据库,云集众多厂商与商品。厂商和商品实行多种分类,可以从各个不同的角度检索。买卖双方完全可以在不同的地区、在不同的时间、在同一个网址上查询不同的信息,方便交流不同意见,在中介机构的撮合下,匹配供应意愿和需求意愿。

(四)双道法——企业网络营销的最佳选择

双道法是指企业同时使用网络直接分销渠道和网络间接分销渠道,以达到销售量最大的目的。

企业在互联网上建站,一方面为自己打开了一扇对外开放的窗口,另一方面也建立了自己的网络直销渠道。在自己建立网站的同时,应积极利用网络间接渠道销售自己的产品,通过中介商的信息服务、广告服务和撮合服务,扩大企业的影响,开拓企业产品的销售领域。

企业应熟悉、研究国内外电子商务交易中介商的类型、业务性质、功能、特点及其他有关情况,以便能够正确地选择中介商,顺利地完成商品从生产到消费的整个转移过程。

在筛选电子商务中介商时,必须考虑五个因素,即“5C”因素:成本(Cost)、信用(Credit)、覆盖(Coverage)、特色(Character)、连续性(Continuity)。

四、网络营销促销策略

网络促销是指利用计算机及网络技术等手段来组织促销活动,以辅助和促进消费者对商品或服务的购买和使用。它的出发点是利用网络特征实现与顾客沟通。这种沟通方式不是传统营销中“推”的方式,而是“拉”的方式,即“软”营销。网上促销具有与传统促销不同的特点,因为网上营销是在虚拟市场上进行的，通过网络技术传递产品和服务的存在、性能及特征等信息，并且互联网虚拟市场的出现将所有企业都推向一个世界统一的市场。网络促销形式主要有网络广告、销售促进、站点推广和网络公关等。

(一)网络广告

网络广告是目前较为普遍的网络促销方式，几乎囊括了所有媒体广告的优势。怎样使本企业网站在茫茫的网页之海中脱颖而出，留住漂泊而又不耐烦的冲浪者是开展网络营销必须要考虑的。由于网络营销的“软营销”和“无时空限制”的特征，所以传统广告、一般销售促进等措施难以奏效。因此，网络广告应该不再是传统的大面积播送(“推”)，而是等候消费者自己的选择(“拉”)，互联网上出现了标题广告、电子赠券及给阅读广告的冲浪者付费型的专营网络广告的站点等。网络广告的时间、空间限制的消失，使广告由“印象型”向“信息型”转变，主要是基于产品信息的理性说服。企业在做广告策划时，应充分发挥网络的多媒体声光功能、三维动画等特征，诱导消费者做出购买决策，并达到尽可能地开发潜在市场的目标。

(二)销售促进

销售促进(Sales Promotion，SP)，又称为营业推广，是指企业运用各种短期诱因鼓励消费者和中间商购买、经销企业产品和服务的促销活动。企业可以利用直接销售的网络营销站点，采用价格折扣、有奖销售等方式宣传推广产品。

(三)站点推广

站点推广就是利用网络营销策略扩大站点知名度，吸引上网者访问站点，起到宣传和推广企业以及企业产品的效果。企业可以与非竞争性的厂商建立线上促销联盟，通过相互线上数据库联网，增加与潜在消费者接触的机会，这样一方面不会使本企业产品受到冲击，另一方面又拓宽了产品的消费层面。

(四)网络公关

网络公关是通过借助互联网的交互功能吸引用户与企业保持密切关系，培养顾客忠诚度。网络营销对象的不确定性和广泛性使企业公众形象的建立与毁坏都很容易，企业对此要小心翼翼，耐心谨慎地处理每一个顾客的要求，并善于利用网络论坛、邮件清单、新闻组等网络社区聚集的场所树立形象、提供信息，发展企业和其潜在顾客的关系。把本企业站点加入知名的网络搜索引擎，可以大大提高本站点被发现的机会。

(五)网络文化与产品广告相融合

将网络文化与产品广告相融合，借助网络文化的特点来吸引消费者。如将产品广告融于网络游戏中，使网络使用者在潜移默化中接受了促销活动。通过组建用户俱乐部可以吸引大批的网友来交流意见，从中选出适合本企业发展的营销策略。

第五节 网络营销的服务策略

一、网络顾客服务概述

(一)网络顾客服务的定义

网络顾客服务是以传递信息为基础，是顾客与企业通过互联网远距离进行的针对人的思想的脑刺激处理或针对无形资产的信息处理的过程。它属于围绕核心产品所开展的以顾客为导向的信息服务。它的目的是通过顾客满意和提高生产效率来达到长期利润最大化，即实现顾客价值的最大化与企业收益的最大化之间的平衡，也就是顾客与企业的“双赢”。这个定义包括以下几个层面的含义：

(1)网络顾客服务并不是一种简简单单的概念或方案，它也是企业战略的一种，贯穿于企业的每个部门和经营环节，其目的在于理解并服务于企业现有的或潜在的顾客。

(2)以网络技术为代表的信息技术使得网络顾客服务成为可能。没有信息技术的支撑，顾客服务可能还停留在早期的顾客服务阶段。正是因为信息技术的出现，使得企业能够有效地分析顾客数据，积累和共享顾客知识，以根据不同顾客的偏好和特性提供相应的服务，从而提高顾客让渡价值。同时，信息技术也可以辅助企业识别具有不同价值的顾客，针对不同的顾客采用不同的策略，从而实现顾客价值最大化与企业利润最大化之间的平衡。

(3)网络顾客服务始于对顾客行为和特性的深入分析，以取得对顾客及其偏好、愿望和需求的完整认知，然后应用这些知识去制定网络顾客服务战略、编制网络顾客服务计划和开展网络顾客服务活动。同样，网络顾客服务也意味着与顾客之间的互动接触。因此，网络顾客服务需要设计一个由许多“接触点”构成的网络，来建立、培养和维持与顾客之间长期互利的接触。

(4)网络顾客服务的目的是实现顾客价值的最大化与企业收益的最大化之间的平衡，即顾客与企业的“双赢”。事实上，顾客价值最大化与企业收益最大化是一对矛盾统一体。坚持以顾客为中心、为顾客创造价值是任何网络顾客服务必须具备的理论基石。而企业是以盈利为中心的组织，追求利润最大化是企业存在和发展的宗旨。顾客价值最大化意味着穷尽企业的资源和能力去全面满足所有顾客需求，如此势必增大企业的成本，挫伤企业的盈利能力。不过，为顾客创造的价值越多，越可能增强顾客的满意度，提高顾客忠诚度，从而挽留顾客，有利于增加顾客为企业创造的价值，最大化企业收益。

(5)不同的顾客具有不同的价值，企业必须将最大的精力放在最有价值的顾客身上。虽然那些低价值的顾客在数量上占有绝对比例，但对公司的销售和利润贡献却很小。网络顾客服务并不是主张放弃这些价值较低的顾客，而是强调仔细甄别高价值顾客和低价值顾客并加以区别对待。通过对顾客的有效识别和开展顾客服务，发展与特定顾客之间良性的、长期的、有利可图的关系，坚决剔除不具有培养前景的恶性顾客。

(二)网络顾客服务的特点

服务区别于有形产品的主要特点是不可触摸性、不可分离性、可变性和易消失性。同样，网络顾客服务也具有上述特点，却有着新的内涵，显示出对传统顾客服务的比较优势，从而有利于达到更高的服务水平，提高顾客的满意度。具体表现在以下五个方面：

(1)增强顾客对服务的感性认识。服务的最大局限在于其无形性和不可触摸性，因此在进行服务营销时，需要对服务进行有形化，通过一些有形方式表现出来，以增强顾客的体验和感受。通过互联网络可以明显降低这种不可感知性。如别克汽车提供的网上汽车试驾系统就可以增强顾客对其服务的感性认识，减少顾客对该项服务的陌生感。

(2)突破时空不可分离性。服务的最大特点是生产和消费的同时性，因此往往受到时间和空间的限制。顾客为寻求服务，往往需要花费大量时间去等待和奔波。基于互联网的远程服务则可以突破服务的时空限制。如现在的远程医疗、远程教育、远程订票等，这些服务通过互联网都可以避免消费方和供给方的空间分离带来的不便。

(3)提供更高层次的服务。传统服务的不可分离性使得顾客寻求服务受到限制，互联网的出现突破了传统服务的限制。顾客可以通过互联网得到更高层次的服务，顾客不仅可以了解信息，还可以直接参与整个过程，因此能最大限度满足顾客的个人需求。

(4)顾客寻求服务的主动性增强。顾客通过互联网可以直接向企业提出要求,企业必须针对顾客的要求提供特定的一对一服务。而且企业也可以借助互联网的低成本来满足顾客的一对一服务的需求,当然企业必须改变业务流程和管理方式,实现柔性化服务。

(5)服务成本效益提高。一方面,企业通过互联网实现远程服务,扩大服务市场范围,创造了新的市场机会;另一方面,企业通过互联网提供服务,可以增强企业与顾客之间的关系,培养顾客忠诚度,减少企业的营销成本费用。因此,许多企业将网络顾客服务作为企业在市场竞争中的重要手段。

二、网络顾客服务的需求

(一)个性化顾客服务需求

随着网络技术的发展和顾客对服务要求的提高,顾客已不满足于产品或服务的单向网络顾客服务,而是对以顾客服务为中心的个性化服务更为趋之若骛。个性化顾客服务是顾客服务的发展方向,它使广大顾客摆脱了漫无边际的搜寻。它的出发点是顾客需求,它的归宿点是顾客满意。其实,在互联网上基于顾客的信息使用行为、习惯、偏好和特点,向顾客提供满足其各种个性化需求的服务都属于个性化网络顾客服务的范畴。

(二)情感化、社会化顾客服务需求

顾客的个性化需求是顾客针对产品的具体问题所提出的需求,在产品之外,顾客越发关注自身的情感化、社会化需求。这种情感化、社会化需求可以来自顾客与企业之间,也可以来自产品消费中存在某种共性的顾客之间。在网络顾客服务中,除了在服务过程中,服务人员从言语方面关注顾客的个人情感需求以外,更多表现为顾客对服务人员或顾客之间的情感交流、倾诉等。虽然在某些社会化服务中,企业可能仅仅只是为顾客的社会化活动提供了网络社区等诸如此类的少许条件,但它同样是企业借助顾客之间的这种互动来满足了顾客的情感化、社会化需求,所以这也表现为企业对顾客的一种社会化情感关怀。

很明显,在情感消费阶段,顾客越来越重视心灵上的充实和满足。具体而言,对商品的需求已超出了对价格与质量、形象和品牌的考虑,越来越在乎产品之外的文化、情感因素。所以,顾客的情感化、社会化需求在今天得到了史无前例的重视,这种重视主要体现在情感关怀的普及程度方面。

三、网络顾客服务的层次

信息的传递、处理或下载是网络顾客服务的共性,但顾客的需求却因信息本身的区别而得到了不同程度的满足。如何提升网络顾客服务的质量,从而达到顾客满意与顾客忠诚以及提高企业效率,是企业需要关注的重点。以下这四个层次的服务之间有种相互促进的作用。

(一)单向信息服务层次

在这一层次上,网站提供的主要是单向信息,为顾客提供的机会很少,收集的信息也很少。网站是以产品为中心的,包括企业内部人士对企业及产品看法的陈述等。这一阶段的主要任务是网站推广和信息宣传。从顾客服务的角度看,网站推广便于让尽可能多的目标顾客知晓企业网站,便于为他们提供信息服务。在网站推广中,除去其他因素的作用,搜索引擎和链接这两大工具功不可没,它们主要是通过增加网站的点击率来达到网站推广的目的。网站推广只是第一步,在顾客登录企业网站时,就顾客服务而言,是引导顾客迅速找到所需要的信息,站

内搜索引擎和链接都为顾客寻找信息提供了方便。而对于初次登录的顾客来说，常见问题解答(FAQ)则可以满足他们对一般性信息的了解。

(二)初步个性化信息服务层次

随着网站的成熟，企业已经采取了一些基本的互动步骤。企业将价格和其他详细信息展示在网站上，促进了与顾客的互动。这一阶段的目标是对登录网站的顾客进行初步细分，最低限度地实现个性化服务。在这一阶段，表单充分发挥了它的作用：通过用户注册，初步区分顾客，同时收集顾客基本资料；通过调查问卷，收集所需信息，为个性化服务提供依据；通过信息反馈，对已有顾客进行调查，以便更好地为市场服务。E-mail 则成为企业为顾客提供初步个性化信息的手段，如新闻邮件、促销和直接邮件以及自动应答器所发送的简单邮件。

(三)个性化互动服务层次

在这一层次，网站趋近于以顾客为驱动。以前的销售与交易的详情现在被存储在数据库里，并且为每个顾客建立了个人档案，企业系统地跟踪包括购买模式在内的顾客生活方式的各个方面，对顾客的偏好、忌讳、兴趣、习惯、接受新思想的可能性等个性化行为都有很好的记录。这些信息被用来发现一些高度个性化形式的新销售机会。网站现在开始展示出一些电子商务(即网络销售)的能力。在这一层次上，网站被用来增加顾客忠诚度和理解顾客在产品开发方面的需求。就网络顾客服务而言，网站应该拥有大量个性化的工具，能提供个性化的服务，同时关注顾客的个性化需求，大量收集顾客个性化需求的信息。

(四)客户化服务层次

在这一层次，发展顾客关系的利益开始增加。企业提供给顾客的特定利益能够与他们的价值(即顾客对公司的价值)、动机和兴趣相配合，企业也更好地理解了个别顾客的购买需要和购买周期。网站开始开通忠诚顾客俱乐部、使用者讨论会等，以鼓励顾客(正在成为企业拥护者的顾客)积极参与网站的活动。顾客参与不但促进了顾客与网站的共鸣，更进一步促进了顾客忠诚度，也使潜在顾客觉得这是一个好的去处，并鼓励他们成为忠诚的定期访问者。这种发展标志着公司现在已经完全理解和估计到了每个顾客的终生价值，顾客关系的终生价值被公司充分重视。

四、网络顾客服务的策略

(一)网络顾客服务的基本策略

1. 了解网络顾客的特点，明确顾客的需求

据 CNNIC《中国互联网络发展状况统计报告(2017 年 8 月)》显示：截至 2017 年 6 月，我国网民规模达到 7.51 亿人，半年共计新增网民 1 992 万人，半年增长率为 2.7%。互联网普及率为 54.3%，较去年底提升 1.1 个百分点，网民规模增长趋于稳定。同时，中国网民男女比例为 52.4∶47.6，同期全国人口男女比例为 51.2∶48.8，网民性别结构趋向均衡，且与人口性别比例基本一致。此外，我国网民以 10～39 岁群体为主，占整体的 72.1%。其中，20～29 岁年龄段的网民占比最高，达 29.7%，互联网继续向这个年龄群体渗透。从学历角度来看，网民继续向低学历人群扩散，与 2016 年底相比，网民的学历结构变化不大。

利用互联网，企业可以很容易地认识、了解顾客，研究分析顾客的需求特点、购买动机和行为，制订个性化的服务方案，最大限度地满足顾客的需求。通过高水平、高效率的网络服务可增加顾客价值，减少顾客成本，提高顾客的让渡价值，尽量做到使顾客满意。

2. 转变服务观念,变被动服务为主动服务

在传统的顾客服务领域中,企业大多处于一种被动服务的地位,只是顾客要求做什么才做什么,这时的顾客体验不到一种"家"的感觉。互联网络全天候、即时互动的特点,为企业主动为顾客服务提供了新的平台,企业完全可以为网络顾客提供周到的售前、售中、售后服务。如在产品销售前,企业主动将详细、客观的产品价格、性能、主要原材料构成、使用说明等有关内容以多媒体形式展现在顾客面前,有时甚至包括竞争者的相关信息,或提供某些使用过本产品的顾客评论或专家意见供顾客参考,某些有条件的企业还可以为顾客进行定制化服务。售中服务的关键则是确保订单的顺利执行。通过提供订单执行情况的在线查询,不仅可以减少顾客对购买的忧虑,增加顾客购物信心,提高顾客的满意度,同时也可以为企业节省大量的顾客服务费用。网上售后服务是帮助顾客解决问题,如产品的安装调试、相关产品知识等。除了在网上建立常见问题解答(FAQ)页面、将公司的一些产品信息技术资料等放到网上,帮助顾客通过自我学习解决一些普通问题外,还对一些不太常见或较为重大疑难的问题通过个性化服务或线下服务及时主动地进行解决。

3. 注重承诺服务

由于服务的无形性及网络的虚拟性,网络顾客服务本身也面临着一定的风险。这种风险包括社会风险、财务风险、技术风险、时间风险、心理风险等。因此,进行明确的服务承诺并切实履行所作的承诺便显得尤为重要。但许多企业却避开了这种方法,而喜欢用过分的许诺引诱顾客,这会损害顾客的信任,从而对企业不利。

4. 处理顾客抱怨,加强顾客沟通

根据美国顾客满意度指数模型(ACSI),当顾客对某一企业所提供的产品或服务不满意时,他们会选择两种渠道来表达这种不满意:一是停止购买该产品或服务;二是向该企业表达自己的抱怨或不满以获得赔偿。尽管有研究表明,顾客抱怨处理对顾客满意或顾客忠诚没有显著影响,但是不消除"不满意"也就没有顾客"满意",不重视处理顾客抱怨有时对企业的伤害是致命的。对顾客抱怨进行处理的方法很多,而利用网络与顾客进行沟通则是最好的方式之一。通过各种网络工具与顾客进行经常的对话以加强联系,可以在问题发生时处于一种有利的地位。企业积极沟通以及对顾客发起的沟通迅速地表示关心,这都传达了一种合作的诚意。有效的沟通能够培养顾客的信任与容忍,可直接导致顾客满意度与忠诚度的提高。

5. 加强人员培训,提高服务人员素质

与传统服务一样,"人"在网络顾客服务中也是一个相当重要的角色,服务人员精湛的专业技能、良好的工作态度对于网络顾客服务同样重要。当顾客与一位态度友好、学识渊博的服务人员打交道时,他们会认为自己找对了公司,从而获得信心和安全感;而粗暴的态度与浅薄的专业知识无疑将令顾客失望。企业必须加强员工培训,让员工接受新的服务技巧,改善服务态度,丰富服务知识。受过良好培训的员工会充分利用好每一次与顾客进行沟通的机会,使顾客得到超过以往经验期望的更好服务。

(二)网络顾客服务的工具策略

在传统产品服务市场中,企业常规的顾客服务手段包括电话、传真、信函、上门服务、设立顾客服务网点等。在网络营销服务领域,电子邮件已经成为最重要的顾客服务工具(占90.4%),比电话还略高一些;电话这一通信工具仍然非常重要,在网站上公布的比例几乎与E-mail相等;其他在线主要服务手段包括FAQ、在线表单、即时信息等。表5—2是详细调查结果。

表 5-2　　网络顾客服务工具

	电话	E-mail	QQ	FAQ	在线表单	留言板
服务商数量	159	160	21	27	26	7
百分比	89.8%	90.4%	11.9%	15.3%	14.7%	4.0%

资料来源:《中国网络营销服务市场研究报告》,时代营销网(www.emarketer.cn)2003 年 9 月。

下面,将从 FAQ 的设计策略、电子邮件的管理策略和电子论坛的运用策略 3 个方面来阐述网络顾客服务策略。

1. FAQ 的设计策略

网络顾客服务的重要内容之一,是为顾客提供有关公司产品和服务等各方面的信息。鉴于众多公司能够提供的信息以及面对众多的顾客可能需要的信息,企业最佳切入点是在网站上建立顾客常见问题解答,即 FAQ。FAQ 是对公司基本情况的介绍,它既能够引发那些随意浏览者的兴趣,也能够帮助有目的的浏览者迅速找到他们所需的信息。FAQ 原是公共论坛 Usenet 新闻组为了避免重复讨论同一问题而设计的。在新闻组里,对某些基本议题经过一段时间的争议与研究,大家达成了共识,把这些问题和答案汇总整理后,排列在一起就形成了 FAQ。企业把这种方法借用到营销管理中,就形成了公司的 FAQ。

2. 电子邮件的管理策略

电子邮件是互联网上使用最为频繁的功能,它已成为企业为顾客服务的强大工具。顾客电子邮件管理的基本目标是:企业必须通过一定的组织与管理,以确保每一位顾客的电子邮件都得到认真而及时的答复。

3. 电子论坛的运用策略

互联网络有众多的公告牌(BBS)和新闻组(Newsgroups),在讨论区中,参加讨论的人用电子邮件进行交流,发表对某一问题的看法,因此称为电子论坛。在电子论坛之下又划分成不同的讨论区,每一个讨论区集中于某一特定的主题。网络的这些讨论区中,既有民间自发性质的,如校园 BBS、Usenet 等,又有许多商业性质的。不论是民间性质还是商业性质的电子论坛,其中都会包含许多针对某一公司或某一些产品的讨论区,参加者自然是某一公司的顾客或是某一类产品的使用者。这些讨论区的存在,进一步拓宽了企业顾客服务的范畴。

本章小结

网络营销的主要内容包括网上市场调查、网络消费者分析、网络营销策略制定、网上产品和服务策略、网上价格营销策略、网上渠道选择、网上促销与网络广告、网络营销管理与控制等。其特点是交互性、跨时空、个性化、整合性、经济性、高效性、成长性、技术性、可测试性和智能性。网络消费者的购买动机分为需求动机和心理动机两大类。需求动机主要包括兴趣、聚集和交流,心理动机主要包括理智动机、感情动机和惠顾动机。

网络营销的 STP 策略是指市场细分、目标营销和市场定位。网络营销市场细分指为实现网络营销的目标,根据网上消费者对产品不同的欲望与需求、不同的购买行为与购买习惯,把网络上的市场分割成不同或相同的小市场群。目标营销是指在开展网络营销之前,应先将网上市场细分为多种不同的子市场,然后选定其中一个或多个细分市场,发展出适当的网上营销组合。网络营销的市场定位是双向的,营销者既应了解网上顾客的情况,又需了解经营的产品是否适合网络营销。

网络营销策略组合是指企业的网络综合营销方案,是企业根据目标市场需要和市场定位,对企业内部可控制的营销要素 4P(产品、价格、渠道、促销等)进行优化组合和综合运用,使之协调配合,为企业取得良好的经济效益和社会效益。营销产品应是一个产品整体,包含核心产品、有形产品和附加产品(延伸产品)三个层次。网络营销定价策略主要有低于进价销售策略、差别定价策略、高价策略、竞价策略和集体砍价策略等。网络营销渠道策略可分为直接渠道策略、间接渠道策略，以及直销渠道和间接渠道并用的双道策略（又称双道法）。网络促销是指利用计算机及网络技术等手段来组织促销活动，以辅助和促进消费者对商品或服务的购买和使用。

网络顾客服务是以传递信息为基础，是顾客与企业通过互联网远距离进行的针对人的思想的脑刺激处理或针对无形资产的信息处理的过程。它的目的是通过顾客满意和提高生产效率来达到长期利润最大化，即实现顾客价值的最大化与企业收益的最大化之间的平衡，也就是顾客与企业的"双赢"。其目的是满足人们的个性化需求与情感化、社会化需求。网络顾客服务的层次有单向信息服务层次、初步个性化信息服务层次、个性化互动服务层次、客户化服务层次。

关键术语

网络营销　消费者行为　需求动机　心理动机　STP 策略　市场细分　目标营销
市场定位　4P 策略　核心产品　有形产品　附加产品　网络营销定价　直接渠道策略
间接渠道策略　双道策略　网络促销　网络顾客服务

课堂讨论

1. 电子商务和网络营销是什么关系？
2. 何谓网络营销？网络营销与传统营销的区别是什么？
3. 请举出两个例子说明网络营销的性质。然后与传统营销对比，说明其差别。
4. 为什么说网络营销是未来营销的主要方式？
5. 网络顾客与传统意义上的顾客之间的共同点和差异是什么？
6. 在产品策略中，为什么主要应了解哪些产品适合在网上销售？
7. 网上商品价格为何会便宜点呢？有哪些网站活动能够直接或者间接地促进销售呢？为什么？
8. 何谓网络顾客服务？它与传统顾客服务有何区别？
9. 开展网络顾客服务应该注意什么？

网上实践

1. 访问中国网络营销网 http://tinlu.com，查看网络营销成功案例，丰富网络营销知识，深入了解网络营销。
2. 比较分析 IBM（http://www.ibm.com/cn/zh/）和联想公司（http://abc.wm23.com/huaify/49163.html）的网络营销策略的区别。

案例分析

新浪网站网络营销策略

一、新浪网简介

新浪目前是中国最大的综合性网站（www.sina.com.cn）。1998 年 12 月 1 日"新浪——全新的海浪"这个崭新的名字正式诞生。它是由国内的四通利方和北美华渊资讯合并组成的。新浪对自己的定位是：一家服务于中国大陆及全球华人社群的领先在线媒体及增值资讯娱乐服务提供商。它以服务大中华地区与海外华人为己任。

新浪自成立以来，历经风雨，终成气候。目前新浪在全球范围内注册用户超过 2.3 亿人，日浏览量最高突破7亿次，是中国大陆及全球华人社群中最受推崇的一个互联网品牌。新浪网作为一个成功的网络先行者，其成功不仅要归功于公司出色的员工、成功的融资、高水平的服务、畅通的营销渠道，更在于其完善的产品开发策略、充满活力的品牌建设策略、巧妙的战略联盟策略和强有力的低价渗透策略。

二、完善的产品开发策略

新浪网最初是要建一个类似于AOI模式的目标网站，时任新浪CEO的王志东曾说："外面没有什么好玩的东西，干脆我们自己建一个娱乐城。"因此，自己建网站并主动向网民提供多种频道化的内容和服务，就成为新浪的目标模式。在不断寻找网站突破口的过程中，新浪首先把新闻中心推到了网站的前台，它直接满足了网友上网后对信息的渴求。

2011年8月31日，新浪向土豆网投资6 640万美元，持股比例达9.05%，成为土豆网第五大股东。2012年胡润民营品牌榜，新浪以140亿元品牌价值排名第九。2012年4月18日起，新浪网联合全国70余家有影响力的媒体推出爆料平台，网友可选定所在地或其他省份媒体直接爆料。从以下具体事例中，我们就可以感受到新浪新闻中心的媒体影响力：在新闻频道成功的基础上，新浪不断推陈出新，一次次地挑战自我。新浪女性频道于2014年上线新版本，以"实用、互动、原创"为宗旨，提供最丰富的服饰、美容、美体、摄影等时尚资讯，打造最具互动性的情感交流平台，创造最具影响力的女性话题，实现网友与潮流的零距离接触。新浪游戏频道为全国乃至世界的玩家网友提供最新、最详尽的游戏资讯及玩家之间的互动服务，2016年12月，它被评为2016年度中国十大游戏媒体。

2016年3月25日，由新浪财经开发的移动端阅读产品"财经头条"正式上线，它吸纳了大批自媒体、新闻机构、企业、智库入驻，聚合了最全面、最热点的财经资讯，并为用户提供个性化的资讯推送服务。

2016年6月，新浪微博推出了一个文章相关的新功能，较长的文章被折叠后会出现"继续阅读，并关注作者"的按钮。

2017年1月19日，新浪财经举办"2016新浪财经自媒体颁奖典礼"，颁发年度自媒体意见领袖、影响力自媒体等奖项，由自媒体人和投资人分享一年的心路历程，希望能够帮助更多优质的自媒体浮出水面。

通过以上不断的产品开发策略，新浪最终形成了目前的三大业务格局，即提供网络媒体及娱乐服务的新浪网(sina.com)、提供用户付费在线及无线增值服务的新浪热线(sina online)，以及向中小型企业提供增值服务的新浪企业服务(sina.net)，提供包括门户网站、收费邮箱、无线短信、虚拟ISP、搜索引擎、分类信息、在线游戏、电子商务、网络教学、企业电子解决方案在内的一系列服务。新浪正在全面展开与品牌精神个性化和策略目标相辅相成的新产品的研发。

当前，新浪的产品开发策略已基本成熟。它所开发的新产品都是以用户为中心的。最近，新浪又开发了以"品牌精神个性"为中心的、专门针对年轻族群的专业网站——Y-Zone(y.sina.com.cn)。最新推出的搜索"查博士"和即时通信工具"了了吧"等，全是从客户的实际需求出发来设计研发的。

三、充满活力的品牌建设策略

新浪实施战略联盟策略最主要的目的是为了弥补自己的战略缺口，实现自己为客户提供全面服务的目标。新浪在分析自己的外在竞争环境和评估自身的竞争力及资源时，往往会发现，如果仅仅依靠自有资源和能力是很不够的，只有通过实施战略联盟，巧借他力，才能实现自己的战略目标。此外，实施战略联盟也有利于新浪利用联盟方强大的品牌、忠诚的顾客等有利因素来扩大自己的市场占有率，最终提升新浪的核心竞争力。

当然，新浪要想继续成功地实施战略联盟策略，必须更加注重自身的"修身养性"，练好内功，不断提升企业的核心竞争力，才能为顺利实施企业间的战略联盟计划打下坚实的基础，最终实现"$1+1>2$"的目的。

此外，强大的低价渗透策略也是新浪的一道杀手锏。新浪最初通过实施免费策略来吸引顾客，当顾客数量达到一定临界容量后，新浪开始细分顾客并适时推出了自己的收费项目。如今，新浪的免费业务与收费项目并存，共同推进新浪的发展。

讨论：

1. 新浪网的产品开发策略具体包含哪些？
2. 访问新浪网站并进行资料查询，你是否能找出新浪网站采用的其他网络营销策略？

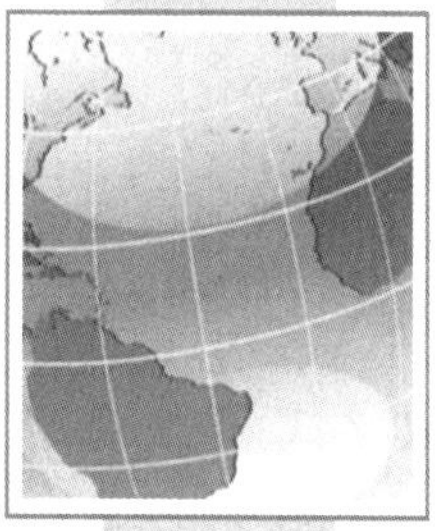

第六章 电子商务的物流配送

本章引言

物流是任何一次商务活动的重要环节，只有商品安全、完整地交到客户手上，整个交易过程才算真正完成，商品才最终完成了所有权的转移。电子商务活动也不例外，而且从另一个方面来说，电子商务对物流提出了更高的要求。大家试着想一下，如果我们能快速地找到商品，很快谈成了合同，及时支付了款项，却花了三个月的等待才收到我们梦寐以求的商品，我们还会认为电子商务是高效便捷的吗？我们再进一步设想一下，如果收到的商品已经破损，电脑的显示器已经破碎，硬盘也不翼而飞，我们又会作何感想？

什么是物流？电子商务的物流有些什么新的特征？电子商务和物流有怎样的相辅相成的关系？本章就是要解决上述这些问题。我们首先引入物流概念，然后介绍电子商务物流特征，以及电子商务与物流两者之间的关系，接着我们还会介绍现阶段物流采用的信息技术，最后会适当地介绍电子商务物流配送中心。

本章要点

- 电子商务物流的概念
- 电子商务与物流的关系
- 电子商务物流信息技术
- 电子商务物流配送的概念
- 电子商务物流配送中心运营

第一节　电子商务物流概述

一、物流的基本概念及要素

（一）物流的概念

物流在中国是一个古老而传统的行业，即传统的储运业。但是，本章所提到的“物流”一词来源于美国。在第二次世界大战中，围绕战争供应，美国军队建立了“后勤”（Logistics）理论，即将战时物资生产、采购、运输、配给等活动作为一个整体进行统一布置，以求战略物资补给的费用更低、速度更快、服务更好。战后，“后勤”一词在企业得到了广泛的应用，这时的“后勤”包含了生产过程和流通过程的物流，是一个包含范围更广的物流概念。从这里我们可以看出，国外的物流业和我国的储运业有着如下的差别：

（1）物流比储运所包含的范围更加广泛。一般认为，物流包括运输、保管、配送、包装、装卸、流通加工及相关信息活动；而储运仅指储存和运输两个环节，虽然其中也涉及包装、装卸、流通加工及信息活动，但这些活动并不包含在储运概念之中。

（2）物流强调诸活动的系统化，从而达到整个物流活动的整体最优化；储运概念则不涉及储运与其他活动的整体系统化和最优化问题。

(3)物流是一个现代的概念,在第二次世界大战后才在各国兴起;而在我国,储运是一个十分古老、传统的概念。

(4)现代物流是以满足消费者的需求为目标,把制造、运输和销售等市场情况统一起来考虑的一种战略措施。

据国家发展改革委、中国物流与采购联合会统计,2017 年,全国社会物流总额 229.9 万亿元,按可比价格计算,同比增长 6.7%,增速比上年回落 0.1 个百分点。2017 年,物流业总收入 7.8 万亿元,同比增长 11.9%,全年社会物流总额呈现稳中有升的发展态势。电子商务推动了我国物流的快速发展,也对物流在配送速度、质量和服务等方面提出了更高的要求。同时,物流也为电子商务的成功进行提供了基本的保障,使实体商品能够通过运输、配送等物流环节完成从卖方到买方之间的转换。

2001 年《中华人民共和国国家标准物流术语》中将物流定义为:物品从供应地向接收地的实体流动过程,根据实际需要,将运输、储存、装卸搬运、包装、流通加工、配送、信息处理等基本要素实施有机结合。这些基本要素有效地组合、连接在一起,相互平衡,形成密切相关的一个系统,能合理、有效地实现物流系统的总目的。

(二)物流的要素

物流包含运输、储存、包装、装卸搬运、流通加工、配送、信息处理等基本要素,下面我们分别介绍。

1. 运输

运输包括供应及销售物流中的车、船、飞机等方式的运输,生产物流中的管道、传送带等方式的运输。物流就是将物资进行空间和场所的转移。运输过程不改变产品的实物形态,也不增加其数量,但物流部门通过运输解决物资在生产地点之间的空间距离问题,创造商品的空间效用,实现其使用价值。所以,对运输的管理,要求合理确定运输路线,选择最有效的运输方式,以实现安全、迅速、准时、价廉的要求。因此,运输是物流中一个极其重要的环节。

2. 储存

储存包括堆放、保管、保养、维护等活动。在物流中,储存是用来改变商品的时间状态。对储存的管理,要求正确确定储存物品的数量,明确存放方式,合理制定储存制度和流程,对储存物品采取分类管理的方法,力求提高储存效率、降低损耗、加速物品和资金的周转。因此,储存是物流的主要活动要素之一。

3. 包装

包装包括产品的出厂包装、生产过程中半成品的包装,以及在物流过程中换装、分装、再包装等活动。包装活动的管理,根据物流方式和销售要求来确定。是以商业包装为主,还是以工业包装为主,要全面考虑对产品的保护作用、促销作用、提高装运效率的作用、包装拆卸的便利性以及废包装的回收处理等因素。包装管理还要根据全物流过程的经济效果,具体决定包装材料强度、尺寸及包装方式。

4. 装卸搬运

装卸搬运包括对运输、储存、包装、流通加工等物流活动进行的装卸工作,以及在这些物流活动中为商品检验、维护、保养所进行的搬运工作。在整个物流过程中,装卸搬运活动是频繁发生的,因而是产品损坏的重要原因。对装卸活动的管理,主要是确定最恰当的装卸方式,力求减少装卸次数,合理配置及使用装卸工具,以做到节能、省力、减少损失、加快速度、获得较好的经济效果。

5. 流通加工

流通加工是物流中具有一定特殊意义的物流形式，但是，它不是每一个物流系统必需的功能。这种加工活动不仅存在于社会流通过程中，也存在于企业内部的流通过程中，所以，流通加工是在物流过程中进行的辅助加工活动，其主要目的是方便生产或销售。专业的物流企业为了满足用户或本公司的需求，更好地衔接生产和需要，往往会进行这种加工活动，比如贴标签、制作并粘贴条形码等。所以，流通加工就是物品从生产者向消费者流动的过程中，为了促进销售、维护产品质量、实现物流的高效率所采取的使物品发生变化的功能。

6. 配送

配送是指在经济合理区域范围内，根据客户要求，对物品进行拣选、加工、包装、分割、组配等作业，并按时送达指定地点的物流活动。配送是物流中一种特殊的、综合的活动形式，是商流与物流的紧密结合，包含了商流活动和物流活动，也包含了物流中若干功能要素的一种形式。

7. 信息处理

信息包括物流本身的信息和商流信息。物流信息是指与商品数量、质量、作业管理相关的信息，商流信息是指与订、发货和货款支付相关的信息。通过收集这些信息，能够使物流活动更加有效、顺利地进行。现代物流系统需要对各个物流环节中的各种物流作业信息进行实时采集、分析、传递，并向货主提供各种作业明细信息及咨询信息。

二、物流的特点及分类

（一）物流的特点

电子商务时代的来临，给全球物流带来了新的发展，使物流具备了新特点。

1. 信息化

电子商务时代，物流信息化是电子商务的必然要求。物流信息化表现为物流信息的商品化、物流信息收集的数据库化和代码化、物流信息处理的电子化和计算机化、物流信息传递的标准化和实时化、物流信息存储的数字化等。因此，条码技术（Bar Code）、数据库技术（Database）、电子订货系统（Electronic Ordering System，EOS）、电子数据交换、快速反应（Quick Response，QR）及有效的客户反应（Effective Customer Response，ECR）、企业资源计划（Enterprise Resource Planning，ERP）等技术与观念在我国的物流中将会得到普遍的应用。信息化是一切的基础，没有物流的信息化，任何先进的技术设备都不可能应用于物流领域，信息技术及计算机技术在物流中的应用将会彻底改变世界物流的面貌。

2. 自动化

自动化的基础是信息化，自动化的核心是机电一体化，自动化的外在表现是无人化，自动化的效果是省力化，另外还可以扩大物流作业能力、提高劳动生产率、减少物流作业的差错等。物流自动化的设施非常多，如条码/语音/射频自动识别系统、自动分拣系统、自动存取系统、自动导向车、货物自动跟踪系统等。这些设施在发达国家已普遍用于物流作业流程中，而在我国由于物流业起步晚、发展水平低，自动化技术的普及还需要相当长的时间。

3. 网络化

物流领域网络化的基础也是信息化，这里指的网络化有两层含义：一是物流配送系统的计算机通信网络，包括物流配送中心与供应商或制造商的联系要通过计算机网络，另外与下游顾客之间的联系也要通过计算机网络通信。比如物流配送中心向供应商提出订货这个过程，就可以使用计算机通信方式，借助于增值网(Value Added Network，VAN)上的电子订货系统和电子数据交换技术来自动实现；同样，物流配送中心通过计算机网络收集下游客户订单的过程也可以自动完成。二是组织的网络化，即所谓的企业内部网。比如，中国台湾的电脑业在20世纪90年代创造出了"全球运筹式产销模式"，这种模式的基本点是按照客户订单组织生产，生产采取分散形式，即将全世界的电脑资源都利用起来，将一台电脑的所有零部件、元器件、芯片外包给世界各地的制造商去生产，然后通过全球的物流网络将这些零部件、元器件和芯片发往同一个物流配送中心进行组装，由该物流配送中心将组装的电脑迅速发给订户。这一过程需要有高效的物流网络支持，当然，物流网络的基础是信息和电脑网络。

物流的网络化是物流信息化的必然，是电子商务下物流活动的主要特征之一。当今世界Internet等全球网络资源的可用性及网络技术的普及性为物流的网络化提供了良好的外部环境，物流网络化势不可挡。

4. 智能化

这是物流自动化、信息化的一种高层次应用，物流作业过程中大量的运筹和决策，如库存水平的确定、运输(搬运)路径的选择、自动导向车的运行轨迹和作业控制、自动分拣机的运行、物流配送中心经营管理的决策支持等问题，都需要借助于大量的知识才能解决。在物流自动化的进程中，物流智能化是不可回避的技术难题。好在专家系统、机器人等相关技术在国际上已经有比较成熟的研究成果。为了提高物流现代化的水平，物流的智能化已成为电子商务下物流发展的一个新趋势。

5. 柔性化

柔性化本来是为实现"以顾客为中心"理念而在生产领域提出的，但要真正做到柔性化，即真正地能根据消费者需求的变化来灵活调节生产工艺，没有配套的柔性化物流系统是不可能的。20世纪90年代，国际生产领域纷纷推出弹性制造系统(Flexible Manufacturing System，FMS)、计算机集成制造系统(Computer Integrate Manufacturing System，CIMS)、制造资源系统(Manufacturing Requirement Planning，MRP)、ERP以及供应链管理的概念和技术，这些概念和技术的实质是要将生产、流通进行集成，根据需求端的需求组织生产，安排物流活动。因此，柔性化的物流正是适应生产、流通与消费的需求而发展起来的一种新型物流模式。这就要求物流配送中心要根据消费需求"多品种、小批量、多批次、短周期"的特色，灵活组织和实施物流作业。

6. 一体化

物流一体化是指以物流系统为核心的由生产企业、物流企业、销售企业直至消费者的供应链的整体化和系统化，它是物流业发展的一个高级和成熟的阶段。只有当物流业高度发达，物流系统日趋完善，物流业成为社会生产链条的领导者和协调者，才能够为社会提供全方位的物流服务。

物流一体化的目标是，应用系统科学的方法充分考虑整个物流过程的各种环境因素，对商品的实物活动过程进行整体规划和运行，实现整个系统的最优化。在美国等发达国家的企业物流普遍实行了一体化运作，而且企业物流的一体化不再仅仅局限于单个企业的经营职能，而是贯穿于生产和流通的全过程，包括跨越整个供应链的全部物流，实现由内部一体化到外部一体化的转变。

7. 国际化

物流国际化，是指不同国家(或地区)之间的物流，即货物和非贸易物品流通经停的地点不在同一国家或地区之内的物流。物流国际化实质是按国际分工协作的原则，依照国际惯例，利用国际化的物流网络、物流设施和物流技术，实现货物和非贸易物品在国家或地区间的流动与交换，以促进区域经济的发展和世界资源的优化配置。物流国际化的目的是为国际贸易和国际化经营与交往服务，即选择最佳的方式与路径，以最低的费用和最小的风险，保质保量、适时地将货物从供应国或地区流动及转移到需求国或地区。

(二)物流的分类

目前在分类标准方面并没有统一的看法，综合已有的论述，许多学者采取了如下对应划分的方法：

1. 宏观物流和微观物流

(1)宏观物流。宏观物流是指社会再生产总体的物流活动，这种物流活动的参与者是构成社会总体的大产业、大集团，宏观物流也就是研究社会再生产总体物流，研究产业或集团的物流活动和物流行为。

宏观物流还可以从空间范畴来理解，在很大空间范畴内的物流活动往往带有宏观性，在很小空间范畴内的物流活动则往往带有微观性。

宏观物流也指物流全体，从总体看物流而不是从物流的某一个构成环节来看物流。

(2)微观物流。消费者、生产者企业所从事的实际的、具体的物流活动属于微观物流。在整个物流活动中的一个局部、一个环节的具体物流活动也属于微观物流。在一个小地域空间发生的具体的物流活动也属于微观物流。

针对某一种具体产品所进行的物流活动也是微观物流。我们经常涉及的下述物流活动皆属于微观物流，即企业物流、生产物流、供应物流、销售物流、回收物流、废弃物物流、生活物流等，微观物流研究的特点是具体性和局部性。由此可见，微观物流是更贴近具体企业的物流，其研究领域十分广阔。

2. 社会物流和企业物流

(1)社会物流。社会物流是指超越一家一户的以一个社会为范畴、以面向社会为目的的物流。这种社会性很强的物流往往是由专门的物流承担人承担的，社会物流的范畴是社会经济的大领域。社会物流研究再生产过程中随之发生的物流活动，研究国民经济中物流活动，研究如何形成服务于社会、面向社会又在社会环境中运行的物流，研究社会中物流体系结构和运行，因此带有综观性和广泛性。

(2)企业物流。企业物流是从企业角度研究与之有关的物流活动，是具体的、微观的物流活动的典型领域。企业物流又可分为以下不同典型的具体物流活动：企业生产物流、企业供应物流、企业销售物流、企业回收物流、企业废弃物物流。

3. 国际物流和区域物流

(1)国际物流。国际物流是现代物流系统发展很快、规模很大的一个物流领域，国际物流是伴随和支撑国际经济交往、贸易活动和其他国际交流所发生的物流活动。由于近十几年来国际贸易的急剧扩大、国际分工的日益深化、东西方之间冷战的结束，以及诸如欧洲等地一体化速度的加快，国际物流成了现代物流研究的热点问题。

(2)区域物流。相对于国际物流而言，一个国家范围内的物流、一个城市的物流、一个经济区域的物流都处于同一法律、规章、制度之下，都受相同文化及社会因素影响，都处于基本相同的科技水平和装备水平之中，因而都有其区域的特点。

4. 一般物流和特殊物流

(1)一般物流。一般物流指物流活动的共同点和一般性，物流活动的一个重要特点是涉及全社会、各企业。因此，物流系统的建立、物流活动的开展必须有普遍的适用性，物流系统的基础点也在于此，否则物流活动便有很大的局限性、很小的适应性，物流活动对国民经济和社会的作用便大大受限了。

一般物流研究的着眼点在于物流的一般规律，建立普遍适用的物流标准化系统，研究物流的共同功能要素，研究物流与其他系统的结合、衔接，研究物流信息系统及管理体制等。

(2)特殊物流。专门范围、专门领域、特殊行业，在遵循一般物流规律基础上，带有特殊制约因素、特殊应用领域、特殊管理方式、特殊劳动对象、特殊机械装备特点的物流，皆属于特殊物流范围。

5. 第三方物流和第四方物流

(1)第三方物流。第三方物流是指由供方与需方以外的物流企业提供物流服务的业务模式。具体来说，是指由物流实际需求方(第一方)和物流实际供给方(第二方)以外第三方部分或全部利用第三方的资源，通过合约向第一方提供的物流服务。第三方物流又称为合同物流、契约物流。

提供第三方物流服务的企业，其前身一般是运输业、仓储业等从事物流活动及相关的行业。它不拥有商品，不参与商品的买卖活动，而是在委托方物流需求的推动下，为其提供以合同为约束、以结盟为基础的，系列化、个性化、信息化的物流代理服务。其中，包括物流活动的组织、协调和管理(如报表管理、货物集运、选择承运人、货代、海关代理、信息管理、仓储、现金收付及咨询)，以及物流系统设计、物流全程的信息搜集与管理等。

(2)第四方物流。关于第四方物流的概念，一种定义是“指集成商们利用分包商来控制与管理客户公司的点到点式供应链运作”；另一种定义是“指一个集中管理自身资源、能力和技术并提供互补服务的供应链综合解决办法的供应者”。而安盛公司提出的第四方物流的概念，定义为“4PL 是一个供应链集成商，它调集和管理组织自己的以及具有互补性的服务提供商的资源、能力和技术，以提供一个综合的供应链解决方案”。这一定义似乎更为贴切而被广泛采用，有的咨询公司则开始以“有领导力量的物流提供商”的名称提供类似服务。不管如何称呼，它可以通过整个供应链的影响力，提供综合的供应链解决方案，也为其顾客带来更大的价值。不过 4PL 的概念在我国很少被提及，即使在国外，物流业界对此也有不少异议，所以，4PL 思想的发展前景如何，尚待理论完善与实践检验。

第四方物流不仅控制和管理特定的物流服务，而且对整个物流过程提出策划方案，并通过电子商务将这个过程集成起来。因此，第四方物流成功的关键在于为顾客提供最佳的增值服务，即迅速、高效、低成本和人性化服务等。发展第四方物流需平衡第三方物流的能力、技术以及贸易流畅管理等，为客户提供功能性一体化服务并扩大营运自主性。

(三)电子商务物流的基本流程

完整的电子商务包括信息流、资金流和物流。电子商务物流也是在普通物流体系基础上发展起来的。

在普通的商务物流流程中，物流作业流程与商流、信息流和资金流的作业流程综合在一起，更多地围绕企业的价值链，从实现价值增值的目的安排每一个细节，最终消费者从商场获得生产企业的产品。

电子商务的发展及其对配送服务体系的配套要求，极大地推动了电子商务物流的发展。与普通商务流程相比，电子商务物流流程在企业内部的微观物流流程上是相通的，都具有从进货到配送的物流体系，如图6—1所示。只是电子商务物流更加要求宏观的配送体系能直接与用户连接起来，要求合理地规划配送线路、调度配送日程及利用配送车辆。

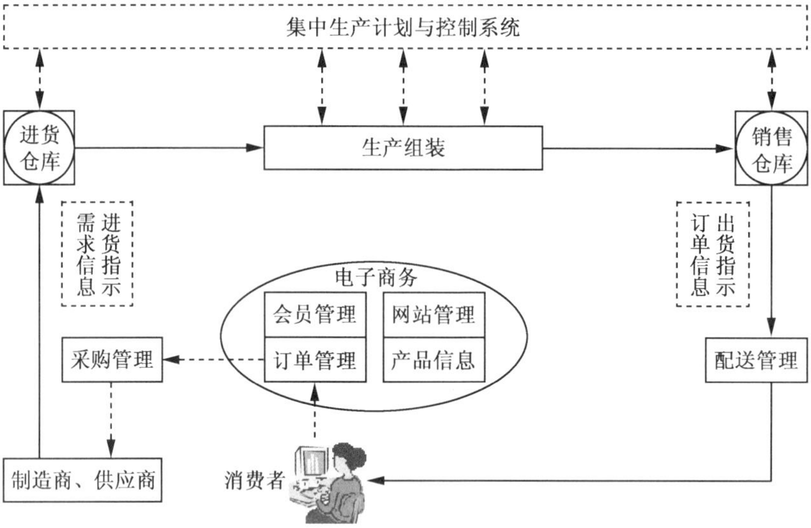

注：实线箭头表示物流，虚线箭头表示信息流。

图6—1 电子商务物流的基本流程

比如，客户首先通过企业的电子商务网站平台订购自己所选商品，然后，企业内部的销售人员根据客户的订单进行合并，并且向采购部门发出订单，采购部门则根据订单计算出生产商品所需采购的原材料并向上一级供应商订货。上一级供应商就根据企业的要求将原材料按照约定的时间、数量送至企业的仓库，这就是企业的外部物流。当原材料送至企业的仓库之后，就按照企业生产部门的计划对原材料进行加工、组装、装配等，直至生产出成品，这就是企业内部的生产物流。当产品生产组装完成后，送至仓库，等待出库，送到客户手中。这就需要对产品出库的时间、产品出库之后的配送路线等情况进行宏观的调控才能完成。所以，电子商务物流体现在从上一级供应商原材料的供应到最终产品送到最终消费者的整个过程整合之中。

三、电子商务与物流的关系

在电子商务的发展过程中，物流起到一个很关键的作用。没有物流，商品生产本身就无法完成；没有物流，商品也不能交付使用；没有一个有效的、合理的、畅通的物流体系，电子商务所具有的优势就难以发挥，电子商务也难以得到有效的开展。

（一）物流在电子商务中的作用

自电子商务诞生以来，人们对电子商务过程的认识往往局限于信息流、资金流以及交易活动的电子化与网络化，而忽视了物流的电子化过程。其实对于大多数商品和服务来说，物流仍然需要通过传统的经销渠道运行。但是，随着电子商务的进一步推广与应用，物流对电子商务活动影响的重要性也日益明显。

1. 物流是生产过程的保障

无论是在传统的贸易方式下，还是在电子商务的环境下，生产都是商品流通的开始，而商品生产的顺利进行需要各类物流活动支持，整个生产过程实际上就是一系列的物流活动。生产的全过程从原材料的采购开始，便要求有相应的供应物流活动，使所采购的材料到位，否则生产就难以进行。在生产的各工艺流程之间，也需要原材料、半成品的物流过程，即所谓的生产物流，以实现生产的流动性；部分余料、可重复利用的物资的回收，就需要所谓的回收物流；废弃物的处理则需要废弃物物流。可见，整个生产过程实际上就是系列化的物流活动。

合理化、现代化的物流，通过降低费用从而降低成本、优化库存结构、减少资金占压、缩短生产周期，保障了现代化生产的高效进行。相反，缺少了现代化的物流，生产将难以顺利进行。那么，无论电子商务是多么便捷的贸易形式，仍将是无米之炊。

2. 物流服务于电子商务

贸易活动的最终结果是将商品所有权由供方转移到需方，但是实际上在交易合同签订后，商品实体并没有立即移动。在传统交易环境下，交易的结果必须由相应的物流活动来执行完成，也就是卖方按照买方的需求将商品实体以适当的方式和途径转移。而在电子商务的环境下，网络消费者虽然通过上网订购完成了商品所有权的交割过程，但必须通过物流的过程将商品和服务真正转移到消费者手中，电子商务的交易活动才算完结。因此，物流是电子商务交易的后续者和服务者，没有现代化的物流，电子商务的交易活动将是“纸上谈兵”。

3. 物流是实现“以顾客为中心”理念的根本保证

电子商务的出现，在很大程度上方便了最终的消费者。他们只需要在能够接入 Internet 的地方，无论什么时候，搜索、查看、挑选，就能够完成他们的购物过程。但是，如果他们所购买的商品迟迟不能送达，或者商家所送的商品并非自己所购商品，那么消费者还会选择网上购物吗？

物流是电子商务中实现“以顾客为中心”理念的最终保证，缺少了现代化的物流技术，电子商务给消费者带来的购物便捷等于零，消费者必然仍然选择他们认为更为安全的传统购物方式，那么网上购物就将失去其存在的必要性。

4. 物流是电子商务的最重要环节

电子商务给传统商务模式带来了巨大冲击，使传统的仓储业、批发业面临挑战。当生产企业可以按照网上收到的订单组织生产，由第三方物流企业提供从生产线末端的包装开始，直至送到消费者手中的售后服务，物流成为电子商务活动的最后一个关键环节，是电子商务中最重要的环节之一。

所以，物流是电子商务重要的组成部分，必须大力发展现代化物流，以进一步推广电子商务。

（二）电子商务对物流的促进作用

电子商务的出现和兴起对现代物流业的发展和物流企业的运作也产生了深远的影响。首先，电子商务使企业物流业务的采购行为实现了电子化、信息化和无纸化。通过上网查询点击，企业可以轻松地找到原材料的生产商和供应商，使供需双方通过在线联系和在线交易完成采购，避免经过中间流通环节出现的问题，也节省了企业的采购成本，提高了整个采购环节的物流服务效率。

1. 电子商务有助于优化企业产品销售

企业可通过网上广告、网上订货、网上交易及电子支付等手段，使产品销售实现“连锁经营”、“代理制”、“及时配送制”等多种现代物流经营模式。

2. 电子商务拓展了企业的信息流，完善了企业的物流管理

企业生产原料储备空间不足，可能会造成供料不及时，从而影响到生产的连续性。电子商务可以让企业通过网络信息而建立起“虚拟库存”，再配合先进的物流配送手段，能实现企业的

"零库存",降低物流总成本中的仓储成本。

3. 电子商务能实现企业物流管理中商流、物流、信息流的"三流合一"

商流解决物资商品的价值转移和所有权的变更,体现了企业购买、付款结算的行为;物流解决物资使用价值的实现,体现了物资在生产地与使用地之间的交换行为;而信息流能完成商流与物流之间的信息传递。由于信息技术和计算机的应用,实现了企业"三流"一体化,充分发挥了企业的物流管理效率。

总之,电子商务与物流之间是相辅相成的关系,只有大力发展物流,才能进一步推广电子商务,而电子商务能够实现整个供应链的顺畅衔接,优化了企业内部的资源配置,为企业高效的物流管理提供了保证。

第二节 电子商务物流信息技术

在介绍具体的电子商务物流信息技术之前,首先要明确物流信息技术的相关概念。物流信息(Logistic Information)是物流系统内部同物流系统外界联系构成的可以利用的数据集合在不同加工处理后得到的结果,它反映物流各种活动内容的文字、声音、图像、消息、知识、情报等,并反作用于客观活动。物流信息技术是现代信息技术在物流各个作业环节中的综合应用,是现代物流区别于传统物流的根本标志,也是物流技术中发展最快的领域,尤其是计算机网络技术的广泛应用使物流信息技术达到了较高的应用水平。图 6—2 为物流信息作用过程。

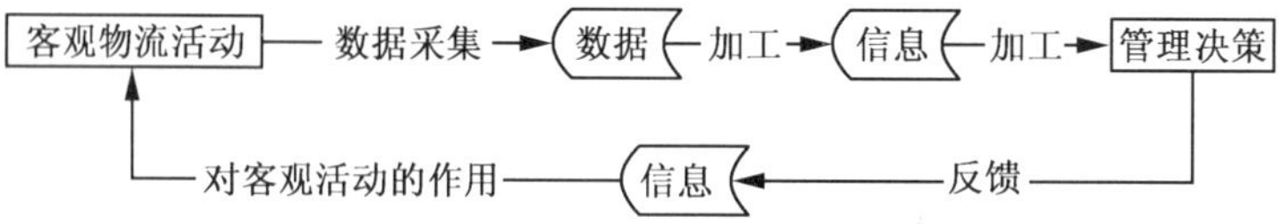

图 6—2 物流信息作用过程

一、条码技术

(一)条码技术的定义

条码是由一组宽度不同、反射率不同的条和空按规定的编码规则组合起来的,用于表示一组数据和符号;并且,这些条码能够用特定的设备识别并转换成计算机可以识别的数据。

目前应用最广泛的是二维码和一维码:二维码(QR Code)是用某种特定的几何图形按一定规律在平面(二维方向上)分布的、黑白相间的图形,如移动支付中的扫码支付形式;一维码是纵向分布的、可使用红外线条码扫描枪扫描的条码形式,如微信支付和支付宝支付中的付款码、快递单号条码。若从印制条形码的材料、颜色分类,可分为黑白条形码、彩色条形码、发光条形码(荧光条形码、磷光条形码)和磁性条形码等。

条码技术是条形码自动识别技术(Barcode Auto-identification Tech)的简称。条码技术是在当代信息技术基础上产生和发展起来的符号自动识别技术。

条码技术主要研究的是如何将计算机所需要的数据用一组条码来表示,以及如何将条码所表示的数据转变为计算机可读的数据。因此,条码技术的研究对象主要包括编码规则及标准、符号技术、自动识别技术、印刷技术和应用系统设计技术五大部分。

条码应用系统由条码、识读设备、电子计算机及网络系统组成。应用范围不同,条码应用系统的配置也不同。

(二)条码技术的特点

条码图形识别技术与其他识别技术相比，有如下特点：条码符号制作容易，扫描操作简单易行；信息采集速度快，是键盘录入的 20 倍；选择不同条码，增加字符密度，可使采集信息量成倍增加；可靠性高，误码率仅有百万分之一，首读率可达 98%以上；设备结构简单，成本低。

(三)条码技术的应用

由于条码技术具有这些优点，因而发展十分迅速。在仅仅 40 年的时间里，条码已经被广泛应用于零售业、物流业等多个领域。例如，在电子商务物流中，快递公司可以利用计算机网络技术建立货物跟踪查询网，实现货物从取件到投递的全过程信息跟踪处理。要实现在运输中快速采集货物信息，不影响运输的时限、效率，就要利用条码技术，将承运货物上的运单号码编成条码，印刷在运单上。在货物运输过程中的每个环节，使用连线式激光条码扫描器和便携式数据终端快速扫描采集货物上的条码，并将扫描采集的数据传输到跟踪查询网，在信息查询网的数据库系统中存储了每件货物运输过程中的所有信息。客户可以通过电话向快递公司的工作人员提供货物的运单号，就可以从网络数据库中查询到货物运输的相关信息。或者，客户可以直接在 Internet 上进入相应公司的主页，在规定的位置输入运单号，即可以通过网络查询到托运货物的信息。这牵扯到大量移动数据采集、处理的工作，利用条码技术，采用手持终端能很好地解决这一问题。这样，无论是物品的发货方、收货方还是承运方，都可以通过网络随时查到物品的位置。

二、射频技术

(一)射频技术的定义

射频技术(Radio Frequency，RF)是利用无线电波对记录媒体进行读写的一种识别技术。较常见的应用是无线射频识别(Radio Frequency Identification，RFID)，其原理为由扫描器发射一特定频率之无线电波能量给接收器，用以驱动接收器电路将内部的代码送出，此时扫描器便接收此代码。

(二)射频技术的组成及特点

典型的 RF 系统由电子标签、读写器以及数据交换与管理系统组成。

电子标签也称为射频卡，是具有发射、接收无线信号功能并带有 EEPROM 的小芯片。它具有只能读写及加密通信的能力，条码技术中标准码制的号码或者混合编码都可以存储在标签中。

读写器由无线收发模块、天线、控制模块及接口电路等组成。其基本功能是提供与标签进行数据传输的途径，标签上的信息按照一定的结构编制并按照特定的顺序向外发送，读写器将信息接收和译解后，通过特定的算法决定是否需要发射机对发送的信号重发一次。这样，即使在很短的时间、很小的空间内阅读多个标签，也可以有效防止错误的产生。

射频系统的优点是不局限于视线，识别距离比光学系统远，射频识别卡可具有读写能力，可携带大量数据，难以伪造，且有智能。

(三)射频技术的应用

近年来，便携式数据终端(PDT)的应用多了起来，PDT 可把那些采集到的有用数据存储起来或传送至一个管理信息系统。便携式数据终端一般包括一个扫描器、一个体积小但功能很强并带有存储器的计算机、一个显示器和一个供人工输入的键盘。在只读存储器中装有常驻内存的操作系统，用于控制数据的采集和传送。

PDT 存储器中的数据可随时通过射频通信技术传送到主计算机。操作时先扫描位置标签，货架号码、产品数量就都输入 PDT，再通过 RF 技术把这些数据传送到计算机管理系统，可以得到客户产品清单、发票、发运标签、该地所存产品代码和数量等。

除了 PDT 的应用以外，RF 还可以用于物料跟踪、运载工具和货架识别等要求非接触数据采集和交换的场合，由于 RF 标签具有可读写能力，对于需要频繁改变数据内容的场合尤为适用。比如定位系统，对自动加工系统中的定位或者对车辆、轮船等进行运行定位支持。读写器放置在移动的车辆、轮船上或自动化流水线中移动的物料、半成品、产成品上方，电子标签嵌入操作环境的地表下面。电子标签里存储有位置识别信息，读写器一般通过无线的方式或者有线的方式连接到主控制管理系统。

三、GIS 技术

（一）GIS 的定义

地理信息系统（Geographic Information System，GIS）是自 20 世纪 60 年代开始迅速发展起来的地理学研究新成果，是多种学科交叉的产物。它以地理空间数据为基础，采用地理模型分析方法，适时地提供多种空间和动态的地理信息，是一种为地理研究和地理决策服务的计算机技术系统。

（二）GIS 的基本功能

GIS 的基本功能是将表格型数据（无论它是来自数据库、电子表格文件还是直接在程序中输入）转换为地理图形显示，然后对显示结果浏览、操作和分析，其显示范围可以从洲际地图到非常详细的街区地图，显示对象包括人口、销售情况、运输线路以及其他内容。

（三）GIS 的应用

GIS 主要应用于物流分析，主要是指利用 GIS 强大的地理数据功能来完善物流分析技术。国外公司已经开发出利用 GIS 为物流分析的专门工具软件。完整的 GIS 物流分析软件集成了车辆路线模型、网络物流模型、分配集合模型和设施定位模型等。

1. 车辆路线模型

用于解决一个起始点、多个终点的货物运输中，如何降低物流作业费用，并保证服务质量的问题，包括决定使用多少车辆、每辆车的行驶路线等。

2. 网络物流模型

用于解决寻求最有效的分配货物路径问题，也就是物流网点布局问题。如将货物从 N 个仓库运往 M 个商店，每个商店都有固定的需求量，因此需要确定由哪个仓库提货送给哪个商店，使得运输代价最小。

3. 分配集合模型

可以根据各个要素的相似点把同一层上的所有或部分要素分成几个组，用以解决确定服务范围和销售市场范围等问题。如某一公司要设立 S 个分销点，要求这些分销点要覆盖某一地区，而且要使每个分销点的顾客数目大致相等。

4. 设施定位模型

用于确定一个或多个设施的位置。在物流系统中，仓库和运输线共同组成了物流网络，仓库处于网络的节点上，节点决定着线路。要运用此模型计算出设施的相关信息，就是根据供求的实际需要并结合经济效益等原则，在既定区域内设立仓库，包括每个仓库的位置、每个仓库的规模，以及仓库之间的物流关系等。

四、GPS 技术

(一)GPS 的定义

GPS 是 Global Positioning System 的简称，它结合了卫星及无线技术的导航系统，具备全天候、全球覆盖、高精度的特征，能够全天候为全球范围内的陆地、海上、空中的各类目标提供持续实时的三维定位、三维速度及精确时间信息。

GPS 系统是美国第二代卫星导航系统。它是在子午仪卫星导航系统的基础上发展起来的，采纳了子午仪系统的成功经验。

(二)GPS 的组成

全球定位系统由空间部分、地面监控部分和客户接收机三大部分组成。

地面监控部分包括四个监控站和一个主控站。监控站装有 GPS 客户接收机、原子钟、收集当地气象数据的传感器和进行数据初步处理的计算机。监控站的主要任务是取得卫星观测数据，并将这些数据传送至主控站。主控站对地面监控部分实行全面控制。

(三)GPS 的主要功能

1. 跟踪车辆、船舶的功能

为了随时掌握车辆和船舶的动态，可以通过地面计算机终端，实时显示出车辆、船舶的实际位置。物流运输行业应用 GPS 定位技术、计算机技术及网络技术等手段，结合电子地图地理信息系统，实时显示出车辆的实际位置，并利用 GPS 和电子地图使目标始终保持在屏幕上，可以实现多窗口、多车辆、多屏幕同时跟踪，对重要车辆和货物进行跟踪服务。

2. 信息传递和查询功能

利用 GPS，一方面，管理中心可以向车辆、船舶提供相关的气象、交通、指挥等信息；另一方面，也可以将运行中的车辆、船舶的信息传递给管理中心，实现信息的双向交流。同时，还可以利用 GPS 及时报警，及时掌握运输装备的异常情况，接收求助信息和报警信息，迅速传递到管理中心，从而实施紧急求援。

3. 管理功能

GPS 提供的信息可以实施运输指挥、实时监控、规划和选择路线，向用户发出到货预报等，有效地支持大跨度物流系统管理。

第三节　电子商务物流配送

一、物流配送的基本概念

(一)物流配送的定义

物流配送就是在经济合理区域内，根据用户的要求，对物品进行拣选、加工、包装、分割、组配等作业，并按时送达指定地点的物流活动。

从物流来讲，配送几乎包括了所有的物流功能要素，是物流的一个缩影或在某个范围中物流全部活动的体现。一般配送集装卸、包装、保管、运输于一体，通过这一系列活动完成将货物送达的目的。特殊的配送还要以加工活动为支撑，所以包括的方面更广，但是配送的主体活动与一般物流却又不同，一般物流是运输及储存，而配送则是分拣配货和运输。分拣配货是配送的独特要求，是配送中有特点的活动；以送货为目的的运输则是最后实现配送的主要手段。

(二)物流配送的特点

配送非常需要依靠信息网络技术来实现，它包括以下特点：

1. 配送不仅仅是送货

在配送业务中，除了送货，在活动内容中还有拣选、分货、包装、组配、配货等工作。这些工作难度很大，必须具有发达的商品经济和现代的经营水平才能做好。一般意义的送货和配送存在着巨大的差别。

2. 配送是送货、分货、配货等活动的有机结合

配送是许多业务活动的有机结合体，同时还与订货系统紧密联系。要实现这一点，就必须依靠现代情报信息，建立和完善整个作业大系统，使其成为一种现代化的作业系统。这是以往的送货形式无法实现的。

3. 配送的全过程有现代化技术和装备作保证

由于现代化技术和装备的采用，使配送在规模、水平、效率、质量等方面远远超过以往的送货形式。在活动中，由于大量采用各种传输设备及识码、拣选等现代化装备，使得整个配送作业像工业生产中广泛应用的流水线，实现了流通工作的一部分工厂化。因此，可以说配送也是科学技术发展的产物。

4. 配送是一种专业化的分工方式

以往的送货只是作为推销的一种手段，目的仅仅在于多销售一些商品，而现在的配送则是一种专业化的分工方式，是大生产、专业化分工在流通领域的体现。因此，如果说一般的送货是一种服务方式的话，配送则可以说是一种体制形式。

(三)物流配送的分类

1. 按照配送主体分类

(1)商店配送。商店配送的主体是商业或物资的门市网点，这些网点主要承担商品的零售，一般来讲规模不大，但经营品种却比较齐全。除日常经营的零售业务外，这种配送方式还可根据用户的要求，将商店经营的品种配齐，或代用户外订、外购一部分本商店平时不经营的商品，与商店经营的品种一起配齐运送给用户。这种配送组织者实力有限，往往只是零星商品的小量配送，所配送的商品种类繁多，但是用户需用量不大，甚至有些商品只是偶尔需要，很难与大配送中心建立计划配送关系，所以常常利用小零售网点从事此项工作。

(2)配送中心配送。配送中心配送的主体是专职配送中心，规模比较大。其中，有的配送中心由于需要储存各种商品，储存量也比较大；而有的配送中心专职组织配送，因此储存量较小，主要靠附近的仓库来补充货源。关于配送中心，在本章第四节中有进一步的阐述。

(3)仓库配送。该配送是以一般仓库为据点来进行配送。它可以是把仓库完全改造成配送中心，也可以是在保持仓库原功能前提下，以仓库原功能为主，再增加一部分配送职能。由于不是专门按照配送中心要求设计和建立，所以仓库配送规模较小，配送的专业化较差，但可以利用原仓库的储备设施及能力、收货发货地、交通运输线路等，这是开展中等规模配送可选择的形式。

(4)生产企业配送。生产企业配送的主体是生产多种产品的企业，可以直接从本企业开始配送，而不需要再将产品发运到配送中心进行配送。生产企业配送由于避免了多次物流中转，所以有一定优势。但生产企业，尤其是现代生产企业，往往是进行大批量低成本生产，品种比较单一，因而不能像配送中心那样依靠产品凑整运输取得优势。

2. 按照配送商品种类和数量分类

(1)少品种、大批量配送。这种配送是针对比如工业企业需要量较大的商品，由于单独一个品种或几个品种就可以达到较大输送量，可以实行整车运输。这种情况下，可以由专业性很强的配送中心实行配送，往往不需要再与其他商品进行搭配。由于配送中心的内部设置、组织、计划等工作也较为简单，因此配送成本较低。

(2)多品种、小批量配送。这种配送是按用户的要求，将其所需要的多种商品通过集货、分拣、配货、流通加工等环节，少量而多次地配送给顾客。这种方式相对来说配送作业难度较大，技术要求高，使用设备特别是分拣设备复杂。为实现预期的服务目标，必须制定严格的作业标准和管理制度。目前在国内经济较发达地区，这种方式较常见于生产制造企业零配件的配送和商业连锁体系商品的配送。生产制造企业的多品种、小批量或多品种、小体积零配件的需求通常由专业化配送企业代理，而零售商场商品的配送特别是商业连锁体系的配送则多由自有型配送中心来完成。

(3)配套成套配送。这种配送是根据企业的生产需要，尤其是装配型企业的生产需要，把生产每一台部件所需要的全部零件配齐，按照生产节奏定时送达生产企业，生产企业随即可将此成套零部件送入生产线以装配产品。这种配送方式中，配送企业承担了生产企业的部分供应工作，使生产企业可以专注于生产，与多品种、小批量的配送效果相同。

3. 按照配送时间及数量分类

(1)定时配送。定时配送是指按规定时间间隔进行配送，比如数天或数小时一次等。而且每次配送的品种及数量可以根据计划执行，也可以在配送之前以商定的联络方式(比如电话、计算机终端输入等)通知配送的品种及数量。由于这种配送方式时间固定、易于安排工作计划、易于计划使用车辆，因此对于用户来讲，也易于安排接货的力量(如人员、设备等)。但是，由于配送物品种类变化，配货、装货难度较大，因此，如果要求配送数量变化较大时，也会使安排配送运力出现困难。

(2)定量配送。此配送是指按照规定的批量，在一个指定的时间范围内进行配送。这种配送方式数量固定，备货工作较为简单，可以根据托盘、集装箱及车辆的装载能力规定配送的定量，能够有效利用托盘、集装箱等集装方式，也可做到整车配送，配送效率较高。由于时间不严格限定，因此可以将不同用户所需的物品凑成整车后配送，运力利用也较好。对于用户来讲，每次接货都处理同等数量的货物，有利于人力、物力的准备工作。

(3)定时、定量配送。该配送是指按照所规定的配送时间和配送数量进行配送。这种方式兼有定时、定量两种方式的优点，但是其特殊性强、计划难度大，因此适合采用的对象不多，不是一种普遍的方式。

(4)定时、定线路配送。这种配送是指在规定的运行路线上，制定到达时间表，按运行时间表进行配送。用户则可以按规定的路线及规定的时间接货以及提出配送要求，采用这种方式有利于计划安排车辆及驾驶人员。在配送用户较多的地区，也可以免去过分复杂的配送要求所造成的配送组织工作及车辆安排的困难。对于用户来讲，既可以在一定路线、一定时间内进行选择，又可以有计划地安排接货力量。

(5)即时配送。即时配送是指完全按照用户突然提出的时间、数量方面的配送要求，随即进行配送的方式，这是一种有很高灵活性的应急方式。采用这种方式的品种可以用即时配送代替保险储备，实现零库存。

4. 按照加工程度分类

(1)加工配送。这种配送是指与物流加工相结合的配送,即在配送据点中设置流通环节,或将流通加工中心与配送中心建立在一起。

(2)集疏配送。这种配送是指只改变产品数量组成形式而不改变产品本身的物理、化学性态,与干线运输相配合的一种配送方式。比如,大批量进货后小批量、多批次发货,零星集货后以一定量批货送货等。

二、电子商务物流配送

电子商务是在Internet开放的网络环境下,基于浏览器/服务器的应用方式,实现消费者的网上购物、企业之间的网上交易和在线电子支付的一种新型交易方式。电子商务与传统商务的本质区别就是,它以数字化网络为基础进行商品、货币和服务交易,目的在于减少信息社会的商业中间环节,缩短周期,降低成本,提高经营效率,提高服务质量,使企业有效地参与竞争。

(一)电子商务物流配送的定义

物流配送定位在为电子商务的客户提供服务,根据电子商务的特点,对整个物流配送体系实行统一的信息管理和调度,按照用户订货要求,在物流基地进行理货工作,并将配好的货物送交收货人。这一先进的、优化的物流方式对流通企业提高服务质量、降低物流成本、优化社会库存配送,从而提高企业的经济效益及社会效益具有重要意义。配送作为现代物流的一种有效的组织方式,代表了现代市场营销的主方向,因而得以迅速发展。

(二)电子商务物流配送的三个发展阶段

以网络技术为基础的电子商务催生着传统物流配送的革命。配送制的发展历程经历了三次革命。初期阶段就是送货上门。为了改善经营效率,国内许多商家较广泛地采用了把商品发送到买主手中,这是第一次物流革命。第二次物流革命是伴随着电子商务的出现而产生的,这是一次脱胎换骨的变化,不仅影响到物流配送本身,也影响到上下游的各体系,包括供应商、消费者。第三次物流革命就是物流配送的信息化及网络技术的广泛应用所带来的种种影响,这些影响是有益的,将使物流配送更有效率。

(三)电子商务对传统物流配送的影响

以网络技术为基础的电子商务对传统物流配送有以下冲击和影响:

1. 网络给传统的物流配送观念带来了深刻的革命

传统的物流配送企业需要置备大面积的仓库,而电子商务系统网络化的虚拟企业将散置在各地分属不同所有者的仓库通过网络系统连接起来,使之成为"虚拟仓库",进行统一管理和调配使用,服务范围和货物集散空间都放大了。这样的企业在组织资源的速度、规模、效率和资源的合理配置方面都是传统的物流配送所不可比拟的,相应的物流观念也必须是全新的。

2. 网络对物流配送的实时控制代替了传统的物流配送管理程序

一个先进系统的使用,会给一个企业带来全新的管理方法。传统的物流配送过程是由多个业务流程组成的,受人为因素影响和时间影响很大。网络的应用可以实现整个过程的实时监控和实时决策。新型的物流配送业务流程是由网络系统连接的,当系统收到需求信息时,该系统可以在极短的时间内做出反应,并拟定详细的配送计划,通知各环节开始工作,这一系列工作都是由计算机根据人们事先设计好的程序自动完成的。

3. 物流配送的持续时间在网络环境下会大大缩短,对物流配送速度提出了更高的要求在传统的物流配送管理中，由于信息交流的限制，完成一个配送过程的时间比较长，但这个时间随着网络系统的介入会变得越来越短，任何一个有关配送的信息和资源都会通过网络管理在几秒钟内传到有关环节。

4. 网络系统的介入，简化了物流配送过程

传统物流配送的整个环节极为烦琐，在网络化的新型物流配送中心里可以大大缩短这一过程：在网络支持下的成组技术可以在网络环境下更加淋漓尽致地被使用，物流配送周期会缩短，其组织方式也会发生变化；计算机系统管理可以使整个物流配送管理过程变得简单和容易；网络上的营业推广可以使用户购物和交易过程变得更有效率、费用更低；可以提高物流配送企业的竞争力；网络上信息的有效传播及其易得性，缩短了获取超额利润的时间并增加了配送数量；网络的介入，使人们的潜能得到充分的发挥，自我实现的需求成为多数员工的工作动力。

综上所述，推行信息化配送制，发展信息化、自动化、现代化的新型物流配送业是我国发展和完善电子商务服务的一项重要内容，势在必行。

第四节　电子商务物流配送中心

一、电子商务物流配送中心概述

(一)物流配送中心的含义

配送中心是指从事配送业务的物流场所或组织，应基本符合下列要求：主要为特定的用户服务；配送功能健全；完善的信息网络；辐射范围小；多品种、小批量；以配送为主、储存为辅。配送中心是配送活动完成的场所，也是配送活动的承担者。配送中心可以有效减少流通环节，降低客户库存的同时提高供货的保证程度。通过配送中心将众多小批量的物流需求进行集中，形成规模，有利于节约物流费用。电子商务特别是 B2C 电子商务，其物流需求一般规模较小，而且十分分散，这就需要配送中心将这些分散的、小批量的物流需求进行汇总，从而以可接受的物流成本提供电子商务物流服务。配送中心的功能通常包括进货、储存、拣选、流通加工、分拣、配装、送货和信息处理等。

(二)物流配送中心的特征

根据目前国内外物流配送业发展的情况，在电子商务时代，信息化、现代化、社会化的新型物流配送中心可以归纳为以下几个特征：

1. 物流配送反应速度快

在电子商务的环境下，新型物流配送服务提供者对上游、下游的物流配送需求的反应速度越来越快，前置时间越来越短，物流配送速度越来越快，商品周转次数越来越多。

2. 物流配送功能集成化

新型物流配送着重于将物流与供应链的其他环节进行集成，包括物流渠道与商流渠道的集成、物流渠道之间的集成、物流功能的集成、物流环节与制造环节的集成等。

3. 物流配送服务系列化

在电子商务的环境下，新型物流配送强调物流配送服务功能的恰当定位与完善化、系列化，除了传统的储存、运输、包装、流通加工等服务外，还在外延上扩展至市场调查与预测、采购及订单处理，向下延伸至物流配送咨询、物流配送方案的选择与规划、库存控制策略建议、货款

回收与结算、教育培训等增值服务，在内涵上提高了以上服务对决策的支持作用。

4. 物流配送作业规范化

电子商务下的新型物流配送强调功能作业流程、运作的标准化和程序化，使复杂的作业变成简单的、易于推广与考核的运作。

5. 物流配送目标系统化

新型物流配送从系统角度统筹规划一个公司整体的各种物流配送活动，处理好物流配送活动与商流活动及公司目标之间、物流配送活动与物流配送活动之间的关系，不求单个活动的最优化，但求整体活动的最优化。

6. 物流配送手段现代化

电子商务下的新型物流配送使用先进的技术、设备与管理为销售提供服务，生产、流通、销售规模越大，范围越广，物流配送技术、设备及管理越现代化。

7. 物流配送组织网络化

为了保证对产品促销提供快速、全方位的物流支持，新型物流配送要有完善、健全的物流配送网络体系，网络上点对点之间的物流配送活动保持系统性、一致性，可以保证整个物流配送网络有最优的库存总水平及库存分布，运输与配送快捷、机动，既能铺开又能收拢。分散的物流配送单体只有形成网络，才能满足现代生产与流通的需要。

8. 物流配送经营市场化

新型物流配送的具体经营采用市场机制，无论是企业自己组织物流配送，还是委托社会化物流配送企业承担物流配送任务，都以一流服务与成本的最佳组合为目标。同时，新型物流配送企业要有健全的法规和制度，要依法办事、按章操作，按市场规则运作。

9. 物流配送流程自动化

物流配送流程自动化是指运送规格标准、仓库存储货物、货箱排列装卸及搬运等按照自动化标准作业，商品按照最佳配送路线等，还包括进行物流配送的设备也是自动化的设备，如自动分拣系统、叉车等。

（三）物流配送中心的类型

1. 按照运营主体的不同，物流配送中心可以分为四种类型

（1）以制造商为主体的配送中心。这种配送中心的商品100%是由自己生产制造，用以降低流通费用、提高售后服务质量和及时地将预先配齐的成组元器件运送到规定的加工和装配工位。从商品制造到生产出来后条码和包装的配合等多方面都较易控制，所以按照现代化、自动化的配送中心设计比较容易，但不具备社会化的要求。

（2）以批发商为主体的配送中心。批发是根据商品的传统流通环节而组建的。商品从制造商到消费者手中之间的传统流通有一个环节称为批发。一般是按照部门或商品类别的不同，把每个制造厂的商品集中起来，然后以单一品种或搭配向消费地的零售商进行配送。这种配送中心的商品来自各个制造商，它所进行的一项重要的活动是对商品作汇总和再销售，而它的全部进货和出货都是社会配送的，社会化程度高。

（3）以零售业为主体的配送中心。零售商发展到一定规模后，就可以考虑建立自己的配送中心，为专业商品零售店、超级市场、百货商店、建材商场、粮油食品商店、宾馆饭店等服务。其社会化程度介于前两者之间。

（4）以仓储运输业为主体的配送中心。这种配送中心最强的是运输配送能力，地理位置优越，如港湾、铁路和公路枢纽，可迅速将到达的货物配送给用户。它提供仓储位给制造商或供

应商，而配送中心的货物仍归制造商或供应商所有，配送中心只是提供仓储管理和运输配送服务。这种配送中心的现代化程度往往较高。

2. 按照采用模式的不同，物流配送可以分为三种类型

(1)集货型配送模式。这种模式主要针对上家的采购物流过程进行创新而形成。其上家生产具有相互关联性，下家互相独立，上家对配送中心的依存度明显大于下家，上家相对集中，而下家分散具有相当的需求。同时，这类配送中心也强调其加工功能。此类配送模式适用于成品或半成品物资的推销，如汽车零件配送中心。

(2)散货型配送模式。这种模式主要是对下家的供货物流进行优化而形成。上家对配送中心的依存度小于下家，而且配送中心的下家相对集中或有利益共享(如连锁业)。采用此类配送模式的流通企业，其上家竞争激烈，下家需求以多品种、小批量为主要特征，适用于原材料或半成品物资配送，如机电产品配送中心。

(3)混合型配送模式。这种模式综合了上述两种模式的优点，并对商品的流通全过程进行控制，有效克服了传统物流的弊端。采用这种配送模式的流通企业，规模较大，具有相当大的设备投资，如区域性物流配送中心。在实际流通中，采取多样化经营，降低经营风险。这种运作模式比较符合电子商务下的物流配送需求。

二、电子商务物流配送中心的运营

电子商务物流配送中心面对着成千上万的供应厂商和消费者以及瞬息万变的市场，承担着为众多用户配送商品和及时满足他们不同需要的任务，这就要求必须配备现代化装备和应用管理系统，具备必要的物质条件，尤其是要重视计算机网络的应用。通过计算机网络可以广泛收集信息，及时进行分析比较，通过科学的决策模型，迅速做出正确的决策，这是解决系统化、复杂化和紧迫性问题最有效的工具和手段。同时采用现代化的配送设施和配送网络，将会逐渐形成社会化大流通的格局。

专业化的生产和严密组织起来的大流通对物流手段的现代化提出了更高要求，如对自动分拣输送系统、立体仓库、水平垂直、分层、分段旋转货架等有着广泛而迫切的需求。

(一)运营的方式

物流就是空间和时间的位移。为了完成空间和时间的快速转移，配送中心通常从加快货物周转时间和增加储货能力两方面入手。下面的自动分拣输送系统和立体仓库就是这两种方式的典型代表。

自动分拣输送系统(见图 6—3)能将不同方向、不同地点、不同渠道运输的不同物资，按照类型品种、尺寸重量及特殊要求分拣输送后集中在指定的仓库或旋转货架上，其输送速度快(最高达 150 米/秒)，分拣能力强(最高达 30 000 件/小时)，规模大(机长高达几十甚至数百米)，卸货及分拣的通道多(最高达 200 个以上)，适用的货物范围广，是面向 21 世纪配送网络的大型物流机器系统。

立体仓库(见图 6—4)是采用多层存放货物的高架仓库系统，高度可以达到 30 米以上，根据需要可以设置不同的高架类型：高层(大于 12 米)、中层(5～12 米)、低层(5 米以下)。这与平库相比可以节约将近 70%的占地面积。采用自动化的立体仓库，可充分利用空间。

(二)配送中心的主要功能

根据图 6—5 所示，电子商务物流配送中心的工作流程为：首先根据客户的需求及预测到上游供应商进货，然后根据各种货物的分类进行储存，再根据各个不同的客户需求对多样的货

图 6—3　自动分拣输送系统

图 6—4　立体仓库

物进行分拣和配货，按照每个客户的需求进行分货，最后将货物进行车辆配装，运送到各个客户的手中。所以，电子商务物流配送中心的主要功能包括集货、储存、分货和配货等。

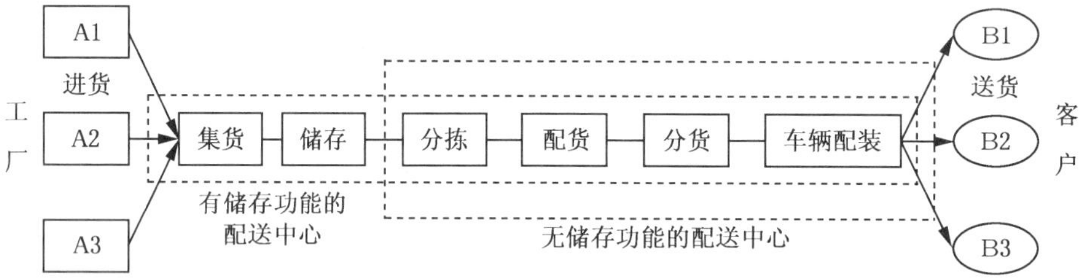

图 6—5　配送中心工作流程

为了满足配送货物数量及品种的需求，必须通过物流运输系统从生产厂家或仓库向配送中心调运大量的货物，这就是集货过程。储存是为了保证能按用户的要求及时、准确地配送货物，防止用户由于配送货物不及时而造成缺货停产，配送中心必须有一定水平的货物储存。配送中心的货物储存与仓库储存有相同的地方，也有其特点。由于配送中心的主要工作是配送而不是储存，货物的存储量不宜过大，否则会使配送中心规模过大而造成浪费。另一方面，由于配送中心的货物流动性很大，在货物存储时必须考虑到这一特点，使货物存取简便，有利于机械化分货和配货。分货与配货是按照用户对货物数量和品种的需求，利用自动分拣输送系统，从配送中心的货物存储区将货物分拣后再运到货物分放区。

(三)配送中心的类型

从图 6－5 中可以看出，物流配送中心又可分为两种：一种是有存储功能的配送中心；另一种是仅有配送功能而没有存储功能的配送中心。

有存储功能的配送中心包含了集货、储存、分货和配货等所有的功能；仅有配送功能而没有存储功能的配送中心不包含集货、储存，货物随来随走，它的特色体现在空间的快速移动，而不具备时间的存储能力。

本章小结

物流是指物品从供应地向接收地的实体流动过程，根据实际需要，将运输、储存、装卸搬运、包装、流通加工、配送、信息处理等基本要素有机结合，具有信息化、自动化、网络化、智能化、柔性化、一体化和国际化等特点。物流的种类有一般物流、特殊物流、第三方物流、第四方物流、社会物流、区域物流等。物流是电子商务的重要组成部分，电子商务也对现代物流的发展和物流企业的运作产生了深远影响。物流信息是物流系统内部同物流系统外界联系构成的可以利用的数据集合在不同加工处理后得到的结果，它反映物流各种活动内容的文字、声音、图像、消息、知识、情报等，并反作用于客观活动。电子商务物流技术主要包括条码技术、射频技术、GIS 技术、GPS 技术。

物流配送就是在经济合理区域内，根据用户的要求，对物品进行拣选、加工、包装、分割、组配等作业，并按时送达指定地点的物流活动。物流配送中心是指从事配送业务的物流场所或组织。按运营主体的不同，物流配送中心可以分为四种类型：以制造商为主体的配送中心、以批发商为主体的配送中心、以零售业为主体的配送中心和以仓储运输业为主体的配送中心。按照采用模式的不同，物流配送可以分为三种类型：集货型配送模式、散货型配送模式和混合型配送模式。

关键术语

物流　宏观物流　微观物流　社会物流　企业物流　国际物流　区域物流
一般物流　特殊物流　第三方物流　第四方物流　条码技术　射频技术　GIS 技术
GPS 技术　物流配送　物流配送中心

课堂讨论

1. 何谓现代物流？它有什么新特点？
2. 第三方物流与第四方物流有什么区别？
3. 简述电子商务物流的基本流程。
4. 什么是射频技术？它在物流管理中有什么作用？
5. 什么是 GIS 技术？它主要应用在什么领域？
6. 什么是 GPS 技术？它的主要功能是什么？
7. 什么是物流配送中心？它有哪几种类型？

网上实践

1. 访问 http://www.fedex.com/cn/和 http://www.ems.com.cn，分别查询从上海寄送 1 千克物品到美国纽约的运费为多少，从而从实际物流定价方面全面了解物流。

2. 比较DHL(http://www.cn.dhl.com)和UPS(http://www.ups.com)两个快递公司网站上的国际服务业务(如企业所提供的服务、承运货品的种类、业务覆盖的范围、收费的情况、支付的方式等),你更愿意用哪一家公司递送国际快递?为什么?

案例分析

联邦快递的发展——物流巨人之路

FedEx Corp.是一家市值逾221亿美元的控股公司,专门提供全球性运输、电子商贸及供应链管理服务,并通过旗下多家独立运营的附属公司提供综合商业方案。其主要附属公司包括全球最大的速递运输公司联邦快递FedEx Express(经营速递业务)、北美第二大少量货件陆运公司FedEx Ground(经营包装与地面送货业务)、数一数二的区域散货运输公司FedEx Freight、北美最大的紧急货件速递公司FedEx Custom Critical(经营高速运输投递业务),以及提供代理清关服务、顾问意见、资讯科技及贸易促进方案的公司FedEx Trade Networks。

20世纪70年代的两次石油危机对美国经济产生了深刻的影响。由于能源价格的高涨,物价上涨给美国企业的经营带来了很多困难。如何合理利用物流,成为当时很多物流从业人士考虑的问题,社会急需一种全新的物流服务方式。

1971年,出身于美国海军陆战队的弗雷德·史密斯(Fred Smith)退役后开始了他的事业。Smith在大学的毕业论文中就开始论述如何有效利用基地的问题,大学毕业后,为了进一步检验其理论的正确性,他于1973年正式开始组建Federal Express公司,使用8架小型飞机开始提供航空快递服务。Federal Express公司推出全美国翌日到达的门到门航空快递服务,并以及时性、准确性和可信赖性为原则。

由于FedEx的出现,企业的经营者开始意识到传统的物流政策限制了自由竞争,不利于经济的发展。以1978年航空货物运输政策改善为契机,20世纪80年代美国政府出台了鼓励自由竞争的政策,促进了“现代物流”(Logistics)的诞生。

进入20世纪80年代以后,航空快递运输大量出现。由于企业大量采用JIT的生产方式,翌日送达的要求逐渐增多,给航空快件运输的发展带来了巨大的推动作用。在Federal Express公司之后,涌现出了诸如UPS、DHL等众多的航空快递企业。自80年代中期开始,一般货物的快递运输得到了迅速的发展,与此同时,卡车运输业者也积极加入航空快递业的竞争行列。

1989年,Federal Express为了扩大势力,收购了飞虎航空(Flying Tiger)公司,一跃成为美国航空业界的最大企业,并且开了物流企业收购的先河。

20世纪80年代末,制造业的基地从发达国家逐渐转移到了发展中国家,而联邦快递作为最早认识到这一趋势的公司,开始着手进行大规模的全球扩展,以应对日益激烈的国际竞争及挑战,亚太区分公司因此应运而生。

1989年,联邦快递收购飞虎航空后获得了飞虎航空在亚洲21个国家及地区的航线权,从而在全球经济增长最迅速的区域取得了立足点。这为联邦快递实现目标具有深远意义。1992年,公司的区域性总部从檀香山迁至中国香港。将公司的营运中心迁移至经济活动的中心地区,显示了公司对该地区的高度重视。

联邦快递对其在亚太地区的业务拓展和战略发展始终保持着高度的重视。1995年,联邦快递公司购买了中国和美国之间的航线权,开始由联邦快递飞行员驾驶的专用货机来负责中美间的快递运输服务。1996年3月,联邦快递成为唯一享有直航中国权利的美国快递运输公司。目前,联邦快递每周有11个航班往返于中美之间。

1995年9月,联邦快递在菲律宾苏比克湾建立了其第一家亚太转运中心,并通过其亚洲一日达网络提供全方位的亚洲隔日递送服务。根据公司在美国成功运作的“中心辐射”创新转运理念,亚太转运中心现已连接了亚洲地区18个主要的经济与金融中心。

联邦快递目前在亚太地区超过30个国家和地区雇用7 300名员工,公司的亚太区总部设在中国香港,同时在中国香港、日本东京、新加坡均设有区域性总部。

进入 20 世纪 90 年代以后，并购与上市等多种资本方式对物流业产生了很多影响，也诞生出十大物流集团。其中在快递业，基本上出现了四大巨人垄断的局面：棕色巨人联合包裹（UPS）、联邦快递（FedEx）、DP-WN 德国邮政世界网（DHL 的母公司）、TNT Post Group（TPG）。这四家运递企业的年收入加起来超过 1 000 亿美元，雇用员工 130 万人，占据全球快递市场 72％的市场份额。

由于 DHL 和 TPG 的主战场在欧洲，UPS 和 FedEx 之间的大战是名副其实的巨人争霸战。UPS 主宰了普通包裹的配送市场，其中企业到企业的包裹业务占绝大多数，而且主要是地面运输。FedEx 是文件速递和包裹速递的市场主帅，主要经营文件和包裹的航空次日递。

面对竞争，联邦快递（FedEx）一方面不断并购，扩大自己的实力和规模；另一方面，在因特网时代重塑自我。

1998 年以后，全球物流市场进入大规模并购时期，很多老的物流公司在并购中消失，而一些新兴的物流公司在并购中成为新的十大物流巨人。在按照并购金额排位的十大物流并购案中，联邦快递（FedEx）占据了三席。

随着互联网时代的到来，FedEx 主营的文件速递市场面临着极大的威胁。速递文件的电子化转移速度比美国邮政一类邮件的电子化转移速度要大得多。而且，由于新的、更复杂的软件使得企业能够更好地管理库存，这将降低对于昂贵物品速递的需求。同时，美国邮政的优先邮件越来越被市场看好，因为优先邮件的性价比优于次日递业务。另外，UPS 与惠普公司合资建立的文件交换服务公司，到 2003 年分流 23％的航空速递业务量。FedEx 同样面临着极大的挑战，因此 FedEx 制定如下战略：

正如 UPS 侵入 FedEx 的文件速递领地一样，FedEx 通过各种方式抢夺了一部分普通包裹市场。1998 年，FedEx 通过收购 Roadway 包裹公司（RPS）进入普通包裹运递市场，在包裹市场的占有率达到 11％。在过去的 4 年中，FedEx 投资了 5 亿美元，使得 RPS 的处理能力翻了一番。另外，FedEx 在信息技术领域也投入了巨额资金。FedEx 对其无线通信网络进行了更新，使之能够与 UPS 匹敌，此外还为大小企业提供因特网商务软件。

FedEx 的网址就像一个交易市场，设有许多与其他公司链接的按钮，有趣的是，它还设有与惠普公司链接的按钮（因为惠普公司与 UPS 公司合资建立了文件交换服务公司，对 FedEx 的文件速递业务构成竞争）。而且，FedEx 已经向国际市场进军，尤其是计算机硬件和微型芯片的物流配送。像 UPS 一样，FedEx 已经开始作为第三方物流服务供应商向外展开营销。世界著名的思科公司宣布让 FedEx 管理其整个物流网络，其目的是完全取消思科在亚洲的仓库，代之以这两家公司共同创立的“飞行仓库”。最终，由 FedEx 直接投递零部件给用户做最后的组装。

FedEx 的住户投递市场直接与美国邮政展开竞争，但 FedEx 采取的战略与 UPS 有很大的不同。UPS 是将企业到企业与企业到家庭的业务集成一体，而 FedEx 则准备组建专门的住宅投递服务公司，并准备聘用低成本的非工会劳动力。FedEx 的住宅投递市场发展战略是在 2000 年 3 月份宣布的。FedEx 总公司下设多个业务部门——主要从事次日递航空速递核心业务的联邦快递、从事企业到企业普通包裹业务的联邦快递地面服务、地面服务下设家庭投递服务部门。这三个业务部门共享公司的技术和某些行政管理职能，如营销和收付款职能，但是各自具有独立的设施、车辆和经营活动。家庭投递部门雇用的工人被称为“业主经营者”，自备箱式货车，公司根据这些工人的投递量给予报酬，可以将投递成本保持在较低的水平，这不仅比 UPS 的成本低，甚至可能比美国邮政的成本还低。联邦快递的家庭投递服务在全国 40 个大城市设立了 67 个家庭投递站，号称覆盖了全国 50％的家庭；联邦快递计划还要建立另外 240 个投递站，争取在 3 年的时间内覆盖 98％的人口。联邦快递的发展处处体现出其创新的意识，比如说，联邦快递准备从星期二到星期六投递，而且是选择收件人最有可能在家的傍晚时间投递，同时还提供指定日期投递，但收取额外费用；另外，包裹揽收时间推迟到了晚上 9 点。更加新奇的是，联邦快递家庭服务的正式标志是一只可爱的小狗。

放眼世界，每个知名的航空货运公司都提出了自己恰当的定位，确定了自己在空运物流价值链中的位置。UPS 的定位是“我们能够在任何地方、采用任何模式来处理任何货物”；DHL 的目标是希望能够成为世界范围内邮件及包裹快递、物流及财政服务领域中的领头羊；ST Cargo 的定位是创立世界上最大的商业航空货运联盟,并提供复杂而又统一的商品线;FedEx 也有自己的定位,“无所不包,全面发展”恰好地定义了联邦快递的位置。

讨论:

1. 联邦快递公司属于哪种类型的物流公司?
2. 从案例中分析,联邦快递快速发展的主要原因是什么?
3. 请通过联邦快递的发展过程分析联邦快递发展战略,并与我国物流公司进行对比。

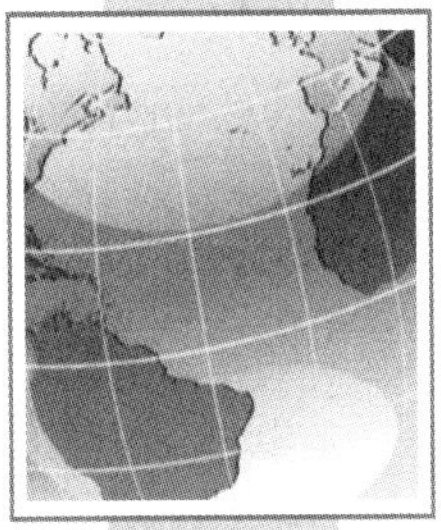

第七章 消费者电子商务应用

本章引言

就中国电子商务产业而言，根据 Analysys 易观发布的数据显示，2017 年第二季度，中国网上零售市场规模达 15 917.1 亿元，同比增长 31.2%。其中，B2C 市场交易规模为 8 604.6 亿元人民币，同比增长 32%。在市场份额方面，天猫占 B2C 市场份额为 51.3%，位居首位。从淘宝的“双十一狂欢节”到京东的“618 购物节”再到苏宁的“818 电商节”，电商的这种战略模式提升了消费者的黏性及忠诚度，并得到市场的普遍认可。因此，对消费者电子商务的探讨有利于我国电子商务的发展。本章主要介绍了电子商务对个人消费者的各种应用模式、特点，其中包括网上购物、网上拍卖、网络游戏、网络出版以及网络团购，并剖析了各类电子商务应用模式的现状，预测了各种模式的发展趋势以及今后电子商务在个人消费领域会给人们带来的影响。

本章要点

- 网上购物的基本概念
- 网上购物的优劣比较
- 网上拍卖的基本概念
- 网上拍卖的主要方式
- 网络游戏的基本概念
- 网络游戏的特征与本质
- 网络游戏的危害与对策
- 网络出版的基本概念
- 网络出版的优势与不足
- 网络团购的概念、流程、盈利模式及风险

第一节 网上购物

人首先是作为一名消费者而存在的，在商品经济和市场经济的时代，人们的消费离不开购物。在网络经济时代，互联网为人类创造了一个全新的信息空间，并迅速渗透到人类最基本的商业活动中，网上购物将成为不可避免的商品流通途径。

一、网上购物的基本概念

（一）网上购物的含义

网上购物这种购物方式已经为越来越多的人所接受。不论是腰缠万贯的大富翁、时尚的白领丽人还是普通的工薪阶层，其中大部分人可能有过网上购物的经历。

那么，什么是网上购物呢？简单来说，网上购物就是把传统的商店直接“搬”回家，利用Internet 直接购买自己需要的商品或者享受自己需要的服务。专业地讲，它是交易双方从洽谈、签约到货款支付、交货通知等整个交易过程通过 Internet、Web 和购物界面技术化的 B2C 模式一并完成的一种新型购物方式，是电子商务的一个重要组成部分。

网上购物在当今发达资本主义国家已经显示出较强的发展势头，在推动国家经济增长方面可以说是一支崭新的力量。

(二)网上购物的消费特点

1. 购买人群

据 CNNIC 发布的第 40 次《中国互联网络发展状况统计报告》显示，10～39 岁年龄段成为目前网上购物市场的主要人群，占网上购物用户的 72.1%。其中，企业人员占 15.1%，个体户和自由职业者占 20.9%，学生群体占 24.8%。这个年龄阶段的人群多为学生和职业工作者，他们比较喜欢和容易接受新鲜事物，但因为生活节奏较快而较少有时间购物，网上购物对他们来说是个便捷的选择。

2. 购买原因

网上购物的魅力究竟何在？据报告显示，吸引用户网上购物的前三个因素分别是购买方便、价格比实体商店便宜、能买到本地没有的商品。传统的商品选择过程短则几分钟，长则几小时，再加上往返路途的时间，消耗了消费者大量的时间、精力。而网上购物弥补了这个缺陷。电子商务有着较低的制作成本，省却了大量的广告费用和营业员工资，因而在价位上会比大商场的同种货物稍低一些。另外，通过互联网可以获得较大量的商品信息，买到当地没有的商品，消费者足不出户便可到世界各地采购。

3. 购买物品

由于网上市场不同于传统市场，网上消费者有着区别于传统市场的消费需求特征，因此并不是所有的产品都适合在网上销售和开展网上营销活动。据淘宝公布的 2017 年热销类目排名，排名第一的是服装鞋帽类，尤其是女装，其次是化妆品和护肤产品，第三位是酒类产品，其后是户外用品、网络配件、营养品等。

4. 购买地点

可供网上购物的首选网站共分为两大类：一类是纯虚拟型(Click and Mouse)的 B2C 网站；另一类是网络加传统企业型(或鼠标加水泥型，Click and Mortar)的 B2C 网站。第一类 B2C 网站主要有淘宝网、天猫、当当网、凡客诚品、京东商城、亚马逊中国、拍拍网等；第二类主要有国美电器、苏宁易购等。此外，还有团购网、代购网、同城网等。

5. 购买时间

调查显示，网络消费者购物时间在零点之后呈上升趋势。这正是新型购物方式相对于传统购物方式的最大优点之一。传统的商店很少有 24 小时营业的，而网上购物则不然，没有任何时间限制。

6. 支付方式

目前，我国网上购物支付方式主要有网上支付、货到付款、邮局汇款或银行柜台转账/汇款。其中，网上支付是最重要、最常用的一种支付方式。主要网上支付工具有支付宝、安付通、快钱等。其次，网上开户银行直接汇款支付也扮演了非常重要的角色。对于付款金额较大或担心支付安全的网上购物者来说，往往采用货到付款方式。

二、网上购物的优劣

(一)网上购物和网上商店的优势

网上购物作为一种新兴的商业模式，与传统购物模式有很大差别。而每一种新的商业模式，在其出现和发展过程中，都需要具备相应的环境，网上购物也不例外。近年来，网络的快速发展、人们对网络更多的需求都为网上购物提供了发展的环境和空间。网上购物和传统商业模式的差别也十分明显，两者各有自己的优缺点。

1. 网上商店中的商品种类多，没有商店营业面积限制

它可以包含国内外的各种产品，充分体现了网络无地域的优势。在传统商店中，无论其店铺空间有多大，它所能容纳的商品都是有限的；而对于网络来说，它是商品的展示平台，是一种虚拟的空间，只要有商品，就可以通过网络平台进行展示。

2. 网上购物没有任何时间限制

作为网上商店，它可以 24 小时对客户开放，只要用户在需要的时间登录网站，就可以挑选自己需要的商品；而在传统商店中，消费者大多要受到营业时间的限制。

3. 购物成本低

对于网上商品购买者，他们挑选、对比各家的商品，只需要登录不同的网站，或是选择不同的频道就可以在很短的时间内完成，而且可以直接由商家负责送达，免去了传统购物中舟车劳顿的辛苦，时间和费用成本大幅降低。而对于传统购物来讲，这一点是无法达到的。

4. 网上商品价格相对较低

网上商品与传统商场商品相比价格相对便宜，因为网络可以省去很多传统商场无法省去的相关费用，所以商品的附加费用很低，商品的价格也就低了。而对 C2C 购物网站来说，用户通过竞价的方式，很有可能买到更便宜的商品。另外，在传统商场，一般利润率要达到 20%以上，商场才可能盈利；而对于网络店铺，它的利润率在 10%就可以盈利了。当然，网上商品价格有优势，也有它的局限性，它的价格优势更多的是和较大规模的商场比较，和超市的商品价格进行比较未必都存在优势。

5. 网上商店库存小，资金积压少

网上商店中很多商品一般是在客户下订单后再进行商品调配，不需要很多库存，从而减少资金的积压。因为网上购物中，商家可以通过消费者下订单和配送商品的时间差，进行商品的调配，而传统商店就需要在顾客选购商品的同时提供商品。当然，不同的商品具有不同的库存需求，比如对于价格、样式、功能等方面变化不大的商品，可以有适量的库存。而市场需求大、价格变化大的商品，一般都是在接到订单后，再进行商品调配。这样，一方面可以减少不必要的损失，另一方面也会减少资金的积压。

6. 商品信息更新快，而且容易

只要将新商品的图片、介绍资料上传到网上，或者对商品信息、价格进行修改，购买者就可以看到最新的商品信息了，而且立刻在全球范围内统一更新。而在传统商业中，购买者要看到新的商品，就要等到商家拿到商品，放置到货架后才能够看到。在修改商品信息或调整价格，特别是要在较大地域范围内统一修改时，在时效性上传统商店就更处于下风了。

7. 商品容易查找

网上商店中基本都具有店内商品的分类、搜索功能，通过搜索，购买者可以很方便地找到需要的商品；而在传统商店中，购买者寻找商品就需要用更多的时间和精力。

8. 网上商店服务的范围广

网络无地域、无国界的特点使网上商店的服务范围不仅仅限定在某个固定的区域内。购买者可以通过网上商店买到世界各地的商品。

9. 网上商店成本相对较低

目前专门有公司为企业提供搭建网上购物平台的服务，它们的目标是以最快的速度、最低的成本、最少的技术投入帮助企业开展网上交易。因此，企业启动网上购物服务的成本很低，有的甚至为零。这对于传统商业是无论如何也无法想象和达到的。

（二）网上购物相对于传统购物模式的劣势

与传统购物相比，网上购物具有很多优势，但是，这种新兴的商业模式同样也存在不容忽视的不足之处。

1. 信誉度问题

信誉度问题是网上购物中最突出的问题。无论是买家还是卖家，信誉度都被看成是交易过程中最大的问题。作为买家，商家提供的商品信息、商品质量保证、商品售后服务是否和传统商场一样，购买商品后是否能够如期拿到商品等，都是购买者所担忧的问题。

2. 网上支付问题

我国网上支付服务较之前的发展得到了较大改善，并为网上购物提供了极大便利。随着各大银行网银业务的开办，越来越多的客户接受了网络支付手段。但是，因为某些商品的低利润，商家不愿向银行支付相应的费用，以及银行的信用机制要求客户必须亲自前往银行办理相应的网银业务，这些都相应地制约着网上支付的发展。然而，随着网上购物的发展以及银行服务体系的不断升级，银行卡的网上支付必将成为未来主要的支付手段，引领着新一轮网上购物高潮。

3. 网络安全问题

从网络进入人们的生活开始，网络安全问题就一直存在。在网上购物中，网民对网络安全也有很大担忧，诸如用户的个人信息、交易过程中银行账户密码、转账过程中资金的安全等问题。这些顾虑无疑给网上购物蒙上了一层阴影。

4. 信息不对称

商品信息虽然发布快，但商品不能及时到位。互联网信息是无国界的，但是很多商品信息上传网络后，购买者能够看到，却无法立刻购买到，主要是因为信息在网上发布，而供货商仍然是传统企业。传统企业的商品配送无法和互联网信息同步，所以会产生信息快于商品的现象。

5. 配送问题

传统购物一般是在选好后，就可以直接付费拿走，而网上购物就需要一个订货后的等待过程。目前出现了很多物流公司，解决了网上购物配送的很多问题，就同城配送而言，最快一般需要 1 个小时，相对来说时间成本较大。

6. 商品信息描述不清

由于购买者对网上商品的了解只能通过图片和文字描述来完成，而有些商品的描述语言模棱两可，容易使人对商品的认识产生歧义。当购买者根据自己的理解完成网上购物交易，并拿到商品后，会投诉商品与自己订购的不一致。通常商家的做法是收回所卖商品。因此，网上购物的商家进行商品描述时，应尽量做到描述语言准确，减少购买者对商品的误解，但是，这还是很难避免双方理解差异的产生。这也就是为什么规格、标准统一的商品更适宜作为网上商品进行销售的另一个重要原因。

7. 相关法律、售后服务问题

网上购物中的法律规范不完善，以致双方的合法权益及交易中产生的纠纷得不到解决。在售后服务方面更是得不到保障，比如电器维修：购物者在收到货物后商品损坏，在保修期间，维修、赔偿问题无人解决。

8. 购物者的知情权问题

网上购物的整个交易都是在网上进行，有些卖家没有标明商品的产地、生产者、性能、规格、等级、主要成分、生产日期、有效期限、检验合格证明、规格等有关情况。购物者只能通过向客服咨询获得相关信息，如果卖家隐藏或者虚报就会给购物者造成损失。

9. 网上购物者缺少直接购物体验

从商品交换开始，人们就一直体验着交易完成后获得商品的满足感。但是在网上购物后，购买者却不能体验到立刻拿到商品的满足感，这种满足感的到来往往要滞后 1～2 天。在某种程度上，网上购物在方便的同时也减少了购物带来的乐趣。

三、网上购物的规范

（一）提高技术保障

做网上购物必然需要 IT 平台，通过网络技术提供交易场所，进行资源整合。有了先进的应用技术作为基础，网上购物才有舞台可以尽情施展。然而，现在我们的技术环节比较薄弱，出现过用户资料泄露、密码被盗等事件。为此，提升技术水平、增强安全性是发展网上购物的重要保障。

（二）服务人性化

服务首先应该是务实的，让客户感觉物有所值；然后做到超值服务，让消费者得到尽善尽美的享受。当前，诸多电子商务网站提供产品信息和双方交易平台等基本服务，并在此基础上开展了个性化与系统化服务。比如阿里巴巴的“诚信通”、易趣网的“易趣社区”、卓越亚马逊网对著作的详尽描述、当当网应有尽有的各类书籍等。这些务实的服务环节让消费者感到物有所值，务实的服务形式让消费者感到自我的实现。

（三）做好诚信建设

现阶段，在我国电子商务行业，诚信危机无疑是个“大肿瘤”，也是企业必须越过的“坎”。有专家呼吁，解决诚信问题必须强制进行，由政府、行业、企业、消费者、传媒等合力执行，大家监督，让诚信观念深入人心。

第二节　网上拍卖

随着 Internet 的飞速发展，电子商务迅速发展起来。它大大提高了市场的方便性与灵活性，改变了人类的生活和工作模式。随着电子商务的蓬勃发展，网上拍卖已经成为一种引人注目的新的交易机制，引起了消费者的普遍关注。

一、网上拍卖的定义

网上拍卖是指通过 Internet 实施的价格谈判交易活动，即利用互联网在网站上公开发布将要招标的物品或者服务的信息，通过竞争投标的方式将它出售给出价最高或最低的投标者。其实质是以竞争价格为核心，建立生产者和消费者之间的交流与互动机制，共同确定价格和数量，从而达到均衡的一种市场经济过程。

它通过 Internet 将过去少数人才能参与的贵族式的物品交换形式变成每一个网民都可以加入其中的平民化交易方式。网上拍卖不仅是网络时代消费者定价原则的体现，更重要的是拍卖网站营造了一个供需有效集结的市场，成为消费者和生产商各取所需的场所，因此是一种典型的中介型电子商务形式。相对于传统拍卖，网上拍卖的特点在于，每个商家都可以制定一套适合自己的拍卖规则，并且通过网上拍卖还可以使定价达到更准确的水平，同时能够参与拍卖的人的范围也大大增加了。

最早的拍卖网站是由欧米达在 1995 年建立的，他最初建立这个小网站是为了向人们提供变种的埃博拉病毒代码。他在网站上加了一个小的拍卖程序，帮助人们交换各自的收藏品。后来他辞掉工作，全心全意投入网上拍卖业务中去，于是现在网上拍卖老大——eBay——诞生了。较早开展网上拍卖的还有 Onsale(创建于 1995 年 5 月)，它和 eBay 首开利用网站提供的技术进行拍卖的先河，并创立了电子形式的自动化投标代理、搜索引擎和分类目录等网上拍卖技术。随着电子商务的发展，网上拍卖已经成为一种日渐流行的电子交易方式。根据报告，eBay 在 2017 年第二季度的净营收为 23.28 亿美元，拍卖物品的范围也从计算机和电器发展到收藏品、玩具、音乐、书籍等。而在中国，阿里巴巴旗下的淘宝网成为易趣最强的竞争对手。

二、网上拍卖的主要方式

目前常见的网上拍卖方式有英式拍卖、荷兰式拍卖、封标拍卖，此外，还有双向拍卖和逆向拍卖等。随着网上拍卖的发展，最近又出现了更加适用于互联网的集体议价方式、多属性拍卖和 Yankee 拍卖。一般拍卖网站不仅仅使用一种拍卖方式，而是多种方式相结合。

(一)英式拍卖

英式拍卖也称为公开拍卖或者增价拍卖，是最流行的网上拍卖方式，它使投标者的参与变得相对容易。一旦买家发现自己感兴趣的物品，就可以浏览当前的最高出价，然后决定自己是否出最高的价格。在他提供投标价后，就可以看到拍卖状态的一个自动更新，显示他是否成功地成为当前的最高出价者。

(二)封标拍卖

所谓封标，就是秘密投标，不公开投标。网上封标拍卖有两种类型：一种叫第一价格封标拍卖，投标者利用 E-mail 秘密投标，且一旦投标就没有机会更新。投标结果同时公开，最高投标者获胜，胜者支付的是自己的投标价。另一种是第二价格封标拍卖，与前者有些类似。在拍卖中由于各种原因，有些投标者往往表现出不理智的投标行为，最终确定的投标价格往往与实际价格相差甚远，这将对其他投标者和拍卖行造成不良影响。而在拍卖中的第二高价格往往与实际价格比较接近，所以，在第二价格封标拍卖中，获胜者支付的是第二高价格而不是自己的投标价。

(三)荷兰式拍卖

荷兰式拍卖是一种公开的减价拍卖，多适用于易腐易烂物品的拍卖，如鲜花、新鲜食物等。荷兰式拍卖也多种多样，常见的一种方式是，开始价格处于一个相对高的水平，之后价格持续下降。投标者能够观察到当前价格，而且必须决定他们是否在该价格下购买物品，或者继续等待价格下降。对一定价格的第一个应价者即成为获胜者。

(四)双向拍卖

双向拍卖就是买卖双方实时在线到达市场，观察价格，然后双方同时提供公开的或者秘密的买卖价格，进行实时交易，拍卖商宣布投标价及出清价格。同类拍卖物品的成交价格成为即时的市场价格。

(五)逆向拍卖

在传统拍卖中，由卖者公布要出售的商品，潜在的买者进行投标。而在逆向拍卖中，由买者列出想要购买的商品，而由卖者对买价进行投标。这是一种可以使个人或者组织以最低价格获得商品或服务的专门拍卖方式。

(六)集体议价

这是一种创新的网上拍卖方式，通过 Internet 集合买家的购买力，从而使得集合中的每个成员都可以获得价格折扣。集体议价充分利用了互联网的特性，将零散的消费者及其购买需求聚合起来，形成类似集团采购的庞大订单，从而与供应商讨价还价，争取最大优惠的折扣。

(七)多属性拍卖

多属性拍卖是指拍卖人与投标人交易时考虑到多个属性的一种拍卖模式，即双方在价格以外其他属性上进行多重谈判的拍卖模式，例如产品的提交时间、各种质量参数、售后服务的内容等。

(八)Yankee 拍卖

这是多物品拍卖的一种形式，确定成功投标者的依据是多种多样的：首先，按照投标价格高低顺序，价高者获胜；其次，如果最高价格相同，则根据最大购买量而定；最后，如果最高价格和购买数量相同，则根据投标时间的早晚确定。

三、网上拍卖的主要特点

拍卖网站是一种特殊的网上商店，现在网上拍卖的形式多种多样，但基本上都是在两类网站上实现的。一类是像 eBay、Yahoo、Amazon 这种专为买卖双方提供商品或服务交易的平台式拍卖网站，一般采取 P2P(个人对个人)或 B2C 的经营模式；另一类是企业为推销自己的产品或服务而建立的专业拍卖网站，一般以 B2B 经营模式为主。

网上拍卖的基本运作方式是：卖家在拍卖网站上展示欲出售物品的图片及资料，供人挑选。买主可以随时登录拍卖网站上，挑选自己想购买的物品、出价竞标，实时查看整个拍卖过程。这种以竞拍方式进行的网上交易，能让卖家争取到公平的市场价格，让买家找到相对廉价的所需物品，这与传统拍卖方式是相同的。

作为一种新型的网上交易模式，与传统意义上的拍卖相比，网上拍卖有诸多引人注目的特点。

(一)拍卖标的范围不同

传统的拍卖物品(如艺术品、不动产、大型机器设备等)一般价值昂贵。而网上拍卖物品的价格区间却非常有弹性，从几元到上千万元不等，拍卖物品的种类从旅游帐篷、电脑软件到生活用品、玩具、艺术品、大型机器设备等，种类极其繁多。

(二)参与拍卖活动的空间不同

传统拍卖一般在一定的场所和环境中进行，一般要求参加拍卖活动的投标者共处一室，并且实时投标。而在网上拍卖中，参加拍卖的投标者分布在世界各地，并且一般都是进行异步投标，更自由灵活。

(三)拍卖活动结束方式不同

传统拍卖中，拍卖师三声询问无人应答后即宣布拍卖结束，出价最高或最低者获胜。而在网上拍卖中，一般是以规定预定的截止时间的方式来结束拍卖，确定获胜者。

（四）拍卖活动的成本不同

在网上拍卖中，买者和卖者可以方便地通过网络参与拍卖过程，不受时间和空间的限制，他们的参与成本降低了，而且拍卖仲裁人可以有先进的网上拍卖程序来代替，不仅方便快捷、不易出错，而且可以 24 小时仲裁拍卖。

（五）中介机构的服务不同

传统的拍卖一般由实业性质的拍卖中介机构（拍卖行或者拍卖公司）来承担，中介机构同时代表买卖双方的利益，必须依照法律和章程的规定来进行拍卖活动，中介机构有义务保证拍卖的公正性和公平性。而网上拍卖的中介机构是拍卖网站，一般不对买卖双方的拍卖行为承担法律责任，拍卖中所遇到的风险由买卖双方共同承担。

四、国外与我国网上拍卖发展现状

（一）国外网上拍卖市场现状

1995 年，美国 eBay 作为网上拍卖先驱，创下电子商务事业的骄人业绩。该网站 2017 年的净收入已达 93 亿美元，股价也是持续攀升，一时间“eBay 效应”风靡全球。在美国，如今在线拍卖已是大行其道，不仅带动了像 Yahoo、Amazon 这类著名网站，连 Sotheby's 这样的老牌拍卖行也开始投身网上拍卖。

除了这些综合性的拍卖网站之外，在艺术品、汽车、国债、农产品等领域还有一些专业的网上拍卖商。例如，在艺术品方面，Sotheby's 和 Christie 都建立了在线的艺术品网上拍卖站点。在二手汽车拍卖行业中有两大著名的拍卖商：日本的 AUCNET 和美国的 Manheim。AUCNET 是由一位名叫 Fujisaki 的二手汽车经销商于 1985 年创建的，其目标是将计算机和先进的通信技术应用于批发市场中的二手汽车拍卖生意。为阻止日本 AUCNET 公司渗透进美国的汽车拍卖市场，美国人成立了 Manheim 在线（MOL）来销售二手汽车，现在 Manheim 每年大约拍卖 1 000 万辆汽车。欧洲各国在农产品的网上拍卖业方面比较发达，欧洲水产市场每年的交易额高达 100 亿美元，因此一些企业家在欧洲 450 家大型水产拍卖市场建立了网上交易系统；在荷兰，渔民每次出海周期为 5 天，出海 2 天后就开始通过互联网售鱼，5 天后回到岸上，他们的捕捞物也卖得差不多了。在西方国家各个行业中，网上拍卖商正日益发挥出重要的作用。

（二）我国网上拍卖市场现状

近年来，我国的网上拍卖市场呈高速增长态势：2016 年上半年中国拍卖行业成交额达 1 789.89 亿元，同比增幅 0.82%。从业务增幅来看，机动车拍卖业务表现抢眼，上半年成交 55.88 亿元，同比增幅 100.3%。股权、债权拍卖业务表现首屈一指，在 2016 年上半年成交 151.99 亿元，同比增幅 10.96%。拍卖产业结构加速从中低端向中高端发展。

2016 年，拍卖企业积极对接互联网，响应“互联网＋”发展战略，采取“互联网＋拍卖”策略，网上拍卖迎来飞速发展。2015 年中国拍卖行业网络拍卖平台上的成交额为 52.37 亿元，拍卖公告、上拍标的、拍卖场次等均全面增长。统计显示，2016 年淘宝网司法拍卖平台共完成 24 252 件拍品的拍卖。借助中国拍卖行业协会网络拍卖平台，许多拍卖企业积极利用互联网创新，创造出库存化学品拍卖、排污权拍卖等一系列拍卖业务，为社会创造了巨大的经济效益。对于 2017 年网上拍卖行业发展趋势，网上拍卖在政策及行业规范的改革、网上拍卖业务结构的调整、网上拍卖生态系统的打造、网上拍卖发展模式的改革创新等方面，都将迎来巨大的发展机遇。

随着市场经济结构的调整，拍卖企业在朝着专业化、精准化、垂直化方向发展，规模和发展等方面将持续出现分化；同时，拍卖业本身也会继续吸收优秀的资源，积极吸纳国外先进的网上拍卖经验和先进的管理理念，结合国内如火如荼发展的“互联网＋”，进一步拓展国内市场空间，不断推动拍卖活动日常化、快捷化、平民化，使拍卖行业朝着更健康的方向发展。

五、我国网上拍卖面临的问题及其解决办法

(一)网上拍卖的法律风险及其对策

我国《拍卖法》明确规定了个人不能进行拍卖，拍卖企业注册资金至少应为 100 万元，拍卖文物的注册资金应在 1 000 万元之上。虽然《拍卖法》主要规范传统的拍卖，未涉及网上拍卖，但能不能以传统《拍卖法》对其进行规范却在业界不无争议。至少有一点，即个人拍卖(当然指网上个人拍卖，网下个人拍卖非法)很难被法律承认，进行网上个人拍卖有很大的法律与政策风险。而在业界，法律与政策往往是指示灯，有关网上拍卖的法律将如何制定，有关部门和业界尚在讨论中，可见网上拍卖还潜伏着巨大的法律与政策风险。

据国家内贸局的有关人士透露，由于缺乏相应的法律规范，网上拍卖中哄抬价格、恶意竞价、商品资料与实际不符等情况屡有发生，而受害者又找不到相应的说法。为了解决这个问题，有关部门正在制定有关网上拍卖的相关规定和《拍卖法》的实施细则，从法律上规范网上拍卖行为，届时网上拍卖的无序状态将随之结束。

2000 年初，中国香港制定了《电子交易条例》，明确规定了要保留电子交易记录，确定了电子合约的法律效力，也包括电子交易发生时间和地点的确认，最后还有违反《电子交易条例》的责任。我们可以借鉴中国香港与国外的经验，以政府立法的形式对网上拍卖行为加以约束，这将对网上拍卖起到极大的促进作用。广东省在规范电子交易活动的立法上已经走在了前列，在 2003 年初制定并公布实施《广东省电子交易条例》，此条例在规范电子交易活动、维护电子交易正常秩序和促进电子商务(包括网上拍卖)的发展方面起到重要的作用。

(二)网上拍卖的信用困惑及其规范措施

网上拍卖由于基本是通过网站拍卖系统进行的，所以会经常出现“所见非所得”的情况。拍卖物品的质量不如网上所描述的那样、付款不交货等欺诈问题很普遍。这些信用问题主要与网络的特性有关，网络是虚拟的，交易双方可以根本不见面而完全通过网络完成整个交易行为。网站也难以阻止用户以多个用户名注册，而且用户的真实身份有时难以查明，信用制度在中国又很不完善，所以难免会滋生欺诈现象。

解决网上拍卖的信用问题，就是要在网上拍卖的环境中，解决信息的私密性、完整性、不可抵赖性以及身份确认问题，其解决方案是多种多样的。比如，采用电子身份证，这将有助于对网上交易的交易者进行确认，我国目前正在进行智能身份证的建设工作，智能身份证的应用正在试点中；建立认证中心安全认证机制，认证中心实际上起到了信用中介的作用，有了这样的认证机制就能在技术上保证交易信息的真实与完整；还有现在广泛使用的交易者信誉或者诚信评价机制，为诚信度高的交易者提供更多的交易方便条件，同时也要惩罚不诚信的网上拍卖者；增加网上拍卖的透明度，可以通过多媒体技术来展示产品；交易活跃、有良好信用记录的网上拍卖者还可以组成各种网上社团，制止和惩戒各种网上欺诈行为。

(三)网上拍卖的非法行为及其解决办法

基于互联网的开放性，网上拍卖在拍卖方式和拍卖品等各个方面也具有开放性，这将给

网上拍卖的监督和管理带来不利影响，网上拍卖的非法行为也时有发生。在一些特殊的拍卖方式下，拍卖过程和拍卖品是秘密的，这就为网上拍卖的非法行为提供了生存的土壤。比如，有时候拍卖品可能是色情物品或者违禁物品等。又如，曾发生过拍卖“国务院.com”域名的非法行为；还有一名匿名的卖家在 eBay 的德国分站上拍卖人体肾脏，这项拍卖叫价高达 20 万德国马克，他可以在瑞士的苏黎世做肾脏摘除手术，eBay 及时发现并终止了这项拍卖活动。

各种非法活动严重影响和制约了网上拍卖的健康发展，对于网上拍卖的非法活动应当坚决依法禁止和打击。首先，应当规划和制定网上拍卖的有关法律规定，在打击网上非法拍卖活动中做到有法可依；其次，为净化互联网环境，国家有关部门应当支持包括网上拍卖在内的优秀的电子商务企业的发展；再次，拍卖网站应当加强对拍卖过程的监督和检查，实时在线监控网上拍卖活动，剔除不法的网上拍卖活动；最后，强化对网上拍卖交易者的身份认证，加强诚信评价体系的建设和完善。

（四）网上拍卖的征税问题

网上拍卖是当今发展最快的网上业务之一，而且随着网上拍卖主要交易手段的变化、网上交易安全性的提高，网上拍卖将会占到整个电子商务业务量的 30%左右，因此，网上拍卖的税收征管将是未来电子商务税收征管的重要内容。而要对网上拍卖实施有效的税收征管，控制信息流是关键，措施包括修改现有拍卖法以规范网上拍卖、建立有效机制保证安全的网上拍卖环境、修正一些国际税收的原则和简化税制、加强税务部门与银行合作、加强国际税务合作等。

第三节　网络游戏

几年前，传统的单机游戏风靡一时，游戏爱好者在简单的打斗中获得了虚幻世界的满足，但过了一段时间后，单机游戏的模式由于不能满足人们相互交流的愿望及其内容的简单重复，逐渐失去了对用户的吸引力，游戏爱好者期待着新的游戏模式出现。

网络的普及催生了一种新的游戏运作模式——网络游戏。网络游戏的出现，使得玩家能够实现广泛的沟通、协作与竞争，进而产生一种全新的感受，所以很快就得到了广泛的发展，成为许多人消遣娱乐的主要途径，并形成了以其为核心的“网络文化”。《2017 年中国游戏行业发展报告》显示，从实际营收来看，2017 年中国游戏市场实际销售收入达到 2 036.1 亿元，同比增长 23.0%。中国移动游戏全年营收约为 1 122.1 亿元，同比增长 38.5%，占网络游戏的市场份额达 55.8%；自主研发网络游戏市场实际销售收入达到 1 397.4 亿元，同比增长 18.2%。从游戏市场占比来看，2017 年移动游戏市场实际销售收入 1 161.2 亿元，份额继续增加，占 57.0%；客户端游戏市场实际销售收入 648.6 亿元，份额减少，占 31.9%；网页游戏市场实际销售收入 156.0 亿元，份额大幅减少，占 7.6%；家庭游戏机游戏市场实际销售收入 13.7 亿元，份额有所增加，占 0.7%。网络游戏市场具有巨大的潜力，且拥有多种多样的模式，有可能创造大规模的盈利。

一、网络游戏的定义及分类

（一）网络游戏的定义

网络游戏也就是人们一般所指的“在线游戏”，是通过互联网进行、可以多人同时参与的电脑游戏，通过人与人之间的互动达到交流、娱乐和休闲的目的。在互联网（局域网）技术出现之前，电子游戏都可以归于单机版游戏，即“人机对战”游戏，或最多是四人对战游戏。而随着互联网技术的出现，通过连接游戏服务器，上百、上千乃至上万的游戏玩家同时连线娱乐成为现实，这就大大增加了游戏的互动性、真实性，丰富了电子游戏的内涵。

（二）网络游戏的分类

对于网络游戏，目前业界还没有一个比较统一规范的分类。这里，我们将网络游戏分为角色扮演类、棋牌类和休闲类。

1. 角色扮演类

角色扮演类游戏就是游戏玩家把自己当作游戏中的人物操控游戏。近两年来，角色扮演类网络游戏蓬勃发展，例如，盛大目前运营的网络游戏“热血传奇”、“传奇世界”等，就属于角色扮演类网络游戏。数据显示，“热血传奇”、“奇迹”和“大话西游”几乎占据了中国网游的半壁江山，而它们都是角色扮演类游戏。角色扮演类网络游戏有精彩的故事情节，有复杂的任务、图像和精美的音乐，强调人与人之间的互动，游戏有极高的耐玩性，可以实现部分玩家在虚拟世界的梦想，所以无疑是目前网络游戏领域最成功的游戏类型。

2. 棋牌类

除了角色扮演类，棋牌类游戏是传统的竞技项目，目前最热衷此类游戏的是30岁至60岁的人。出现这种现象，与他们当时所处那个时代娱乐活动较少有关。这里值得一提的是，这群受众的事业和生活均趋于稳定、成熟状态，可以说是最具消费能力的网民。和角色扮演类游戏相比，棋牌类游戏的优势是：以脑力思考为主，对观察力和反应力要求不高，是一种相对轻松的悠闲游戏；游戏本身广为人知，适合各种性别、年龄的玩家。

3. 休闲类

休闲游戏能够让玩家在玩的过程中体会到悠闲舒适的感觉，从而缓解工作和生活的紧张；也就是说，休闲游戏是由游戏造成的心理结果来定义的，它应该看作不同类型游戏的一种新的集合。休闲游戏的形式可以有各种各样的，如益智类的拼图游戏、博弈和纸牌类游戏、带喜剧成分的工作游戏等。从目前休闲游戏的项目来看，大部分是益智类项目。事实上，棋牌类游戏也属于休闲类游戏。

二、网络游戏的特征与本质

（一）网络游戏的特征

在游戏的过程中，人们共同遵守既定的规则，剔除了个人的好恶，在这一点上与现实中的“游戏”规则是一样的，但也与现实中的“游戏”有如下不同：

1. 网络游戏的虚拟性

在现实的游戏中，人们需要进行实质性的物理接触；而网络游戏则无须对参与者进行现实身份的鉴定，大家撇开了年龄、性别、职业、地位等客观制约因素，在一个游戏中平等相处。身在其中的人们可以放下现实中的种种“面具”，大家都显得那么“平易近人”。虚拟环境中，人们可以随意设定自己的性别、姓名和经历等要素，而在现实的游戏中，这些是根本不可能实现的。因此，这种虚拟的“平等”使得网络游戏风靡全球。

2. 网络游戏的无限性

在现实的游戏中，种种客观因素会或强或弱地影响到游戏的进程；而网络游戏撇开了时空的界限，人们可以不分时间地连续“作战”，直至游戏者受生理和心理等现实条件所限而“被迫”下线，个人游戏才到此结束，线上的游戏则继续它的进程。

3. 网络游戏的无序性

在网络中，人们具有更大自由度，现实中的尔虞我诈在网络中会被无限"放大"。所谓公共道德和社会常识，在网络游戏中基本处于"空白"，其无序性暴露无遗。这也是网络游戏吸引庞大受众的重要原因，即人们身在其中可以"无拘无束"、"无法无天"。

（二）网络游戏的本质

可以说，人类的社会活动就是一种广义上的"游戏"。由于网络的出现，游戏的内容和形式变得丰富起来，人们也不再满足于从现实的游戏中得到身心上的愉悦，而是把目光集中到了虚拟世界里的游戏上。游戏是没有任何界限的，现实世界里的游戏如此，虚拟世界里的游戏亦是如此。网络游戏嫁接了网络的传播优势和游戏的文化意义，有效地应用了以计算机技术和网络通信技术为核心的信息技术，为人们提供了"真实"的虚拟场景，使其充分体验到愉悦、刺激与成就感。这种体验是现实的游戏所无法提供的，从一个侧面也说明了网络游戏的巨大优势：人们在虚拟世界里的游戏中可以找到自己本真的影子、代言人；人们可以将自己内心的愿望、倾向、目标等意识都虚拟地赋予"它"——网络游戏中的角色，通过人们对鼠标和键盘的操作，加之本身具有的人生经验，共同发挥作用将游戏进行到底。网络游戏受到越来越多人的青睐，也要归功于此。

虚拟世界里不能没有游戏，缺少了网络游戏的虚拟世界是乏味的；网络游戏的产生为虚拟世界的繁荣发展注入了无限的活力和精彩。虽然游戏有广义和狭义之分，但网络游戏为现实中的人们提供了一个展现、思索和回顾自我的机会。人们进入虚拟世界的目的之一就是寻求一种内心的平衡，这是信息化时代下人们解决现实中矛盾的新形式、新方法，也属于生存内容的一部分。

三、网络游戏的危害及其对策

（一）网络游戏的危害

1. 混淆虚拟游戏与现实生活

现在网络游戏大多根据学生好奇冒险的心理特点设计，具有互动性、仿真性和竞技性，玩游戏的人可以在网络的虚拟世界里和不同的玩家于同一时刻玩着同一款游戏，获得身临其境的逼真娱乐体验，被认为是当今最好玩的游戏。在游戏中，场面惊险刺激，一关接着一关，引着你玩下去，要想"通关"，就得连续"奋战"。这虽不像对烟、酒、毒品等物质的依赖性强，但在虚拟世界的信息刺激下，玩者普遍会感受到在现实世界体会不到的快感，随着乐趣不断增强，就会欲罢不能，久之成瘾。

2. 影响青少年的道德认知

网络信息具有跨时空性和模拟再造性的特点，它对青少年认知结构的发展具有一定的积极作用；网络信息是多媒体信息，但它本身有一定的缺陷，对青少年认知结构的形成也具有一定的消极影响。网络游戏一般以"攻击、战斗、竞争"为主要成分，青少年长期玩枪战、飞车、砍杀、爆破等游戏，在游戏中尔虞我诈、弱肉强食、勾心斗角，会使他们模糊道德认识，淡化游戏虚拟与现实生活的差异，误认为这种通过伤害他人而达到目的的方式是合理的。因为玩电子游戏而引发的道德失范甚至违法犯罪的问题正逐渐增多。

3. 对青少年心理产生不良影响

玩网络游戏可以让青少年学生暂时忘掉现实生活中的苦恼，进入自我主动权较大的游戏虚拟世界。他们成了掌握一定权力、富有智慧、勇敢而又灵活的英雄，现实生活中失去的自信在这里找到了。因而在接触网络游戏后，他们很容易形成心理依赖，这种心理依赖最后的结局往往是生活中越不成功，越依赖电子游戏满足各种心理需要；越依赖电子游戏，就越不关心如何改变现实，由此形成一种危险的恶性循环。

4. 危害青少年身体健康

网络成瘾不仅影响青少年的心理，还影响青少年的身体健康，尤其是引起植物神经紊乱、体内激素水平失衡，使免疫功能降低，引发心血管疾病、胃肠神经官能症、紧张性头疼、焦虑、忧郁等，甚至可能导致死亡。同时，由于玩游戏时全神贯注，身体始终处于一种姿态，眼睛长时间注视显示屏，会导致视力下降，眼睛疼痛、怕光、暗适应能力降低，脖子酸痛，头晕眼花等症状。

5. 对学习的影响

青少年学生因迷恋网络游戏造成学习成绩下降，甚至旷课、逃学的现象日益普遍。很多孩子一玩就上瘾，简直到了不能自拔的程度。据调查，在中学生网络游戏玩家中，有 80%的同学成绩处于中下水平，在这 80%中有超过一半的同学是因为玩网络游戏而成绩下降的。这些同学之所以成绩下降，往往是因为太过于沉迷游戏，沦为了“游戏瘾君子”，几乎无时无刻不在想着游戏中的情节，想着如何去战胜别人、如何多练级数，甚至如何去盗取别人的账号等。

6. 国外不良文化的入侵

在游戏的研发过程中，设计制作者会不知不觉地把自己的世界观融入其中。在引进国外网络游戏过程中，其民族文化中不好的一面也被带了进来，这无论是对游戏界还是对整个世界的年轻一代，都会有负面的影响。

（二）网络游戏的对策

1. 加强监管，创建良好的社会文化环境

2005 年 7 月，《中共中央国务院关于进一步加强和改进未成年人思想道德建设的若干意见》由文化部和信息产业部共同颁布。这是国家关于网络游戏的管理政策。之后推出的“网络游戏防沉迷系统”则直接要求限制网络游戏的时间。同时，社会各界要为未成年人创造优良的网络文化环境，把网络游戏作为一项文化产业，组织开发主题健康、情节生动、受青少年喜好的游戏产品，防止不健康游戏的泛滥。当年新闻出版总署的“中国民族网络游戏工程”就是大力组织开发具有我国文化特色、主题积极、内容健康而又情节生动的网络游戏产品，阻止不健康的进口游戏泛滥，创建良好网络环境的实际行动。

2. 开展预防和救助行动

通过各媒体宣传普及未成年人心理健康知识，开设未成年人“网络成瘾症”的心理咨询热线；建立“未成年人心理健康咨询与指导中心”，聘请专业心理工作者进行咨询指导；建立救助网站；加强心理咨询和心理治疗人员的培养，以尽快在数量和质量上满足社会需求。

3. 加强家庭教育指导

首先，要提高家庭教育水平。家长在教育孩子摆脱对电子游戏的依赖性时，不应依靠打骂孩子，而应对症下药。对已经上瘾的孩子，有效办法就是让他们在现实生活中找到自信，获得成功。经常鼓励和赞扬孩子的每个微小的进步和优点，帮助孩子实现某个计划，鼓励孩子改善与他人的关系等，让他在现实生活中体验到成功感和受重视感。

其次，要投入时间和精力。在网络世界遨游的孩子们需要被精心呵护，需要家长时间和精力的投入。家长对孩子关爱不够将可能导致孩子在网络世界的迷失。家长要对孩子的网络生活进行合理安排和计划，总的原则是：内容要取舍、时间要适度、关爱要到位。

最后，家长要起到表率作用。有的家长自己沉湎于网络游戏、网络聊天等活动，孩子一旦有机会便会效仿；而且，这些父母对孩子进行批评教育的效果也会大打折扣。

4. 加大学校教育投入

为了减少青少年网络成瘾现象，学校在开设网络课程的同时，要对学生进行法制教育、网德教育、责任意识教育和自我保护意识教育。充分发挥校园网的教育作用，引导学生把互联网作为学习知识、获取信息、培养创造力的工具。学校在宣传普及未成年人心理健康知识时，开设未成年人"网络成瘾症"的心理咨询热线；实施正确的上网教育，使青少年正确认识和使用互联网，成为网络的主人，让互联网活跃在青少年生活中，而不是青少年沉溺在网络生活中。教师要关注学生的网上生活，教育学生学会选择，提高自控能力。对经常"泡"网的学生，教师要通过大量事实让学生认识到"泡"网的危害性，提高学生抵制不良影响的自觉性，同时进一步丰富学校的课余文化生活，经常开展适合学生年龄特征的、内容健康而又趣味性强的文娱体育活动，把学生吸引到老师的身边来。教师要正确对待那些上网成瘾的学生，加倍关心他们，爱护他们，千万不能对他们揪住不放，更不能有成见。

第四节　网络出版

网络出版是伴随着互联网技术的发展而出现的一种新型的电子出版形式，是与单机型的电子出版相对的一个概念，并已经形成强大的发展势头，正日益改变和影响着人们的阅读习惯、消费结构和认知取向，这些变化给传统出版业带来的影响和冲击是显而易见的。目前国际上有影响的期刊基本上都已实现了网络出版。2004 年 1 月，新闻出版总署批准设立了首批 50 家互联网出版机构，这标志着我国第一批网络出版合法主体的诞生。截至 2016 年底，国内数字出版产业累计用户有 16.73 亿人，全年产业整体收入 5 720.85 亿元，比 2015 年增长 29.9%，呈现持续增长态势。网络出版的迅猛发展对传统出版业造成一定影响。2016 年互联网期刊、电子图书、数字报纸的总收入为 78.5 亿元，在数字出版总收入中所占比例为 1.37%。

一、网络出版的定义

(一)狭义的网络出版

狭义的网络出版是指具有合法出版资格的出版机构以国际互联网为载体和流通渠道出版并销售数字出版物的行为。网络出版物就是网络出版的直接产品和最终表现形式，包括印刷版图书的电子版、纯网络出版的电子图书(即没有相应印刷版的出版物)、个性化按需印刷定制的网络出版物以及通过 E-mail 发给网络图书订户的图书资源电子文件等。由于限定了出版者需要是具有"合法出版资格"的"出版机构"，并且要求有"销售数字出版物"的行为，所以这个定义还是受传统出版概念的影响比较深，可以说是传统出版概念在网络时代的一种延伸。

(二)广义的网络出版

广义的网络出版是指利用互联网创建、管理和传递(或访问)数字内容，并为组织或个人创造价值的过程和技术。这一概念在 2000 年初由 Adobe 公司倡导，也同时获得一些 IT 企业的协力推广。首先，它将出版者不限定于出版机构而拓宽为组织或个人；其次，它不强调"销售"行为而转以"为组织或个人创造价值"取代，这里的价值可以是经济利益，也可以是社会利益，不仅是给出版者创造价值，也给其他组织或个人创造价值。可以看出，网络出版的广义定义其实就是对出版行为的广义定义：将信息公布于众并创造价值。从这一点看，网络出版的概念与网络传播的概念又有融合的趋势。

二、网络出版的类型

根据网络出版的定义,网络出版可以分为以下几种:

(一)Web 出版

Web 出版是指利用 Web 系统运行的各种网络出版形式,由内容、形式、功能三要素构建平台,完成出版目标。这是目前网络出版最主要的应用形式。Web 技术在 W3C(World Wide Web Consortium,万维网联盟)的领导下发展迅猛,而 Web 系统的基本运行机制、Web 的扩展以及 XML(Extensible Markup Language,可扩展标注语言)构成了 Web 出版的技术核心。由于 XML 具有可扩展性、结构性、自我描述性,并采用资料和样式分离原则,使其在资料的管理、交换上拥有极为卓越的性能。Web 出版实质是 Web 网站的建设,涉及网站设计、制作等一系列问题。

(二)网络多媒体出版

网络多媒体出版是指网络环境下的多媒体出版,这种网络出版形式是网络通信技术与多媒体技术的有机结合。随着各种网上数字媒体的制作技术和相关编辑软件不断升级,交互式多媒体应用接口日益完善,多媒体网络出版物的质量和效果也在提高,成为最富创造性、最具魅力的数字内容。网络多媒体出版是网络出版技术的核心内容和网络出版应用的关键部分。

(三)网络数据库出版

在所有与网络出版有关的技术领域中,数据库的存储和管理是最早利用、最有价值的技术之一。网络数据库出版的技术基础是网络数据库,包括其基础结构、关系型数据库、SQL 技术以及 Web 数据库访问技术。

(四)交互式出版

随着网络带宽的增加、宽带网络的进一步普及,数字内容和服务不仅会持续增多,其交互性也势必增强。交互式网络出版的模式与应用包括搜索引擎、即时消息服务、网络游戏、网络远程教育、网络远程医疗、视频点播、网络视频会议、网上购物、网上证券服务、网上金融服务以及网络多媒体打印等服务。

(五)自行出版

自行出版又称为"自助出版"、"个人出版"。这种模式下,作者自己出资出版作品,也就是说作者就是出版人、发行人。由于电子书、按需印刷技术和互联网的发展,个人具备了印刷、销售和推广自己作品的条件,在 Xlibris、iUniverse 以及 Fatbrain 等网络公司的支持下,各种自助风格的出版社如雨后春笋般涌现出来,人人都可以出书。在自助出版的领域,可以不用再与出版社之间为了首次印刷图书的数量和自己包销的比例等反复交锋,作者需要做的只是把书稿交给自助出版商就可以了,没有最低印刷数量,也不需要作者自己包销作品,一本书也可以出版。

(六)网站代理出版

网站代理出版是互联网公司从出版商、作者或电子出版物商店获得制作代理权以后,将网络出版物放在该网站上供下载或读者直接浏览的网络出版模式。这种模式主要是对传统出版的数字化和网络化,更多地表现为互联网公司将非数字型出版物进行数字化加工,并将加工成数字出版物的具有自己版权的产品出版于自己的网站上,通过自身开发或认可其他的阅读软件和版权保护软件供读者使用。如国外的 Google,国内的新浪、百度以及北大方正、清华同方等,都大量采用此模式进入出版领域。

（七）手机出版

手机出版是指将文字、图片、音频、视频等表现形态，经过数字化编辑加工制作成数字出版物，以有线或无线的方式传递给手机用户的出版活动。简单地说，手机出版就是出版者将内容数字化，并借助手机移动通信平台传递给终端用户的一种新型出版形式，如手机报纸、手机小说、手机招聘广告、手机读物、手机视频等。

（八）博客出版

Blog(Web log)译为网络日志，是一种表达个人思想的网络链接、内容按照时间顺序排列，并且不断更新的出版方式。博客是互联网上最新的发展潮流，是继 E-mail、BBS、ICQ(IM)之后出现的第四种网络交流方式，它具有即时、互动、开放、个人化、多媒体性等特点。传统图书媒体把关严格、出版流程规范、发行渠道通畅，但是呈现方式线性化、单一化，读者不能即时参与互动，反馈延迟，具有较大的风险性。而博客正好弥补了这些不足，在博客领域，作者、读者没有绝对的界限，任何有写作能力的人都可以成为作者，同时由于网络的互动优势，阅读者可以即时参与评论，以留言形式将意见反馈给博客作者，博客作者据此补充、调整、修改，利用博客的自发评价体系降低了出版风险性。可以说，两者的结合实现了博客和传统图书媒体的资源整合，集结了这两种媒体特性之长。

三、网络出版物的阅读

网络出版越来越受到人们的关注，已成为冲浪一族不可分割的一部分。人们主要通过以下方式进行网络出版物的阅读：

（一）在线阅读

在线阅读即利用计算机和互联网以在线的形式对数字化的电子出版物、网络出版物进行阅读。这种方式以互联网为出版物载体，无须将出版物下载到任何形式的载体上，直接通过浏览器、阅读器等阅读软件进行阅读。

（二）移动阅读

移动阅读即利用掌上电脑、笔记本电脑、eBook 阅读器、PDA 等设备中的阅读软件，对存储在光盘、磁盘、集成电路卡载体上的电子出版物进行阅读。目前国外一些公司，如 Microsoft、Adobe 等正在着手研究电子纸、电子书的软件和相关标准。在国内，2017 年第三季度中国移动阅读市场主流移动阅读应用中，QQ 阅读以 262.95 次人均启动次数位居榜首，掌阅 iReader 人均启动次数达到 230.72 次，位居第二。2016 年我国移动出版收入约 1 399 亿元，移动出版已经成为数字出版的重要方向，具有雄厚的发展潜力。

（三）手机阅读

手机阅读具备在线阅读和移动阅读双重功能。利用无线通信技术，手机的受众资源丰富，信息传播方便，传播功能全面。其发送的不是短信意义上的文字，而是一个多媒体数据包，这个多媒体数据包包含了图片、文字、声音、动画等，用户不仅可以去看、去听，而且还可以借助图片和动画等形式更深刻地去理解，充分调动受众的视听器官，实现多维阅读。其阅读对象有手机报纸、手机杂志、手机电视、手机电影、手机小说、手机搜索下载等。

四、网络出版的优势与缺陷

（一）网络出版的优势

（1）物流成本低。网络出版不需要运输、库存，不需要物流费用，而且库存永远充足。

(2)加工制作方便。网络出版的数字内容的更正、修订、改版易如反掌,不需要重新出片、打样、输出、装订等烦琐的过程。对于短版、几乎绝版的图书,网络化的出版、发行方式显得更加实用、可行。

(3)价位低。由于网络出版是直接面向读者,缺少了一些中间环节的支出,使得同样的内容,在网上观看或通过网络购买所需的费用仅相当于购买同等纸质图书的30%~70%。

(4)检索方便。通过关键字词的查询,可迅速找到所需内容,这是网上图书相对于纸质图书最显著的优势。

(5)阅读空间大。读者不必受限于时间和空间,无论在世界的哪个角落,无论想看多久以前的书,都可从网上下载或通过网络订购。可以说,网络出版使出版真正成为不绝版的出版。

(6)节省资源。纸介读物消耗了大量森林资源,也造成了严重的环境污染。目前的网上售书不过是网络出版一个环节上的一种模式,尚未脱离传统的实物载体,但未来的网络出版将完全摒弃传统模式,使图书完全实现在网上下载发行,使出版成为信息在虚拟世界中流通的一种模式。从这个角度看,网络出版将是一种真正意义上的绿色产业。

(二)网络出版的缺陷

虽然网络出版会给出版业带来重大变革,但是,究竟什么时候电子信号能取代白纸黑字现在还难以确定,网络出版目前仍面临着许多问题。

(1)版权保护。借助计算机信息网络技术,可以省去作品出版、发行等中间环节,但是网络上的传输、复制、上传、下载等又不能不涉及网络空间著作权保护的许多问题。网络使得每一个人可以成为出版者,那么作品数字化以后,形成网络作品,这种新的载体形式将产生许多法律问题。

(2)阅读习惯与支付习惯。尽管有越来越多的人习惯于从网络中获取免费或者是收费极低的丰富信息,但是人从习惯于阅读印刷物转移至观看屏幕仍需要一定的时间,很多人仍然习惯于在床上躺着看书、上洗手间时看书、在车上看书。而且虽然网络上的资料随手可得,但是计算机无法随身携带也令当前的网络出版有些英雄气短。

在网络出版的支付行为中,用户只能通过信用卡或网上银行实时付款,才能进行下载并完成交易过程,这是网络出版的显著特征之一。虽然人们津津乐道于网上冲浪、网上聊天,但是毕竟手持钞票买卖交易已成了习惯,要改变还真不容易,相对于网络其他优越的功能而言,网上银行和网上信用卡的交易形式被人们接受显然要慢半拍。

(3)技术问题。由于网络上直接以文字格式传递订单资料,且信用卡落入他人之手的风险非常高,因此有效解决网络出版中的资料安全技术问题也是颇具挑战性的工作。

网络出版仅能使用计算机系统内定的字体,其他字体无法显示,而且,浏览计算机系统不支持的语言会产生乱码,这同样是不利于网络出版发展的技术问题。

第五节 网络团购

一场互联网引发的消费革命——网络团购,在国际上通称为B2T(Business to Team)。随着中国电子商务的繁荣发展,网络团购在中国网民中非常盛行。

一、网络团购概述

(一)网络团购的概念

团购即为一个团队向商家采购,国际通称B2T,是继B2B、B2C、C2C后的又一电子商务模式。所谓网络团购，是指一定数量的消费者通过互联网渠道组织成团，以折扣价购买同一种商品。这种电子商务模式可以称为C2B(Consumer to Business)，与传统的B2C、C2C电子商务模式有所不同，它需要将消费者聚合才能形成交易，所以需要有即时通信(Instant Messaging)和社交网络(SNS)作支持。

网络团购产品逐渐从最初的单一化向多样化、从小物件逐渐向大件过渡，小到图书、软件、玩具、家电、数码、手机、电脑等小商品，大到家居、建材、房产等价格不是很透明的商品，都有消费者因网络聚集成团而购买。不仅如此，团购也扩展到个人消费、健康体检、保险、旅游、教育培训以及各类美容、健身、休闲等多个领域。

（二）网络团购的分类

网络团购的主体大体可以归为三类：消费者、销售者、组织者。三类主体结合方式的不同，也决定了网络团购具体形式的不同。

1. 消费者主导的网络团购

在消费者主导的网络团购中，所有参与网络团购的都是消费者，组织者作为消费者之一通过网络将零散的消费者组织起来，以团体的优势去与销售者谈判，从而获得比单个消费者优越的购买条件。

2. 销售者主导的网络团购

在销售者主导的网络团购中，销售者通过网络发布团购信息，邀请消费者参与团体采购，而销售者自愿将价格降到比单个采购更低的水平。因为消费者采购数量大，从而也保证了销售者的更大利润。

3. 组织者主导的网络团购

在组织者主导的网络团购中，除了消费者和销售者以外，尚有专业的团购组织。专业的团购组织并不是消费者，也不是销售者，而是为了帮助消费者购买而提供服务的组织。当然，此种形式的组织者也可能是自然人个人。

（三）网络团购的优势

网络团购改变了传统消费的游戏规则，团购最核心的优势体现在商品价格更为优惠上。根据团购的人数和订购产品的数量，消费者一般能得到5%～40%不等的优惠幅度。网络团购的主要优势表现在以下几个方面：

1. 降低交易成本

团购价格低于市场零售价。团购的实现基础在于消费者数量增加，团购设置了一个最低参与人数，只有参与团购的人数达到这个人数，交易才能达成。因为团购人数较多，所以消费者可以得到接近批发的价格，这个价格远远低于单独购买的零售价，从而降低了交易成本。低价本身即是电子商务兴起时的一大吸引点，团购模式较好地延续了这一优势。

2. 产品质量和服务得到保障

团购的发起者一般具有较强的鉴别能力，加上Web2.0环境下，消费者可以通过互联网实时对商品进行评价并与其他消费者沟通，从而使消费者能够充分了解商品的信息，在购买过程中居于主导地位。此外，团购的数量较多，所以消费者团体在遇到交易纠纷时，比单个消费者具备更大的维权能力，从而更多地保护自身利益。

3. 满足消费者个性化需求

在传统消费模式中，消费者需要花费很多时间去挑选商品。而团购网站会根据消费者的浏览和购买历史推断其消费偏好，有针对性地提供推送服务，既节省了消费者的筛选时间，避免了消费者受到海量冗余信息的干扰，又可以与有相同爱好的消费者一起团购，享受价格上的优惠。

二、网络团购的业务流程

网络团购的业务流程主要包括两类：服务类商品业务流程和实物类商品业务流程。

（一）服务类商品网络团购业务流程

（1）商户与团购网站进行合作沟通，进行团购合作商谈，确定商品种类、团购数量（上下限）及团购价格。

（2）由商户向团购网站提出商品展示要求，并提供商品图片，团购网站进行商品展示，或加入其他评论信息。良好的商品展示是吸引消费者的重要因素，对于刺激消费者购买具有重要作用。

（3）消费者通过直接访问团购网站或团购导航网站查看各类团购信息，或以邮件、短信、社区网站分享链接等方式获得团购信息，消费者在团购网站进行注册，通过网上银行或第三方支付提供商完成支付。

（4）在消费者成功支付后，团购网站向消费者即时发送电子商务优惠券，主要为手机短信认证方式。由于团购过程是在一个时间段内进行，为确保三方利益，团购网站与商户之间通常采用分期结算货款的方式进行资金结算。具体实践中，部分团购网站采用 5∶4∶1 的做法，即网络团购活动停止后第二天结算 50％货款，中间某一时间结算 40％货款，活动截止日结算剩余的 10％货款。

（5）消费者在取得团购网站发送的电子商务优惠券后，凭短信或打印的纸质优惠券到商户进行消费。

（二）实物类商品网络团购业务流程

（1）与服务类商品团购相比，实物类商品商户与团购网站在合作沟通时，不仅要确定商品的种类、数量、价格，还要确定物流配送问题。

（2）商品展示、信息查看及购买支付都与服务类商品团购一样，详细流程见服务类商品团购业务流程。

（3）消费者成功支付货款后，即可在个人账户中看到订单信息。

（4）物流配送商同商户或团购网站沟通合作，将商品送达消费者手中。

（5）商品送达后，消费者进行签收，与传统网购不同的是，网络团购不支持货到付款。

（6）团购网站与商户进行货款结算，结算方式同服务类商品团购业务流程一样。

通过以上流程的分析，可以很清晰地了解团购行业中整个物流、信息流及资金流的流程。在整个流程中，只有商品、信息、资金的充分整合，才能够保证团购的顺利进行，任何一个链条出现问题，都会影响整个团购过程。对团购企业来说，势必影响其为消费者提供的服务；而对于消费者在团购过程中出现的物流问题或在消费体验过程中出现的问题，都会使其对团购网站的态度受到消极影响。可见团购企业若想提供优质的服务，并充分发挥企业自身的核心竞争力，就必须对物流、资金流及信息流中的风险因素制订完善的处理方案。

三、网络团购的盈利模式

目前在团购类网站中，相对成熟的盈利模式主要有以下 6 种：

(一)商品直销

以“团购”的名义直接在网站上录入商品信息进行直接销售,这里的货源也可以是自己进货,或跟商家合作代销,直接获得商品销售利润。商品直销是在网站运作中实现基本盈利的传统方式。

(二)活动回扣

网站作为商家与买家的中间桥梁,组织有共同需求的买家向商家集体采购,事后商家向网站支付利润回报,即大家生活中常见的“回扣”形式。千万不要小看这个“回扣”,它是最有可能成为最大收益的方式之一。团购商品小到生活用品,大到电器、建材、装修、汽车、房产等,如果你成功组织了一个大型采购团,如买车团、买房团,仅一次活动的商家利润回报小到上万元,大到十几万元甚至更多。现在一些大型团购网站号称有千人团购会甚至有万人团购会,这种大规模的采购产生的利润回报可想而知。

(三)商家展会

不定期举办商家展览交流会,商家可以借此机会进行新产品的推广、试用,面对面与客户交流、接受咨询与订单,并借此了解客户的需求与建议。网站向商家收取展位费,获得收益。

(四)广告服务

团购类网站除了具有区域性特征外,其受众一般是具备消费、购买能力的人群,对于商家来说,定位精准,目标明确,成本低廉,故必将成为商家广告宣传的最佳平台。

(五)售会员卡

“VIP 会员”是用来凸显用户“尊贵身份”的常见方式,在年轻人特别是学生人群中非常受欢迎。团购网站可以通过发放会员卡的形式来让用户提升“身份”,网站可以为持卡会员提供更低廉的商品价格、更贴心的服务,可以让持卡会员直接在合作的商家实体店铺进行“团购”。

(六)分站加盟

如果当网站发展到一定规模,无形中已经在为你做项目招商,此时可以提供授权给加盟者成立分站,为加盟者提供网络平台、运作经验,并共享网站品牌等。在获得加盟费的同时,也扩大了自身规模的影响力。

团购网站的运作、盈利模式不限于以上 6 种,根据自身的发展状况、环境特点、创新,可以形成更多的盈利方式,如为商家、买家提供更丰富的增值服务等。

四、网络团购的风险

作为一种新兴的消费方式,网络团购目前还没有相关的规则来约束它,因此,诈骗案也屡见不鲜。对此,网络团购作为一种消费方式,消费者在选择网络团购以获取价格优惠的同时,更应该全面考虑,对于交易要小心谨慎。

网络团购目前存在着一些陷阱。例如,建材、家具等行业的产品价格缺乏透明度,有的商家暗地里拉高标价再打折,这样消费者就很被动。有的网络团购是由隐藏在背后的商家发起的,这样的团购其实就是促销。

此外,网络团购还存在售后服务不完善等问题。因此,消费者在参与网络团购,尤其是购买一些大件商品时,一定要咨询律师或其他相关人士,以避免不必要的麻烦。消费者还要关注商家的专业水平、售后服务等信息。参加团购时,要避免将钱款交付给代购者。

网络团购毕竟只是出于某一特定目的而临时组织的松散团体。现实中,团购者交易成功后就分散了,售后一旦出现纠纷,往往难以再组织起来,这给消费者日后的维权行动带来了困难。因此，网络团购的参与者还应该想办法签订团购协议来规避各种风险。

为了确保购物安全，消费者在选择团购方式以获取优惠价格的同时，对团购平台的选择也应该谨慎小心。选择专业、信誉高的平台发起团购或参加团购，可以提高网购安全系数，团购产品的质量及售后服务也能有所保障。

本章小结

网上购物就是交易双方从洽谈、签约到货款支付、交货通知等整个交易过程通过 Internet、Web 和购物界面技术化的 B2C 模式一并完成的一种新型购物方式，是电子商务的一个重要组成部分。网上购物具有没有营业面积限制、没有时间限制、购物成本低、价格相对较低、库存小、资金积压少、商品信息更新快等优势，同时也存在信誉度、网上支付、网络安全、配送以及缺少直接购物体验等问题。

网上拍卖是指通过 Internet 实施的价格谈判交易活动，即利用互联网在网站上公开发布将要招标的物品或者服务的信息，通过竞争投标的方式将它出售给出价最高或最低的投标者。常见的网上拍卖方式有英式拍卖、荷兰式拍卖、封标拍卖，此外，还有双向拍卖和逆向拍卖等多种形式。

网络游戏是通过互联网进行、可以多人同时参与的电脑游戏，通过人与人之间的互动达到交流、娱乐和休闲的目的。网络游戏可分为角色扮演类、棋牌类和休闲类。网络游戏特征主要是虚拟性、无限性和无序性。网络游戏的实质是为现实中的人们提供一个展现、思索和回顾自我的机会。

狭义的网络出版是指具有合法出版资格的出版机构以国际互联网为载体和流通渠道出版并销售数字出版物的行为。网络出版物就是网络出版的直接产品和最终表现形式，包括印刷版图书的电子版、纯网络出版的电子图书(即没有相应印刷版的出版物)、个性化按需印刷定制的网络出版物以及通过 E-mail 发给网络图书订户的图书资源电子文件等。网络出版物可以在线阅读、移动阅读和手机阅读。

团购即为一个团队向商家采购，国际通称 B2T，是继 B2B、B2C、C2C 后的又一电子商务模式。所谓网络团购，是指一定数量的消费者通过互联网渠道组织成团，以折扣购买同一种商品。

关键术语

网上购物　网上拍卖　英式拍卖　封标拍卖　荷兰式拍卖　双向拍卖　逆向拍卖
集体议价　网络游戏　网络数据库出版　网站代理出版　网络多媒体出版　网络出版
交互式出版　自行出版　Web 出版　手机出版　博客出版　团购

课堂讨论

1. 试说明新兴电子商务消费模式给当今的消费者带来的冲击。
2. 英式拍卖和荷兰式拍卖有何区别？网上拍卖通常采用哪种方式？
3. 网络游戏在学校教育中起到怎样的作用？
4. 网络游戏对青少年有何危害？应采取怎样的方法来避免其害？
5. 与传统出版相比，网络出版有何优势？有哪些不足？
6. 讨论我国现有的团购网站，分析其盈利模式有哪些。

网上实践

1. 登录 https://www.taobao.com/和 https://www.jd.com/，了解并对比两个网站的定位、特点以及优势和劣势。

2. 假如你需要在网上购买《七剑》的 DVD，请搜索国内的 B2C 网站（至少 5 家），比较各自的报价，考虑邮寄等手续费因素，决定你的购买决策，并将购买过程写成简单的报告。

案例分析

美团网的团购战略分析

美团是中国大陆地区第一个精品团购形式的类 Groupon 电子商务网站。美团网在北京、上海等多个城市设有分站，每天推出一款超低折扣的本地精品消费的团购服务。它由创始人王兴于 2010 年 1 月建立，2010 年 3 月 4 日正式上线。目前，美团系列 APP 包括美团团购、美团外卖、猫眼电影、美团点评等 13 款应用。作为国内成立最早、综合实力最强的团购网站，美团网一直遵循的是“消费者第一，商家第二，美团第三”的理念。

2014 年美团全年交易额突破 460 亿元，较上年增长 180%以上，市场份额占比超过 60%，其中 2014 年 12 月的交易额就超过了 63 亿元。移动端的交易额占比达到 90%以上，用户量已经超过了 2 亿人。2015 年 1 月 18 日，美团网 CEO 王兴表示，美团已经完成 7 亿美元融资，美团估值达到 70 亿美元。2015 年 10 月 8 日，美团和大众点评联合发布声明，正式宣布达成战略合作关系。

一、目标用户

美团网的目标群体为 18～40 岁之间的、有接受一定文化教育的中产或中产以上的阶层。这部分人群具有强大的消费力，也是当今网民的主体，其客户的定位是比较清晰的。美团网将顾客细分成两类，针对不同的顾客构建不同的营销模式，具体为：

（一）线上顾客

线上顾客又分为线上已消费顾客和线上尚未进行消费顾客两类，线上已消费顾客即是当前美团网的主要顾客群体。

（二）线下顾客

线下顾客和线上尚未进行消费顾客构成美团潜在顾客群体，对于这类顾客，美团充分利用现有顾客网络进行“顾客关系营销”，推出“返利活动”进行市场推广，人们可以通过这些平台把美团介绍给更多的人。老会员每成功介绍一位新会员将自动获得 10 元奖励。这将为美团带来巨大的潜在客户。

二、产品与服务

美团网的产品已经涵盖餐饮、食品、娱乐、服装、数码产品、生活服务等多种类的产品，为吸引客户提供了基础。美团网始终遵循“消费者第一，商家第二，美团第三”的原则，向顾客承诺团购无忧，提出了“7 天内未消费，无条件退款”、“消费不满意，美团就免单”、“过期未消费，一键退款”等计划。自成立以来，已经形成了一整套体系为消费者提供好价格、好商品和好服务。

三、盈利模式

（一）成交提成

这是团购网站最基本的一项服务，但与国外的团购网站又有不同之处。国外的团购网站一般是自己向商家进货，然后负责把商品卖出去，赚取其中的差价，也就是直销。而美团网不同，它基本上只充当组织者的作用，然后收取交易的佣金。佣金模式是现美团网主要的盈利模式。主要是通过出售商品进行百分比的抽成，或者通过协议帮商家做折扣促销，按照协议金额形成收入。

（二）广告收入

广告收入将是美团网未来收入的一部分。基于美团网的高流量、多会员的情况，美团网的广告功能也得到了极大的凸显。对于商家来说，它是一个非常好的广告平台。

（三）转介费模式

转介费模式是直接将页面链接到产品所属公司，让产品所属公司获得更多的潜在客户。对此，美团网可以向该公司收取转介费用。这种收入的模式是建立在高流量、多会员的基础上的。

（四）服务费模式

接受服务本身也是一种消费。当前美团网的会员是免费的，但不排除未来对会员收费。通过差异化的服务来收取用户的费用，当申请的会员级别越高，所能得到的信息就越多，甚至信息可能实现个性化的定制，而且给予更多的优惠。这种方式可以吸引更多的买家，从而加快了成交费的增长，一举两得。

讨论：

1. 美团网成功的原因主要是什么？
2. 美团网的战略模式有何创新之处？

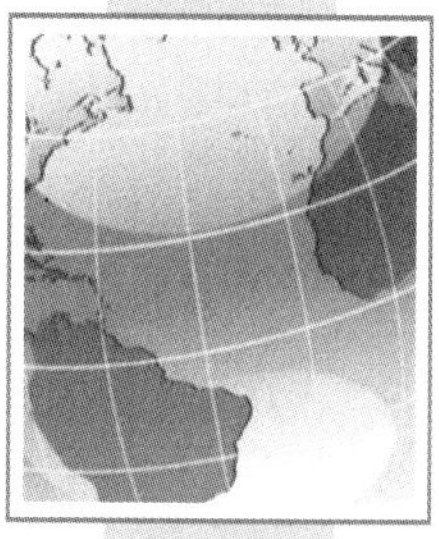

第八章 企业电子商务应用

本章引言

21世纪，在世界范围内，随着电子商务与政府、企业、消费者、客户以及市场结合，电子化正在改变人们的生活、工作、学习环境，决定着个人发展、企业生存、国家兴旺。电子商务的发展和实现，实质上是用先进的信息技术改造传统的商业运作模式，对传统企业的采购、生产、管理、销售、支付、客户服务等环节进行重大变革，不管是“主动求变”还是“被动适应”，企业都必须跟随互联网时代的节奏。这是挑战，更是机遇。本章主要论述企业信息化与企业的变革、虚拟企业的经营理念、电子化采购的优势、在电子商务环境下的供应链管理，以及客户关系管理。

本章要点

- 企业信息化与企业的变革
- 电子商务带来的现代企业管理变革
- 电子商务企业核心竞争力
- 虚拟企业的基本特征
- 虚拟企业经营策略
- 电子化采购的基本概念
- 电子商务供应链管理
- 电子商务中的客户关系管理

第一节 企业信息化与企业的变革

一、企业信息化与电子商务

Internet的发展使全球的企业经营和管理模式面临新的挑战，如外在环境的变动周期越来越短、企业的经营模式越来越复杂、客户的需求越来越多样化、创新的速度要求越来越快等。在这种处境下，越来越多的企业涌入了电子商务的大潮。然而，不少企业自身管理或经营上的缺陷注定了它们无法充分利用电子商务的巨大优势。因此，企业要想成功地开展电子商务，就必须实现自身的信息化变革。

互联网时代，电子商务成为不可逆转的世界潮流。但是，发展电子商务不像建一个网站那样简单，不能一蹴而就。电子商务的实行涉及信息基础设施、社会环境、信用关系、物流配送、支付手段等因素，还涉及积极参与商务交易的企业、消费者和政府等方方面面的利益关系。那么，作为发展电子商务的主体，中国企业电子商务应从哪里开始？答案是从企业管理信息化起步。

(一)企业信息化的概念

我们经历了农业社会、工业社会后,已步入信息化社会。实施企业信息化的本质,是对企业的基本业务实施过程管理。具体来说,企业信息化的含义是:对企业销售、供应、生产、库存、质量、成本、财务等主要事务活动的过程管理实施信息化,用数据交换实现企业管理。

企业信息化的优势体现在信息化过程中,企业通过网络进行的生产、营销、销售和流通等活动,不仅指基于互联网上的交易,而且指所有利用信息技术来解决问题、降低成本、增加价值和创造商机的商务活动,包括通过网络实现从原材料查询、采购、产品展示、订购到出口、储运以及电子支付等一系列贸易活动。

在人工管理系统下,基础数据总是处于分散、孤立、滞后的状态,数据部门私有化现象较为严重,企业很难在同一数据环境下运营。另外,由于数据处理完全靠人的手工作业,处理环节多,使数据的准确性、完整性、及时性受到很大影响,凡需跨部门处理的业务,就出现"老牛拉破车"的现象。而实现信息化管理后就大不一样了。例如,当一个企业实行基础管理的信息化后,负责审批应付账款的业务主管,可以轻松通过自己的电脑系统清楚地得知与此单应付账款对应的采购申请单、采购订单、订单入库情况、入库检验情况、供应商情况、供应商发票等,这样在实施审批处理时的工作效率和准确度是不言而喻的,并可以使企业的"支付系统"得到有效的管理。

21 世纪,企业信息化是信息技术在企业内部的应用,顶多延伸至供应链管理;而电子商务是信息技术(特别是互联网)在企业外部(市场)的应用。简而言之,企业信息化主内,电子商务主外。电子商务适应了市场的需求,降低了成本,提高了效益,增强了企业的竞争力。

企业信息化不是一步达成的,企业信息化可以分成三个阶段:利用计算机实现对产品生产制造过程的自动控制、利用计算机系统实现企业内部管理的系统化、利用互联网开展电子商务。

通过以上分析,信息化企业与传统企业的区别是明显的,具体见表 8—1。

表 8—1　　信息化企业与传统企业的区别

传统企业	信息化企业
机械化的	有组织的
独裁的	合作的
批处理	定制处理
自顶向下的	可共享的
注重数量	注重质量
生产者驱动	客户驱动

(二)企业信息化与电子商务的关系

企业信息化与电子商务已成为全球性的潮流和趋势,是促进从工业化社会转向信息化社会、实现经济全球化的重要手段。企业信息化建设和发展电子商务已经不仅仅是经济问题,而是关系到社会转型时期国家生存与发展的关键问题。企业信息化和电子商务的发展将决定在新经济中一个国家或一个地区的地位和今后发展的命运。企业是电子商务应用的主体。企业信息化建设是电子商务发展的基础,电子商务是企业信息化的重点。把握企业信息化与电子商务的关系,将有助于我们更好地开展各项工作和解决工作中出现的各种问题。

1. 企业信息化与电子商务的等同关系

从某种意义上讲，企业信息化建设的过程就是电子商务发展的过程。企业进行信息化建设和开展电子商务都是基于内联网和外联网来实现的，企业信息化逐步建设的过程同时也是电子商务逐步发展的过程，在这一过程中大幅度地增强了企业的组织管理能力和市场营销能力，降低了企业的成本，提高了企业的竞争力。

2. 企业信息化是电子商务的基础

企业信息化是电子商务的基础，电子商务是企业信息化建设的高层次内容，也是企业信息化建设的一项中心内容。发展电子商务是企业信息化建设的重点和目的。企业信息化从其层次内容来看，首先是利用计算机技术等实现生产制造过程的信息化，然后是利用计算机系统实现企业内部管理办公的信息化，再就是利用互联网建立企业间的动态联盟，即开展电子商务。企业信息化建设的最终目的就是要建立相关主体间的动态联盟，实现信息共享，实现电子商务，形成新的竞争格局，即动态联盟与动态联盟之间的竞争。但是，企业如果连本身的管理信息系统都没有建立起来的话，电子商务就不可能实现。

3. 企业信息化为电子商务提供支持

电子商务是企业信息化建设的最后一步，企业信息化为电子商务的发展提供必要的技术和人力支持。如果企业没有一定的信息化技术及专门的技术人员，电子商务就无法开展下去。像电子商务中涉及的许多技术，如 Internet 及 WWW 技术、网络通信技术、网络安全技术，还有一些信息的认证技术、电子支付技术等都需要一定的技术基础。因此，大力开展电子商务就必须首先推进企业信息化建设。

4. 电子商务是企业信息化建设的助推器

电子商务是企业信息化建设的助推器，是企业信息化建设的制胜之宝，为企业信息化建设提供必要的信息、客户与资金支持。企业信息化建设成本高，导致电子商务的应用效果不佳，却又能通过电子商务来降低其交易成本。电子商务有助于降低企业的成本，为企业节约资金，企业恰好就可以利用这笔资金作为企业信息化建设的投资。此外，由于电子商务的发展已形成一定的客户和信息基础，这些客户和信息又可以被企业信息化建设所利用，可以起到企业信息化建设的助推作用。

5. 企业信息化与电子商务的相互制约

企业信息化的现有技术状况阻碍了电子商务的发展，同时电子商务的发展又给企业信息化建设带来许多难题。电子商务本身要靠企业信息化建设的深入来发展，而多数企业的信息化程度和水平都达不到标准，这已成为制约电子商务发展的重要因素。另一方面，电子商务又肩负着推进企业信息化建设的重任，企业希望通过电子商务的发展来促进企业信息化建设的开展。但是，由于电子商务环境与传统机构的经营模式有很大的区别，传统企业通过信息化开展电子商务，就必须依靠 IT 技术思想来修改自身的组织构架、业务流程和经营策略。电子商务在实施的过程中要求企业在人事、技术、资金等方面都达到一定的深度，这给企业信息化建设带来更大的压力，在发展电子商务的同时，企业信息化建设将面临更大的挑战。

二、网络时代的企业管理理念

网络时代，随着信息技术的广泛应用和经济全球化，企业不仅要做到效率高、质量好，还要满足顾客的个性化定制需求，因此企业管理理念必须发生变化。

(一)强化成本控制

电子商务之所以具有如此强盛的生命力，是因为它的快捷、方便与低成本，它的出现改变了传统的交易方式。事实上，电子商务企业相对于传统企业最大的优势在于它能实现零库存和低成本。企业管理的任务之一就是降低企业成本，因此，电子商务企业需要强化“成本控制”。当前市场经济中，传统的成本管理思想已不能适应现代成本理念，现代企业成本管理的内容不仅仅是孤立地降低成本，而应立足于整体战略目标及企业外部环境，从成本与效益的对比中寻找成本最小化。电子商务企业成本管理从企业所处的竞争环境出发，其成本管理不仅包括企业内部的价值链分析，而且包括竞争对手价值链分析和企业所处行业的价值链分析，从而达到知己知彼、洞察全局的目的，并由此形成价值链的各种战略。

(二)效率优先

电子商务使全球化经营成为可能，电子商务以接近实时动态的速度收集、处理、加工和应用各种商务信息，企业如果不能适应速度带来的变化，继续以过去惯有的思想和作风来处理事务，必将遭到淘汰的命运。电子商务企业强调的是速度：产品和服务信息瞬息万变，客户在网站上停留时间越来越短，客户关注的产品和服务也在瞬间改变，单一行业的“电子商务”寿命越来越短，竞争越来越激烈。电子商务的发展只能使一些高效率的企业持续生存下去，因为各种产品的市场生命周期随着新产品开发速度的加快而变得越来越短，市场竞争在某种程度上已演变成效率的竞争、时间的较量，一步落后将会步步被动。对企业来说，效率的加快体现在决策的效率、设计的效率、生产的效率、营销的效率、客户需求响应的效率、物流配送的效率等很多方面。唯有企业生产经营各个环节的效率全面上升，才能真正适应电子商务的发展。

(三)重视顾客需求

互联网为企业与顾客之间架起了一座直接沟通的桥梁，为企业更好地了解顾客的需求、满足顾客的个性化需要、提供优质的客户服务创造了极为有利的条件。由于互联网具有双向交互的特点，既可使全球各地的客户随时了解企业的各种信息、获得相应的服务，又可使企业方便地得到有关客户的地理分布、个人偏好、特殊要求等各种数据。这种双向、直接、交互的信息沟通使企业和客户双双受益。在电子商务时代，只有那些始终替顾客着想、正确把握顾客需求的企业，让顾客购买方便的同时，确保退货的快捷，才能真正赢得市场机会。随着电子商务发展的不断深入，网上客户将成为所有商家共同争取的目标。因此，客户关系管理必将成为企业管理的重要内容。没有良好的客户关系管理，企业就无法争取到忠实的顾客群，也不可能取得长期、持续的发展。

(四)实施以人为本

“得人才者得天下”，这一点在电子商务出现之前如此，在电子商务出现之后将表现得尤为突出。如何更好地吸引人才、使用人才，如何把员工个人的发展与企业的发展融合起来，是进入电子商务时代后所有企业都必须共同思考的问题。进入电子商务发展时期后，一方面，随着网络在人力资源招聘、测评等环节的广泛应用，人才流动的机会剧增，流动的壁垒也会越来越小，传统的档案、职称、户口等限制将会逐渐失去作用；另一方面，企业电子商务的成功，必须依靠一大批懂技术、善经营、会管理的高素质复合人才。离开了人才的支撑，最先进的技术、最大的规模、最充足的资源，也无法创造出理想的效益。

(五)全面合作的意识

电子商务的发展，必须树立新的竞争观，变单纯的你死我活的“零和”竞争为共存、共荣、共赢的合作竞争，显得十分必要。与此同时，企业与供应商、经销商和最终客户建立起长期的合作联盟，已成为企业持续、长期、稳定发展的重要条件。因此，在网络把生产商、供应商、经销商和竞争者连成一体后，任何一家企业都应树立起建立在合作基础上的新型竞争观。特别是要尽量与竞争对手一起找到和睦相处的共同点，发挥各自的综合优势，共同开拓和扩大市场，共享收益。

(六)产品开发和销售方式创新

互联网时代，产品更新快速，销售方式和渠道日新月异，电子商务企业必须不断跟踪相关技术的最新进展，及时开发新产品。同时，要更加关注市场需求的变化，特别是关注网络市场的变化对企业生产经营活动的影响，企业必须通过各种方式进行市场销售方式创新，才有可能牢牢锁住“忠诚顾客”，求得生存。电子商务对企业管理人员的素质和管理水平提出了新的要求，企业应从管理思想、管理组织、管理方法、管理工具等多个角度进行创新，来适应电子商务发展的需要。电子商务要求企业具有特定的企业文化，形成平等、民主、学习、团队合作、进取的文化氛围，注重员工的利益，体现员工的价值。

三、电子商务带来的企业变革

电子商务是传统企业发展中的重要工具，只有把电子商务和传统企业有机地结合起来，才是未来经济的发展方向。事实上，电子商务给现代企业带来的变革是全方位的，“变革”意味着“新生”。

(一)电子商务对市场运作模式的变革

电子商务的出现从根本上减少了传统商务活动的中间环节，缩短了企业与用户需求之间的距离，同时也大大减少了各种经济资源的消耗，使人类进入了“直接经济”时代。“直接经济”的实质就是减少中间费用、库存和流动资金，使生产“直达”消费。电子商务的发展使产销之间的直接沟通成为可能，越来越多的企业将逐步摆脱对传统商业中介的依赖，从中节省的开支和提高的效率将使产销双方共同受益。例如，美国戴尔公司的“直销”模式就是“消除不必要的环节”。

(二)电子商务对企业营销的变革

电子商务的迅速发展必将使传统的市场性质发生新的变化，表现在三个方面：首先，随着 B2B 电子商务模式的不断普及，生产厂商之间可直接借助互联网实现从原材料采购到商品销售全过程的联系，大大提高了企业运作的效率，降低了经营成本；其次，市场细分将随电子商务的发展而日渐彻底化，消费者通过互联网直接与生产企业发生联系，使企业针对单个消费者的营销活动(微营销)得以实现；最后，交易方式的无纸化和支付手段的电子化将成为主要形式。进入电子商务时代后，消费者的消费行为和消费需求将发生根本性的变化，表现为选择范围的显著扩大、消费行为将变得更加理智、消费需求将变得更加多样化和个性化。

(三)电子商务对企业组织结构的变革

电子商务的发展要求企业组织结构具有如下基本特点：组织结构扁平化、组织决策分散化、组织运作虚拟化，围绕市场需求组织生产经营，做到资源共享、风险共担、利益共享。

(四)电子商务对企业生产方式的影响

企业生产过程的现代化(MIS 管理信息系统、ERP 企业资源计划)，使得电子商务企业可以低库存生产，利用电子商务快速调研市场，对市场反馈作出最快的反应。同时，数字化定制技术的实施，以单个顾客为目标，保证顾客需求得到最大限度的满足。

（五）电子商务对企业市场空间的影响

一方面，网络用户遍及全国、遍布全球的特征客观上为企业拓展国内外市场创造了前提条件，“开发网络市场就等于开发全球市场”不再是一种幻想。美国的亚马逊网上书店、戴尔电脑公司等电子商务的先行者充分利用网络市场的资源，轻而易举地把全球用户纳入自己的服务范围。另一方面，电子商务在为企业拓展市场的同时，还节省了大量的市场开发费用。企业可以足不出户地在互联网上物色国内外的贸易伙伴，全球范围内的最终顾客在没有大量投入的情况下成为面向国际市场的“跨国企业”。

（六）电子商务对企业管理模式的影响

在管理思想上，强调高效、敏捷，要求对市场变化作出迅速反应；在管理体制上，注重各环节的协调、配合和并行工作；在组织功能上，强调企业领导者的协调、服务和创新，着力培养企业员工的团队精神，增强企业的凝聚力；在管理的任务方面，强调以客户的需求为中心，以满足客户需要、赢得客户信任为企业管理活动的出发点。

（七）电子商务对企业采购管理的影响

因为企业可以更大范围取得供应商的供货信息，必将更有利于找到合适的合作伙伴，购买到更合适的、物美价廉的原材料和零部组件，从而降低采购的交易费用，进而迫使企业的采购方式和组织发生相应的变化，并影响到企业与供应商的战略联盟的建立。电子商务化采购将有效降低企业的采购成本，更好地获得采购的主动权，对提高采购商品质量、优化存货管理、进一步提高采购效率都具有十分明显的优势。

（八）电子商务对企业财务管理的影响

电子商务的发展要求财务管理从静态的事后核算向实时动态的、参与经营过程的财务管理方向发展；从内部的、独立的职能管理向开放的、“三流合一”（物流、信息流、资金流）的集成管理方向发展；从传统的利润目标向企业未来价值（包括无形资产价值）的方向发展；从单机的、封闭式的财务数据处理方式向联网的、集成化的财务数据处理方式发展。总之，适应电子商务发展要求的财务管理必须具有实时性、预测性、智能性和战略性的特点。

（九）电子商务对企业人力资源管理的影响

用电子商务方式进行人力资源管理具有十分明显的优势：可以改变过去集中时间单独招聘或通过人才市场招聘的做法，通过企业网站可全天发布用人信息，随时恭候合适人选应聘；将大大降低人才招聘的开支，提高招聘的效率；人才的招聘范围将不再受地域的限制，可扩展到全国，甚至全球范围；人才的网上测评可采用灵活多样的方法，提高测评的科学性和准确性，人才通过网上流动可以悄无声息地进行，既节省费用，又有更多的机会。

（十）电子商务对企业研究与开发的影响

从外部来源看，电子商务改变着技术交易的形态，大大拓宽了企业搜索所需技术的视野，也拓宽了企业委托开发的范围，改变了企业从外部获取所需技术的管理方式；从内部来源看，由于研究与开发可以做到资源共享，大大提高了研发的效率，降低了研发的开支。另外，企业自身的研究与开发由于有“需求信息”的输入，必然会改变企业研究与开发的组织形态。例如，消费者可以通过网络设计出自己喜爱的轿车车型，生产厂家在网上与消费者协商好价格之后，就必须在足够短的时间内完成设计、生产、送货的工作。企业研究与开发的管理必须与此相适应。

(十一)电子商务对企业竞争力的影响

企业竞争力是指独立经营的企业,基于其所拥有的特殊资源,通过市场表现出来的超越其竞争对手的销售商品或者服务的一种能力。电子商务时代,企业竞争更加激烈,企业生存和发展完全依赖于企业竞争力的强弱。电子商务对企业竞争力的影响是由电子商务的特性决定的,其中主要是电子商务自身的优势,如覆盖面广、费用低廉、使用灵活、功能全面等。电子商务为企业创造的竞争优势主要体现在成本优势、差异化优势、目标集聚优势和无边界扩张优势等方面。

第二节 电子商务客户关系管理

近年来,随着电子商务的深层次发展,与电子商务密切相关的概念——客户关系管理(Customer Relationship Management,CRM)——在全球范围内得到了广泛的传播,并引发了遍及各行各业的、经久不息的客户关系管理热潮。电子商务已经使企业从“一对多”消费模式转向“一对一”消费模式。因此,客户关系决定了电子商务企业的成败。

一、客户关系管理的认识

许多企业客户关系管理的实践表明:在电子商务发展时代,有效实施客户关系管理是企业保持旺盛生命力的强劲动力;只有客户关系管理的成功,才有电子商务的成功,也才有企业持续、快速、健康的发展。

企业生存的核心是客户,适度多元化能够满足电子商务企业客户一站购齐的需要,延长客户在站停留时间,提高客户满意度和忠诚度。电子商务时代,客户的搜索成本和转移成本都降到了最低,如何让客户更关注企业、延长客户在站停留时间、增加交易机会,成为电子商务企业追求的重点。在市场并不成熟的情况下,客户选择的机会不多,单一的业务模式能够获得较大成功。但是随着市场的成熟,由于客户搜索边际成本极低,他们将更加关注能提供相关产品或服务的电子商务企业。对于电子商务企业来说,客户基础是最重要的资源,关键是锁定客户并从现有客户中完成更多的交易。因此,以某一特色业务锁定客户,借以进行其他业务交易,相对于以单一特色业务锁定客户进行单一交易更具吸引力。

(一)对“客户”的重新认识

对企业而言,客户是对本企业产品和服务有特定需求的群体,它是企业生产经营活动得以维持的根本保证。客户资源是企业生存、发展的战略资源,它的价值体现在所有客户未来为企业带来的收入之和,扣除产品、服务以及营销的成本,加上满意的客户向其他潜在客户推荐而带来的利润。

(二)客户的分类

按照不同的标准,可以把客户分成不同的类型。

1. 按企业与客户的关系分类

营销大师菲利普·科特勒曾按客户与企业关系的紧密程度把客户分成5类,如表8−2所示。

表 8—2　　按企业与客户的关系对客户的分类

客户类型	企业与客户的关系
基本型	销售人员把产品销售出去后就不再与其接触
被动型	销售人员把产品销售出去后鼓动其在遇到问题或者有意见时与公司联系
负责型	销售人员在产品售出以后与其联系，询问产品是否符合要求；销售人员同时需求有关产品改进的各种建议，以及任何特殊的缺陷和不足，以帮助公司不断改进产品，使之更加符合客户需求
能动型	销售人员不断地与客户联系，得到有关改进产品用途的建议以及新产品的信息
伙伴型	公司不断地和客户共同努力，帮助客户解决问题，支持客户的成功，实现共同发展

2. 按客户重要性分类

在客户关系管理中，企业常常按照客户的重要性进行划分。如采用 ABC 分类法进行划分，可以把客户分成贵宾型客户、重要型客户和普通型客户三种，如表 8—3 所示。

表 8—3　　按 ABC 分类法对客户的分类

客户类型	客户名称	客户数量比例	客户为企业创造的利润比例
A	贵宾型	5%	50%
B	重要型	15%	30%
C	普通型	80%	20%

3. 按客户忠诚度分类

按照客户对企业的忠诚程度来划分，可把客户分成潜在客户、新客户、常客户、老客户和忠诚客户等。潜在客户是指对企业的产品和服务有需求，但尚未开始与公司进行交易，需要公司花大力气争取的客户；新客户是指那些刚开始与公司开展交易，但对产品和服务还缺乏全面了解的客户；常客户是指经常与公司发生交易的客户，尽管这些客户还与其他公司发生交易，但与本企业的交易数量相对较高；老客户是指与公司交易有较长历史的客户，他们对企业的产品和服务有较深入的了解，但同时还与其他公司有交易往来；忠诚客户则是指对公司有高度信任，并与公司建立起了长期、稳定关系的客户，他们基本局限在本公司消费。

(三)客户满意与客户忠诚

只有满意的客户才能成为忠诚的客户，只有忠诚的客户才能为企业创造满意的价值。在激烈的市场竞争中，满意的客户、忠诚的客户已成为企业生存和发展的无价之宝，只有致力于最大限度地让客户满意、竭尽全力培育客户忠诚的电子商务企业，才能赢得更大的发展。

客户满意(Customer Satisfaction)是指客户对某种产品或服务可感知的实际体验与他期望值之间的比较。如果实际体验高于期望值，则会产生满意感；如果实际体验低于期望值，则会导致客户不满。比如，客户购买某种电脑设备，在一年的保修期内没有发生任何故障，而在保修期之后，机器出了故障，服务人员还能随时上门，并只收取少量材料费，必然会使客户感到十分满意；相反，如果在保修期内，电脑出了故障却得不到服务人员的响应，并要收取较高的服务费，必然会招致客户的强烈不满。

赢得客户满意的具体措施包括：(1)从客户的现实和潜在的需求出发，设计和开发新产品，创造新服务；(2)不断提高客户服务水平，加快客户服务的响应速度，改善客户服务的质量；(3)不断完善客户反馈系统，虚心接受客户的意见和建议；(4)竭力留住老客户；(5)构建与客户要求相适应的企业组织;(6)分级授权。

客户忠诚(Customer Loyalty)是指客户对某一特定产品和服务产生了好感、形成了偏爱,进而重复购买的一种行为趋向。换句话说,忠诚的客户是那些已经和企业建立起了长期、稳定、信任的关系,并愿意为企业提供的产品和服务支付合适价格的客户。忠诚的客户是企业最为重要的资源,他们对企业提供的产品和服务有了深入的了解和印象深刻的使用体验,已经和企业建立起了良好的关系,他们不会轻易放弃与企业的合作,对产品和服务的价格也相对不敏感。所以说,忠诚的客户既是企业利润的源泉,又是企业成长、发展的不竭动力。

产生客户忠诚的因素主要包括以下四点:(1)产品和服务的特性;(2)避免购买风险;(3)降低客户的相关购买成本;(4)符合客户的心理因素。

客户忠诚度可以采用多种指标进行评价。最常用的衡量指标包括客户重复购买的次数、客户购买金额占其此类产品和服务购买总金额的比例、客户购买时挑选时间的长短、客户对产品价格的敏感程度、客户对竞争者产品的态度、客户对产品和服务质量事故的承受能力等。

二、客户关系管理的理论基础

客户关系管理体现了制造商对客户的重视,这一切源自"关系营销"概念的推广和普及。

(一)关系营销的思想

关系营销概念最早是由美国学者白瑞(Berry)于20世纪80年代提出的,是指在某一利益点上,建立、维持并强化同顾客及其他合作者的关系,以实现有关各方的目标,这是通过相互交换并兑现承诺来实现的。换句话说,关系营销就是"建立、维持并强化同顾客之间的关系"。

关系营销强调的是关系,它的实质是企业与客户之间跳出单纯的买卖关系,通过建立良好的、互利互惠的合作关系,以保证交易过程持续不断地进行,使双方共同受益。表8—4列出了关系营销与传统交易营销的一些区别。

表8—4　　关系营销与传统交易营销的区别

关系营销	传统交易营销
以顾客为中心	以产品为中心
关注长期性的交易	关注一次性的交易
强调客户服务	不重视客户服务
高强度的客户承诺	有限的客户承诺
高度的客户关系	简单的客户关系
质量是企业整体各部门都关心的事	质量是生产部门关心的事
尽力满足个性化需求	注重满足规模化需求

(二)追求"双赢":关系营销的根本目标

关系营销产生的根本原因是买卖双方存在各自利益上的互补性。企业提供产品和服务给客户,并从中获取长期的、稳定的利润;客户则通过支付货币从企业那里购买到质量可靠、价格合理的产品,享受到满意、体贴的服务。因此,关系营销的出发点和归宿都是为了追求"双赢",而不希望出现"你输我赢"的不平衡结局。

(三)关系营销的实现

关系营销作为客户关系管理的理论基础,它的实现和客户关系管理的实施有着相似之处。只不过关系营销更强调一种营销理念的贯彻,而客户关系管理更侧重于技术的实现。关系营销的实现可分成以下几步:(1)分析、寻找客户;(2)向客户提供有关产品和服务的承诺;(3)不折不扣地履行承诺;(4)加强与客户的交流、沟通;(5)千方百计留住老顾客。

三、传统客户管理的不足

传统客户管理是基于传统企业销售方式的客户管理模式。

(1)客户概念过于狭隘,常常是从传统的市场营销角度来理解,一般只对直接用户和终端用户进行分析和管理,对于潜在顾客群则未给予足够的重视。

(2)由于缺乏整合性的考虑,市场营销部门与技术部门之间常常存在着不同程度的界面问题,使得在满足市场需求的过程中存在反应缓慢、追求技术先进性而忽视用户需求等一系列问题,其最终结果是客户满意度和忠诚性的下降。来自北美和欧洲的权威机构提供的统计数据表明,在《财富》全球500强企业中,5年内的平均顾客回头率也仅有50%。从顾客角度看,在放弃原有业务关系的顾客中,68%是由于某个员工的原因。在企业的所有客户中,大约有50%的客户没有为企业带来利润。

(3)顾客与企业之间的关系仅仅被视为短期的利益行为,而未能从长远的角度来考虑价值的共享问题,如何保持顾客与企业之间的长久关系是传统客户管理的最大考验。

(4)客户信息缺乏有效管理,过于依赖销售人员个人或者局限于市场部门内部,这将导致客户关系受到影响。典型的问题就是,随着营销人员的流失而使客户关系及其相关资料缺失,而企业在制定市场竞争策略和新产品开发策略时也无法充分有效地利用客户关系信息来提供决策基础。企业内部各个系统之间是互相封闭的,不同部门所需信息常常难以及时地获取,客户信息的一致性也很差。

这些因素都表明,传统的客户管理存在着很大的弊病,需要引入更为有效的客户管理思想和方法,而信息技术的发展及其在企业业务流程中的渗透更使之成为必然。客户关系管理在此情形下也就应运而生,并在近年来被国内外企业广泛运用。

四、电子商务客户关系管理的产生

(一)电子商务客户关系管理的含义及其产生背景

电子商务客户关系管理,简单地说,就是对客户关系进行管理的一种思想和技术,换句话说,客户关系管理是一种"以客户为中心"的经营理念。它借助于信息技术在企业的市场、销售、技术支持、客户服务等各个环节的应用,以改善和增进企业与客户的关系,实现以更优质、更快捷、更富个性化的服务保持和吸引更多客户的目标,并通过全面优化面向客户的业务流程使保留老客户和获取新客户的成本达到最低化,最终使企业的市场适应能力和竞争实力有一个质的提高。

(二)电子商务客户关系管理系统的主要功能

不同行业、不同企业的客户关系管理系统有不同的要求,不同的软件开发商也提供不同功能的客户关系管理软件产品。从大的方面划分,客户关系管理的功能包括客户服务与支持、销售管理、营销管理、呼叫中心、电子交易等部分。目前,国际、国内主要的CRM软件厂商提供的产品基本都包含这些功能。

1. 客户服务与支持功能

客户服务与支持是客户关系管理的基本功能,具体又可分为客户信息管理、客户服务管理、客户合同管理、客户跟踪管理和现场服务管理这些子功能。

2. 销售管理功能

销售管理功能的目的是提高销售过程的自动化和销售的效果。它包括销售管理、现场销售管理、电话销售管理和销售佣金管理这些子功能。

3. 营销管理功能

营销管理主要实现营销分析与决策的功能，主要包括市场分析、预测分析、营销活动管理。

4. 呼叫中心功能

呼叫中心是由计算机和电话机集成技术支持的，能受理电话、电子邮件、传真等多种方式交流的不间断的综合服务系统。它的主要功能有电话管理员功能、语音集成服务、报表统计分析、代理执行服务、市场活动支持服务、呼入和呼出调度管理。

5. 电子交易功能

客户关系管理支持电子交易功能，具体包括电子商店、电子促销、电子账单、电子支付、电子支持及网站分析。

（三）电子商务客户关系管理带给企业的主要优势

客户关系管理近年来之所以受到全球企业的广泛关注，是因为一些先行一步的企业已经从实施客户关系管理中取得了成功。客户关系管理带给企业的主要优势可以概括为以下几个方面：降低成本，增加收入；提高业务运作效率；保留客户，提高客户忠诚度；拓展市场；挖掘客户的潜在价值。

（四）客户关系管理技术

客户关系管理的实现应用了众多的新技术，其中关键技术有计算机、电话、网络集成技术，商务智能技术，数据仓库和数据挖掘技术，基于 Internet 的应用技术等。

（五）客户关系管理数据库

构建完善、可靠的数据库是实现客户关系管理的重要条件，在客户关系管理中具有重要的地位。一个完整的客户关系管理数据库应由以下一些子系统构成：客户数据管理和查询系统、客户关系递进管理系统、忠诚客户识别系统、客户流失警示系统、客户购买行为分析系统。

五、电子商务客户管理的实施

美国的《哈佛商业评论》杂志提到了客户关系管理应用的四个步骤：识别你的客户；对客户进行差异性分析；与客户保持良性接触；调整产品或服务以满足每一个客户的需求。

（一）识别你的客户

要成功实施客户关系管理，首先必须了解客户需求，分析客户购买行为，发掘潜在客户。国内外企业的实践证明：识别你的客户对实施客户关系管理起着决定性的作用；没有正确识别，即使建立起了客户关系管理系统，也很难真正发挥其应有的作用。

（二）对客户进行差异性分析

不同客户的喜好不同，带来消费倾向不同；即使同一位客户在不同的人生阶段，也会产生不同的消费需求。所以，对客户进行差异性分析是市场细分的基本要求。电子商务客户关系管理的实施中，尤其可以发挥电子商务个性化的特色，体现“一对一”服务的本质。

（三）与客户保持良性接触

沟通客户需要企业的销售、营销和客户支持等部门的有关人员通过上门走访、电话、电子邮件、问卷调查等形式从客户中得到第一手资料，加以分析整理，供客户关系管理实施团队参考。同时，也可通过组织座谈会、研讨会的形式邀请客户代表与有关人员进行交流沟通，以便更好地了解客户的深层次需求。此外，与客户保持良性接触，企业还可以关注竞争者在客户关系管理方面的做法，吸收竞争者的长处，改进竞争者存在的不足之处。

（四）调整产品或服务以满足每一个客户的需求

明确了客户需求后，接下来便是制订具体的产品或服务发展计划，有针对性地调整和改变电子商务发展的策略，努力满足每一个客户的需求，与客户共同发展。

第三节　电子商务采购管理

电子商务的发展对企业采购管理产生了极为深刻的影响。电子化采购使得采购业务在企业内部更好地与企业的生产、营销、研发等业务产生协同，可以显著提高企业的经营效率，降低经营成本；电子化采购通过网络与业务伙伴发生联系，加强了企业对外部资源的控制，使企业的应变能力大大增强。目前电子化采购的实践和理论研究还处于初始阶段，本节拟对电子化采购的一些基本问题进行阐述。

一、传统企业采购概述

（一）传统企业采购的含义

传统企业采购（Business Purchasing），是指传统企业在现今市场经济下从供应市场获取产品或服务作为企业资源，以保证企业生产及经营活动正常开展的一项企业经营活动。

（二）传统企业采购的流程

传统企业采购的流程是指从采购计划开始，到采购询价、采购合同签订，一直到采购材料进场为止的过程。也就是说，采购作业内容是从收到“请购案件”开始进行分发“采购案件”，由采购经办人员先核对请购内容，查阅“厂商资料”、“采购记录”及其他有关资料后，开始办理询价，于报价后整理报价资料，拟订议价方式及各种有利条件，进行议价，等办妥后依核决权限，呈核订购。

（三）传统企业采购的不足

1. 采购成本居高不下

在工业企业成本中，物资采购的成本占到企业生产总成本的60%以上，从事采购工作的员工的数量和日常支出也极为可观。因此，企业的采购成本对企业产品的总成本有直接的影响，并进而影响企业产品的市场竞争力和企业的盈利水平。

2. 采购周期冗长

在传统的采购方式下，企业采购的周期较为冗长，主要有两个原因：一是企业在采购过程中选择合适的商品及供应商极其不易，如果要到企业实地考察，更要花费较长的时间；二是企业采购是一项跨部门和组织的工作，每一个环节都有复杂的处理程序，要保证采购的物资按时到位，必须要求物资使用部门提前较长时间申报采购计划。

3. 采购信息缺乏沟通与共享

由于各业务部门“各自为政”，导致采购信息在企业内部不能得到及时顺畅的流转，影响采购效率的提高。在与外部供应商沟通的过程中，采购部门一般处于主要地位，生产、研发部门很少有机会与供应商直接接触，对缺乏经验的采购人员或有较高技术要求的采购物资来说，经常会产生所采购物资与实际需要不符，既造成资源浪费，又可能耽误生产经营的正常进行。

4. 采购文档处理费时费力

传统的采购活动是建立在大量的纸面文件基础之上的，从生产部门采购需求的提出，到采购部门与供应商的各种联系，再到交货及资金的结算，整个过程产生了大量的纸质凭证，如领导的批示文件、合同、汇票、收货单等。这些单证的制作、填写、保存需耗费各部门员工大量的精力，常常会因某一单据的错误或遗漏而影响整个采购工作的进行。繁杂的采购文档，加之复杂的采购程序，势必导致采购活动的低效率。

5. 库存积压和物资短缺并存

传统的采购活动是企业根据市场预测对原材料、零部件等进行采购、生产加工、库存、销售。如果市场预测与实际需求不一致，就可能会由于部分滞销产品积压在仓库里，存货周转率下降，库存成本上升；另一方面，某些畅销产品造成供货不足，将难以满足客户的需求。

6. 采购范围受地理局限

在传统的采购业务中，采购部门选择供应商很大程度上受到地理位置的局限性：一方面，与外地的供应商联系，差旅费用、通信费用都较高，无形中会增加企业负担；另一方面，与外地供应商发生业务联系，往往在资信、运输等方面加大风险。

7. 采购环节监控困难

传统的采购活动监控有很多困难，因为有许多权力和关系在采购过程中发挥作用。有的企业为了加大对采购监管的力度，建立起一套分级采购审批程序，以防止采购费用的过度支出及滥用职权，但这种审批程序为本来就低效和费时的采购工作又增添了新的枷锁。

8. 采购招标往往流于形式

采购招标是传统采购模式中比较科学和有效的采购方法，特别是在大额采购或贵重物品的采购中用得很普遍。但在传统的采购招标过程中，真正达到招标目的的采购活动并不多见，不少流于形式。

二、电子化采购概述

(一)电子化采购的含义

自 20 世纪 90 年代以来，信息化浪潮席卷全球，给传统企业的运作和管理模式带来巨大的冲击。越来越多的传统企业认为，以网络化、知识管理、全球化为主要特征的新经济已是不可逆转的趋势，电子商务化已成为企业发展的必由之路。

电子化采购就是通过互联网络，借助计算机管理企业的采购业务，实现采购信息共享。操作上，电子化采购从采购要求的提出、订单的产生、商品运输到存货管理等方面都有了重大的改变。网络的介入使采购流程得到优化，并在降低成本、提高效率、增加采购透明度等方面都可使采购企业和供应商双方受益，实现“双赢”。

(二)电子化采购的流程

企业的电子化采购一般是通过应用相关的软件来实现的，不同的软件提供了不同的解决方案。这些解决方案各有其特点，但基本都包括如下流程：(1)填写订购单；(2)审核订购单；(3)联系供应商；(4)选择供应商；(5)采购结算。

从上可见，在电子化采购的整个流程中，人工参与因素越来越少，信息的传递基本依赖网络进行，从而保证了采购过程的公正、公开、高效，对克服采购过程中的“黑箱操作”十分有效。

(三)电子化采购的优势

1. 显著降低采购成本

据美国全国采购管理协会称，使用电子化采购系统可以节省大量成本：采用传统方式每生成一份订单所需要的平均费用为150美元，而使用电子化采购可以将这一费用降低到30美元。

2. 有效提高采购效率

电子化采购使得以前漫长而艰难的信息收集、认证、商务谈判、资金结算等工作流程大大简化，采购人员可在很短的时间内得到比以前更广泛、更全面、更准确的采购资料，采购工作的效率必将会大大提高。

3. 获得采购的主动权

电子化采购是电子商务企业直接进行的商业行为，可以掌握采购价格、了解市场行情，通过直接面对，减少中间环节，可使采购企业牢牢把握采购的主动权。

4. 优化采购管理

电子化采购可以逐渐使企业从高库存生产向低库存生产、微库存生产过渡，直至实现零库存生产。可以从两方面进行理解：第一，便于对采购业务进行集中管理；第二，可以提高企业存货管理水平。这对于加强、优化企业的采购管理具有重要意义。

5. 保证采购质量

在电子化采购中，采购商可以在世界范围内选择供应商，可以找到质量和价格最理想的合作伙伴，以此保证采购质量，杜绝伪劣产品，防止产品质量事故的发生。

6. 增加交易的透明度

在传统的采购活动中，交易透明度常常因为采购信息的不充分受到影响，有的交易是由人为原因造成的“黑箱操作”，不仅给企业造成损失，也使不少人犯了错误。电子化采购对提高交易的透明度、减少“黑箱操作”将起到重要的作用。

7. 加强供求双方之间的业务联系

电子化采购将大量买方和卖方聚集在一起，形成公平的市场交易价，供求双方必须在公平价格的基础上，加强双方的业务联系，以保证双方共同的利益。

为了降低生产成本，采购商会邀请供应商共同设计改造生产流程，开展多种形式的技术合作，帮助企业提高原材料和零部件的利用率；同时还会要求供应商在合适的时间、合适的地点，向采购商提供合适数量和质量的物资，使采购商做到零库存生产。电子化采购使供求双方更好地成为利益共同体。

8. 适应电子商务发展趋势

电子化采购相对于利用网络开展营销业务来说，投入少，难度小，见效十分明显，并且通过电子化采购对促进企业全方位实施电子商务有着重要的意义。电子化采购顺应电子商务发展潮流，对提高企业的市场竞争力和经济效益有很大的促进作用。

三、电子化采购管理系统简介

（一）采购申请模块

采购申请模块应主要实现以下一些功能：

（1）接收生产部门和关键原材料供应部门提交的采购申请。

（2）接收企业ERP系统自动提交的原材料采购申请。

（3）接收管理人员、后勤服务人员提出的采购低值易耗品、电脑软硬件或服务方面的申请等。

(二)采购审批模块

采购审批模块应主要完成以下功能:

(1)系统能根据预设的审批规则自动审核并批准所接收到的各种申请。

(2)对接收到的采购低值易耗品的申请,直接向仓库管理系统检查库存。如库存已有,立即通知申请者领用;如库存没有,用E-mail通知申请者:"申请已批准,正在采购中。"

(3)对于被自动审批未获通过的申请,立即通知或邮件通知申请者:"申请由于××原因未获批准,请修改申请或重新申请。"

(4)通过自动审批无法确定是否批准或否决的申请,邮件通知申请者的主管领导,由领导登录采购系统,审批申请。

(5)对于已通过的采购申请,邮件通知申请者,并提交给采购管理模块。

(三)采购管理模块

采购管理模块的主要功能有:

(1)采购管理部门制订年度或月份采购计划,制定供应商评估等业务规则。

(2)对所接收的采购申请,依据设定规则,确定是立即采购还是累积批量采购。

(3)对已生成的订单,依据设定规则,决定是立即发给供应商还是留待采购管理部门再次审核修改。

(4)所有订单依据预设的发送途径向供应商发出。

(5)自动接收供应商或承运商提交的产品运输信息和到货信息。

(6)订购产品入库或服务完成后,系统自动邮件通知或采购管理部门电话通知申请者申请已执行完毕。

(7)订购物资入库或服务完成后,系统自动生成凭证向财务管理部门提交有关单据。

(8)依据设定规则,系统在发出订单时或者产品验收入库后,自动向供应商付款,或者采购管理部门依据有关收货单据人工通知财务部门对供应商付款。

四、电子化采购的实施策略

(一)努力实现企业内部的信息化

加快企业内部信息化建设已成为当务之急,通过建设企业内联网,应用ERP管理系统,把企业进货、销货、存货、生产以及财务、计划等各个环节通过网络连接起来,再把网络延伸到企业外部,与电子化采购系统对接,这样才能成为电子化采购的真正受益者。

(二)设计开发符合企业自身特点的电子化采购软件

企业开展电子化采购,使采购请求形成、请购单填写、采购审批、订单下达等各项采购工作都可通过网络并借助计算机软件来实现。因此,电子化采购软件的作用显得十分重要。

当然,除购买成品软件外,企业也可委托软件公司或企业计算机专业人员专门开发,真正设计出符合企业需要的采购软件,为企业更好地开展采购业务服务。

(三)加强采购管理人员培训

电子化采购的有效实施离不开高素质的管理人员。他们应掌握专业的采购管理知识,同时还必须有丰富的计算机和网络应用知识,懂得电子商务的运作,能够充分利用网络这一先进工具为企业的生产经营活动服务。这样的人才,在国内的传统企业中是十分缺乏的。因此,加强人员培训、提高现有管理人员的素质是一项十分重要的任务。

（四）推进电子化采购的实施

电子化采购作为企业电子商务发展的基本应用，是企业电子商务实施的重要组成部分，也是对传统采购方式的一次革命。

作为企业领导和采购管理人员，必须认清电子化采购的发展趋势，认识到其在降低成本、提高效率，进而提升企业竞争力中的重要作用，坚定不移地推动企业电子化采购的实施。

第四节　电子商务供应链管理

供应链管理覆盖从供应商到客户的全部过程，通过供应链管理能够帮助企业大幅度提高运作效率和降低成本，及时捕捉新的市场机会，供应链管理成为现代企业提高市场适应能力和竞争实力的重要途径。电子商务的发展既为供应链管理的实施创造了良好的条件，同时也提出了更高的要求。电子化供应链管理将成为未来企业供应链管理的主要形式，并将为越来越多的企业所认识和运用。

一、供应链管理基础

（一）供应链管理的含义及产生背景

供应链是由原材料和零部件的供应商、产品或服务的提供商、分销商和零售商及最终用户组成的一个网络，以实现由顾客需求提出到符合顾客所需要的产品或服务的提供，顾客需求最终得到满足的一个过程。供应链管理是对整个供应链中各参与组织、部门之间的物流、信息流和资金流进行计划、协调与控制等，其目的是通过优化提高所有相关过程的速度和确定性，使相关活动的价值增值最大化，以提高组织的运作效益和效率。

一般来说，供应链是由自主或半自主的实体企业组成的网络，这些实体企业共同负责与一类或多类产品相关的各项活动。实体企业主要由供应商、制造商、仓库、配送中心和零售商等组成，处于核心地位的企业称作供应链的核心企业。供应链管理的活动包括原料供应与采购、产品设计、生产计划、材料处理、订购过程、库存管理、运输、仓储以及客户服务等。

“供应链管理”这一概念的提出，主要基于两个方面的原因：一是激烈的市场竞争使得原来那种单枪匹马型的企业难以适应快速变化的客户需要，任何一个企业必须在提高内部业务运作效率的基础上，加强与上下游企业的紧密合作，才能更好地生存与发展，实施供应链管理是企业降低成本、提高应变能力的重要举措；二是随着信息技术的飞速发展，企业可以在全球范围内获取资源并销售产品，全球化的业务运作需要有更加有效的管理理念和实现技术作为其支撑，供应链管理的思想和方法正适应了这一需要，由此而得到普遍关注。近年来，电子商务的发展使有关供应链管理的研究和应用进入一个新的层次。

（二）供应链管理的作用

美国麻省理工学院斯隆管理学院的查尔斯·法恩教授在对大量的个案进行分析后认为：“在今天比拼竞争力的战场上，一家企业最根本、最核心的竞争力在于对供应链的设计上。”由此可见，供应链管理在企业的生存与发展中起着至关重要的作用。供应链管理的作用主要表现为以下几个方面：

1. 提升企业的竞争能力

供应链管理的根本出发点是为了提高客户的满意度，提高企业的竞争力，这就要求供应链中各环节的信息流、物流和资金流能更好地配合运作，以做到在正确的时间、正确的地点以正确的数量向特定的客户提供正确的产品或服务，最大限度地减少无效作业，消除浪费，为客户创造最大的价值。

2. 削减库存，降低成本

降低库存水平一直是绝大多数企业孜孜以求的目标，但降低库存的困难在于既要不经常库存现货，又要在货品短缺时具有快速补充货品的能力。实施供应链管理是削减库存的有效途径，也是提高企业盈利水平的有效举措。

3. 提高客户服务水平

企业提供的客户服务水平的高低与供应链管理有紧密的联系，如方便客户订购、按时交货、使客户及时了解订单信息、为客户定制产品等都要求企业通过有效的供应链管理来实现。

4. 加强企业之间的合作与“双赢”

在传统的管理方式下，很多企业与其供应商之间往往存在着短期利益之争，它们常常要求供应商提供较长时间的库存缓冲，同时还要竞相压价，结果使供应商的利益受损，两者的关系受到影响。这种“你输我赢”的“零和”竞争最后必然导致两败俱伤。只有供应链企业成本水平的整体下降，才能使最终用户得到价格低廉的产品，也才能保证供应链企业的整体竞争力。因此，有效的供应链管理必然会加强企业之间的合作，实现“双赢”。

（三）供应链管理的层次

供应链管理按照牵涉的范围不同，可分成三个层次：企业内部供应链、产业供应链和全球化网络供应链。

1. 企业内部供应链

企业内部供应链是供应链管理研究早期关注的重点，也是供应链管理的基本组成部分。它是将企业内部生产经营活动各业务单元连接起来，使各种业务信息做到集成和共享。

企业内部供应链是从需求预测开始，到原材料的采购，进而到生产、运输、营销，最后到售后服务。可以看出，供应链的始端是客户，终端还是客户，所以说客户需求是贯穿供应链始终的重要因素。

2. 产业供应链

产业供应链又称作动态联盟供应链，它是指企业内部供应链向外延伸，成为面向全行业的产业链，在整个行业中建立起环环相扣的供应链，使多个企业能够在供应链的作用下协调运作，形成一个相对独立的整体，供应链上的所有企业共存共荣。

产业供应链借助信息技术的应用，使得原材料供应商、外协加工和组装、生产制造、销售分销与运输、批发商、零售商、仓储以及最终客户紧密联系起来，构成一条突破企业界限、以客户为中心的供应链。

3. 全球化网络供应链

全球化网络供应链是指基于互联网的、面向全球的、开放式的供应链，是适应电子商务发展的一种新型的供应链形式。网络上的企业都将具有双重身份，既是客户又是供应商，成为供应链中一个个活跃的节点，整个供应链的协同运作将取代传统的电子订单，供应商与客户间信息交流与沟通将是一种交互式的、透明性的协同工作。

在全球化网络供应链中，互联网是传递信息流、资金流和部分物流信息的基本载体，连接着全球范围内的客户和供应商，成为企业生产经营活动的重要领地。

（四）供应链管理的原则

实施供应链管理应遵循以下基本原则：

(1)根据不同客户的服务需求划分客户群。

(2)根据客户需求和企业可获利情况,设计企业的后勤网络。

(3)最合适的人做最应做的事。

(4)致力于供应链整体成本的最优化。

(5)缩短供应链的时间间隔。

(6)不断优化供应链的信息系统。

(7)以“客户是否满意”作为衡量供应链管理水平的标准。

(五)供应链管理的实施步骤

实施供应链管理大致可分为四个步骤:

(1)将企业的业务目标同现有能力及业绩进行比较,首先发现现有供应链的显著弱点并改善,迅速提高企业的竞争能力。

(2)同关键客户和供应商一起探讨及评估全球化、新技术和竞争局势,建立供应链的远景目标。

(3)制订从现实过渡到理想供应链目标的行动计划,同时评估企业实现这种过渡的现有条件。

(4)根据优先级安排上述计划,并且提供相应的资源支持。

(六)供应链管理技术的演进

供应链管理技术主要经过了三个阶段:企业资源规划阶段、专门化的供应链解决方案阶段、基于互联网的供应链信息集成阶段。

1. 企业资源规划阶段

企业资源规划主要用于解决企业内部数据传输问题,它使得内部复杂的流程做到自动化处理,把企业内部的人、财、物资源有机集成起来,对原先只是限于某一群体使用的库存、销售、财务和其他信息可以实现跨部门分享,大大提高了企业内部各部门之间的协调效率。但实施企业资源规划系统投资数额巨大,施工周期长,缺乏一定的灵活性,风险较大。

2. 专门化的供应链解决方案阶段

由于企业资源规划系统的局限性,在20世纪80年代的中后期,不少企业开始强化职能型的供应链技术,专门开发了针对计划、采购、生产、财务管理、客户服务和运输仓储等职能的供应链管理系统,如订单管理系统(OMS)、运输管理系统(TMS)、仓库管理系统(WMS)等。但由于这些解决方案只关注某一特定用户的需要,无法做到使不同的信息集成和共享,因此并没有使企业的整体效率有较大的提高,有的企业反而因为内部子系统的混乱而导致企业运作的恶化。

3. 基于互联网的供应链信息集成阶段

近几年来,随着互联网技术的发展和电子商务的应用,基于互联网的供应链信息集成方案开始在国外得到很快的发展。由于互联网独特的构架可以为供应链上多个合作伙伴之间同时进行协作提供便捷,这种方式在企业间的供应链管理上受到了更加广泛的重视。与此同时,基于互联网的信息传递服务不仅使得企业内部,也使得企业之间不同的信息系统得以连接起来,使企业内部供应链和外部供应链得到了有机的整合。

二、电子化供应链

近年来,随着网络技术在全球范围内的迅猛发展,国外有很多企业开始把网络技术应用到供应链管理之中，并取得了可喜的进展。因此，基于网络技术的新型供应链——电子化供应链——伴随着电子商务的兴起，开始受到学术界、企业界的极大关注。

(一)电子化供应链的组成

在企业内部，Intranet 已广泛应用于企业内部供应链管理；在企业外部，Extranet 在实施产业供应链管理方面起着重要作用；而 Internet 对构建全球化网络供应链又具有先天优势。网络技术所独具的费用低廉、兼容性强、操作简单、可跨平台、开放性运作的优势，使其在短时间内迅速成为供应链管理的关键技术，基于网络技术的电子化供应链正显现出勃勃生机。

(二)电子化供应链的主要优势

与传统的供应链相比，基于网络技术的电子化供应链具有较为明显的优势，具体表现在以下三个方面：

1. 提高供应链企业间的运作效率

电子化供应链借助于网络上的搜索引擎，企业可以迅速地搜寻到新的供应商，物色潜在的客户；下游客户可以自助地从在线供应商目录中查找、选择理想的供应商并直接订购商品，而不需要任何人为联络；供应链上不同企业有关配送延迟、缺货、计划装运日期变更、推迟到达等各种临时变更信息可以实时地为各企业所共享，以便以最快的速度做出调整，减少损失。

2. 提高客户服务水平

电子化供应链可以向全球范围内的客户提供每周 7 天、每天 24 小时的全天候服务，对客户服务问题有更快响应，减少了服务成本。

3. 显著降低企业成本

电子化供应链可以在三方面节约企业的经营成本：(1)互联网将使得供应链内各环节的交易更加直接、高效，在缩短交易时间的同时，使交易成本有效降低；(2)由于供应商和客户可以通过网络充分共享库存信息，及时安排供货与发货，这样可使存货成本进一步下降；(3)无纸化的交易、即时化的库存信息沟通使得采购效率显著提高，采购人员的数量将大大减少，采购成本随之降低。

(三)电子化供应链的职能

电子化供应链由于网络技术的应用，使得其在订单处理、采购管理、库存管理、生产管理、运输管理、客户服务、需求预测等多方面与传统供应链的运作有很大的区别。

1. 订单处理

电子化供应链中的订单基本都是在线生成、在线处理、在线交付，这样做的好处是显而易见的。如订单的管理成本将会大大下降，订单的处理时间将大为缩短，订单的差错率也会因为减少了重复录入而下降；另外，在订单生成之前，供应商价格的在线查询也将提高订单的准确性和有效性。

2. 采购管理

采购管理是供应链管理的重要环节，在传统条件下，采购工作较为繁杂，牵涉的人力、物力很多，效率不高。

3. 库存管理

在电子化供应链中，核心企业与供应商的缺货通信可直接由网络来实现，核心企业还可以通过网络通知客户有关订单处理的延迟或库存告急的信息，并可向管理者提供现场库存商品的情况，以减少库存保留量，降低总的库存维持成本。

4. 生产管理

在传统的供应链管理条件下，由于缺乏准确及时的有关市场、供应和库存的信息，生产计划和调度存在很大的困难，生产环节的脱节和浪费现象较为常见。

5. 运输管理

网络技术在运输管理中同样发挥着重要的作用，如随时可以通过网络查询所运输物品的走向和货品的状态，可以及时公布发货和收货的相关信息，可以通过无线发射装置跟踪运输设备的位置等。

6. 客户服务

互联网的双向交互功能在为客户提供高水平服务方面同样可发挥有效的作用。如核心企业通过互联网接受客户投诉、向客户提供技术支持、发布有关产品和服务的最新消息、加强与客户的沟通、培育客户的忠诚等都可以有效提高客户服务水平。

7. 需求预测

互联网对更好地作出需求预测有很大作用：一方面，供应链内部的客户可以及时把有关需求信息传递给供应商，使供应商实现按需生产；另一方面，借助于互联网，生产厂商可以了解本行业的发展趋势、竞争者的动态、客户的各种特殊需求等，以便及时改进生产计划，调整产品结构。

三、电子商务发展中的供应链管理

供应链管理随着电子商务的发展为越来越多的企业所重视。对我国大多数企业来说，供应链管理与电子商务可以同步实施，相互促进。在电子商务发展的条件下，实施有效的供应链管理，应主要把握以下五点：

（一）正确分析企业所处竞争环境

最大限度地满足客户需求是供应链管理的根本出发点，因此，供应链管理的第一步就应从客户的需求出发，分析企业当前所处的竞争环境，以便明确企业实施供应链管理的目的和方向。

分析企业所处的竞争环境，主要通过向供应商、客户及合作伙伴发放问卷调查、实地走访、举行研讨会等形式，明确诸如“客户的真正需要是什么，希望在什么时候、以什么样的价格满足”，“合作伙伴的优势在哪些方面，如何更好地开展深层次的合作”，等等。对这些问题的了解越深入、越透彻，越有利于供应链管理的实现。在电子商务条件下，企业应该把市场竞争环境分析的工作经常化、正规化，要充分利用内联网、外联网和互联网收集分析各种信息，建立起动态数据库，随时为决策提供相应支持。

（二）制定切实可行的竞争战略

对企业自身所处的市场竞争环境有比较全面的认识后，就应根据企业所具有的竞争优势，制定切实可行的竞争战略，以便据此选择合适的竞争伙伴。对核心企业来说，供应链管理注重的是企业的核心竞争力，企业凭借自身的核心竞争力与其他企业共同构建供应链。

在制定竞争战略时，可参考迈克尔·波特著名的竞争战略理论，他把基本的竞争战略分为三种：总成本领先战略（Overall Cost Leadership）、差异化战略（Differentiation）和目标集聚战略（Focus）。

当企业追求总成本领先战略时，往往会选择同行业中的领先者作为合作伙伴，以期取得规模经济效益；当企业把差异化战略作为目标时，会较多地考虑选择在品牌、技术、营销渠道、服务等方面有领先优势的供应商和合作伙伴；而对目标集聚战略，企业则会投入大量精力寻找对自己的产品和服务有专门需求的客户，专门为他们量身定做，提供“一对一”的服务。

（三）选择合适的供应商

从某种程度上来说，供应链管理是一个供应商的评估、选择和合作的过程，核心企业应建立起严格的供应商评估程序，确定科学的评估标准，选择最理想的供应商，并与其建立起长期的信任、合作关系。

（四）逐步完善网络基础

供应链管理的实施必须以完善的网络设施为前提，特别是企业内联网、外联网和互联网的集成，是保证供应链高效运作的基本条件。对中国企业来说，企业信息化的程度总体水平还较低，企业内联网和外联网的建设还很不完善，相应的知识库和电子数据库在不少企业中还是一个空白，尤其需要企业的领导和管理人员提高认识，从提高企业对市场反应能力、增强企业竞争力的角度，不断完善企业的网络基础设施建设，与供应商、销售商和各类合作伙伴共同构筑起一条高效、畅通、反应快速的电子通道。

（五）加强协作，及时化解各种矛盾

供应链管理涉及众多的企业和组织，但由于各自目标和利益的不同，在运作过程中出现各种矛盾和冲突是在所难免的，比如成本的分摊、利益的分配等，常会出现不协调的现象。作为供应链管理中的各参与方，还应注意加强学习和反馈，及时发现供应链管理中出现的各种问题，共同分享成功的经验和承担失败的教训，使供应链管理切实成为提高企业经营管理水平、增强企业竞争力的重要手段。

本章小结

企业信息化的含义是：对企业销售、供应、生产、库存、质量、成本、财务等主要事务活动的过程管理实施信息化，用数据交换实现企业管理。企业信息化与电子商务已成为全球性的潮流和趋势，是促进从工业化社会转向信息化社会、实现经济全球化的重要手段。企业信息化建设是电子商务发展的基础，电子商务是企业信息化的重点。

电子商务客户关系管理就是在电子商务环境下对客户关系进行管理的一种思想和技术。客户关系管理的功能包括客户服务与支持、销售管理、营销管理、呼叫中心、电子交易等部分。客户关系管理的实施包括识别客户、分析客户、接触客户和服务客户四个方面。

电子化采购就是通过互联网络，借助计算机管理企业的采购业务，实现采购信息共享。操作上，电子化采购从采购要求的提出、订单的产生、商品运输到存货管理等方面都有了重大的改变。网络的介入使采购流程得到优化，并在降低成本、提高效率、增加采购透明度等方面都可使采购企业和供应商双方受益，实现“双赢”。

一般来说，供应链是由自主或半自主的实体企业组成的网络，这些实体企业共同负责与一类或多类产品相关的各项活动。实体企业主要由供应商、制造商、仓库、配送中心和零售商等组成，处于核心地位的企业称作供应链的核心企业。供应链管理的活动包括原料供应与采购、产品设计、生产计划、材料处理、订购过程、库存管理、运输、仓储以及客户服务等。

关键术语

企业信息化　客户关系管理　客户满意　客户忠诚　呼叫中心　电子化采购
供应链管理　企业资源规划　电子化供应链

课堂讨论

1. 全面分析电子商务对企业管理的影响。
2. 电子商务企业的经营理念有哪些？如何体现？
3. 电子商务为企业带来了哪些竞争优势？
4. 简述虚拟企业的主要优势。
5. 什么是电子化采购？它的基本流程如何？
6. 电子化采购的主要优势是什么？
7. 如何提升客户满意度和忠诚度？
8. 什么是客户关系管理？它要实现哪些主要功能？
9. 客户关系管理带给企业的主要优势体现在哪些方面？
10. 电子商务发展过程中如何实施客户关系管理？
11. 供应链管理有哪几个层次？电子商务时代的供应链管理属于哪个层次？
12. 什么是电子化供应链？它有哪些主要职能？

网上实践

1. 请访问中国采购与招标网（www. chinabidding. com. cn），并概述该网站招标投标过程（500 字左右），且分析其优势与不足。

2. 访问戴尔公司网站（www. dell. com），写出戴尔电脑的供应链管理特点。

3. 访问海尔公司网站（www. haier. com. cn），写出海尔公司的电子商务应用模式。

4. 访问凡客诚品网站（www. vancl. com），写出凡客诚品的电子化客户关系管理的优势。

案例分析

思科公司的电子商务全方位实施

思科公司高素质的决策层和高质量的管理，使其拥有了一系列竞争优势，也使思科公司成为一家电子经济公司。思科公司的竞争优势包括客户至上、以客户为中心，加强与商业伙伴之间的关系，具有识别良好商机和赋予项目优先权的能力、大胆执行的能力（三个月或更短时间）、迅速应变的能力，雇用最优秀且为客户服务热情的人才等。

1. 思科生产在线：是将思科公司和其协议生产商、供货商、分销商、商业伙伴完美结合在一起的供应链门户。

2. 思科员工在线：是为了向员工提供信息和服务而建立的，员工可以通过自我帮助的办法来获得关于公司内部和人力资源方面的信息。为了在不必花费太多的前提下提高员工的满意率和工作能力，思科公司重新组织了其内部及外部的员工服务体系。比如，差旅费报销程序使员工可以轻而易举地结算和报销其差旅费用，并自动划拨到个人的银行账号上去。为此，思科公司只需要雇用两名工作人员，就可以解决每月 15 000 名员工的差旅费用报销问题。

3. 技术反馈中心：思科公司的员工将自己遇到的关于电话、计算机硬件及软件方面的问题通过内部网向技术反馈中心汇报，查询问题解决的进展，或当问题得到解决或改变时撤销申请。员工可以在网上填写申请支持的表格，发送到数据库，在各个部门寻求支持。

4. 快速通道：思科公司最初仅仅将内部网络作为发布信息的平台，但其“快速通道”应用代表了为实现商业流程而采取的应用。例如，员工出差的差旅费报销，过去总要填写 Excel 中的表格，并将所有差旅费记录打印出来，拿给相关部门的主管核实同意，必须经过 4～5 周才能报销完毕。现在，员工可以直接从网上填报，公司将款项划拨到员工的信用卡或银行账号付账，在 48～72 小时之内就能收到报销款项。

5. 员工自我服务：思科公司的绝大部分业务是通过网络实现的。例如，思科公司销售人员的工作是通过电脑完成的。同时，思科公司的行政信息系统、决策系统、培训系统（包括远程培训）及自助式人力资源系统都是以网络为基础的。日访问量高达几千次，思科公司花在纸张和印刷方面的费用大幅度降低。

6. 交流及远程学习：网络系统使思科公司与员工的沟通能力大大增强。同时，每个思科员工都可以通过远程培训系统获得教育机会。这种教育方式及其有效性都很容易通过网络来查询，公司可以监督远程培训的质量，从而保证这一教育方式的效能。很多大公司看起来是战无不胜的，但是这些大公司一旦走下坡路，就会显得比我们想象的更脆弱。

1990 年《财富》杂志评选的世界 500 强企业到 1995 年只剩下 2/3，当然，一部分公司是被吞并或合并，另外一部分则经历了价值迁移，而由于管理失误或错误导致公司倒闭的也屡见不鲜。市场错误、技术力量不足、机构僵化甚至时运不济都是公司走下坡路的原因之一，但大多数是由于领导人的局限性和缺乏远见而导致的，这也正是我们将决策层放在首位的原因。思科公司的例子证实了这样一个道理：电子经济公司不一定都必须是通过网络诞生的公司，公司名字后不一定要缀上“. com”。一些老牌公司被电子经济无情淘汰，更多像思科公司一样的企业却走上了遵循电子商务模式并向电子经济转轨之路。

讨论：

1. 思科是怎样的一家公司？它有何竞争优势？
2. 思科公司是如何实施全方位的电子商务方案的？
3. 思科跻身世界 500 强并立于不败之地的秘诀是什么？

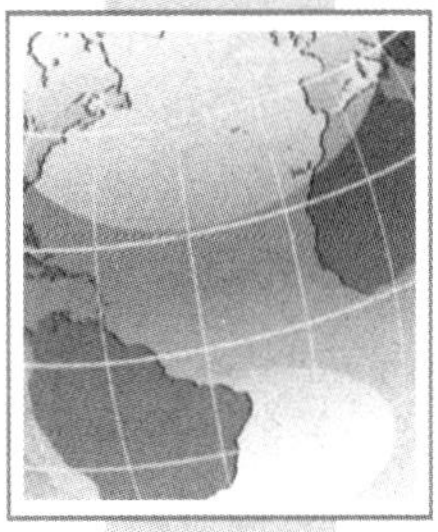

第九章 电子商务的其他应用

本章引言

随着电子商务的发展,更多的行业意识到了它的重要性,纷纷开始利用互联网开展电子商务,因为电子商务突破了传统行业运作中时间、空间的限制和资源、经济要素等的制约,能够给行业在横向和纵向上的扩展带来机遇和便利;同时,随行业竞争的不断加剧,企业需要凭借新的方式扩展市场,挖掘利润空间来增强自身的实力,而电子商务正好提供了有利的条件。当前互联网与各个行业融合发展已成为一个不可阻挡的世界潮流,互联网不仅正在全面应用到第三产业,而且正在向第一、第二产业渗透,形成了诸如网络金融、网络交通、网络医疗、网络教育、农村电商、网络旅游、智能家居、自媒体、移动电商和跨境电商等新生态。本章主要阐述网络教育、网络旅游、移动电商、网络金融、跨境电商和农村电商。

本章要点

- 网络教育的概念、发展现状及趋势
- 网络旅游的概念、功能、特点及障碍
- 移动电商的概念、技术及面临的主要问题
- 网络金融的概念、特点、经验模式及风险
- 跨境电商的概念、现状、发展模式及趋势
- 农村电商的概念、服务、优劣势及对策分析

第一节　网络教育

一、网络教育概述

(一)网络教育的概念

网络教育(Online Education)是指在网络环境下,以现代教育思想和学习理论为导向,充分发挥互联网的各种有关教育的功能和广泛的网络教育资源优势,为学习者提供一种网络学习的环境,传递信息化的内容,进行以学习者为中心的非面授形式的教育活动。

网络教育的特点是数字化、网络化、智能化和多媒体化,基本特征是开放、共享、交互、协作。以互联网教育促进教育现代化,用信息技术改变传统模式。相较于传统模式,互联网教育具有信息传递优势、信息质量优势、信息成本优势和信息交流优势。

网络教育的核心内容是教学信息化。教学是教育领域的中心工作,教学信息化就是要使教学手段科技化、教育传播信息化、教学方式现代化。

互联网教育的目的可以概括为四个方面:一是促进信息技术在教育领域的广泛应用;二是推动教育的改革和发展;三是培养适应信息社会要求的创新人才;四是促进教育现代化。

(二)网络教育的分类

目前网络教育的分类主要包括以下几种类型:

(1)基础网络教育,即面向高中阶段及以下阶段的教育,包括学前教育、小学教育、初高中教育。

(2)高等网络教育,就是在高等教育阶段开展的以网络远程教育为主要形式的教育或学习,主要提供高升专、高升本、专升本及第二学历教育。学习者通过相应的在线考试就可以获得学历证书,其证书已明确注明"网络教育"字样。

(3)网络职业认证培训,就是为一切有意愿提升自身知识或技能的社会人提供的在线学习形式,包括提供就业技能培训、升学辅导、资质技能证书培训等。

(4)企业 E-learning,即以企业在职人员为主要培训对象,通过电子化学习对职员进行相应的企业文化、岗位所需技能、部门各项业务等一系列培训。

(5)网络教育服务,主要包括教育服务、教育网游、教育频道、平台提供商等,都是为网络教育提供服务,没有实体的学校。

(三)网络教育的特点

网络教育通过计算机设备和互联网,把学生和教师联系在一起,实现远距离、多次数的远程教学,为学习知识和技术提供了便利,具有以下特点:

1. 学习的自主性

网络教育突破了传统教育的此种弊端,使学生掌握了学习的主动权,增强了求学者本身的自主性,极大地改善了学生被动学习的局面。互联网教学跨越了时间和空间上的限制,能够使学生随时随地得到需要的信息和知识;而在知识的选择上,学生也有很大空间,能够按照自己的兴趣爱好去学习自己希望学习的知识。这样也能激发学生的学习欲望,增强学习的自主性。

2. 学习资源的丰富性

运用网络进行教学,为学生获取知识提供了丰富的资源。一方面,学生遇到难题可以及时地通过互联网求得答案,加深对问题的认识,增加自己的知识;另一方面,教师可以有效利用互联网的知识信息,充实自己的学识,提高教学质量。同时,丰富的学习资源能够激发学生的学习热情,如电子书、BBS 论坛、学习软件等都提供了大量可选择的资源。

3. 学习的交互性

通过互联网进行网络教育,学生能够及时有效地对自己的学习效果进行评估。在网络学习过程中,多媒体课程教学往往具备各种反馈信息的软件。通过这种软件,学习者很容易掌握自己学习的进度,能够随时进行学习内容的调整。网上开辟有很多的公共讨论区,学生和教师、学生和学生甚至学生和机器都可以进行平等对话,进行及时有效的沟通和交流,达到传统课堂上无法达到的效果。

二、网络教育的发展

远程教育自 19 世纪 70～80 年代以来,经历了三个阶段:第一个阶段是 19 世纪 70～80 年代产生的函授教育;第二个阶段是 20 世纪 50～60 年代产生的广播电视教育;第三个阶段便是 20 世纪 90 年代产生的以网络教育为主的现代远程教育。网络教育作为现代远程教育的核心组成部分,它具有前两种远程教育形式所不能具备的优势,如互动性、实时性和个性化等。

(一)国际网络教育的发展

网络教育已成为国际教育发展的一个共同趋势,经过二十多年的努力,目前世界上已有

100 多个发达国家和发展中国家开展了网络教育，国际网络教育已经渗透到基础教育、高等教育和继续教育的各个方面，满足了不同人群在学习上的不同需求。

1. 基础教育

在基础教育方面，一些发达国家基本上完成了中小学校的上网工程。有关资料表明，美国 1999 年就已有 95%的中小学上网。而英国早在 1998 年政府就制定了《全国网络教育五年计划》，提出在 2003 年以前将国内 32 000 所中小学全部联网。瑞典 90%以上的公立高中和绝大部分的九年制义务教育学校已与互联网连接。法国的初中、高中学校在 2000 年 9 月已全部使用互联网。在教学内容上，国外的中小学网校一般都比较注重课外辅导，加强综合素质的培养，而不仅仅是重复课堂教学内容搞同步练习。如美国在互联网上开辟研究行星的课外活动组，免费向中小学学生开放，以开阔学生科学探索的视野；日本的中小学指导学生上网查询国际上有关酸雨研究的最新资料，分析形成酸雨的原因及解决办法，培养学生的科研能力和创新意识等。

2. 高等教育

在高等教育方面，许多国家在积极利用互联网来开辟和扩大高等教育的渠道，为失去接受学校高等教育机会的人提供上大学的机会。美国是目前远程教育规模最大的国家，44%的高校向全社会提供各种远程教育，接受远程高等教育的学生约占全日制在校学生的 32%，开设的学历、学位课程达到 4.9 万门，基本覆盖了美国高等学校的所有学科和专业。目前，美国的网络大学增加到 30 多所，约有 80 所大学允许通过网络学习获得学位。此外，在巴西，1999 年就有近 900 名未跨入大学校门的青年通过网上大学而获得大学文凭。在英国，几乎所有高校都建立了自己的网上学校，政府还规划设立两年制高校学位课程项目，以利于实现 30 岁以下人口中一半接受高等教育的目标。如今，亚洲、欧洲、美洲、大洋洲的许多国家也都在积极发展现代网络大学教育。

3. 继续教育

在开展继续教育方面，主要是满足不能长期脱产到学校参加学习和培训的人群的需要，以提供一种自主的学习方式。据调查，目前韩国大约有 70%的在职人员选择到网上给自己充电。美国已有 60%的企业利用网络教育方式对员工进行培训和继续教育。设立在英国的欧洲学习中心总部，针对欧洲严重缺乏高科技人才的问题，拟定了统一的网络教育计划和实施细则，将网络教育作为专业培训和继续教育的最佳途径。在瑞典，为了更好地实施中小学教育信息化计划，政府主张利用集中培训、远程教育和网上虚拟教室等多种形式，在 3 年内对 6 万名中小学教师进行培训，以达到使教师掌握信息技术搞好教学的目的。

(二)国内网络教育的发展

早在 1998 年，教育部开始推出“面向 21 世纪教育振兴行动计划”，从而推动了我国现代远程教育的迅速发展。随后 2000 年 6 月的全国教育信息化工作会议，则提出了 3 年内构建我国现代远程教育网络框架。这些网络的建成推动了网络教育的发展。

1. 高等网络教育

1998 年，教育部批准清华大学、湖南大学、浙江大学、北京邮电大学作为现代远程教育首批试点高校，开始了我国真正意义上的网络远程教育，也开启了我国高等院校网络教育的大门。这一事件影响重大，使得我国从 1994 年就开始的中国教育科研网示范工程得到进一步发展。之后，很多高校相继建立了网络远程教育，越来越多的学生不出家门就可以得到大学优质的教学资源。据统计，教育部现已批准了 69 所高等学校开展现代远程教育试点，对其培养的达到本、专科毕业要求的网络教育学生，由学校按照国家有关规定颁发高等教育学历证书，国家予以承认。这一举措使大学教育走向了普及，上大学已成为人人都可能的现实。

2. 基础网络教育

除了高等网络教育，我国还实施基础网络教育工程，即学前教育（幼儿园）、初等教育（小学）、中等教育（初中、高中）三个阶段的网络教育。由它们组建的网络远程教育学校一般称为“中小学网校”，简称“网校”。据统计，目前全国已有近200所中小学网校，它们以提供中小学学校课程同步教育课外补习为主，目的在于通过先进的互联网设备，使更多普通学校的学生得到名校名师的辅导，因而受到很多学生和家长的欢迎。

3. 企业网络教育

我国还有大量企业开展的网络教育课程。传统的企业对员工进行培训往往采用聘请讲师面对面讲解的方式，由于时间、空间的限制，易于增加培训的成本。运用互联网对员工进行远程网络教育，是现在很多企业的首选培训方式之一。这种培训方式随时可以展开，而且可以重复利用教学资源，大大节省了企业的培训费用，而且能给员工更深刻的印象，收到事半功倍的效果。

三、网络教育存在的问题与应对策略

（一）存在的主要问题

1. 网络教学平台建设滞后

网络教学平台包括支持网络教学的硬件设施和软件系统。随着计算机的发展和普及，网络教学的基础设施方面有了很大的改善，但是带宽和传输质量仍然是影响网络教育的“瓶颈”。基于光纤技术的地面宽带网（地网），虽然能解决带宽的问题，但地面宽带网高昂的成本令许多教学单位，尤其是欠发达地区的教育单位望而却步，况且我国还有2/3的土地不适合铺设光纤。如果不能做到覆盖广大地区，发展网络教育就失去了意义。随着鑫诺一号卫星转发由中国教育电视台与北京第十九中学合作的第一期卫星宽带网（天网）教育节目以来，卫星宽带网得到了突飞猛进的发展。由于卫星传输信道价格昂贵、初期投资大、传输时延长，所以目前只能采用单向的卫星信道实现同步实时广播式学习，使教学双向交互信息来往不对称，为师生之间的交流造成了一定的影响。同时，网络系统的硬件和公共底层软件，包括网络系统设备（如传输线路、交换设备、路由器以及操作系统）、各种安全保证机制，以及底层网络服务需要的QoS、Multicast、密钥管理、VPN等相关通用网络技术的滞后也制约了我国网络平台的发展。

目前，网络教学软件平台大多为国外产品，如WebCT、Virtual-U、Learning Space等。国内自主开发的一些网络教育平台系统，如北京大学网络教育学院的Blue-Power、清华大学的清华网络教育平台、北京师范大学设计开发的vClass网络教学平台等，目前都无法支持多层次、不同类型的个性化教育，因而很难满足我国发展网络教育的要求。在远程实时授课中，绝大多数单位采用国外商业化的视频会议产品，费用昂贵。有的产品在使用中也存在着一定的缺陷，如数据信息不能有效传递、模拟信号转换造成失真等。同时，建立起一个功能强大、具有教育特色、专供教育资源搜索用的搜索引擎平台，也是一项非常迫切的任务。

2. 网络教学资源质量不高

（1）教师对网络教育的特点缺乏研究，同时缺少足够的技术培训，没有很好地掌握现代远程教育技术，如数据库技术、课件制作技术以及网络技术等。教师只是简单地沿用传统的课堂教学模式，提供素材、教案、习题及相关辅助材料，造成教学内容表现形式单一、内容更新速度慢、自主学习的资源不足等问题。

(2)教学资源共享程度低,存在网络教学资源重复建设的问题。许多学校在开展网络教学时,从教学系统支持平台、教学管理系统到每一门课程都是全部重新开发。高校网络教育开设的都是当前的热门专业,很多课程基本是相同的,没有必要每个学校都去开发自己的教学支持平台和管理系统,而应该通过教学资源共享,形成跨区域的分布式教育资源网,每个专业建立1～2个精品课程。

(3)网络课程重量不重质,交互性差,适应网络教育本质特点的自主学习型课件很少。基础教育网站内容单调,缺乏创新与变革,仅为文字教材电子化或书本搬家,没有体现出网络教育的主动性和交互性。有不少网络教育虽由名校名师执教,但大多沿用"老师讲,学生听"的旧模式,只是"教材搬家,黑板搬家"而已,是传统学校教学内容的翻版。同时,还存在着严重的应试教育倾向。

3. 网络教学手段不完善

完善的网络教学手段是保证网络教学质量的基础,虽然视频广播、网页发布、视频会议和BBS以及同步交流与异步交流技术日趋完善,但要实现真正意义上的实时交流,仍然存在技术和现实的障碍。我国许多学校的网络课件就是把老师的教案电子化后传输给学生,从一定意义上只能说是一种新的函授和电大。直播课堂节约了人力资源,可以同时监控十几个课堂的学生,但事实上,任课老师根本无法兼顾这么多学生的反应,往往只有枯燥的文字传播和老师的半身像,授课效果不容乐观。在我国目前的网络教学中,学习者之间、学习者与课程之间、学习者与专家之间、教师与专家之间的交流还有待加强。

另外,网络教学缺乏协作学习,即实现通过计算机的协作学习(人与人协作)、与计算机的协作学习(人机协作)以及网上协作学习活动(讨论、交流、协同创作、激励、评价等)。要实现协作学习,必须充分利用网络的技术优势,当然也需要优良的硬件环境,但更主要的是需要教师具有一定的组织方法和应用策略,以及依托良好的资源库建设的基础网络教学。目前,国内正在这方面进行探索。

4. 网络教学的质量评价不力

(1)评价方式落后、单一。传统的教学评价很大程度上是针对以教师为中心的教学模式设计的,评价的内容以课本书面知识为主,评价结果不能有效地反映学生在学习过程中获得的创新能力、探究能力和实践能力。

(2)评价主体过于集中。传统的教学评价以教师为单一的评价主体,而不是对教学资源、教学系统、教学过程一整套的评价,同时学生在评价过程中处于被动地位。

(3)对评价过程监控力度不够,特别是对教学服务站评估、服务站考试组织评估、巡考评估、阅卷评估、课程评估、教材评估的监控不够,造成网络教学考试的管理混乱。

(二)采取的应对策略

1. 加快网络教学平台建设

首先要解决网络教育硬件"瓶颈",争取实现网络教育的规模经济。国家应加大基础电信设施的建设投资,尤其对于西部欠发达地区应给予特别扶持。同时,要大力开发宽带数据网、卫星网、Internet等主干网络的融合技术,解决带宽和双向传输障碍,大力开发近距离传输技术,完善PSTN、ISDN、HFC、ATM、LAN等接入层的性能,改进、优化获取知识的通信终端设备,由传统教育固定时间、固定地点接受知识变为固定地点、不固定时间(如按需点播技术VOD),再逐步过渡到时间和地点都不固定的灵活的学习方式。

网络教育应为学习者提供良好的网络教学环境、良好的教学资源支持环境、自主学习的支持服务环境等。应逐步建立自主开发的、完善的网络教育应用系统,包括教学和管理的应用系统,如多媒体学习系统、智能答疑系统、作业提交系统、分布式考试系统、论文答辩系统、分布式教务管理系统、计费系统等。

2. 加强多媒体网络课件的开发,加大投入建设精品课程

加强课件的开发包括:

(1)课件的制作要突出重点,必须事先规划好课件进程中的各个环节,在每个环节中都要制定明确的目标细节,并使这些目标都能很好地为课件总体目标服务。

(2)多媒体网络课件无论是在内容上还是在形式上都必须注意教育学和心理学的灵活运用。例如,利用字体的突变色彩的强弱以及音频的变化等反差造成鲜明的效果,吸引学生的注意力,同时配上相应的讲课节奏,模仿课堂教学的板书方式,从而达到良好的教学效果。

(3)多媒体网络课件必须强化培养学生创造性思维的内容,充分发挥学生的主动性、积极性,同时强化学生的逻辑思维能力和空间想象能力。

(4)多媒体网络课件的设计必须与学生的自主学习相结合,利用计算机向学生提出不同的问题,引导其学习,加深对所学知识的理解。

(5)科学地选择多媒体形式,加深学生对教学内容的理解。

(6)针对不同的用户群体制作不同形式的课件。例如,针对学生的特点,采用突出知识要点的学习资料、网址链接等课件;针对较低文化水平的人群,采用趣味性和刺激性较强的游戏类课件。

3. 重视教学软件的开发

网络教学软件可以简化教师开发网络课件、视频的过程,使普通教师能够方便地构建网络课件和相关内容,降低课件开发对教师计算机技能的要求,同时可以通过 Web 工具辅助学生学习,增强学生与教师的交流。教学软件开发重点包括:

(1)开发素材库与素材库管理软件,简化教师开发网络课件时的素材制作负担。

(2)开发针对具体学科的网络课件模板和向导工具,并提供一些模板化的网络课件,使网络课件的制作更加方便、快捷。

(3)开发一系列的课件制作辅助工具,如公式输入工具、图画工具和使用方便的视频制作工具,以及封装 JavaScript 语言的流媒体网络发布和关联工具。

(4)开发针对网络教学目的的,基于 HTML、XML 和 ASP 的网页及网站开发工具,以及它们之间的动态转换工具。

(5)开发一系列的学生辅助学习工具,支持学生在网上学习和探索,完善书签标记和搜索工具的功能软件。

(6)提供支持分布式模型的师生远程交流工具,包括同步或异步讨论工具、课程电子邮箱、协同工作工具等基于文本的交流工具,以及提供包括图形、语音、视频、电子白板等多媒体交流工具。

(7)实现课件开发、网页开发、网站建设与基于 Web 的课程开发、教学传递、教学管理和网上测试工具的软件集成。

4. 加大网络远程教育技术标准的实施,建立较完备的质量监控体系

(1)制定相关网络教育的法令法规,提供网络远程教育技术标准和质量保证体制。以法律的形式明确网络教育的各级教学单位,规定其权利、责任与义务,对其教学活动进行规范化管

理。同时，建立相应的网络技术标准、质量监控和评价机构，为保证网络教育健康发展提供保障。

(2)跟踪国际网络教育技术标准研究工作，引进相关国际标准，根据我国教育实际情况修订与创建各项技术标准，最终形成有本国特色的现代网络教育技术标准体系，并形成一支信息化教育标准研究队伍。

(3)推广网络教育技术标准，完善一致性测试体系。提高开发者应用行业协会提供的适当工具进行产品自律测试的意识，同时完善教育信息化技术标准测试中心、标准认证中心和仲裁中心的职能和技术，通过行政力量来推广产品标准化的权威测试。

(4)积极推进质量认证。为了适应网络教育多样性、复杂性以及特有的教学规律，网络教育学院应采取质量认证的评估方式。质量认证注重过程的控制管理以及持续的工作改进，注重管理体系的文件化、程序化、规范化，注重目标与措施、条件的符合性。

(5)引入第三方监控组织，如民间的评估认证机构，对高校网络教育的教学服务质量做出评估和监督，加大监控的力度。

第二节　网络旅游

一、网络旅游概述

(一)网络旅游的概念

网络旅游是一个兴起于 20 世纪末、时髦于 21 世纪的旅游新概念，也称旅游电子商务，有广义和狭义之分。广义的网络旅游泛指以网络为主体，以旅游信息库、网络银行为基础，利用先进的信息化手段实现旅游业及其分销环节数字化运作的所有商务活动。狭义的网络旅游是指在旅游业中利用 Internet、Intranet 和 Extranet 来实现旅游产品与服务交易活动的总称，它涉及旅游业的方方面面，不仅仅是通过网络进行旅游市场的交易活动，还包括旅游企业通过网络与供应商、各种服务机构以及政府相关部门建立业务联系的过程。

网络旅游的基本定位是满足旅游市场的发展要求，顺应旅游企业经营战略创新的趋势，探索新的旅游业务模式，建设有特色的、个性化的旅游电子商务，以降低成本，提高效率，寻求新的利润增长点。

网络旅游的基本目标是突破传统的经营模式与手段，建立以互联网为基础的现代旅游管理信息系统，形成规模化、产业化、标准化的旅游发展新格局，使旅游业整体利益最大化和运作效率最优化成为可能。

当一个旅游者通过访问旅游网站，收集全国各地的旅游信息，制定自己出游的旅行线路，预订各种交通票证、住宿房位、娱乐项目，并在网站的帮助下完成吃、住、行、游、购、娱的旅游活动时，一次真正意义上的网络旅游便诞生了。它与传统的旅游相比，有着多方面的优势，是旅游服务商与旅游消费者之间交流沟通的渠道和中介。

(二)网络旅游的服务功能

网络旅游并不是凭借网络的方式让旅游者在网络上看风景、享受美好风光，而是通过网络来辅助旅游者出游。目前，国内网络旅游服务商的服务功能主要可以分为三类：

(1)信息的汇集、传播、检索和导航。这些信息内容一般都涉及景点、饭店、交通旅游线路等方面的介绍，以及旅游常识，旅游注意事项，旅游新闻，货币兑换，旅游目的地天气、环境、人文等信息和旅游观感等。

(2)旅游产品(服务)的在线销售。网站提供旅游及其相关产品(服务)的各种优惠、折扣，以及航空、饭店、游船、汽车租赁服务的检索和预订等。

(3)个性化定制服务。从网上订车票、预订酒店、查阅电子地图到完全依靠网站的指导在陌生的环境中观光、购物，这种以自定行程、自助价格为主要特征的网络旅游在不久的将来会成为国人旅游的主导方式。能否提供个性化定制服务已成为旅游网站，特别是在线预订服务网站必备的功能。

(三)网络旅游的特点

网络旅游是以面对面的服务形式，免去了旅游者不必要的时间浪费和金钱负担。它不但减少了旅游经营者为旅游者提供旅游产品或服务时的销售环节，而且还降低了产品成本，提高了经营效益，为旅游者提供了物美、价廉、质优的服务。网络旅游相对于传统旅游来说，有以下一些特点：

1. 信息量大

互联网的最大优势之一是提供了极为丰富的信息。网络旅游信息更是丰富多彩，应有尽有，给旅游者较大的选择余地。以华夏旅游网为例，网络旅游信息包括锦绣中华、环球之旅、交通信息、在线预订、非常旅游、网上交流、免费服务等。每个栏目又进行了具体细分，比如“在线预订”分为订酒店客房、订国际机票、订国际列车、订旅游线路等。由此可见，网上信息的丰富远非旅行社提供的小册子所能比，它几乎包含了旅游的方方面面，给旅游者提供了最详细的咨询。

2. 方便快捷

网络缩短了空间的距离。旅游者坐在家中或在旅途上，只要能上网就可实现信息查询和网上预订。它克服了以往方式带来的耗时长、额外经费浪费严重、反应迟缓等弊端，顾客只需用鼠标轻轻一点，一个充满新奇的假日之旅随即展开。这种旅游方式将节省大量时间、精力和金钱，对于那些工作繁忙而经常使用网络的商务旅游者尤其适用。

3. 灵活互动

网络的一大特点是具有交互性。旅游者不仅能浏览信息，还可与网站进行交流。比如通过 E-mail 向专业人士请教各种旅游方面的问题，或者在旅游论坛上发表文章畅谈自己的旅途感受，邀约志趣相投的朋友一起出游，还可以在聊天室与天南地北的朋友交流经验，互通信息。而且网络旅游是很灵活的，不必像旅行社组团那样非得凑够一定人数才能出发。行程安排也可以方便地改变，只需与有关上网的旅游企业保持 E-mail 联系，及时通知对方你的新计划。

4. 个性化

目前，国际旅游散客潮已经到来，散客旅游的目的不仅是观光，而且对舒适、自由、回归有着极高的要求。旅游市场需求已经从传统简单的满足观光游览需要的“到达型”，转变为“个性化旅游型”。网络旅游通过网络的双向交流作用，除便捷和实惠以外，还能提供“个性化”的旅游定制服务，来满足整个大众旅游消费口味的改变。

(四)网络旅游产业发展现状

1. 市场规模不断扩大

随着休闲度假、亲子游的兴起，整个在线旅游市场规模不断发展壮大。近几年，中国在线旅游市场保持快速增长，市场交易规模从 2009 年的 619 亿元增长至 2013 年的 2 282 亿元，增长率保持在 25%以上。2015 年，中国在线旅游交易市场规模达 4 326.3 亿元，同比增长 39.9%。2016 年，中国在线旅游市场交易规模达 6 138 亿元，同比增长 36.8%，增长率较上一年有所缓和。虽然总交易规模增长迅速，但渗透率并不高。2013 年在线旅游渗透率只有 7.7%，2015 年首次突破 10%，达到 11.5%，2016 年在线旅游渗透率超过 15%并且保持强劲增长，这意味着未来在线旅游有不小的潜力及发展空间。

2. 企业竞争激烈

国内在线旅游网站是从 300 多家的混战发展到今天互联网巨头携程系、阿里巴巴、新美大的三足鼎立。携程先后参股或收购了途牛、同程、艺龙、去哪儿等，一举拿下行业第一；阿里自建平台——去啊，吸引途牛、驴妈妈等第三阵营 OTA 加入，同时拉拢传统旅行社，从酒店上游、机票的销售模式等切入；而美团与大众点评的合并，未来必将在酒店、旅游、交通票务业务方面奋力追赶。

3. 用户分布范围扩大

在线旅游用户大多分布在一二线城市，三线及三线以下的城市渗透率较低。但一二线城市竞争激烈，未来可以在渠道下沉加大力度，着力布局三线及三线以下的城市，为我国在线旅游发展提供新的市场空间，使在线旅游覆盖面更广，惠及更多的用户。

尽管互联网对旅游业的影响不言而喻，但相比国外而言，中国旅游互联网基础仍比较薄弱，目前处于信息化、电商化、数字化齐头并进的特殊发展时期。

二、网络旅游发展中的障碍和趋势

（一）网络旅游发展中的障碍

网络旅游是一个新生的模式，其发展也不是一帆风顺，在它的发展中还存在一些障碍，主要体现在以下几个方面：

1. 观念有待转变

尽管网络经济发展迅速，但网上营销的观念目前还没有被广大旅游企业完全接受，网上促销、网上预订，尤其是网上结算，对我国众多旅游企业来说还是件比较陌生的事。许多企业对上网促销的宣传和营销效果缺少认识和体验，仍将主要精力集中在传统的营销渠道上，对已经成熟的市场渠道、固定客户群体的重视和满足远远高于对网络可能带来的收益的期待。即使已经参与网络旅游的企业，它们在实际工作中所做的准备和相应的调整也不够完善，体现在计算机网络配备、员工上岗培训、标准化业务流程建立等各个方面应对不足，不能适应网络旅游的特点。

2. 服务有待提高

主要表现在三个方面：首先，有的旅游网站只是进行了一些诸如景点介绍、旅游线路、旅游知识等介绍性描述，未能真正提供全面、专业、实用的整套旅游服务，没能使网上旅游的魅力全方位显现出来。其次，由于国内现有的旅游资源和信息资源尚没有全部实现与网络接轨，大多数旅游网站信息匮乏，与传统的旅游业相脱节，不能给上网的用户提供充分的信息资源，这样便在一定程度上影响了旅游网站对旅游者的服务能力和服务质量。最后，目前国内众多网站现有的旅游服务项目和线路基本相差无几，国内游居多，根本无法进行更复杂的旅游操作。

3. 安全性有待加强

网络安全是人们对网上业务关注的焦点，网络旅游业也不例外。旅游网站一旦被“黑”，不仅无法正常向旅游者提供服务，而且用户的信用卡号及密码有可能被窃取，其后果不堪设想。用户和网站都将遭到巨大的经济损失。于是，部分人会对网络旅游的可靠性产生怀疑，进而不敢参与。因此，应该逐步完善网络安全性控制，特别是研究网上支付的加密技术，加强对网上黑客的防范并制定有关打击黑客的法规，使网络旅游走上法制化和规范化的轨道。

（二）网络旅游的发展趋势

目前，无论是政府还是旅游企业，都在努力解决网络旅游中出现的各种问题。在未来，网络旅游发展的主要趋势是：

1. 消费端呈现五大变化

具体包括：群体细分化；体验丰富化；出行设计自助化；交易过程电商化或者叫线上化；旅游购物理性化，品质、渠道、价格均成为游客购物的考虑因素。

2. 鉴于目前产业各环节的细分度不同的现状，各细分市场还有很大的空间

旅游与生活方式的融合会不断扩大旅游边界，需求越来越多元化，这就促使旅游与其他产业的融合加深，市场细分、消费场景细分进一步深化。这一系列的变化需要互联网的覆盖广度和细度持续升级，互联网的高效信息传播优势将继续加速行业格局的成熟化和高效化。

3. 技术驱动型企业促进产品价值的深度挖掘

旅游业最终要回归到产品和服务的价值挖掘上，除了互联网的信息技术外，SaaS 技术、大数据技术甚至人工智能等技术将帮助产业用户端需求挖掘与匹配、资源互联互通、产品体验升级。

4. 线上线下多元融合

不管是互联网企业还是传统企业都在寻求线上线下的融合，但是目前更多的是渠道的融合，随着互联网在旅游行业的渗透，在渠道融合基础上，不同场景下的线上线下服务融合、体验融合将更多地出现在用户面前。

5. 全域旅游

在一定区域内，以旅游业为优势产业，通过对区域内经济社会资源进行整体优化提升，实现区域资源有机整合，以旅游业带动和促进经济社会协调发展，这是一种新的区域协调发展理念和模式。

三、网络旅游的几大平台

目前，在线旅游网站主要有携程、去哪儿网、艺龙旅行、同程旅游、途牛旅游和飞猪等。

（一）携程

携程（www. ctrip. com）是一家在线票务服务公司，创立于 1999 年，总部设在中国上海。携程旅行网拥有国内外 60 万余家会员酒店可供预订，是中国领先的酒店预订服务中心。2003 年 12 月，携程旅行网在美国纳斯达克成功上市。携程旅行网成功整合了高科技产业与传统旅游行业，向超过 9 000 万会员提供包括酒店预订、机票预订、度假预订、商旅管理、特惠商户及旅游资讯在内的全方位旅行服务。

（二）去哪儿网

去哪儿网（www. qunar. com）总部位于北京，于 2005 年 5 月由庄辰超与戴福瑞（Fritz Demopoulos）、道格拉斯（Douglas Khoo）共同创立。作为中国第一个旅游搜索引擎，它使中国旅行者首次能够在线比较国内航班和酒店的价格及服务。去哪儿网的公司使命即聪明地安排消费者的旅行，竭力为消费者提供最全面且性价比最高的产品、可靠的服务和便捷的技术工具。通过网站及移动客户端的全平台覆盖，去哪儿网可以随时随地为旅行者提供国内外机票、酒店、度假、旅游团购及旅行信息的深度搜索。

(三)艺龙旅行

艺龙旅行(www.elong.com)是目前可提供酒店预订数量最多的旅行应用,专为安卓用户打造颠覆性应用设计,用户体验更佳。艺龙旅行 APP 为消费者提供酒店、公寓、客栈、机票及火车票等预订服务。艺龙旅行通过提供强大的地图搜索、图片、描述、用户真实点评以及国内外热点目的地指南等在线服务,使用户可以在获取广泛信息的基础上做出最佳的住宿决定。目前,艺龙旅行可提供全球 200 多个国家或地区超过 50 万家酒店、公寓、客栈的预订服务。

(四)同程旅游

同程网络科技股份有限公司(简称同程旅游,www.ly.com)是中国领先的休闲旅游在线服务商,创立于 2004 年,总部设在中国苏州。同程旅游是国家高新技术企业、商务部首批电子商务示范企业,连续三年入选"中国旅游集团 20 强",2014 年位列第 9 名,是中国在线旅游行业三大企业集团之一。新的 10 年,公司以"休闲旅游第 1 名"为战略目标,以景点门票为入口,积极布局周边游、长线游、邮轮旅游等业务板块。

(五)途牛旅游

途牛旅游(www.tuniu.com)于 2006 年 10 月创立于南京,以"让旅游更简单"为使命,从近千家旅行社中为消费者精选出性价比高的优质线路,组成丰富的产品线。覆盖城市多达 64 个,且价格透明,全年 365 天 24 小时接受电话预订,并提供丰富的后续服务和保障。

(六)飞猪

飞猪(www.fliggy.com)是淘宝网旗下的综合性旅游出行服务平台,前身是阿里旅行·去啊。飞猪整合数千家机票代理商、航空公司、旅行社、旅行代理商资源,为旅游者提供国内和国际机票、酒店客栈、景点门票、国内和国际度假旅游、签证(通行证)、旅游卡券、租车、邮轮等旅游产品的信息搜索、购买、售后服务的一站式解决方案。全程采用支付宝担保交易,安全、可靠、有保证。

第三节　移动电商

一、移动电商概述

(一)移动电商的概念

移动电商(M-commerce)也可以称为移动商务,是近年来一种新兴的商务模式,它是随着手机、PDA、笔记本电脑等智能移动设备成为人们生活和工作中的必备之物而出现的,由电子商务的概念衍生而来,是指用户在支持互联网应用的现代无线通信网络平台上,借助移动的智能终端设备,完成商品或服务的交易的社会经济活动,它是建立在移动通信技术、互联网技术和电子商务技术的基础之上的。

传统的电子商务必须凭借有线网络来实现,这在一定程度上限制了电子商务的应用。当各种移动通信手段出现并在人们的日常生活中占有重要位置的时候,互联网技术、移动通信技术与其他技术的完善组合就创造了移动电商,它是电子商务新的发展分支,是对有线电子商务的整合和发展,是电子商务发展的新形式。

(二)移动电商提供的主要服务

技术的应用是移动电商的前提,但是最终推动它不断发展的是移动电商提供的各项服务。

1. 银行业务

移动电商使用户能随时随地在网上安全地进行个人财务管理，进一步完善互联网银行体系。用户可以使用移动终端核查账户、支付账单、进转账以及接收付款通知等。

2. 交易

移动电商具有即时性，因此非常适用于股票等交易应用。移动设备可用于接收实时财务新闻和信息，也可确认订单并安全地在线管理股票交易。

3. 订票

通过互联网预订机票、车票或入场券已经发展成为一项主要业务，其规模还在继续扩大。从互联网上可方便核查票证的有无，并进行购票和确认。移动电商使用户能在票价优惠或航班取消时立即得到通知，也可支付票费或在旅行途中临时更改航班或车次。借助移动设备，用户可以浏览电影剪辑、阅读评论，然后订购邻近电影院的电影票。

4. 购物

借助移动电商技术，用户能够通过其移动通信设备进行网上购物。即兴购物会是一大增长点，如订购鲜花、礼物、食品或快餐等。传统购物也可通过移动电商得到改进。例如，用户可以使用"无线电子钱包"等具有安全支付功能的移动设备，在商店里或自动售货机上进行购物。

5. 娱乐

移动电商将带来一系列娱乐服务。用户不仅可以从他们的移动设备上收听音乐，还可以订购、下载特定曲目，支付其费用，并且可以在网上与朋友们玩交互式游戏，还可以为游戏付费。

6. 无线医疗

医疗产业的显著特点是每一秒钟对病人都非常关键，在这一行业十分适合移动电商的开展。在紧急情况下，救护车可以作为进行治疗的场所，而借助无线技术，救护车可以在移动的情况下同医疗中心和病人家属建立快速、动态、实时的数据交换，这对每一秒钟都很宝贵的紧急情况来说至关重要。在无线医疗的商业模式中，病人、医生、保险公司都可以获益，也会愿意为这项服务付费。这种服务是在时间紧迫的情形下，向专业医疗人员提供关键的医疗信息。由于医疗市场的空间非常巨大，并且提供这种服务的公司为社会创造了价值，同时，这项服务又非常容易扩展到全国乃至世界，我们相信在这整个流程中存在着巨大的商机。

7. 移动 MASP

一些行业需要经常派遣工程师或工人到现场作业。在这些行业中，移动 MASP 将会有巨大的应用空间。MASP 结合定位服务技术、短信息服务技术、WAP 技术以及 Call Center 技术，为用户提供及时的服务，提高用户的工作效率。

移动电商提供的以上服务，体现了方便、个性化的生活方式，让人们脱离了传统的工具——电脑，让生活更随心所欲，正逐渐被人们所接受。

（三）移动电商的主要特点

移动电商给用户提供了更方便、更个性化的服务，更好地满足了现代人们生活和工作的需要。移动电商在获取信息的方便性、基础设施成本和市场开发上都有其突出的特点。

（1）时空优势。由于它借助了无线的技术，能够帮助用户真正实现随时随地传递信息、处理业务，而完全不受时间与空间的限制。

（2）后发优势。无线的优势正逐渐激发用户对新应用的需求，随着新技术的使用及普及，移动电商的市场具有后发优势，为许多企业提供了新的机遇。

（3）规模优势。目前的手机用户已经远远超过上网人数，PDA 的用户也越来越多，这趋势使移动电商在客户规模上具有明显的优势。

(4)渠道优势。移动电商与传统的商务并不对立,而是可以进行合作、互相支持、共同发展。

(5)体验优势。移动电商正在渗透到人们的生活和工作中,由于其界面友好、操作简单、使用方便,易于被接受,让用户轻松体验其魅力。

(6)个性化优势。结合移动通信网随时随地应用的特点,移动电商可以有针对性地开展网络营销。

当然,目前的移动电商还存在一些不足的地方,主要是无线网络技术的应用规范上还有待进一步成熟,在稳定可靠、抗干扰、速度等方面还逊色于有线电子商务,在应用成本上还比较高。

(四)移动电商现状

2016年中国电子商务市场交易规模20.2万亿元,增长23.6%,其中,网上购物占比为23.3%。网上购物依旧是零售的主流渠道,2016年中国网上购物市场交易规模为4.7万亿元,占社会消费品零售的14.2%。网上购物已进入移动消费时代,2016年中国移动网购在整体网上购物交易规模中占比达到68.2%,比上年增长22.8个百分点,移动端已超过PC端成为网购市场更主要的消费场景。移动端的流量红利消失,移动电商探索存量增值,2017年手机网民规模已达7.72亿,互联网普及率为55.8%,较2016年底提升2.6个百分点。

二、实现移动电商的技术

移动电商是无线技术与电子商务共同的产物,它主要采用的技术如下:

(一)无线应用协议

无线应用协议(WAP)是开展移动电商的核心技术之一。通过WAP,手机可以随时随地、方便快捷地接入互联网,真正实现不受时间和地域约束的移动电商。WAP是一种通信协议,它的提出和发展是基于在移动中接入Internet的需要。WAP提供了一套开放、统一的技术平台,用户使用移动设备很容易访问和获取以统一的内容格式表示的Internet或企业内部网信息和各种服务。它定义了一套软硬件的接口,可以使人们像使用PC机一样使用移动电话收发电子邮件以及浏览Internet。同时,WAP提供了一种应用开发和运行环境,能够支持当前最流行的嵌入式操作系统。WAP可以支持目前使用的绝大多数无线设备,包括移动电话、FLEX寻呼机、双向无线电通信设备等。在传输网络上,WAP也可以支持目前的各种移动网络,如GSM、CDMA、PHS等,它也可以支持未来的第五代移动通信系统。目前,许多电信公司已经推出了多种WAP产品,包括WAP网关、应用开发工具和WAP手机,向用户提供网上资讯、机票订购、流动银行、游戏、购物等服务。WAP最主要的局限在于应用产品所依赖的无线通信线路带宽。对于GSM,目前简短消息服务的数据传输速率局限在9.6kb/s。

(二)移动IP

移动IP通过在网络层改变IP协议,从而实现移动计算机在Internet中的无缝漫游。移动IP技术使得节点在从一条链路切换到另一条链路上时无须改变它的IP地址,也不必中断正在进行的通信。移动IP技术在一定程度上能够很好地支持移动电商的应用,但是目前它也面临一些问题,比如移动IP协议运行时的三角形路径问题、移动主机的安全性和功耗问题等。

(三)蓝牙

蓝牙(Bluetooth)是由爱立信、IBM、诺基亚、英特尔和东芝共同推出的一项短程无线连接标准，旨在取代有线连接，实现数字设备间的无线互联，以便确保大多数常见的计算机和通信设备之间可方便地进行通信。蓝牙作为一种低成本、低功率、小范围的无线通信技术，可以使移动电话、个人电脑、个人数字助理（PDA）、便携式电脑、打印机及其他计算机设备在短距离内无须线缆即可进行通信。例如，使用移动电话在自动售货机处进行支付，这是实现无线电子钱包的一项关键技术。蓝牙支持 64kb/s 实时话音传输和数据传输，传输距离为 10～100m，其组网原则采用主从网络。

（四）通用分组无线业务

传统的 GSM 网中，用户除通话以外最高只能以 9.6kb/s 的传输速率进行数据通信，如 Fax、E-mail、FTP 等，这种速率只能用于传送文本和静态图像，但无法满足传送活动视像的需求。通用分组无线业务（GPRS）突破了 GSM 网只能提供电路交换的思维定式，将分组交换模式引入 GSM 网络中。它通过仅仅增加相应的功能实体和对现有的基站系统进行部分改造来实现分组交换，从而提高资源的利用率。GPRS 能快速建立连接，适用于频繁传送小数据量业务或非频繁传送大数据量业务。GPRS 是 2.5 代移动通信系统。由于 GPRS 是基于分组交换的，用户可以保持永远在线。

（五）移动定位系统

移动电商的主要应用领域之一就是基于位置的业务，如它能够向旅游者和外出办公的公司员工提供当地新闻、天气及旅馆等信息。这项技术将会为本地旅游业、零售业和餐馆业的发展带来巨大商机。

（六）第三代移动通信系统（3G）

经过 2.5G 发展到 3G 之后，无线通信产品将为人们提供速率高达 2Mb/s 的宽带多媒体业务，支持高质量的话音、分组数据、多媒体业务和多用户速率通信，这将彻底改变人们的通信和生活方式。3G 作为宽带移动通信，将手机变为集语音、图像、数据传输等诸多应用于一体的未来通信终端。这将进一步促进全方位的移动电商得以实现和广泛地开展，如实时视频播放。

（七）第四代移动通信技术（4G）

第四代移动通信技术（4G）集 3G 与 WLAN 于一体，并能够传输高质量视频图像，它的图像传输质量与高清晰度电视不相上下。4G 系统能够以 100Mb/s 的速度下载，比目前的拨号上网快 2 000 倍，上传的速度也能达到 20Mb/s，并能够满足几乎所有用户对于无线服务的要求。而在用户最为关注的价格方面，4G 与固定宽带网络在价格方面不相上下，而且计费方式更加灵活机动，用户完全可以根据自身的需求确定所需的服务。此外，4G 可以在 DSL 和有线电视调制解调器没有覆盖的地方部署，然后再扩展到整个地区。很明显，4G 有着不可比拟的优越性。

（八）第五代移动通信技术（5G）

诺基亚与加拿大运营商 Bell Canada 合作，完成加拿大首次 5G 网络技术的测试。测试中使用了 73GHz 范围内频谱，数据传输速率为加拿大现有 4G 网络的 6 倍。鉴于两者的合作，外界分析加拿大很有可能将在 5 年内启动 5G 网络的全面部署。无论是加拿大政府还是全球各地，均在大力推进 5G 网络，以迎接下一波科技浪潮。不过，从目前情况来看，5G 网络离商用预计还需 4～5 年时间。

三、移动电商面临的问题

(一)支付标准问题

1. 电信业与银联之争

目前国内使用的手机支付主流技术方案有三个:基于 2.4GHz 的 RFID-SIM 卡方案、基于 13.56MHz 的非接触技术的 NFC 方案和基于 13.56MHz 技术的贴片卡方案。其中,RFID-SIM 卡方案由中国移动主导、国内企业自主研发,在技术上具有后发优势,带宽大、速率高。中国电信推出的手机支付业务"翼支付"是将钱包账户置入天翼手机的 RF-UIM 卡中,用户持天翼手机可以在超市、商场等特约商户购物。中国联通的手机支付方案采用定制手机,并把原有 SIM 卡更换成 SWP-SIM 卡,即能实现在便利店、餐饮店进行现场刷卡。中国银联表现得更为积极和开放,其制定的 13.56MHz 相关标准具有 POS 终端硬件成本低的优势。从 2.4GHz 手机标准存在的安全隐患和 POS 终端、RF-SIM 卡成本过高来看,最终手机支付标准的确立应该更倾向于中国银联的标准。

2. 电信业与移动终端厂家之争

除了三大运营商在手机支付标准上的努力外,还有索尼、飞利浦等国外手机厂商多年来一直力推 NFC 方案,用户必须更换具备 NFC 芯片的手机和 SIM 卡才能使用。这一致命缺陷导致 NFC 方案推出多年来,一直未能在全球大范围应用。

3. 电信业与第三方支付之争

对于现有的第三方在线支付来说,新的标准和"超级网银"的介入使得发展前景变得不够明朗,无形中也延迟了现有第三方在线支付在移动支付领域的标准制定和技术研发的进展。

(二)终端硬件及操作系统标准问题

手机、电子书、平板电脑是现阶段移动互联网的主要终端,这些终端因电信业 3G 技术的各不相同,支持的程度不尽相同。谁能建立属于自己的硬件标准,主要取决于三大因素:

1. 电信运营商的支持

联通对于 iPhone 和 iPad 的支持力度最大,其他终端则向中国电信、中国移动倾斜,以求获得运营商的支持,硬件标准的制定也将受限于运营商的态度,只是这个角色随着用户规模会有所转变。

2. 应用软件服务商的支持

丰富的应用对于硬件会不断提出更高的要求,谁获得的应用软件服务商支持越多,制定标准的筹码越大。

3. 操作系统的发展

硬件标准是基于软件标准的,而软件标准则基于平台系统基础。目前的三大阵营各有优势:谷歌公司的安卓(Android)目前运用最广,相应的软件也多;苹果公司开发的 iOS 系统使用简单,体验性好;诺基亚大部分机型采用塞班(Symbian)系统,改进后的塞班 3 特别是贝拉版本也还不错。平台标准之争不仅不会减弱,还会愈演愈烈。

(三)行业标准问题

竞争直接是国企与国家部委之间的较量,涉及以下两个方面:

1. 接入标准

移动互联网接入标准从 IPv4 到 IPv6,这个标准现在来看多半是掌握在电信企业的手里。

2. 诚信标准

电子商务一直存在诚信问题，什么样的诚信标准能够更有可信度？这个标准最终也如传统电子商务一样无法确立，将以“官方认证”、“支付宝”并存的方式存在。

第四节 网络金融

一、网络金融概述

网络金融（ITFIN）不是互联网与金融业的简单结合，而是在实现安全、移动等网络技术水平上，被用户熟悉接受后（尤其是对电子商务的接受），自然而然为适应新的需求而产生的新模式及新业务。它是传统金融行业与互联网技术相结合的新兴领域。2016 年 10 月 13 日，国务院办公厅发布《互联网金融风险专项整治工作实施方案的通知》。

（一）网络金融的概念

网络金融是指传统金融机构与互联网企业利用互联网技术和信息通信技术实现资金融通、支付、投资和信息中介服务的新型金融业务模式。

网络金融就是互联网技术与金融功能的有机结合、依托大数据和云计算在开放的互联网平台上形成的功能化金融业态及其服务体系，包括基于网络平台的金融市场体系、金融服务体系、金融组织体系、金融产品体系以及互联网金融监管体系等，并具有普惠金融、平台金融、信息金融和碎片金融等相异于传统金融的金融模式。

（二）网络金融的发展历程

中国互联网金融发展历程要远短于美欧等发达经济体。截至目前，中国互联网金融大致可以分为三个发展阶段：第一个阶段是 20 世纪 90 年代至 2005 年左右的传统金融行业互联网化阶段。第二个阶段是 2005 年至 2011 年前后的第三方支付蓬勃发展阶段。第三个阶段是 2011 年至今的互联网实质性金融业务发展阶段。在互联网金融发展的过程中，国内互联网金融呈现出多种多样的业务模式和运行机制。

（三）网络金融的特点

1. 成本低

互联网金融模式下，资金供求双方可以通过网络平台自行完成信息甄别、匹配、定价和交易，无传统中介、无交易成本、无垄断利润。一方面，金融机构可以避免开设营业网点的资金投入和运营成本；另一方面，消费者可以在开放透明的平台上快速找到适合自己的金融产品，削弱了信息不对称程度，更省时省力。

2. 效率高

互联网金融业务主要由计算机处理，操作流程完全标准化，客户不需要排队等候，业务处理速度更快，用户体验更好。如阿里小额贷款依托电商积累的信用数据库，经过数据挖掘和分析，引入风险分析和资信调查模型，商户从申请贷款到发放只需要几秒钟，日均可以完成贷款 1 万笔，成为真正的“信贷工厂”。

3. 覆盖广

互联网金融模式下，客户能够突破时间和地域的约束，在互联网上寻找需要的金融资源，金融服务更直接，客户基础更广泛。此外，互联网金融的客户以小微企业为主，覆盖了部分传统金融业的金融服务盲区，有利于提升资源配置效率，促进实体经济发展。

4. 发展快

依托于大数据和电子商务的发展，互联网金融得到了快速增长。以余额宝为例，余额宝上线 18 天，累计用户数达到 250 多万，累计转入资金达到 66 亿元。据报道，余额宝规模 500 亿元，成为规模最大的公募基金。

5. 管理弱

一是风控弱。互联网金融还没有接入人民银行征信系统，也不存在信用信息共享机制，不具备类似银行的风控、合规和清收机制，容易发生各类风险问题，已有众贷网、网赢天下等 P2P 网贷平台宣布破产或停止服务。二是监管弱。互联网金融在中国处于起步阶段，还没有监管和法律约束，缺乏准入门槛和行业规范，整个行业面临诸多政策和法律风险。

6. 风险大

一是信用风险大。现阶段中国信用体系尚不完善，互联网金融的相关法律还有待配套，互联网金融违约成本较低，容易诱发恶意骗贷、卷款跑路等风险问题。特别是 P2P 网贷平台，由于准入门槛低和缺乏监管，成为不法分子从事非法集资和诈骗等犯罪活动的温床。近年来，淘金贷、优易网、安泰卓越等 P2P 网贷平台先后曝出"跑路"事件。二是网络安全风险大。中国互联网安全问题突出，网络金融犯罪问题不容忽视。一旦遭遇黑客攻击，互联网金融的正常运作会受到影响，危及消费者的资金安全和个人信息安全。

(四)网络金融的发展现状

中国金融业的改革是全球瞩目的大事，尤其是利率市场化、汇率市场化和金融管制的放松。而全球主要经济体每一次重要的体制变革，往往伴随着重大的金融创新。中国的金融改革，正值互联网金融潮流兴起，在传统金融部门和互联网金融的推动下，中国的金融效率、交易结构甚至整体金融架构都将发生深刻变革。

据《中国互联网金融行业市场前瞻与投资战略规划分析报告前瞻》分析，在中国，互联网金融的发展主要是监管套利造成的。一方面，互联网金融公司没有资本的要求，也不需要接受央行的监管，这是本质原因；另一方面，从技术角度来说，互联网金融虽然具有自身优势，但是要考虑合规和风险管理(风控)的问题。

从政府不断出台的金融、财税改革政策中不难看出，惠及扶持中小微企业发展已然成为主旋律，占中国企业总数 98%以上的中小微企业之于中国经济发展的重要性可见一斑。而从互联网金融这种轻应用、碎片化、及时性理财的属性来看，相比传统金融机构和渠道而言，则更易受到中小微企业的青睐，也更符合其发展模式和刚性需求。

当前，在 POS 创富理财领域，以往不被重视的大量中小微企业的需求，正被拥有大量数据信息和数据分析处理能力的第三方支付机构深度聚焦着。随着移动支付产品的推出，这种更便携、更智慧、更具针对性的支付体验必将广泛惠及中小微商户。业内专家认为，支付创新企业将金融支付彻底带入"基层"，也预示着中小微企业将成为互联网金融发展中最大的赢家，这对于中国经济可持续、健康、稳定发展也将有着重要且深远的意义。

二、网络金融的经营模式

当前互联网＋金融格局，由传统金融机构和非金融机构组成。传统金融机构主要为传统金融业务的互联网创新以及电商化创新、APP 软件等；非金融机构则主要是指利用互联网技术进行金融运作的电商企业、P2P 模式的网络借贷平台、众筹模式的网络投资平台、挖财类模式的手机理财 APP(理财宝类)，以及第三方支付平台等。

(一)P2P 模式

P2P(Peer-to-Peer Lending),即点对点信贷。P2P 网贷是指通过第三方互联网平台进行资金借贷双方的匹配,需要借贷的人群可以通过网站平台寻找到有出借能力并且愿意基于一定条件出借的人群,帮助贷款人通过和其他贷款人一起分担一笔借款额度来分散风险,也帮助借款人在充分比较的信息中选择有吸引力的利率条件。

(二)众筹模式

众筹大意为大众筹资或群众筹资,是指用团购预购的形式向网友募集项目资金的模式。众筹的本意是利用互联网和 SNS 传播的特性,让创业企业、艺术家或个人向公众展示他们的创意及项目,争取大家的关注和支持,进而获得所需要的资金援助。众筹平台的运作模式大同小异——需要资金的个人或团队将项目策划交给众筹平台,经过相关审核后,便可以在平台的网站上建立属于自己的页面,用来向公众介绍项目情况。

(三)第三方支付平台

第三方支付(Third-Party Payment)狭义上是指具备一定实力和信誉保障的非银行机构,借助通信、计算机和信息安全技术,采用与各大银行签约的方式,在用户与银行支付结算系统间建立连接的电子支付模式。具体做法是,买方将货款支付给第三方平台,第三方平台通知卖家发货,买方检查并确认收到货物后,第三方平台再将货款转至卖家账户。

(四)数字货币

以比特币等数字货币为代表的互联网货币爆发,从某种意义上来说,比其他任何互联网金融形式都更具颠覆性。在 2013 年 8 月 19 日,德国政府正式承认比特币的合法"货币"地位,比特币可用于缴税和其他合法用途,德国也成为全球首个认可比特币的国家。这意味着比特币开始逐渐"洗白",从极客的玩物走入大众的视线。也许,它能够催生出真正的互联网金融帝国。

比特币的出现让人们看到了互联网金融最终极的形态就是互联网货币。所有的互联网金融只是对现有的商业银行、证券公司提出挑战,将来发展到互联网货币的形态就是对央行的挑战。也许比特币会颠覆传统金融成长为首个全球货币,也许它会最终走向崩盘。

(五)大数据金融

大数据金融是指集合海量非结构化数据,通过对其进行实时分析,可以为互联网金融机构提供客户全方位信息,通过分析和挖掘客户的交易和消费信息掌握客户的消费习惯,并准确预测客户行为,使金融机构和金融服务平台在营销和风险控制方面有的放矢。

基于大数据的金融服务平台主要指拥有海量数据的电子商务企业开展的金融服务。大数据的关键是从大量数据中快速获取有用信息的能力,或者是从大数据资产中快速变现利用的能力。因此,大数据的信息处理往往以云计算为基础。

三、网络金融的风险与防范

相对于传统的金融交易模式,网络金融交易能在数秒钟内让投资者足不出户就完成一笔交易,既省时又省力。但是,在现实中部分人依然对网络金融交易望而却步,究其原因,即网络金融交易还存在一定的风险。

(一)网络金融的风险

1. 理财产品过多

近年来,我国互联网企业的网贷和理财产品层出不穷,余额宝等"第三方支付加基金类"的产品不断涌现，其中不仅蕴藏着期限错配的风险，也蕴藏着货币市场波动、投资者大量赎回的风险。

2. 平台提供的数据可靠性不高

由于网上任意“刷信用”、“改评价”行为仍然存在，网络数据的真实性、可靠性会受到影响。此外，部分互联网平台缺乏长期的数据积累，风险计量模型的科学性也有待验证。

3. 隐瞒风险，欺骗消费者

部分互联网机构利用诱人的“预期高收益”来吸引消费者，推出高收益但是蕴含风险的产品，却未能够如实揭露风险，甚至误导投资者，极可能引发风险事件。

4. 缺少严格审核，任意性大

在规范化的资本市场中，筹资人的筹资资格和筹资用途一般要经过有关监管机构的严格审核。但是，互联网的股权众筹平台缺少严格审核，任意性比较大。有些个人和机构游走于法律盲区和监管漏洞之间，进行非法经营，甚至触碰非法吸收公众存款和非法集资的底线。更有些筹资项目多时不见收益回报，筹资者不见踪迹，投资者竹篮打水一场空。

5. 互联网技术风险

从技术的角度出发，计算机病毒可通过互联网快速扩散与传染。一旦某个程序被病毒感染，则整台计算机甚至整个交易互联网都会受到该病毒的威胁。

6. 数据泄露

随着数据爆炸式增长，海量数据被集中存储，以方便数据的分析和处理，但如果安全管理不当，极易造成信息的泄露、丢失、损坏。互联网和信息技术日益发达，对信息的随意窃取变得更为容易，因此对大数据的安全管理能力也提出了更高要求。

(二)网络金融风险的防范

要应对以上风险，就必须在宏观和微观上共同努力，并不断完善和创新，使网络金融能够健康发展。

1. 加强法制建设

监管机构应该注意构建灵活的、具有针对性与弹性的监管体系，既要弥补监管缺位，又要避免过度监管。针对互联网金融企业自身的问题，应充分加强行业自律监管，用行业准入制度来代替政府的行政审批。通过加强行业协会的作用，助推行业的规范化发展。

2. 加强对互联网金融参与者的教育和保护

互联网金融参与者一方面是投资者，应该充分向他们提示投资互联网金融产品的风险，特别要向他们揭示这种风险远高于传统金融产品的风险，帮助他们树立风险防范意识。另一方面，互联网金融参与者也是消费者，对于他们的合法正当权益，应当加大保护力度和建立切实的保护措施。

3. 加强网络安全管理

对于互联网金融固有的技术风险，要加强安全管理，建立一套切实可行的风险评估和检测体系，加强对网络运行、系统安全、业务发展的监测，出现问题及时处理。还要加强对员工的安全教育，提高员工的安全防范意识，社会有关方面也要严厉打击各种网络犯罪行为，提升社会公众对网络商务的认可度和信任度。

第五节 跨境电商

一、跨境电商概述

(一)跨境电商的概念

跨境电商是指分属不同关境的交易主体,通过电子商务平台达成交易、进行支付结算,并通过跨境物流送达商品、完成交易的一种国际商业活动。随着互联网技术的不断发展,以及支付、物流系统的配套完善,传统跨境贸易结合互联网成功转型,成为引领全球经济贸易的重要力量。

(二)跨境电商的特点

1. 全球性

网络是一个没有边界的媒介体,具有全球性和非中心化的特征。依附于网络发生的跨境电商也因此具有了全球性和非中心化的特性。电子商务与传统的交易方式相比,其一个重要特点在于电子商务是一种无边界交易,丧失了传统交易所具有的地理因素。互联网用户不需要考虑跨越国界就可以把产品尤其是高附加值产品和服务提交到市场。

2. 无形性

网络的发展使数字化产品和服务的传输盛行。而数字化传输是通过不同类型的媒介,例如数据、声音和图像在全球化网络环境中集中而进行的,这些媒介在网络中是以计算机数据代码的形式出现,因而是无形的。以一个 E-mail 信息的传输为例,这一信息首先要被服务器分解为数以百万计的数据包,然后按照 TCP/IP 协议通过不同的网络路径传输到一个目的地服务器并重新组织转发给接收人,整个过程都是在网络中瞬间完成的。

3. 匿名性

由于跨境电商的非中心化和全球性的特性,因此很难识别电子商务用户的身份和其所处的地理位置。在线交易的消费者往往不显示自己的真实身份和自己的地理位置,重要的是这丝毫不影响交易的进行,网络的匿名性也允许消费者这样做。

4. 即时性

对于网络而言,传输的速度和地理距离无关。传统交易模式中,信息交流方式如信函、电报、传真等,在信息的发送与接收间存在着长短不同的时间差。而电子商务中的信息交流,无论实际时空距离远近,一方发送信息与另一方接收信息几乎是同时的,就如同生活中面对面交谈。某些数字化产品(如音像制品、软件等)的交易,还可以即时清结,订货、付款、交货都可以在瞬间完成。

5. 无纸化

电子商务主要采取无纸化操作的方式,这是以电子商务形式进行交易的主要特征。在电子商务中,电子计算机通信记录取代了一系列的纸面交易文件。用户发送或接收电子信息,由于电子信息以比特的形式存在和传送,整个信息发送和接收过程实现了无纸化。

6. 发展快

基于互联网的电子商务活动处在瞬息万变的过程中,短短的几十年中电子交易经历了从 EDI 到电子商务零售业的兴起过程,而数字化产品和服务更是花样出新,不断地改变着人类的生活。

(三)跨境电商的发展现状

1. 中国跨境电商发展现状分析

一是我国传统外贸行业增速下行。2015 年和 2016 年,我国进出口贸易总额分别为 24.6 万亿元和 24.3 万亿元,同比下降 6.99%和 1.02%。其中,出口同比下降 1.78%和 2.09%,进口 2015 年下降 13.23%,2016 年回升 0.42%。

二是跨境电商近年来取得了快速增长。从 2008 年到 2016 年,跨境电商交易规模年复合增速达到 25.7%,大大高于同期进出口贸易增速。虽然 2016 年增速有所放缓,但仍有 24%的增长率。我国跨境电商主要以出口为主,2016 年出口占比达到 82.08%,进口占比为 17.92%。

三是 B2C 占比不断提升。按业务模式划分,我国跨境电商主要以 B2B 为主,占比达到 80%以上。但随着智能手机、网购消费的兴起,以及物流、支付系统的完善,跨境电商零售(B2C、C2C)增长势头强劲,预计在 2020 年跨境电商零售业务占比能超过 30%。

2. 出口跨境电商现状分析

出口跨境电商交易规模增速均在 20%以上。2016 年出口跨境电商规模达到 5.5 万亿元,同比增长 22.22%。从产品种类上细分,成本优势强、标准化程度高的 3C 电子类和服饰类商品的占比较高,而健康美容、母婴产品等增长势头强劲,增速分别达到 110.8%和 75.9%。

3. 进口跨境电商现状分析

2016 年,全国居民人均可支配收入 23 821 元,同比增长 8.4%,人均国民总收入 8 260 美元,属于中等偏上收入国家。收入水平不断提高,使得人们对于消费的需求越来越旺盛,我国居民也不仅仅满足于国内商品,更把目光投向国外种类丰富、时尚潮流、健康安全的商品。跨境进口最先是从 2005 年左右的个人代购开始,逐渐发展为成体系的跨境电商。在消费者需求的驱动下,直接面向终端用户的跨境零售市场(B2C 或 C2C)规模在快速扩张,在 2016 年第二季度之前(跨境电商新政出台之前),跨境零售市场的增速均在 50%以上,B2C 和 C2C 模式的占比也在迅速提升。

二、跨境电商的模式

我国跨境电商主要分为企业对企业(B2B)和企业对消费者(B2C)的贸易模式。

(一)B2B 模式

B2B 模式下,企业运用电子商务以广告和信息发布为主,成交和通关流程基本在线下完成,本质上仍属传统贸易,已纳入海关一般贸易统计。主要平台有阿里巴巴、慧聪网、世界工厂网、中国制造网、中国供应商等。

(二)B2C 模式

B2C 模式下,我国企业直接面对国外消费者,以销售个人消费品为主,物流方面主要采用航空小包、邮寄、快递等方式,其报关主体是邮政或快递公司,目前大多未纳入海关登记。主要平台有卓越网、京东商城、库巴、当当网等。

三、跨境电商发展中的问题与对策

(一)跨境电商发展中的问题

虽然跨境电商近几年蓬勃发展,但就目前的状况来看,跨境电商行业还存在一系列问题。主要体现在:

1. 管理体系不完善

跨境电商的快速发展，对平台、物流、支付、通关等环节提出了新的需求，"便利、快速、联动"成为关注的重点。管理体系完善是解决跨境电商通关便利化的焦点，但当前监管和通关仍落后于跨境电商发展的需要，口岸单一窗口的管理体制机制建设不完善。据统计，目前我国政府参与跨境电商管理的部门有 16 个之多，彼此各建数据库和监测系统，监管体系间缺乏沟通，管理分散；涉及海关、国检、国税、外管局等多政府职能部门各自为政，使企业无所适从。跨境电商的物流通关效率低，运作成本相对较高。标准规范可操作性不强，往往导致市场秩序处于混乱状态。当前我国跨境电商出口主要以中小额交易为主，跨境零售的零散化、碎片化问题突出，监管难度大，物流效率低、成本高，通关管理工作烦琐。

2. 法律法规不健全

跨境电商是商业模式的变革，这种新型商业模式的出现对我国传统法律体系提出了新的要求。但当前在海关、检验检疫、税务和收付汇等方面仍然沿用传统贸易方式的法律法规，已无法满足跨境电商的需要。跨境电商信用评价体系缺失，诸如在通关方面的法律条文规定不规范，交易环节操作普遍缺乏合同文本、购物凭证或服务单据，这很容易引发纠纷问题。而一些法律条文又没能与发达国家接轨，往往导致监管难度加大。从当前跨境电商的法律问题看，最突出的仍然是涉及商品质量的监督和维权问题，由于法律体系不健全往往导致跨境消费者权益保护不足，一些网络欺诈、假冒伪劣的交易行为极大地损害了消费者的跨境消费权益，严重影响了我国跨境电商的声誉。

3. 跨境电子支付面临制度性困境

支付结算是跨境电商交易的核心环节，传统贸易的结算主要是通过美元的中间环节转换来实现的，而在缺乏正常报关途径的情况下，跨境电商很难通过这种正常渠道结算。所以，跨境电商一般都通过第三方支付行业来实现结算，如支付宝、易宝支付、钱宝、京东网银等。这些第三方支付行业虽然发展势头很好，但是面临通关、退税等跨境的复杂业务问题，也制约了跨境支付的开展。目前，美国第三方支付系统 PayPal 能够支持 100 多种货币支付，覆盖全球 203 个国家和地区，成为全球市场规模最大的在线支付工具。而我国国内金融机构以及支付企业的国际化程度均较低，国际影响力小，服务能力不足，尚未被海外电子商务企业和买家普遍接受。

4. 跨境物流滞后

对于跨境电商发展来说，物流是保证商品在全球市场自由流通的保障。目前我国的跨境物流存在着诸多问题：

首先，成本高。我国物流成本一直占 GDP 总量的 15%以上，相比于发达国家的 10%以下，这个数据明显高于发达国家，物流成本居高不下成为跨境交易面临的最大"瓶颈"问题。

其次，跨境物流系统不发达，没有形成一条完善的电商物流供应链体系。在信息流、资金流、物流、用户流等整个供应链体系中，跨境物流处于核心环节，但现实是物流并没有融入整个体系之中，甚至与其他环节是割裂的。跨境物流主体较为分散，缺乏有实力的大公司主导，对于零售物流来说，物流配送速度慢、时间长、全程追踪监督能力差、退换货难度大、跨境包裹破损甚至丢包等问题突出。除自身这些问题外，跨境物流的清关障碍是另一个制约因素。在通关过程中，由于各国海关政策不同，对进出境货物审查也不同。有些国家海关申报手续繁琐、申报时间长，同时费用支出也非常高，商品被滞留导致消费者无法按时收货。要真正实现跨境交易与购物便捷、迅速、高效，提高物流企业内功和海关效率是需要解决的根本问题。

5. 跨境电商企业的品牌竞争力不强

2014 年以来，跨境电商进入 3.0 时代。在这个时期，虽然网络渠道和网络营销推广依然重要，但结合传统资源，从柔性供应链和多渠道运营状况看，品牌国际化战略深入跨境电商各系统中已是必然趋势，实施品牌战略将成为跨境电商的新起点。

近年来，随着跨境电商在市场、体制方面的不断成熟与完善，红利期“卖什么都赚钱”的时代不会再现。未来跨境电商的发展，只有品牌与服务才是王道，说到底，未来的跨境电商竞争仍然是品牌之争。一方面，近年来，我国虽然积极参与跨境国际分工，但仍然处于分工中的下端，产品品牌认知度低，无品牌资质，又找不到品牌授权，这已经成为我国跨境电商中小卖家普遍面临的难题。产品同质化，滥打价格战，忽视品牌、质量、服务意识的建设，这必然造成跨境电商发展的后继乏力。另一方面，跨境电商企业出售的商品，大多为简单加工产品和初级产品，主要集中在衣服、箱包、食品、电子产品等个人消费领域，高新技术产品、高附加值产品不多，这些商品的可替代性较强，缺乏真正的全球市场竞争力。

6. 跨境电商人才稀缺

跨境电商行业的不断发展，带来了企业对电商人才的渴求问题。当前最突出的是电商复合型人才急缺问题。当海外业务占比 60%以上时，企业更看重具备外语能力和掌握平台知识的复合型人才，但现实情况是，企业不缺单一的纯技术型人才，缺少的是真正能够具备综合能力的业务人才。虽然每年高等院校向企业输送了大量的国际贸易专业和电商专业的学生，但是，由于培训机构起步晚于市场需求，兼具国际贸易和电子商务特征的跨境电商企业人才培养远远落后于企业对人才的需求，真正能对企业核心竞争力起到提升作用的复合型人才不多。

(二)跨境电商发展中的对策

要着眼于连通境内境外，促进形成全球统一大市场，继续完善支持跨境电商发展的政策体系，推动跨境电商各项支持政策落地生根，为跨境电商发展壮大保驾护航。

1. 推动跨境电商在规范中健康发展

一是加强对跨境电商诚信经营的监管，以诚信信息互通为重点推动各监管部门之间的信息共享、监管互认、执法互助，改进跨境电商统计制度，营造公平竞争的市场环境。二是加强跨境电商质量安全监管，健全消费者权益保护和售后服务制度，落实企业承担质量安全的主体责任，引导跨境电商企业规范经营。三是更好地发挥行业组织作用，发挥行业组织在政府与企业间的桥梁作用。四是打击跨境电商中出现的各种违法侵权行为，强化海关执法监管力量，特别要加大对知识产权的跨国保护力度。

2. 增强服务跨境电商快速发展的综合能力

一是完善跨境电商进出境货物、物品管理模式，鼓励外贸综合服务企业为跨境电商企业提供通关、物流、仓储、融资等全方位服务。二是精简检验检疫监管流程，对跨境电商进出口商品实施集中申报、集中查验、集中放行等便利措施，在试点城市率先探索跨境电商经营主体及商品备案管理制度。三是提升跨境支付结算的服务能力，鼓励境内银行、支付机构依法合规开展跨境电子支付业务，在加强大额在线交易监测、防范金融风险的基础上，尽量满足境内外企业及个人跨境电子支付的需要。四是为跨境电商提供金融支持，鼓励商业银行探索适宜跨境电商发展的贷款模式，为跨境电商外贸综合服务企业提供融资、保险等综合金融支持。

3. 降低跨境电商物流成本

一是鼓励企业加大海外建仓力度。海外建仓是突破跨境物流“瓶颈”的重要方式，有利于以大宗运输替代零散小包运输，降低物流成本，缩短配送时间，实现供应链效率的提升和本地化。二是提高跨境物流信息化、智能化水平,鼓励跨境电商企业提高信息处理能力,采用现代信息技术处理物流信息并完善供应链。三是推动跨境物流标准化发展,推动跨境物流服务的运输工具、包装、装卸、仓储等方面采用统一标准,以标准化提高物流速度和效率。四是支持国内龙头物流企业开展跨境物流业务,积极引入国际现代物流企业在国内加大投资。

4. 优化跨境电商税收政策

一是加强国际税收协调,明确规范进出口税收政策,加大对逃税漏税商品的抽查和监管,实现税收公平。二是进一步简化征税环节,更多采用信息化手段,为企业提供更加便利和优质的税收服务。三是严格落实跨境电商零售出口货物增值税、消费税退税或免税政策,切实降低企业特别是小微企业税负。

5. 加强跨境电商人才培养

一是鼓励高校和职业教育机构结合企业实际需求,培养跨境电商领域的专业技术人才,支持学校、企业及社会组织合作办学,重点支持税务、法律、金融等方面的人才培养,以适应跨境电商快速发展的人才需求。二是支持跨境电商企业开展岗前培训、技能提升培训,探索以企业为平台开展实训式电商人才培养与培训。三是鼓励社会培训机构开展跨境电商业务培训,对相关课程给予财政补贴。

第六节 农村电商

一、农村电商概述

农村电商,即通过网络平台嫁接各种服务于农村的资源,拓展农村信息服务业务、服务领域,使之兼而成为遍布县、镇、村的三农信息服务站。作为农村电商平台的实体终端,直接扎根于农村、服务于三农,真正使三农服务落地,使农民成为平台的最大受益者。

(一)农村电商的概念

农村电商平台配合密集的乡村连锁网点,以数字化、信息化的手段,通过集约化管理、市场化运作,以及成体系的跨区域、跨行业联合,构筑紧凑而有序的商业联合体,降低农村商业成本、扩大农村商业领域,使农民成为平台的最大获利者,使商家获得新的利润增长点。

(二)农村电商的发展现状

伴随着互联网的普及和农村基础设施的建设,我国农村电商发展势如破竹,商业模式不断创新,服务内容不断丰富,交易规模也在不断扩大。电商巨头们纷纷涉足农村产品领域,尤其在"互联网+"浪潮的推动下,阿里巴巴、京东、苏宁等电商开始了大规模的电商下乡。

近年来,在发展现代农业和扩大农村需求等各项政策的拉动下,农村电商获得长足发展,长期困扰农民的买难、卖难问题得到了较大程度的缓解,传统农业借助电子商务加快向现代农业转型升级,农村居民消费的多样性、便利性和安全性不断提升。统计数据显示,2018 年前 2 个月,乡村社会消费品零售总额 9 036 亿元,增长 10.7%,高于城镇增速 1.1 个百分点,占社会消费品零售总额的比重达到 14.8%,比去年同期提升 0.1 个百分点。

通过对农村电商发展现状的分析,尽管农村电商发展势如破竹,但毕竟仍处于起步阶段,很多问题比如物流配送滞后、发展环境不完善、人才短缺等依然存在。农村市场是一个具有巨大潜力的市场,农村未来将会离不开电商,农村 9 亿多农民将越来越多地与电商产生联系,电商要想前行,也离不开中国 9 亿多农民。所以,农村电商的未来势不可挡。同时,在城市市场日趋饱和的大背景下，农村这个暗潮涌动的大市场，必将发挥它的实力，释放它的活力。

二、农村电商服务

农村电商服务包含网上农贸市场、特色旅游、特色经济、数字农家乐和招商引资等内容。

(一)网上农贸市场

迅速传递农林渔牧业供求信息，帮助外商出入属地市场和属地农民开拓国内市场、走向国际市场。具体内容包括农产品市场行情公告、商业机会撮合、产品信息发布等。

(二)特色旅游

依托当地旅游资源，通过宣传推介来扩大对外知名度和影响力，从而全方位介绍属地旅游线路和旅游特色产品及企业等信息，发展属地旅游经济。

(三)特色经济

通过宣传、介绍各个地区的特色产业和相关的名优企业及产品等，扩大产品销售通路，加快地区特色经济、名优企业的迅猛发展。

(四)数字农家乐

为属地的农家乐(有地方风情的各种餐饮娱乐设施或单元)提供网上展示和宣传的渠道。通过运用地理信息系统技术，制作地区农家乐分布情况的电子地图，同时采集农家乐基本信息，使其风景、饮食、娱乐等各方面的特色尽在其中，一目了然，既方便城市百姓的出行，又让农家乐获得广泛的客源，实现城市与农村的互动，促进当地农民增收。

(五)招商引资

搭建各级政府部门招商引资平台，介绍政府规划发展的开发区、生产基地、投资环境和招商信息，更好地吸引投资者到各地区进行投资生产经营活动。

三、农村电商发展的优势、劣势及对策分析

(一)农村电商发展的优势

农村电商发展的优势主要体现在以下两个方面：

1. 诸多农业人口与交易机会提供了相当大的市场机遇

农村人口占绝大多数，而我国诸多谷物、肉类、禽类和水果等农林牧渔副业产品所进行的生产、交换和消费，肯定会创造出许多交易机会。同时，因为我国新农村经济的发展，农民群众的收入以及购买力均在持续提升，可见农村市场潜力非常巨大。

2. 低成本运作十分符合农村经济发展需求

低成本运作主要体现为：首先是能够降低交易的成本，运用电子商务平台，生产者们能够避免由于供过于求而产生大量的仓储保管费用；其次是由于我国农村地区的劳动力成本一般都低于城市的劳动力成本，能够有效降低劳动力的支付成本；最后是农村物价大大低于城市，比如，在农村发展电子商务能够极大地降低租用店面的成本。

(二)农村电商发展的劣势

农村电商目前发展并不完善，发展速度相对较慢。究其原因，有以下几个方面：

1. 农业电子商务观念普遍较为滞后

近年来，我国经济已经进入快速发展期，但不断发展的经济和网络技术尚未与广大农户和农业企业对于电子商务的认识共同发展，市场上的供需信息流通还具有相当大的障碍，以至于农民群众在观念上觉得农业电子商务仅为虚拟化概念，对于自身的农产品销售毫无关系，甚至

觉得介入农业电子商务将给自身带来新的风险。同时，农业企业把巨大的精力放在实体交易之中，对于农业电子商务所产生的认识大多只停留在服务实体交易的层面上，觉得电子商务无法为本公司带来巨大的效益。

2. 农业基础设施建设较为落后

虽然近年来我国城市建设取得了极大的发展，但农村地区的农业基础设施建设还是在资金投入上不够，依然十分落后，难以满足快速发展的现代农业电子商务之要求。尽管我们已经建立起许多大型的数据库，但是真正能够投入实际运行的并不算多，而健全高效的基础设施则是我国农业电子商务快速发展的重要前提。

3. 单一农户难以享受到电子商务带来的资金及时结算之优势

城市中开展电子商务可以便捷地使用网上银行、电子银行以及电话银行等进行结算，而在农村地区则很难推广，农民群众还是更加习惯于依赖邮政储蓄和信用社等农村金融机构来开展资金结算，有可能导致资金难以实时到账。尽管农村手机用户的比例已经相当高，但要在农村地区推行城市中已经普遍实现的移动商务与移动支付尚存在诸多困难。

4. 农村电商人才匮乏

如今，从事农业生产的劳动者所具有的受教育程度比较低，对于新事物的接受程度与理解能力相当有限，因而并不具有开展电子商务业务的实际操作能力。实际上，在农村地区，具备了一定创新精神和计算机操作能力的青年人一般都会外出务工，而并不愿意留在农村进行农业生产。高等院校毕业的电子商务专业人才又不愿意到农村基层去工作，导致农业领域电子商务人才奇缺，从而影响到我国农村电商之发展。

（三）农村电商发展的对策分析

1. 增强农村群众的电子商务意识

为了实现我国农村电商的较快发展，切实改变农民群体的传统观念，提升农民和农业企业的电子商务意识显得十分重要。

一是政府部门应当积极增加宣传推广农村电商工作之力度，不但要运用网络、广播、电视等媒体进行宣传，而且还应当采取在乡、镇建立起农村电商宣传组织机构，定期到田间向广大农民群众介绍电子商务方面的基本知识，让其理解投身电子商务领域的诸多好处，更好地调动起农民群众的主动性。

二是实施好农村电商试点等工作。要以村为基本单位，对宣传推广并应用农村电商成绩显著的村庄，由政府主管部门进行相应的物质奖励和精神奖励，并以此为成功经验向别的地区加以推广。

三是要从政府的层面上积极鼓励各类农业企业实施农村电商工作，尤其是要对那些成绩突出的农业龙头电子商务公司进行物质上与精神上的奖励。

2. 切实转变农业生产方式以推进农村电商发展

当前我国农村的农业生产方式依然显得滞后，仍然以个体化生产为主体，农民群众对于农业电子商务信息的需求度相对低，以至于无法产生规模化的效应，从而影响社会各方投入农村电商建设之中的主观能动性。所以，唯有持续扩大我国农业生产的总体规模，才能真正提升农民群众对于农村电商的投入力度，促进我国农村电商取得更好的发展。

3. 加大农村信息基础设施建设力度

完善的信息基础设施是积极发展农村电商的重要基础。政府部门要积极加大对于农村信息基础设施建设的资金投入，努力提升广大农村信息基础设施的广度，尽量提升覆盖面。

一是政府部门应当积极出台加强农村地区信息基础设施建设的有关政策，提升政策对于电脑下乡这项信息化推广工程的支持强度。利用与相关电脑生产商进行合作等方面，为有意从事电子商务工作的农民群体提供性价比较高、具备良好品质的电脑设备与网络设备，从而鼓励并帮助农民群体用上现代化信息设备，引领其更加积极地参与到电子商务之中；并且搭建起各种不同形式的信息基础设施，从而为农民群众提供信息咨询方面的服务，提升农民群体的信息素养。

二是各级地方政府要依据各自财力状况、农业发展能力等实际情况，建立起农村电商发展基金等，从而让更多的资金投入信息化建设之中。

三是政府部门应当通过与电信等有关单位的积极协调，尽可能地降低农民群众的上网等费用，并且强化农村信息基础设施建设能力，提升农村信息基础设施利用之效率。

4. 建设完善的农村电商平台

由于我国农村并不具备有充分组织的、完善化的销售体系，因此，也就很难把分散的农户所生产出来的农产品集中到大型市场之中，从而产生了小农户与大市场之间的矛盾。作为最基本的负责农业生产经营的组织单元，单一农户难以适应农产品市场的新变化，而导致该矛盾的原因就是平台有所缺失而不是市场的缺失。建设单一农户与市场之间的电子商务交易平台，是有效解决小农户与大市场之间电子商务平台缺乏的重要手段。

5. 注重涉农相关网站建设

一是要持续健全完善政府所办农业信息网站的各项功能，并且提升网站的服务水平。要增加农业网站的宣传推广及应用力度，以网站访问者为视角，不断改进更新网站的内容，持续增强广大用户的体验感。

二是要鼓励农业企业建设自身的门户网站。要针对具备实力需求的农业企业，切实整合企业的各类资源，鼓励其自建门户网站。不但要努力实现网站内容的更新，同时还应当运用门户网站平台以开拓商机，加强与供应商、客户之间的信息交流，提升对于市场的反应程度，而疏通交易的渠道、降低交易的成本则能够提升客户的满意度，进而提升企业的盈利率。

三是要促使广大农业企业运用好电子商务平台。这一平台之兴起会给企业带来诸多商机，农村电商之发展一样要靠农业企业的积极参与。要积极鼓励农业企业运用好各类电子商务平台，主要有综合性、农业类以及区域性的电子商务平台等。

6. 打造农村现代电子商务人才

一方面，农村在积极推行电子商务之时，应当积极选拔年龄为 18～35 周岁、文化程度为初中及以上、生活态度乐观积极的农民加以培训，让农民们掌握网络操作的方法，了解电子商务交易的具体流程，从而具有防范欺诈方面的知识和技巧，进而培养一大批具有基本网络操作知识以及电子商务意识的人才，为实施农村电商之应用打下良好的基础。另一方面，要积极在本村、本乡镇开展电子商务知识的宣传，从而引导更多的农民朋友投入信息化建设大潮之中。比如，在农村开设各种不同类型的讲座，从而让农民群众切实了解到电子商务是今后商品交易之发展趋势，向农民群众展示出农村电商实施的成功案例，把本地农产品与电子商务进行很好的结合，运用电子商务所具有的便捷性、低成本性、高效性等特点来吸引农民群众加入电子商务行列之中。

本章小结

电子商务的价值主要体现在应用方面，随着电子商务的发展，各个行业开始向这个新领域扩展。网络教育是指在网络环境下，为学习者提供一种网络学习的环境，传递信息化的内容，进行以学习者为中心的非面授形式的教育活动。网络旅游是通过建立信息库，在网上发布相关信息，由客户自主选择和定制旅游产品和服务的过程，它凭借电子商务的方式为旅途的方便和愉快提供了前提。移动电商是电子商务发展的新领域，通过"无线"技术实现商务信息传递和业务处理，实现完全意义上的"随时随地"服务。网络金融是指传统金融机构与互联网企业利用互联网技术和信息通信技术实现资金融通、支付、投资和信息中介服务的新型金融业务模式。跨境电子商务是指分属不同关境的交易主体，通过电子商务平台达成交易、进行支付结算，并通过跨境物流送达商品、完成交易的一种国际商业活动。农村电商平台配合密集的乡村连锁网店，以数字化、信息化的手段，通过集约化管理、市场化运作，以及成体系的跨区域、跨行业联合，构筑紧凑而有序的商业联合体，降低农村商业成本、扩大农村商业领域，使农民成为平台的最大获利者，使商家获得新的利润增长点。

关键术语

网络教育　网络旅游　移动电商　网络金融　跨境电商　农村电商

课堂讨论

1. 结合我国国情，谈谈目前的网络教育平台对中国教育的影响。
2. 请观察网上已有的线上旅游平台，谈谈它们的特色分别是什么。
3. 根据我国移动电商的现状，谈谈未来它的主要应用热点。
4. 跨境电商的发展趋势是什么？
5. 农村电商发展目前遇到的阻碍有哪些？

网上实践

1. 选择你感兴趣的网络教育平台，并登录看看里面包含的主要内容。
2. 登录携程旅行网 www. ctrip. com，了解网络旅游的相关内容。
3. 试着用你的手机体验移动电商带给你的乐趣。
4. 登录亚马逊官网 www. amazon. cn，了解海外购的相关内容。
5. 请同学们在网上搜索农村电商的信息，了解目前农村电商存在的主要问题。

案例分析

海拍客：O2O 海淘模式应运而生

根据 Analysys 易观发布的《中国跨境进口零售电商市场季度监测报告（2017 年第 2 季度）》，数据显示，2017 年第 2 季度，中国跨境进口零售电商市场规模为 938.2 亿元，环比上涨 17.6%。相对于线上的积极姿态，海拍客 CEO 赵晨认为，线下消费者的海淘需求也同样应该被满足。海拍客作为跨境 O2O 的先行者，正通过将成熟的跨境电商模式搬到线下，为广大线下消费者提供更多选择。

近日,《母婴行业观察》对话海拍客 CEO 赵晨,就海淘跨境 O2O 模式在母婴行业的发展机会与趋势进行了深入探讨。

● 消费者新需求造就新市场,O2O 海淘模式应运而生

从宏观角度看,人口红利、婴幼儿家庭消费观念的转变和过往频发的食品安全问题,使得以奶粉为代表的母婴产品迅速引爆了中国买家的海外购物需求。而后,相继出现了基于微信朋友圈的个人代购模式和依托互联网的天猫国际等平台两种不同形式来满足消费者需求。

赵晨认为:"这样的模式仅限于线上购买的消费者,但事实上线下的消费者需求可能占到整体消费需求的 80%～90%。所以,让在线下购买场景的消费者也能享受海淘的优惠政策,是我们的出发点。同时,我们发现代购模式在线下已经发展很久了,存在许多问题,如中小型的代购商会存在一定的货源把关问题。所以,我们希望能够整合各国的优质货源,再输出给在线下购买场景的消费者,把成熟的跨境电商模式搬到线下,让线下的消费者也能够享受到跨境电商的优惠。"

从微观角度看,随着电商的深入普及,零售市场中的商品品类和价格信息都日趋透明化。三四线城市消费者对于一线大牌和电商爆品的需求旺盛,倒逼三四线城市的母婴店必须进行品类扩充,以满足消费者的需求。而个人代购和海淘网站给线下母婴店增加了生存压力,所以越来越多的母婴连锁店和母婴加盟店开始纷纷试水海淘模式。

而三四线城市的中小型母婴店,鉴于自身各方面条件和资源的限制,在尝试海淘模式时举步维艰。为了让中小型母婴店能够有同等的机会试水海淘模式,为消费者提供更正规、放心的购买渠道,由海拍客率先探索尝试的 O2O 海淘模式便应运而生。

● 创新模式备受认可,政策助力健康发展

根据海关总署和商务部数据,以母婴用品、美妆、食品和轻奢类产品为主的进口跨境电商市场占比不断提升,从 2008 年的 4.2%上升至 2016 年的 17.9%,预计 2020 年将达到 25%,母婴领域的刚需产品可谓功不可没。而这期间跨境电商也经历了从无税到征收约 11.9%的税。

在符合国家政策法规的前提下,海拍客从供应端和消费端两方面入手,积极探索母婴行业的 O2O 海淘模式。"我们一直在和海关、国检和工商等有关部门讨论,大家都认为这对消费者来讲是件好事,并且符合国家政策。"所以,海拍客打通海关保税区等环节,通过跨境电商的模式,使线下的消费者也能以更有优势的价格购买海外商品。在海拍客平台上,用户可以看到商品的所有资质证明以及报关单和报检单。

据赵晨介绍,海拍客创业初期主要是把主流的跨境产品,如牛栏、爱他美和花王等,通过跨境 O2O 的方式带给线下消费者。这样的创新模式,使海拍客迅速获得了一大批母婴店的认可,仅用了短短一年时间就吸引了一万多家母婴店进驻海拍客平台。"现在,我们已经把国内的大贸业务也发展起来了,占到业务总量的 70%,服务全国超过 5 万家母婴店店主。他们可以在海拍客上找到品类最全、价格最低、质量最好的母婴产品。"

而且,整个母婴行业跨境 O2O 模式的发展前景都十分看好。"从政策方面来看,国务院近期发布了将跨境电商零售进口监管过渡期再延长一年的政策,再加上海关开始对跨境电商征税,使得跨境电商包括跨境 O2O 模式从国家的监管层面和品牌商的运作层面两方面都日趋规范化;另一方面,虽然跨境电商这种模式目前还只有少量的一二线城市消费者在尝试,但其实全中国的消费者都有这样的需求,所以发展潜力十分巨大。"

● 多角度加强运营管理,提升母婴行业整体效率

为了保障跨境商品的品质,海拍客采用了多种方式严把质量关。"第一,必须是海外知名品牌商、大型工厂和大型超市才能入驻,并提供品牌授权,从而在货源上保证是第一手的货源;第二,我们对整个进关的物流链路会进行完整的把控,比如宁波保税区的商品,需要品牌商提供从德国汉堡港发运的单据,以及进关以后所有的通关单、报关单和报检单;第三,我们还建立了'神秘买手'机制,定期抽检商品链路和品质。"

按照目前发展趋势,海拍客今年预计完成 50 亿元的平台交易,明年有望达到 100 亿元。而且,现在进驻海拍客平台的母婴店都已经开始使用海拍客的系统。"未来,我们还将把海拍客的系统逐步开放给品牌商和经销商使用,把品牌商、经销商、母婴店和消费者都连接起来。"赵晨表示,希望在三年时间内,通过使用海拍客

的系统，可以使品牌商对整个行业的数据进行更精准的把控，从而实现更好的动销、更快的周转、更少的资金占用，进一步提高整个行业的效率。

让“母婴人”可以把生意做得更好，效率提高也更赚钱，这是海拍客一直在努力的方向，也是赵晨的诗和远方。

讨论：

1. 海拍客是如何开展 O2O 模式的母婴跨境电商的？
2. 我国跨境电商政策是如何促进 O2O 模式电商发展的？
3. 如何提升跨境电商的效率？

参考文献

1. 陈德人等编著:《电子商务技术》,重庆大学出版社 2004 年版。
2. 蔡元萍主编:《网上支付与结算》,东北财经大学出版社 2006 年版。
3. 曹淑艳主编:《电子商务应用基础》,清华大学出版社 2005 年版。
4. 邓海涛、黄慧主编:《物流成本管理》,湖南人民出版社 2007 年版。
5. 杜江萍主编:《电子商务管理》,华南理工大学出版社 2006 年版。
6. 杜江萍主编:《网络营销》(第 2 版),中国财政经济出版社 2006 年版。
7. 冯英健著:《网络营销基础与实践》(第 2 版),清华大学出版社 2004 年版。
8. 姜旭平主编:《网络营销教程》,机械工业出版社 2001 年版。
9. 姜旭平著:《电子商务与经营分析方法》,中国人民大学出版社 2000 年版。
10. 高凤莲、舒良友主编:《物流学概论》,中国矿业大学出版社 2006 年版。
11. 顾永才主编:《企业电子商务实务》,中华工商联合出版社 2000 年版。
12. 范生万、计海涛主编:《物流电子商务》,经济管理出版社 2006 年版。
13. 霍佳震主编:《物流与供应链管理》,高等教育出版社 2006 年版。
14. 黄敏学主编:《企业电子商务》,武汉大学出版社 2002 年版。
15. 黄敏学著:《网络营销》,武汉大学出版社 2000 年版。
16. 黄建康主编:《企业电子商务管理与战略》,东南大学出版社 2004 年版。
17. 金桂兰主编:《电子交易与支付》,中国电力出版社 2004 年版。
18. 柯新生编著:《电子商务:运作与实例》,清华大学出版社 2007 年版。
19. 兰宜生编著:《新编电子商务概论》,中国财政经济出版社 2001 年版。
20. 兰宜生等编著:《电子商务物流管理》,中国财政经济出版社 2001 年版。
21. 李宗耀、李灵、尉斌编著:《电子商务应用基础教程》,科学技术文献出版社 2007 年版。
22. 李琪主编:《电子商务通览》,中国商业出版社 2000 年版。
23. 李洪心主编:《电子商务案例》,机械工业出版社 2006 年版。
24. 骆正华主编:《电子商务系统规划与设计》,清华大学出版社 2006 年版。
25. 凌守兴主编:《电子商务物流管理》,华东理工大学出版社 2006 年版。
26. 刘克强著:《电子商务平台建设》,人民邮电出版社 2007 年版。
27. 刘慧主编:《供应链管理》,中国人民大学出版社 2002 年版。
28. 刘喜敏、刘玉玲主编:《电子商务法律法规》,大连理工大学出版社 2006 年版。
29. 刘列励主编:《信息网络经济与电子商务》,北京邮电大学出版社 2001 年版。
30. 吕英斌、储节旺主编:《网络营销案例评析》,清华大学出版社 2004 年版。
31.(美)马克·J. 施尼德詹斯、曹青著:《电子商务运营管理》,中国人民大学出版社 2005 年版。
32.(美)凯瑟琳·艾伦、(美)乔·威斯勒著:《电子商务技术手册》,企业管理出版社 2001

年版。

33.(美)彼得·芬格等著:《企业电子商务》,海天出版社 2001 年版。

34.(美)杰弗里·雷波特、伯纳德·杰沃斯基著:《电子商务导论》,中国财政经济出版社 2004 年版。

35.(美)沃德·汉森著:《网络营销原理》,华夏出版社 2001 年版。

36.(美)苏珊·巴特勒著:《电子商务法律手册》,企业管理出版社 2001 年版。

37.(美)爱德华·J. 迪克著:《电子商务与网络经济学》,东北财经大学出版社 2006 年版。

38.(美)艾露斯·库佩著:《网络营销学》,上海人民出版社 2002 年版。

39.(美)大卫·范胡斯著:《电子商务经济学》,机械工业出版社 2003 年版。

40. 牟彤华、汪治主编:《电子商务应用》,东北财经大学出版社 2006 年版。

41. 姚冠新、钱芝网主编:《物流管理》,中国时代经济出版社 2005 年版。

42. 姚立新著:《电子商务概论》,中国城市出版社 2002 年版。

43. 荣泰生著:《网络行销:电子商务实务》,中国税务出版社 2005 年版。

44. 芮廷先编著:《电子银行与支付手段》,上海财经大学出版社 2000 年版。

45. 芮廷先编著:《网上商店与营销策略》,上海财经大学出版社 2000 年版。

46. 史达编著:《电子商务与网络经济》(第 2 版),东北财经大学出版社 2006 年版。

47. 宋华编著:《电子商务物流与电子供应链管理》,中国人民大学出版社 2004 年版。

48. 帅青红主编:《电子支付结算系统》,西南财经大学出版社 2006 年版。

49. 邵兵家主编:《电子商务概论》(第 2 版),高等教育出版社 2006 年版。

50. 孙晔、张楚编著:《美国电子商务法》,北京邮电大学出版社 2001 年版。

51. 田景熙编著:《电子商务案例分析》,东南大学出版社 2005 年版。

52. 王斌主编:《电子商务实用技术》,立信会计出版社 2006 年版。

53. 王建宇主编:《网络营销导论》,浙江大学出版社 2002 年版。

54. 王任祥主编:《国际物流》(第 2 版),浙江大学出版社 2005 年版。

55. 王微怡、王晓平编著:《物流信息系统规划与建设》,北京大学出版社 2007 年版。

56. 王学东主编:《企业电子商务管理》,高等教育出版社 2002 年版。

57. 王小栋等编著:《网络营销的秘诀与实例》,中国国际广播出版社 2001 年版。

58. 王兴鹏、彭佳红主编:《电子商务技术基础》,科学出版社 2006 年版。

59. 吴隽主编:《物流与供应链管理》,哈尔滨工业大学出版社 2007 年版。

60. 肖玲诺著:《商务管理:电子商务环境下供应链管理有效性》,黑龙江人民出版社 2005 年版。

61. 徐沫扬主编:《电子商务物流技术》,中国人民大学出版社 2006 年版。

62. 杨坚争著:《电子商务基础与应用》(第 5 版),西安电子科技大学出版社 2006 年版。

63. 杨坚争主编:《电子商务案例》(第 2 版),清华大学出版社 2006 年版。

64. 杨坚争主编:《网络营销教程》,中国人民大学出版社 2002 年版。

65. 阴双喜、何佳讯、王磊著:《网络营销基础:网站策划与网上营销》,复旦大学出版社 2000 年版。

66. 俞立平、曹进文、高功步等编著:《企业电子商务与网络营销》,科学出版社 2004 年版。

67. 俞立平、夏卫红、华毅编著:《电子商务技术与实务》,东南大学出版社 2003 年版。

68. 瞿彭志主编:《网络营销》,高等教育出版社 2001 年版。

69. 詹益生主编:《国际电子商务》,暨南大学出版社 2006 年版。
70. 赵廷超等编译:《全球电子商务发展报告》,重庆大学出版社 2007 年版。
71. 赵有广著:《电子商务环境下的商业文化研究》,中国科学技术大学出版社 2005 年版。
72. 赵卫东、黄丽华著:《电子商务模式》,复旦大学出版社 2006 年版。
73. 张爱菊主编:《电子商务安全技术》,清华大学出版社 2006 年版。
74. 张宝明主编:《电子商务技术基础》,中国人民大学出版社 2006 年版。
75. 张李义主编:《电子商务与电子政务》,武汉大学出版社 2006 年版。
76. 张铎、周建勤主编:《电子商务物流管理》(第 2 版),高等教育出版社 2006 年版。
77. 张润彤主编:《电子商务》,科学出版社 2005 年版。
78. 张福德著:《电子商务实用技术》,中国城市出版社 1999 年版。
79. 郑春藩主编:《物流信息管理》,浙江大学出版社 2004 年版。
80. 郑承志主编:《电子商务与现代物流》,东北财经大学出版社 2006 年版。
81. 周虹主编:《电子支付与网络银行》,中国人民大学出版社 2006 年版。
82. 钟静主编:《电子商务技术及应用》,电子工业出版社 2005 年版。
83. 祝凌曦主编:《电子商务安全》,清华大学出版社 2006 年版。
84. 卓骏著:《网络营销的理论与实务》,浙江大学出版社 2001 年版。

电子商务概论习题集

（第三版）

杜江萍　毕　娅　主编
郭　蒙　冯丹萍　参编

上海财经大学出版社

目 录

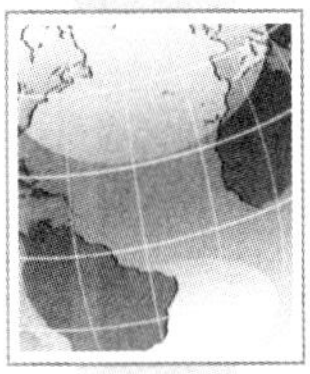

第一章 电子商务的基本原理

一、单项选择题

1. 网上购物、网上银行、网络广告、网上娱乐、视频点播、信息增值服务以及供应链管理等属于(　　)。

A. 电子商务服务　B. 电子商务支撑　C. 电子商务应用　D. 以上都不对

2. 网络商品直销的诱人之处,在于它能够有效地减少交易环节,大幅度地降低交易成本,从而降低消费者所得到的商品的(　　)。

A. 最终价格　B. 所得税　C. 最终成本　D. 制造难度

3. 电子商务要成为一个完整的过程,(　　)是重要的环节。

A. 网上洽谈　B. 商铺浏览　C. 网上支付　D. 物流

4. (　　)是电子商务的初始应用方式。

A. 互联网　B. 电子邮件　C. 电子数据交换　D. 电子支付

5. 网络广告可以根据更精细的个性差别将顾客进行(　　)。

A. 挑选　B. 排除　C. 分类　D. 以上都不正确

6. 电子商务按照商务活动形式分类可以分为(　　)。

A. 电子数据交换商务、因特网商务、内联网商务

B. 间接电子商务和直接电子商务

C. B2B、B2C 和 B2G 电子商务

D. 金融电子商务、旅游电子商务和娱乐电子商务

7. 从(　　)开始,我国政府就开始全力推动电子商务的实际运用。

A. 20 世纪 90 年代初　B. 20 世纪 90 年代末

C. 20 世纪 80 年代初　D. 20 世纪 80 年代末

8. 根据(　　),电子商务可以分为 EDI 商务、因特网商务和内联网商务 3 种形式。

A. 商务活动形式不同　B. 交易对象不同

C. 服务行业类型不同　D. 使用网络类型不同

9. (　　)始终是一种为满足企业需要而发展起来的先进技术手段,必须遵照统一标准。

A. 因特网电子商务　B. 移动电子商务

C. EDI 电子商务　D. 内联网电子商务

10. 20 世纪(　　)年代美国银行家协会提出的无纸金融信息传递的行业标准,以及美国运输数据协调委员员发表的第一个 EDI 标准,开始了美国信息的电子交换。

A. 50　B. 60　C. 70　D. 80

11. 以下是网络商品中介交易的各过程，正确的排序是（　　）。
(1)买方在指定银行办理转账付款手续，银行通知网络商品交易中心货款到账
(2)买卖双方根据网络商品交易中心提供的信息选择贸易伙伴
(3)买方验货、收货后，通知网络商品交易中心
(4)网络商品交易中心通知卖方将货送到交易中心配送部门，配送部门送货给买方
(5)网络商品交易中心通知银行买方已到货，银行将货物转交卖方
(6)买方将回执送交银行，银行将回执转交买方
(7)买卖双方将各自的供需信息通过网络发布到网络商品交易中心
(8)在网络商品交易中心撮合下，买卖双方签订合同
A. (7)(2)(1)(8)(3)(4)(6)(5)　　B. (2)(8)(7)(4)(1)(5)(3)(6)
C. (7)(2)(8)(4)(3)(1)(5)(6)　　D. (7)(2)(8)(1)(4)(3)(5)(6)
12. 随着美国政府的参与和各行业的加入，美国全国性的 EDI 委员会——X12 委员会——于 20 世纪（　　）年代初出版了第一套全国性的 EDI 标准。
A. 50　　B. 60　　C. 70　　D. 80
13. Internet 的高速发展在环境、技术和经济上都为电子商务创造了条件，从此电子商务进入（　　）。
A. 萌芽初始　　B. 快速成长阶段　　C. 蓬勃发展阶段　　D. 成熟稳定阶段
14. 对于因特网电子商务来讲，以下不属基本流转程式的是（　　）。
A. 网络商品直销的流转程式　　B. 企业间网络交易的流转程式
C. 网络商品中介交易的流转程式　　D. 网络商品分销的流转程式
15. （　　）信息传输费用极其低廉，这不仅使大企业在采购过程中所进行的电子数据交换费用大大降低，而且使中小企业也可以通过网络进行采购。
A. 专用网络　　B. 增值网络　　C. Internet 网络　　D. 以上都不正确
16. 2000 年以后，我国电子商务进入了（　　）阶段。
A. 务实发展　　B. 启蒙　　C. 三金工程　　D. EDI 应用
17. 电子商务实际上是一种（　　）活动。
A. 网络　　B. 买卖　　C. 生产　　D. 运输
18. （　　）对于降低营销成本有着直接、明显的作用。
A. 网络营销　　B. EDI　　C. 电子商务　　D. 以上都不对
19. 在电子商务分类中，B2B 是（　　）。
A. 消费者与消费者间的电子商务　　B. 企业间的电子商务
C. 企业内部的电子商务　　D. 企业与消费者间的电子商务
20. EDI 的中文解释是（　　）。
A. 企业数据传输　　B. 电子数据交换　　C. 企业资源计划　　D. 电子资金转账
21. （　　）不属于协同处理的内容。
A. 邮件和信息共享、写作与发行　　B. 人事和内部工作管理与流程
C. 销售自动化　　D. 信息发布
22. 电子商务给社会经济带来了巨大变革，主要体现在（　　）的转变上。
A. 商业活动方式、企业生产方式、生活消费方式、经营管理方式
B. 生产贸易方式、生活消费方式、客户服务方式、交友公关方式

C. 产品采购方式、物料运输方式、信息沟通方式、资金结算方式
D. 信息获取方式、信息发布方式、产品采购方式、产品销售方式
23. 根据电子商务使用的网络类型，电子商务类型可以分为(　　)。
A. 基于 B2B 的电子商务、基于 B2C 的电子商务、基于 B2G 的电子商务
B. 基于 EDI 的电子商务、基于 Internet 的电子商务、基于 Intranet/Extranet 的电子商务
C. 基于因特网的电子商务、基于局域网的电子商务、基于广域网的电子商务
D. 基于虚拟网的电子商务、基于互联网的电子商务、基于城域网的电子商务
24. 电子商务的任何一笔交易都包含着物流、资金流、商流和信息流，其中资金流是指资金的(　　)。
A. 发生过程　　B. 支付过程　　C. 转移过程　　D. 以上都不对
25. 电子商务的影响作用不仅仅在交易的过程上，而是在很大程度上改变了市场的(　　)。
A. 本质　　B. 结构　　C. 环境　　D. 什么也没有改变
26. 网络内容服务商的英文缩写是(　　)。
A. ISP　　B. ICP　　C. IPP　　D. ISD
27. 电子商务的商流是指商品或服务的(　　)的转移。
A. 物理空间　　B. 所有权　　C. 需求关系　　D. 使用权
28. Internet 对企业影响最大的是对(　　)的影响。
A. 企业采购渠道　　B. 企业营销渠道
C. 企业管理　　D. 企业运营渠道
29. 传统企业要进行电子商务运作，重要的是(　　)。
A. 建立局域网　　B. 提高员工素质
C. 优化内部信息管理系统(MIS)　　D. 优化企业内部硬件环境
30. 在电子商务的“四流”中，(　　)作为连接的纽带贯穿于电子商务交易的整个过程。
A. 资金流　　B. 技术流　　C. 信息流　　D. 物流

二、多项选择题

1. 电子商务按照交易对象分类，可以分为(　　)。
A. B2C　　B. B2B　　C. B2G　　D. G2B
2. 1997 年 11 月，国际商会在法国首都巴黎举行了世界电子商务会议，认为电子商务涵盖的业务包括(　　)等方面。
A. 信息交换　　B. 销售及服务　　C. 运输　　D. 电子支付
3. 电子商务的交易过程大致阶段包括(　　)。
A. 交易前的准备　　B. 交易谈判和签订合同
C. 办理交易进行前的手续　　D. 交易合同的履行和索赔
4. 网络商品直销的优点在于(　　)。
A. 可以从网上判断商品的质量优劣
B. 能够减少交易环节，降低交易成本
C. 能够利用信用卡进行网上交易，提高保密性
D. 能够减少售后服务的技术支持费用

5. 电子商务的概念模型由(　　)组成。

A. 电子商务实体　　B. 电子市场

C. 交易事物　　D. 信息流、商流、资金流和物流

三、判断改错题

1. 电子商务和计算机在我国发展的时间一样长。(　　)

2. EDI 是电子商务发展的萌芽阶段，它的主要功能是能够让行业文档规范传输。(　　)

3. 电子商务仅仅是发生在企业与企业之间的商务。(　　)

4. 电子商务是整个贸易流程的电子化，如果有任何一个流程没有电子化，就不能称其为电子商务。(　　)

5. 电子商务的最大特点就是运输快捷、无纸化运转。(　　)

6. 电子商务只能完成传统贸易的部分流程，不能完全代替传统的贸易流程。(　　)

7. 直接电子商务是指传递无形的商品。(　　)

8. 电子商务改变了信息传递的方式。(　　)

9. 现在有形的市场会被电子商务无形的市场所代替，将来人们足不出户就能体验到逛街的乐趣。(　　)

10. 电子商务的实体就是电子商务中的各种参与者。(　　)

11. 电子商务的框架的最底层是网络层，主要是提供硬件支持。(　　)

12. 电子商务应用层主要是电子商务具体应用流程的体现，但是不和参与者直接接触。(　　)

13. 生产周期是制造产品所需的总时间。电子商务活动可以使生产周期缩短，从而以同等的或较低的费用生产更多的产品。(　　)

14. 电子商务流程是指消费者从其客户端上网寻找产品、服务信息到售后服务与支持的全过程。(　　)

15. 电子商务的一般交易过程大致可分为交易前的准备、交易谈判和签订合同、办理交易前的手续、交易合同的履行和索赔这四个阶段。(　　)

16. EDI 的中文意思是电子数据交换。它是电子商务发展后期，电子商务成熟之后的主要形式。EDI 指在票据传送的电子化。(　　)

17. 电子政府是一个利用信息技术和通信技术，在大众公用计算机网络上有效实现行政、服务及内部管理等功能，在政府、社会和公众之间建立有机服务系统的集合。(　　)

18. 电子商务为 Internet 的高速发展在环境、技术和经济上都创造了条件。(　　)

19. 电子商务的影响作用仅仅在交易的过程上，不会改变市场的结构。(　　)

20. 电子商务在我国已经非常普及和成熟化了，可以在各个行业内推广。(　　)

21. 电子商务系指交易当事人或参与人利用现代信息技术(主要是计算机和网络技术)所进行的各类商务活动，包括货物贸易、服务贸易和技术贸易。(　　)

22. 电子商务不仅影响了交易的过程，而且还改变了市场的结构。(　　)

23. 电子商务是整个贸易活动的自动化和电子化。(　　)

24. 电子商务可提供网上交易和管理等全过程的服务，因此它具有广告宣传、业务洽谈、网上订购、网上支付、电子账户、商品配送、售后服务以及交易管理等功能。(　　)

25. 在企业采购过程中，信息获取和信息传递是主要工作内容。(　　)

26. 电子商务的技术工作比较专业化，不讲究团队合作。　(　　)

27. 企业的库存成本包括仓库场地占用费、建造费、维护费、仓库保管人员的工资以及存货的毁损、变质损失等。　(　　)

28. 良好的企业形象对一个企业的生存起着至关重要的作用。在传统的商业模式中树立一个良好的企业形象要经过很长时间的奋斗才可以达到，而在电子商务环境下，却可以在较短时间内做到这一点。　(　　)

29. 网络服务提供商是电子商务应用的提供者。　(　　)

30. 一个电子商务网站应尽可能地突出其包含所有信息的功能，这样才能称之为优秀。　(　　)

四、填空题

1. 我国电子商务的发展历程基本可以分为________、________、________、________四个阶段。

2. "三金工程"是指________、________、________。

3. 电子商务的基本功能是________和________。

4. 电子商务的交易流程为________、________、________、________四个部分。

5. 电子商务的一般框架由六大部分组成，分别为________、________、________、________、________、________。

6. 网络商品中介交易是通过________，即通过虚拟网络市场进行的商品交易。

7. 网上银行的功能一般包括________、________、________。

8. 在网络商品中介交易的结算方式上，网络商品交易中心一般采用________的结算模式，即在指定的商业银行开设统一的结算账户，对结算资金实行统一管理，有效地避免了________、________的资金截留、占用和挪用，提高了资金的风险防范能力。

9. 电子商务认证机构的功能主要有：________，审查、批准或拒绝请求，________，颁发电子证书等。

10. 网络商品直销交易的最大特点是________、________、________、________。

11. 国际数据公司 IDC 的系统研究分析把电子商务的应用分为________、________、________三个层次。

12. ________是中国最早实现与因特网全功能互联的网络。

13. 供应链管理(SCM)是围绕供应商与需求商之间的________、________、________所进行的计划、协调与控制过程。

14. 电子政务是指政府活动的电子化，它包括政府通过 Internet 处理政府事务，利用 Internet 进行招投标，实现________、________等。

15. 电子商务的参与主体包括________、________、________、________。

五、论述分析题

1. 简述电子商务的概念。

2. 简述电子商务的概念模型。

3. 说明电子商务与传统商务的基本区别。

4. 简述电子商务的优势。

5. 比较传统商务的运作过程与电子商务的运作过程的异同。
6. 电子商务的实质应用有哪些?
7. 简述电子商务的一般框架。
8. 简述电子商务的分类。
9. 讨论网络时代信息传播模式的变化。

第二章 电子商务环境

一、单项选择题

1. 国民生产总值(GNP)或国内生产总值(GDP)是衡量一个经济总体情况的(　　)。

A. 最基本标准　　B. 最主要标准　　C. 唯一标准　　D. 以上都不对

2. 电子商务实际上是一种(　　)活动。

A. 网络　　B. 买卖　　C. 生产　　D. 运输

3. 对电子商务而言,一个国家的人口的基数越大,那么潜在的上网资源就越(　　)。

A. 复杂　　B. 少　　C. 丰富　　D. 有时效性

4. 电子商务和涉税问题是一个(　　)的问题。

A. 容易解决　　B. 可以由各个国家自己解决

C. 复杂的、要由世界来共同解决　　D. 以上都不对

5. 在西方经济学中,通常将通货膨胀定义为商品和服务的货币价格总水平的(　　)现象。

A. 上涨　　B. 持续上涨　　C. 下跌　　D. 持续下跌

6. 传统文化内容借助于网络文化时代的载体得到了(　　)传播和发展。

A. 更慢的　　B. 有筛选的　　C. 更快的　　D. 无限制的

7. (　　)是民商法领域的“帝王条款”。

A. 无害原则　　B. 公正原则　　C. 尊重原则　　D. 诚实信用原则

8. 消费者观念越是开放,越(　　)引导他接受新的电子商务的购买和消费形式。

A. 难　　B. 容易　　C. 轻松　　D. 复杂

9. 一般来说,以下(　　)应该首先采用电子商务。

A. 没有物流的商务流域　　B. 有简单物理的商务领域

C. 完全物流的商务领域　　D. 以上都不对

10. 电子商务市场是一个竞争占主导地位的市场,(　　)使这个市场变得极具竞争性。

A. 网络连接　　B. 人们的思想意识的改变

C. 宽松的准入条件和低成本扩张　　D. 越来越丰富的信息

11. 产业划分是对构成国民经济的各种产业活动按一定标准进行分解和组合,进行多层次划分。最常用的产业划分方法是(　　)产业划分。

A. 二次　　B. 三次　　C. 四次　　D. 五次

12. 总就业率高的经济环境中,电子商务的发展很可能(　　)。

A. 促进人才的就业　　B. 受到人才瓶颈的限制

C. 会受到制约　　D. 没有影响

13. 在西方经济学中，通常将通货膨胀定义为商品和服务的货币价格总水平的持续(　　)现象。

A. 下跌　　B. 平稳　　C. 上涨　　D. 以上都不对

14. 经济划分是以(　　)划分为基础的。

A. 地理　　B. 市场环境　　C. 经济发展程度　　D. 年代

15. 各经济区域内电子商务的发展将形成(　　)。

A. 稳定状态　　B. 各自的特色　　C. 无序发展　　D. 统一、无差别

16. 电子商务是近几年发展起来的，除了原有的法律之外，调节各领域电子商务企业行为及企业间关系的法律(　　)。

A. 完全空白　　B. 体系已经建立　　C. 非常完善　　D. 还很不健全

17. 企业间网络交易是(　　)。

A. B2C 电子商务的一种基本形式　　B. B2B 电子商务的一种基本形式

C. B2G 电子商务的一种基本形式　　D. C2C 电子商务的一种基本形式

18. 信息网络文化是(　　)的文化。

A. 丰富多彩，无所不容　　B. 单一

C. 高层次　　D. 低层次

19. 作为企业产品或服务的购买者和使用者，消费者的行为可以被分为两个部分，即(　　)。

A. 购买行为和使用行为　　B. 购买行为和投诉行为

C. 讨价还价行为和使用行为　　D. 购买行为和维修行为

20. 电子商务企业所具有的高风险性必然要求有一个(　　)来分担风险。

A. 良好的信用环境　　B. 安全的硬件环境

C. 完善的信息系统　　D. 丰富的应用软件环境

21. 电子商务法律环境管理是指电子商务的健康发展必须要有(　　)的支持，以维护各个参与主体的权益和市场运作秩序。

A. 政府　　B. 大众意识　　C. 法律框架　　D. 软硬件

22. (　　)是世界上最早进行电子商务立法的国家。

A. 美国　　B. 俄罗斯　　C. 加拿大　　D. 中国

23. 区域经济特征首先是各经济区域内部经济的(　　)，包括经济总水平、产业结构特征、就业状况、经济地理特征、人文和风俗等。

A. 总体特点　　B. 不同点　　C. 相同点　　D. 以上都不对

24. (　　)既是我国信息化领域的第一部法律，从法律制度上保障了电子交易安全，促进了电子商务和电子政务的发展，同时为电子认证服务业的发展创造了良好的法律环境，为我国电子商务安全认证体系和网络信任体系的建立奠定了重要基础。

A.《统一计算机信息交易法》　　B.《电子签名法》

C.《电子商务示范法》　　D. 以上都不对

25. 世界范围内第一部全面确立电子商务运行的法律文件是(　　)。

A. 联合国《电子商务示范法》　　B. 美国《数字签名法》

C. 美国《统一计算机信息交易法》　　D. 马来西亚《电子签名法》

26.《电子商务示范法》对电子商务的一些基本法律问题作出的规定，有助于填补国际上在

电子商务领域的法律空白。它是(　　)。

A. 国际条约　　B. 示范法律文本　　C. 国际惯例　　D. 以上都不对

27.(　　)不属于电子商务中主要的知识产权。

A. 版权　　B. 专利　　C. 著作权　　D. 商标

28. 网络文化作为一种文化形式,除具有传统文化的一般特征外,还有一些主要特征,下列选项中不是的为(　　)。

A. 快捷性　　B. 丰富性　　C. 民主性　　D. 渗透性

29. 世界各国政府对于电子商务基本上采取了(　　)的态度。

A. 鼓励与扶持　　B. 放任自由　　C. 抵制　　D. 控制

30. 商业欺诈涉及的领域是(　　)的。

A. 非常有限　　B. 非常广泛　　C. 非常隐蔽　　D. 非常明显

二、多项选择题

1. 电子商务的知识产权有(　　)。

A. 版权　　B. 专利权　　C. 商标权　　D. 著作权

2. 在电子商务活动中,应秉承(　　)的原则,建立道德伦理体系。

A. 无害　　B. 诚实信用　　C. 公正　　D. 尊重

3. 电子支付法律关系当事人包括(　　)。

A. 买方　　B. 卖方　　C. 银行　　D. 数据通信网络

4. 网络文化作为一种文化形式,除具有传统文化的一般特征外,还具有(　　)特征。

A. 快捷性和民主性　　B. 渗透性

C. 虚拟与现实并存性　　D. 全球性

5. 网络行为具有(　　)的特点。

A. 匿名性　　B. 虚拟性　　C. 无政府性　　D. 自制性

三、判断改错题

1. 国际上和各国内部的政治、经济、文化、法律等环境对电子商务的发展没有影响,但是电子商务的发展却对传统的经济、法律、文化提出了挑战。(　　)

2. 宏观经济是指站在国家、民族的体制角度对经济的总量和结构进行的分析和把握,它是基本国情之一,是国家社会经济发展的基础,也是开展电子商务的基础。(　　)

3. 电子商务市场是一个竞争占主导地位的市场,宽松的准入条件和低成本扩张使这个市场变得极具竞争性。(　　)

4. 由于电子商务市场具有天生的竞争性,而电子商务的发展又呈现出日新月异的特征,因此,应当为电子商务营造一个市场经济的氛围,用政策法规来控制调节电子商务的发展,使市场经济体制更适合电子商务发展。(　　)

5. 总就业率高的经济环境中,与其他产业的人才竞争会尤为宽松;总就业率低的经济环境中,电子商务发展还要受到国家的总体经济状况、人口教育状况及风俗习惯的影响,具体分析时要考虑多方面的因素。(　　)

6. 世界性的经济衰退会影响电子商务的发展,尤其是中国电子商务的发展必然要受到通货膨胀的影响。(　　)

7. 电子商务发展的微观经济环境以从事电子商务活动的个体为考察的环境。（　　）

8. 电子商务企业进行的生产经营活动大多具有灵活性，因此不确定因素会时常出现。所以，需要一个好的监督环境。（　　）

9. 电子商务是电子化的商务，是无人化的商务，是不需要监督环境的。（　　）

10. 电子商务的发展不仅需要良好的经济环境作为保障，而且还需要健全的政策法规作为保障。（　　）

11. 1996 年 12 月 16 日，联合国国际贸易法委员会第 85 次全体大会通过了《电子商务示范法》，该法是第一个世界范围内的电子商务的统一法规，其目的是向各国提供一套国际公认的法律规则，以供各国法律部门在制定本国电子商务法律规范时参考，促进使用现代通信和信息存储手段。（　　）

12. 2001 年的《电子商务签名法》共 5 章，赋予电子签名与手写签名或盖章同等的法律效力，明确了电子认证服务的市场准入制度，对中国电子商务的发展产生了重大的影响。（　　）

13. 各国的税收政策不一样，所以电子商务应该依据自己的国情设置相关的法律。（　　）

14. 电子商务活动中存在的法律问题主要有：商业欺诈与陷阱问题、商业诽谤问题、隐私权问题、知识产权保护问题、商业信用问题、垃圾信息问题和流氓软件问题。（　　）

15. 网络欺诈主要表现为：网上购物付款以后不发货，或者寄款以后以批发、手续费、被查封等各种名义进一步套取钱财；以通过网络预测彩票中奖号码骗取钱财等。（　　）

16. 电子商务道德主体应该尽可能避免对他人造成不必要的伤害，应提供安全而无害的商品、信息及服务。这是电子商务伦理体系必须严格遵守的最高道德标准。（　　）

17. 电子商务的政治环境管理主要是指政府对发展电子商务的干预及电子商务如何利用政府的职能求得更大的发展空间。世界各国政府对电子商务基本上采取了鼓励与扶持的态度，有的国家更是将电子商务视为增强国家竞争力的战略重点。（　　）

18. 网络创造了一种可以进行全球沟通的“网络语言”，它能够超越空间的限制而把世界各地的人们联系起来，为建立“环球化”提供了一种技术手段和物质载体。（　　）

19. 商业信用是电子商务发展的重要支撑点，没有信用就没有电子商务的发展，完整的电子商务活动有赖于完善的社会信用体系。（　　）

20. 商务网站能够收集到访问者的浏览习惯、产品选择倾向和个人统计数据，并且商务网站可以未经访问者许可将这些涉及访问者个人信息的资料公开或有偿提供给他人。（　　）

21. 在传统媒体如商业杂志、报纸、电视、广播或其他媒体上发布广告也是网站推广的一种常用方法。（　　）

22. 美国总统克林顿发表了举世瞩目的“网络新政”演说，其核心要点之一就是要继续保持美国在计算机等高科技领域的绝对领先地位，从而为其文化霸权和政治霸权服务。（　　）

23. 区域经济划分的结果为电子商务发展确定了地理经济区域的框架，并为电子商务发展的政策、模式、方法、速度和效果评定等方面提供了更为细致的分类依据。（　　）

24. 就目前来看，电子商务人才的供求缺口很小。（　　）

25. 现有《消费者权益保护法》已经完全不适应于网上的电子商务市场，应当重新立法以保障电子商务活动中的消费者权益。（　　）

26. 通货膨胀在国民经济发展过程中是一种非正常性的现象。（　　）

27. 网络商务信息只能存储在网站上。（　　）

28. 电子商务企业的信用环境同样可分为企业内信用和企业外信用。（　　）

29. 电子商务和涉税问题并不是个别国家所能解决的问题，我们必须通过加强国际合作加以解决。（　　）

30. 商务网站最好别对其他人或产品进行负面评价。（　　）

四、填空题

1. 名义国民生产总值、潜在国民生产总值与________之间的差额，决定了电子商务的发展空间和发展速度。

2. ________是联合国国际贸易法委员会为适应电子商务的发展而制定的世界上第一个电子商务法律。

3. 在线交易最重要的是________的参与，资金怎样流通和转换是电子商务的关键一环。

4. 总就业率低的经济环境中，电子商务发展还要受到国家的________、________、________的影响。

5. 电子商务企业由于具有明显的高技术、________、________的特征，往往可以进入股票市场融资。

6. 企业内部监督环境由电子商务企业根据自身发展的需要进行建设，一般由________、________共同构成，以保障电子商务的安全。

7. 企业外部监督环境由多个部分组成，如外部安全提供者、________、________、企业间协议等。

8. 企业内部信用环境主要由企业的资本总额、________、________、________等方面构成。

9. 第一个世界范围内的电子商务的统一法规是________。

10. 网上广告的形式一般分为两大类：________和________。

11. 诽谤是一种有损于别人或别的公司声誉的虚假陈述。如果这种陈述损害的是产品而不是人的声誉，就称为________。

12. 如果商务网站未经访问者许可就将涉及个人信息的资料随意公开或有偿提供给他人，则可能形成对访问者的________的侵犯。

13. 信息不对称使电子商务信用问题变得尤为突出，主要包括商品品质的信用、________、________、售后服务的信用四个方面。

14. 在电子商务活动中，尊重原则具体化为对电子商务主体的________、________、________以及物权等方面的尊重。

15. 网络文化的主要特征包括________、________、________、________、________五个方面。

五、论述分析题

1. 谈一谈一国宏观经济环境对电子商务的影响。
2. 消费者行为对开展电子商务的作用是什么？
3. 为什么说法律法规是企业开展电子商务的保障？
4. 简述中国电子商务立法。
5. 文化差异对电子商务开展有何影响？
6. 电子商务的基础设施主要包括哪些？

7. 我国制定电子商务税收政策时应遵循什么指导思想?
8. 网络文化对现代社会带来什么影响?
9. 电子商务活动中会出现哪些道德问题?
10. 政府在企业电子商务化上应该给予什么样的政策环境?

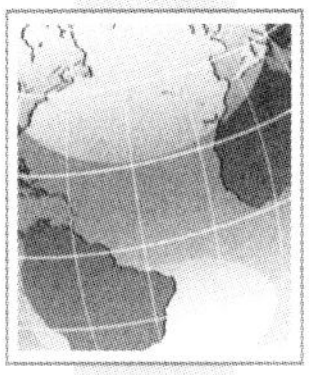

第三章
电子商务的技术基础

一、单项选择题

1. 在 Web 之前 Internet 上的信息只有(　　)。

A. 图形　　B. 文本形式　　C. 声音　　D. 以上都不对

2. Web 的含义是(　　)。

A. 超文本信息系统　　B. 远程登录　　C. 电子邮件　　D. 文件传输

3. (　　)是处于同一建筑、同一大学或者方圆几公里远地域内的专用网络。

A. 广域网　　B. 局域网　　C. 城域网　　D. 因特网

4. 在网络系统中,(　　)对网络的选择起着决定性作用。

A. 软件　　B. 网络协议　　C. IP 地址　　D. 硬件

5. 随着计算机技术和网络技术的发展,网络硬件日趋(　　),功能更加强大,更加复杂。

A. 同一化　　B. 多样化　　C. 复杂化　　D. 简单化

6. EDI 的国际标准是(　　)。

A. TDCC　　B. TDI　　C. UN/EDIFACT　　D. GTDI

7. 数字签名用于防止(　　)。

A. 窃听　　B. 篡改　　C. 冒充　　D. 否认

8. 对计算机之间整个会话进行加密的协议是(　　)。

A. SET　　B. SSL　　C. 公钥　　D. 私钥

9. Web 客户端的主要任务是展现(　　)。

A. 搜索状态　　B. 信息内容　　C. 定位　　D. 存储信息内容

10. 最初的 HTML 语言只能在浏览器中展现(　　)的文本或图像信息。

A. 动态　　B. 静态　　C. 黑白　　D. 彩色

11. 动态生成 HTML 页面的技术是(　　)。

A. Web　　B. WWW　　C. CGI　　D. FTP

12. (　　),在美国和欧洲几乎同时出现了电子数据交换,并显示出强大的生命力。

A. 20 世纪 30 年代　　B. 20 世纪 40 年代　　C. 20 世纪 50 年代　　D. 20 世纪 60 年代

13. EDP 中文译为(　　),它是指企业内部业务处理的自动化,如使用计算机来进行人事、财务、销售、进货等自动化管理。

A. 电子数据处理　　B. 电子数据交换　　C. 电子数据协议　　D. 以上都不对

14. 在信息传输的过程中,传真文件最主要的一个缺点是(　　)。

A. 数据不能直接进入信息系统　　B. 价格昂贵

C. 传播速度太慢　　D. 保密性不能得到保障

15. 第三代电子商务的核心是(　　)。

A. CRM　　B. Internet　　C. EDI　　D. Logistics

16. 网络层是电子商务的硬件基础设施，是信息传输系统，以下不是电子商务的硬件基础设施的是(　　)。

A. 广播网　　B. 有线电视网　　C. 无线通信网　　D. 互联网

17. (　　)是由经贸部负责领导开发的外贸处理信息化系统，主要包括配额许可证管理系统、出口退税管理系统、出口收汇和进口付汇核销管理系统、进出口统计系统。

A. "金税工程"　　B. "金关工程"　　C. "金保工程"　　D. "金财工程"

18. 请按方便程度从难到易选择访问网站方式的次序(　　)。

(1)网址　(2)IP 地址　(3)网络实名

A. (3)(1)(2)　　B. (1)(2)(3)　　C. (3)(2)(1)　　D. (2)(1)(3)

19. 防火墙是位于(　　)网络之间执行安全策略的一组组件的集合。

A. 1 个　　B. 2 个　　C. 2 个以下　　D. 至少 2 个以上

20. Internet 最早是用于(　　)。

A. 生产　　B. 商业　　C. 军事　　D. 教育

21. 以下不是 EDI 的三要素的是(　　)。

A. 用户协议　　B. 数据标准化　　C. 软硬件　　D. 通信网络

22. 传输速度可能最快的接入方式是(　　)。

A. MODEM　　B. ISDN　　C. ADSL　　D. B-ISDN

23. 互联网的基本特征不包括(　　)。

A. 安全　　B. 共享　　C. 廉价　　D. 互动

24. 下列关于电子商务的说法正确的是(　　)。

A. 电子商务的本质是商务，而非技术　　B. 电子商务就是建网站

C. 电子商务是泡沫　　D. 电子商务就是网上销售产品

25. 下列不属于电子商务基础平台的是(　　)。

A. 内部网系统　　B. 身份认证　　C. 支付网关　　D. 客户服务中心

26. 认证中心的安全防范措施不包括(　　)。

A. 假冒的防范　　B. 私钥的安全防范

C. 认证人员违规的防范　　D. 违约的防范

27. EDI 报文处理过程不包括(　　)。

A. 报文的传输　　B. 报文的生成　　C. 报文的处理　　D. 报文的存储

28. CA 数字证书中不包含的信息有(　　)。

A. CA 的数字签名　　B. 证书申请者的个人信息

C. 证书申请者的私钥　　D. 证书申请者的公钥信息

29. 数字签名可以解决(　　)问题。

A. 数据被泄露　　B. 数据被篡改

C. 未经授权擅自访问　　D. 冒名发送数据或发送后抵赖

30. 小型企业互联网解决方案主要是(　　)。

A. 主机托管　　B. 虚拟主机　　C. 独立服务器　　D. 不能确定

二、多项选择题

1. EC 涉及的技术包括(　　)。

A. 网上银行　　B. 在线电子支付　　C. 数据加密　　D. 克隆技术

2. 电子商务形成和发展的物质技术基础是(　　)。

A. 计算机　　B. 计算机网络　　C. 信用卡　　D. 运输工具

3. 电子商务具有的、直接来源于 Internet 特性的性质是(　　)。

A. 全球性　　B. 直接性　　C. 协调性　　D. 便捷性

4. EDI 已经存在了 20 多年,至今还未广泛普及的原因包括(　　)。

A. 法律问题　　B. 费用问题　　C. 安全问题　　D. 使用环境问题

5. Internet 提供的服务不包括(　　)。

A. 电子邮件　　B. 物流配送　　C. 文件传输　　D. 远程登录

三、判断改错题

1. 计算机网络是计算机技术和通信技术相结合的产物,始于 20 世纪 70 年代。(　　)

2. 高速化、立体化、多媒体化、交互化和个性化是现代信息技术的特点。(　　)

3. 按网络辐射范围分,计算机网络分为 LAN、WAN、INTERNET。(　　)

4. 从组成结构来讲,计算机网络是通过外围设备和连线,将分布在相同或不同地理位置的多台计算机连接在一起形成的集合。(　　)

5. 互联网和万维网是一样的。(　　)

6. 计算机网络系统是通信子网和资源子网组成的。(　　)

7. 星型结构的网络拓扑结构采用的是组播式的传播方式。(　　)

8. 超媒体是一种全局性的信息结构,它将文档中的不同部分通过关键字建立链接,使信息得以用交互方式搜索。(　　)

9. 计算机网络是用来实现资源共享和数据通信的,网络中的一台计算机要么只能向外提供信息,要么只能接收信息。(　　)

10. 网络上的计算机彼此之间可以实现资源共享,但是只能共享软件和数据。(　　)

11. Web 是一种典型的分布式应用架构,Web 应用中的每一次信息交换都要涉及客户端和服务端两个层面,因此 Web 开发技术大体上也可以被分为客户端技术和服务端技术两大类。(　　)

12. 企业之间要实现"无纸化贸易",也就是各自的计算机能相互交换数据,需要硬件和软件两方面的支持。硬件就是指计算机和计算机通信网络,软件就是指一种标准化的协议。(　　)

13. "金关工程"是由经贸部负责领导开发的外贸处理信息化系统,主要包括配额许可证管理系统、税务审核系统等。(　　)

14. 电子商务的安全性需求可以分为两个方面:一方面是对计算机及网络系统安全性的要求,表现为对系统硬件和软件运行安全性和可靠性的要求、系统抵御非法用户入侵的要求等;另一方面是对电子商务信息安全的要求。(　　)

15. 信息的准确性包括信息在存储中不被篡改和破坏,以及在传输过程中收到的信息和原发送信息的一致性。(　　)

16. 防火墙是位于两个(或多个)网络之间执行安全策略的一组组件的集合,它只包括软件,目的是保护内部网络不被 Internet 用户侵扰。 ( )

17. 数据加密的基本过程就是对原来为明文的文件或数据按某种算法进行处理,使其成为不被认知的密文,还原的工作都是加密的反过程。 ( )

18. VPN 技术是在公用网络中建立专用的数据通信网络技术,这是 Internet 交易的一种专用技术。 ( )

19. 目前计算机病毒的种类繁多,可以通过不同途径来传播,不同的计算机病毒的破坏行为和结果也不同。对于计算机病毒只能采取被动防范措施。 ( )

20. SET 协议是一个通过开放网络进行安全资金支付的技术标准,由 VISA 和 Mastercard 两大信用卡公司推出规范。该协议涵盖了信用卡在电子商务交易中的交易协定。 ( )

21. 防止信息否认就是指防止信息的发送方否认发送过的信息。 ( )

22. 采取被动防范是对付计算机病毒积极而有效的措施。 ( )

23. 在 SSL 中,采用了公开密钥和私钥两种加密方式:在建立连接过程中采用专有密钥,在会话过程中使用公开密钥。 ( )

24. 防火墙可以分为两类:包过滤防火墙和应用代理(网关)防火墙。 ( )

25. 防火墙是介于企业内部网和外部网之间的防护设施。 ( )

26. 所有电子商务在最后都必须通过拥有各种运输工具的物流配送系统来完成。( )

27. 数据加密的基本过程就是对原来为明文的文件或数据按某种算法进行处理,使其成为不可读的一段代码,通常称为密文。 ( )

28. 客户可利用网页和电子邮件在全球范围内做广告宣传,商家借助网上的检索工具迅速地找到所需商品信息。 ( )

29. 消息摘要用于验证信息的完整性。 ( )

30. 数字签名又称数字凭证,是用电子手段来证实一个用户的身份和对网络资源的访问的权限。 ( )

四、填空题

1. 隐私权保护领域的三大问题是________、________、________。

2. 若要使具有固定地址的计算机和互联网连接,必须对 TCP/IP 协议中的如下三部分进行配置:________、________、________。

3. 在 Windows 2000 环境下,可以在“运行”中用________命令查看本机的 IP 地址、DNS 和网关等。

4. 电子商务的技术支持分为________、________、________三个层次。

5. 互联网使用的最重要的协议是________。

6. 构成 EDI 的三要素是________、________、________。

7. EDI 数据格式的三个要素包括________、________、________。

8. 电子商务技术中最底层、最基础的技术是________。

9. 因特网是________的全球网络。

10. 因特网的应用和服务主要包括四点:________、________、________、________。

11. 电子邮件传输协议主要包括两个协议:________、________。

12. 外购整体网络服务的方式主要有两种:________、________。

13. 计算机网络必须由以下三部分组成：________、________、________、________。

14. 计算机网络按传输技术分________和________两类。

15. 网络的拓扑结构是通过________的几何关系，表现________，反映出网络中________的结构关系。局域网中主要的拓扑结构有三种：________、________、________。

五、论述分析题

1. 计算机网络的主要功能有哪些？

2. 什么是 EDI？简述 EDI 的工作过程。

3. 电子商务活动中存在哪些安全威胁？电子商务的安全需求可归纳为哪几方面？

4. 简述防火墙应满足的基本条件。

5. 什么是数字证书？数字证书有什么作用？数字证书包括哪些类型？

6. 目前常用的电子商务安全交易协议有哪些？说出它们的区别。

7. 对称加密和非对称加密有哪些异同点？

8. 在制定网络安全策略时有以下两种思想方法：

方法 1：凡是没有明确表示允许的就要被禁止。

方法 2：凡是没有明确表示禁止的就要被允许。

你认为这两种方法中，哪一种对制定网络安全策略是适用的？为什么？

9. Web 技术有什么特点？

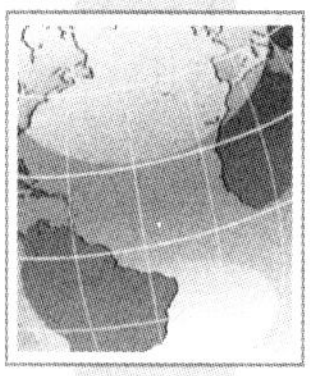

第四章 电子商务的网上支付

一、单项选择题

1.(　　)是国外银行业竞争最激烈的业务,许多国外银行均以此作为网上银行服务的先导产品。

A. 融资融汇　　B. 按揭业务　　C. 网上证券　　D. 电子支付

2. SET 协议为在(　　)上安全地进行交易提出了一整套完整的方案。

A. Internet 网　　B. VISA 和 Mastercard　　C. 局域网　　D. 增值网

3. 目前我国开发的电子支付系统,采用 SSL 协议的有(　　)。

A. 中国银行的长城卡电子支付系统　　B. 上海长途电信局的网上支付系统

C. 民生银行的民生卡电子支付系统　　D. 农行的金穗卡电子支付系统

4. 全球第一家网络银行产生于(　　)。

A. 1980 年　　B. 1990 年　　C. 1995 年　　D. 1993 年

5. 目前,电子支付存在的最关键的问题是(　　)。

A. 技术问题　　B. 安全问题　　C. 成本问题　　D. 观念问题

6. 下列以数字形式流通的货币是(　　)。

A. 电子支票　　B. 支票　　C. 现金　　D. 电子现金

7. 中国第一家推出网上银行的是(　　)。

A. 招商银行　　B. 中国银行　　C. 中国工商银行　　D. 中国建设银行

8. 网上支付基于网络,以下(　　)不属于网络支付必须具备的特点。

A. 安全性　　B. 信用性　　C. 认证性　　D. 快捷性

9. 目前应用最为广泛的电子支付方式是(　　)。

A. 银行卡　　B. 电子货币　　C. 电子支票　　D. 电子本票

10. 电子货币和电子支票是国际银行业根据金融电子化发展而推出的新型(　　)。

A. 金融产品　　B. 金融服务　　C. 创新产品　　D. 创新服务

11. 网上支付基于网络,下列(　　)不是它的特点。

A. 实体性　　B. 安全性　　C. 认证性　　D. 信用性

12. 认证的实现需要(　　)参与。

A. 银行　　B. 第三方认证机构　　C. 买方　　D. 卖方

13.(　　)不是网络支付的功能。

A. 即时结算功能　　B. 安全保密功能　　C. 信用评估功能　　D. 退货保障

14. 电子现金所不具备的特性是(　　)。

A. 成本较低　　B. 银行和商家之间应有协议和授权关系
C. 风险较大　　D. 存在货币兑换问题

15. 电子商务中更先进的方式是在因特网的环境下，借助(　　)协议在网络上直接支付。
A. DSA　　B. SET　　C. TCP/IP　　D. SSL

16. 在电子商务环境中，虚拟银行同时扮演着(　　)的角色。
A. 接受银行与认证中心　　B. 发送银行与清算中心
C. 发送银行与接受银行　　D. 发送银行与认证中心

17. (　　)不是网络支付的模式。
A. 第三方经纪人进行支付的模式
B. 支付系统使用简单加密的模式
C. 电子邮件支付模式
D. 通过网络安全电子交易协议的银行卡支付模式

18. 网上银行的服务时间是(　　)。
A. 8 小时　　B. 12 小时
C. 24 小时　　D. 白天工作，晚上休息

19. 网上银行的成本(　　)。
A. 为零　　B. 比传统银行大幅度减少
C. 和传统银行差不多　　D. 以上都不对

20. (　　)不是网络银行的特点。
A. 程序性　　B. 跨越时空　　C. 虚拟性　　D. 高速性

21. 一般来说，网上银行的业务品种除了传统的金融业务之外，还包括(　　)。
A. 创新金融服务　　B. 安全加密服务　　C. 隐私保密服务　　D. 以上都不对

22. 网上银行没有改变传统银行的(　　)。
A. 经营模式　　B. 金融业务　　C. 营销方式　　D. 服务满意度

23. 从传统的支付方式向电子化、网络化的支付方式转变的过程中，人们关注的焦点是如何保证电子化支付的(　　)。
A. 参与性　　B. 可行性　　C. 服务满意性　　D. 安全可靠性

24. CA 的中文含义是(　　)。
A. 电子中心　　B. 金融中心　　C. 银行中心　　D. 认证中心

25. 使用电子现金的三方，包括(　　)均必须安装电子现金软件。
A. 客户、商家、银行　　B. 商家、银行、认证中心
C. 客户、商家、认证中心　　D. 客户、银行、认证中心

26. (　　)是“一网通”最早开通的网上银行产品。
A. 网上企业银行　　B. 个人支付　　C. 网上证券　　D. 账务查询

27. 在电子商务中，电子钱包是指一种(　　)。
A. 电子货币　　B. 所有电子货币的总称
C. 用于保存现金的电子装置　　D. 电子支付工具

28. 中国银行(　　)在国际互联网上建立了主页，成为国内第一家在国际互联网上发布信息的银行。
A. 1994 年　　B. 1995 年　　C. 1996 年　　D. 1997 年

29. 中国建设银行在网上银行上最突出的业务是(　　)。

A. B2C　　B. B2B　　C. B2G　　D. 以上都不对

30. 国外网上银行和国内网上银行相比,(　　)。

A. 加密技术很成熟　　B. 差异很大,由业务不同引起

C. 趋于相同　　D. 以上说法都不对

二、多项选择题

1. 关于 Netcash 的说法正确的是(　　)。

A. 无条件匿名电子现金支付系统

B. 主要特点是设置分级货币服务器来验证和管理电子现金

C. 可记录的匿名电子现金支付系统

D. 主要特点是通过数字记录现金,集中控制和管理现金

2. 目前世界上常用的电子钱包有(　　)。

A. VISA cash　　B. Mondex　　C. MasterCard cash　　D. EuroPay 的 Clip

3. 常见的小额资金划拨系统有(　　)。

A. 清算所银行间支付系统　　B. 居家银行服务

C. 销售点终端设备　　D. 自动清算所

4. 要大规模推广电子支付,必须重点解决和防止(　　)等安全问题。

A. 黑客入侵　　B. 内部作案　　C. 密码泄露　　D. 计算机病毒

E. 线路故障

5. 下列说法正确的是(　　)。

A. 在 SET 中,消费者必须对订单和付款指令进行数字签名

B. 要申请 SET 证书,必须通过电子钱包软件来申请

C. 以数字形式流通的货币是电子支票

D. 以上说法都不正确

三、判断改错题

1. 电子商务运作模型和业务流程中有三个环节——信息流、资金流和物流,它们是促进电子商务发展的关键,作为中间环节的网络(在线)支付是电子商务流程中交易双方最为关心的问题。(　　)

2. 认证是网上支付顺利实施的基本条件,认证的实现需要第三方认证机构的参与,目前认证体系主要由交易双方的诚信的认证来实现。(　　)

3. 网上支付的工作环境是基于一个较为封闭的平台,而传统支付则是在较为开放的系统中运作。(　　)

4. 网上支付使用的是互联网等先进通信手段,而且要求有相关的软件及其他一些配套设施;而传统支付使用的则是传统的通信媒介,对通信设备也没有太高的要求。(　　)

5. 网上支付应该具有款项的结算支付、支付过程中的资金安全、支付操作的有效和便捷以及商业信息的安全保障等功能。(　　)

6. 保证支付过程的安全可靠是电子商务系统的核心。一个安全可靠的网上支付系统首先必须具有一个通信网络,但是这个网络的安全性并不重要;其次是必须保证数据服务的绝对

安全。（　　）

7. 用户用现金服务器账号中预先存入的现金来购买电子货币证书，这些电子货币始终没有实际价值，但是可以在商业领域中进行流通。（　　）

8. SET 的交易支付流程与实际购物流程非常相似，不同点是一切操作都是通过 Internet 完成的。（　　）

9. 网上银行从机构层面上讲是指通过信息网络开办业务银行；从业务层面上讲是指银行通过信息网络提供的金融服务，只包括传统银行业务。（　　）

10. 网上银行方式下，银行只需设计友好的用户界面，借助客户自用的个人电脑、手机或其他智能设备就可以向客户提供服务。（　　）

11. “三 A”特征是网上银行的基本特点，即网上银行是全天候运作的银行、开放的银行、服务方式多样化的银行，银行的服务突破了时间和空间的限制，突破了服务手段的限制。（　　）

12. 与其他行业相比，银行账户的交易以虚拟资本为交易对象，不是实物的交换，这就使得金融与构筑虚拟活动空间的信息网络具有天然的结合基础，使得银行服务无纸化程度大大增强，服务效率大大提高。（　　）

13. 传统的银行已经成为“一站式服务”的金融超市，客户不仅可以得到各种银行服务，而且可以在网上银行的平台上进行各类证券投资，购买不同的保险产品，甚至可以获得其他行业的交易信息。（　　）

14. 网上银行不会改变银行与客户之间的关系，而且也不会改变银行服务的传递方式、产品推销方式和交易处理方式等一系列银行营销方式。（　　）

15. 网上银行使得客户的应付款可以直接从银行转账。（　　）

16. 参与网络支付、参与交易的人是没有办法确认对方身份的，当然也没有办法确定对方的真实身份与对方在网上交易的身份是否一致。（　　）

17. 电子支付简化了贸易过程，减少了人为的干预，同时还可以保证贸易各方商业信息完整、统一。（　　）

18. 对于商家来说，可能在网络上使用信用卡进行支付时恶意透支，或使用伪造的信用卡骗取卖方的货物。（　　）

19. 中国网上银行的发展速度很快，尽管受到全球经济衰退和网络泡沫破灭的冲击，网上银行的发展势头依然良好，每年交易额、交易量都有成倍的增长，已经在银行业务中占有相当大的比例。（　　）

20. 我国网上银行业务与西方发达国家相比还存在很大的差距，处于初级阶段，而且所提供的服务基本上是传统业务在网上的延伸，还缺乏适合因特网特点的网上银行新业务。（　　）

21. 电子支付的技术设计是建立在对传统的支付方式的深入研究基础上的。（　　）

22. 随着计算机技术的发展，电子支付的方式越来越多。这些支付方式可以分为三大类：一是电子货币类，如电子现金、电子钱包、电子汇款、电子划款等；二是电子信用卡类，包括智能卡、借记卡、电话卡等；三是电子支票类，如电子支票等。这些方式各有自己的特点和运作模式，适用于不同的交易过程。（　　）

23. Digicash 是可记录的匿名电子现金支付系统，主要特点是设置分级货币服务器来验证和管理电子现金，使电子交易的安全性得到保证。（　　）

24. 在现金交易中，买卖双方处于同一位置，而且交易是匿名进行的。卖方不需要了解买方的身份，因为现金本身是有效的，其价值由发行机构加以保证。现金具有使用方便和灵活的

特点，故而很多交易都是通过现金来完成的。（　　）

25. 在支付结算关系中仅仅用网络中的某些数据代表参与者，而这些数据所代表的身份以及这些身份的真实可信性就需要验证。（　　）

26. 在第三方支付平台的模式下，由第三方平台保证交易双方的权益，交易双方进行网上支付是基于对第三方平台的信任。（　　）

27. 电子商务的实现必须由两个重要环节组成：一是交易环节；二是支付环节。前者在客户与销售商之间完成，后者需要通过银行网络来完成。（　　）

28. 电子商务中信息交流过程的各个环节，都必须设法防止交易中任何一方抵赖、否认交易情况的发生。（　　）

29. 在网上银行的竞争环境中，如何根据客户的实际需要，为客户提供个性化的服务，是网上银行竞争成败的关键所在。（　　）

30. 网上支付中各种支付手段必须是得到权威机构支持的，要依托于某种信用形式。（　　）

四、填空题

1. 电子支付方式可以分为________、________、________三大类。

2. 多功能的智能卡内嵌入高性能的________，并配备独自的基本软件（OS），可以提供________保护，能够如同个人电脑那样自由地增加和改变功能。这种智能卡还设有________装置。

3. 电子现金以________形式存在，存储于________和用户计算机终端上，通过________流通。

4. 电子现金既具有________的基本特点，又由于和________结合而具有________、多用途、快速简便等特点，已经在国内外的网上支付中广泛使用。________的推广应用又使得电子现金的安全性大大提高。

5. 电子支票是一种借鉴________转移支付的优点，利用________将钱款从一个账户转移到另一个账户的电子付款形式。

6. 电子支票的支付主要是通过专用网络及一套完整的________、________、________等规范化协议完成数据传输。

7. 电子支票可以分为两类：一类是________，即________向银行发出________指令，是向________的划拨；另一类是________，即________向银行发出________指令________的划拨。

8. 电子资金划拨根据发起人的不同，可以分为________和________。前者是由________发起的划拨，后者是由________发起的划拨。

9. 电子资金划拨系统根据服务对象的不同与支付金额的大小分为________与________。前者服务对象主要是________，特点是交易发生频繁、交易金额小且多样化；后者的服务对象包括________、________、________、商品市场的经纪商与交易商，在金融市场从事交易活动的商业银行，以及从事国际贸易的工商业企业，其特点是金额巨大，在支付________、准确性与________上有特殊要求，在电子资金划拨中处于主要地位。

10. SET是一种应用于________、以________为基础的电子支付系统协议。SET给出了一套完备的电子交易过程的________，可实现电子商务交易中的________、________、密钥管理等任务。

11. 安全电子交易是基于因特网的________，是授权业务信息传输的安全标准，它采用________公开密钥体系对通信双方进行认证。利用________、RC4 或任何标准对称加密方法进行信息的加密传输，并用________来鉴别消息真伪，有无篡改。

12. SET 协议采用了________和________体制，采用的核心技术包括 X.509 电子证书标准与________、报文摘要、________、双重签名等技术。

13. 网上银行业务运行应急和连续性计划至少应包括以下四个方面的内容，即系统的________情况，包括________和________；对意外事故的处理；对非法侵入或攻击的处理；对业务运行应急计划和连续性计划的科学性和有效性进行________测试的制度安排。

14. 2017 年，________获颁重量级大奖"2017 年最佳电子银行奖"和"________"。

15. 电子商务安全策略通常包括认证、访问控制、保密、________和审计。

五、论述分析题

1. 网上银行有什么特点？主要业务有哪些？
2. 阐述网上银行产生的原因。
3. 什么是对称密码体制？其特点是什么？
4. 电子支付的方式主要有哪几种？
5. 简述电子钱包的特点及使用过程中要注意的问题。
6. 分析第三方在线支付平台的概念和发展过程。
7. 网上银行相对于传统银行有哪些优势？
8. 简述网上支付的概念及其特点。
9. 电子支付有哪些功能？
10. 简述 SET 方式电子交易的流程。

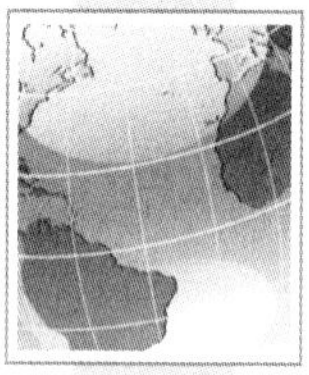

第五章 网络营销

一、单项选择题

1. 网络营销目标市场定位的起点是(　　)。

A. 网民的消费心理　　B. 网民的消费行为

C. 网民的收入　　D. 网民的消费习惯

2. 网上市场调查是指企业利用(　　)来实施调查活动。

A. 市场环境　　B. 散发传单

C. Internet 的交互式的信息沟通渠道　　D. 调查报告

3. 目前,实现“网络营销”的最有效方法是(　　)。

A. 网络直销　　B. 网络间接销售

C. 送货到门　　D. 广告和市场调查

4. 网络营销渠道相对于传统的营销渠道而言,其优点不正确的选项是(　　)。

A. 信息发布　　B. 咨询服务　　C. 个性化营销　　D. 货物配送

5. 网络营销与传统营销相比,成本(　　)。

A. 低　　B. 一样　　C. 高　　D. 以上都不对

6. 双道法是指企业同时使用网络直接分销渠道和网络间接分销渠道,以达到(　　)的目的。

A. 分销渠道最短　　B. 成本最低　　C. 销售量最大　　D. 以上都不对

7. 人们在 Internet 上收集资料,目前遇到的最大困难是(　　)。

A. 信道拥挤

B. 信息量过少

C. 如何快速、准确地从信息资料中找到自己需要的信息

D. 语言障碍

8. 网络购买过程的起点是(　　)。

A. 询价　　B. 支付　　C. 浏览网页　　D. 诱发需求

9. 网上用户在购买需求动机、购买心理动机、购买行为方式、购买过程等方面与传统市场上的消费群体在特征上(　　)。

A. 相同　　B. 接近

C. 有区别,但是区别不大　　D. 有明显的区别

10. 传统营销渠道的一般形式是(　　)。

A. 生产者—零售商—批发商—消费者　　B. 生产者—批发商—零售商—消费者

C. 消费者—生产商—批发商—零售商　　D. 消费者—批发商—零售商—生产商

11. 互联网将企业和消费者直接连在一起，使销售渠道更加(　　)。

A. 复杂　　B. 长　　C. 扁平　　D. 简单

12. 网络商品中介交易能以最短的渠道销售商品，满足消费者对商品(　　)的要求。

A. 数量　　B. 样式　　C. 功能　　D. 价格

13. 在接受网上问卷设计任务的时候首先要明确本次(　　)。

A. 网上市场调研的目的　　B. 网上市场调研的预算

C. 网上市场调研的限制条件　　D. 网上市场调研的任务来源

14. 决定市场调研是否会成功的环节是(　　)。

A. 时间限制　　B. 确定被调研群体

C. 问卷设计　　D. 资金投入

15. 网络营销和传统营销之间的关系是(　　)。

A. 不会相互取代　　B. 唇齿相依

C. 水火不容　　D. 以上都不对

16. 顾客价值最大化与企业收益最大化是(　　)，坚持以顾客为中心、为顾客创造价值是任何网络顾客服务必须具备的理论基石。

A. 矛盾的　　B. 统一的　　C. 不相关的　　D. 矛盾统一体

17. 具有(　　)心理的网络消费者，往往是某一站点的忠实浏览者，一般也是某个品牌的忠实拥护者。

A. 理智动机　　B. 交流动机　　C. 惠顾动机　　D. 需求动机

18. 消费者购买过程可以分五个阶段，第二个阶段是(　　)。

A. 唤起需求　　B. 比较选择　　C. 购后评价　　D. 收集信息

19. 消费者对网上商品的比较依赖于厂商对商品的描述，网络营销商对自己的产品(　　)。

A. 描述可以不充分，只要顾客认识即可

B. 描述可以夸张，带有一定虚假成分

C. 描述适当合理，把握好分寸

D. 只要文字描述即可，不需要图片描述

20. 以下选项中不属于网络营销有别于传统渠道和媒体的独特特点的是(　　)。

A. 信息交流自由、开放、平等　　B. 信息交流费用非常低廉

C. 信息交流跨区域　　D. 信息交流渠道直接又高效

21. 网络广告的沟通方式不是传统促销中“推”的形式而是“拉”的形式，不是传统的“强势”营销而是(　　)营销。

A.“硬”　　B.“软”　　C.“E”　　D. 以上都不对

22.“网络营销是以互联网为媒体，以新的方式、方法和理念实施营销活动。”根据这句话，以下说法中不正确的是(　　)。

A. 网络营销针对的是网上虚拟市场，要及时了解并把握其中消费者的特征和消费行为模式的变化

B. 网络营销通过在网上开展营销活动来实现企业目标

C. 网络营销沿用传统的营销手段和方式

D. 作为在 Internet 上开展的营销活动，网络营销必将面临许多传统营销活动无法碰到的新问题

23. 下列不是网络顾客服务的特点的选项是(　　)。

A. 顾客层次发生变化　　B. 增强顾客对服务的感性认识

C. 提供更高层次的服务　　D. 顾客寻求服务的主动性增强

24. 以下网络促销形式中主要的也是企业首选的促销形式是(　　)。

A. 销售促进　　B. 网络广告　　C. 站点推广　　D. 关系营销

25. (　　)不属于网络营销产品的三个层次。

A. 核心产品　　B. 有形产品

C. 无形产品　　D. 附加产品(延伸产品)

26. (　　)不是网络营销的 STP 策略。

A. 市场渠道细分　　B. 目标营销

C. 市场细分　　D. 市场定位

27. 网络营销的英文翻译，目前普遍采用的是(　　)。

A. Cyber Marketing　　B. e-Marketing

C. Internet Marketing　　D. Network Marketing

28. STP 是指市场细分(Segmenting)、目标营销(Targeting)和市场定位(Positioning)，是网络营销的(　　)。

A. 有效交换点　　B. 起点　　C. 终点　　D. 以上都不对

29. 传统营销的市场定位是(　　)，即企业可以到市场上找顾客，也可以选定顾客群后再找产品。

A. 双向的　　B. 随意的　　C. 没有方向的　　D. 单向的

30. 利用网上虚拟社区或 BBS 发布有关产品、企业的广告信息，这种广告称为(　　)。

A. 新闻式广告　　B. BBS 广告　　C. 旗帜广告　　D. 链接广告

二、多项选择题

1. 在网络化的情况下顾客概念及顾客行为发生了很大变化，下面属于消费变化的是(　　)。

A. 顾客从大众中分离　　B. 顾客直接参与生产和商业流通

C. 大范围地选择和理性地购买　　D. 顾客追求价廉物美

2. 下面属于网络广告特点的是(　　)。

A. 即时互动性　　B. 营销效果可测性

C. 受众面广而不确定　　D. 具有理性说服力

3. 下面关于电子邮件的论述正确的有(　　)。

A. 电子邮件是实现顾客整合的必要手段

B. 电子邮件是网络顾客服务双向互动的根源所在

C. 电子邮件最大的特点是即时、全天候

D. 电子邮件可以通过自动应答器及时回复邮件

4. 对于 FAQs 的搜索建议，正确的有(　　)。

A. 搜索功能与站点规模相适应

B. 信息量越大越好
C. 信息量越集中越好
D. 搜索工具从顾客的角度出发进行设计

5. 下面有关网络营销特点的论述正确的有(　　)。

A. 以顾客为主体　　　　B. 价格低廉
C. 更激烈的竞争　　　　D. 便捷的购物方式

三、判断改错题

1. 网络营销和传统营销的基本营销目的是不一致的。(　　)

2. 网络营销作为新的营销方式和营销手段,与传统营销方式在理念上和操作上没有很大的区别。(　　)

3. 网络营销的主要内容包括:网上市场调查、网络消费者分析、网络营销策略制定、网上产品和服务策略、网上价格营销策略、网上渠道选择、网上促销与网络广告、网络营销管理与控制等。(　　)

4. 网上用户作为一个特殊的消费群体,在购买需求动机、购买心理动机、购买行为方式、购买过程等方面与传统市场上的消费群体在特征上没有明显的区别。(　　)

5. 网上销售会带来大量货物配送问题,因此需要现代物流技术的支持。(　　)

6. 传统广告是基于印象的联想型劝诱机制,通过反复的感官冲击使受众留下印象;传统广告与消费者的交互作用较弱。(　　)

7. 网络广告的沟通方式不是传统促销中“推”的形式而是“拉”的形式,不是传统的“强势”营销而是“软”营销。(　　)

8. 网络营销和传统营销之间存在相互取代的关系。(　　)

9. 网络营销具有鲜明的个性化特征,其促销和交易方式是一对一的、理性的、消费者主导的。(　　)

10. 网络营销具有整合的特点。(　　)

11. 网络消费者的购买动机基本上可以分为两大类:需求动机和心理动机。(　　)

12. 马斯洛的需求层次理论足以解释虚拟市场中消费者的购买行为。(　　)

13. 政府网上采购行为是指在网络上发生的政府采购行为。(　　)

14. STP 是指市场细分(Segmenting)、目标营销(Targeting)和市场定位(Positioning),是网络营销开始有效交换的起点。(　　)

15. 网络营销市场细分指为实现网络营销的目标,根据网上消费者对产品不同的欲望与需求,不同的购买行为与购买习惯,把网络上的市场分割成不同或相同的小市场群。(　　)

16. 市场定位是在 20 世纪 70 年代由美国营销学家大卫・菲利普斯提出的。(　　)

17. 网络营销的市场定位是单向的。(　　)

18. 网络营销产品的内涵与传统产品的内涵有一定的差异性,主要是网络产品的层次比传统营销产品的层次大大扩展了。(　　)

19. 网络营销的渠道可分为直接营销渠道和间接营销渠道。(　　)

20. 网络促销是指利用电子手段来组织促销活动,以辅助和促进消费者对商品或服务的购买和使用。(　　)

21. 网络顾客服务的目的是通过顾客满意和提高生产效率来达到长期利润最大化,即实

现顾客价值的最大化和企业收益的最大化之间的平衡，也就是顾客与企业的“双赢”。（　　）

22. 网络顾客服务的目的是对顾客行为和特性的深入分析。（　　）

23. 坚持以顾客为中心、为顾客创造价值是任何网络顾客服务必须具备的理论基石。（　　）

24. 电子邮件是互联网上使用最为频繁的功能，它已成为企业为顾客服务的强大工具。（　　）

25. 电子邮件管理的基本目标是：企业必须通过一定的组织与管理，以确保每一位顾客的电子邮件都得到认真而及时的答复。（　　）

26. 网络中的讨论区中都是民间自发性质的。（　　）

27. 网络营销的 STP 策略是指市场细分、目标营销和市场定位。（　　）

28. 网络营销产品应是一个产品整体，包含核心产品、有形产品和附加产品（延伸产品）三个层次。（　　）

29. 网络营销渠道策略可分为直接渠道策略、间接渠道策略，以及直销渠道和间接渠道并用的双道策略（又称双道法）。（　　）

30. 在互联网上，虚体产品和实体产品的销售是一样的。（　　）

四、填空题

1. 目前较为通行的三种网络营销理论是：________、________、________。

2. 网络产品策略包括________、________、________三个方面。

3. 网络营销是以________为基础，借助________来实现营销目标的商务活动，是________等综合因素促成的，是________。

4. 网络营销存在的基础是________，以及以人为本、按需定制的网络虚拟社区。

5. 网络营销中的企业竞争可以说是________。

6. 网络营销的价值在于________，________。

7. ________是控制营销活动的前提。

8. 网络营销管理是网络营销________、________、________、________、________等活动的总称。

9. 与传统贸易相比，网络贸易具有以下特点：________、________、________、________和________。

10. 进行网络市场细分时，评估不同细分市场的吸引力需要考虑的原则有足够大、________、可达到、________、稳定性、________。

11. 产品的整体概念包括________、________、________、________、________五个层次。

12. 网络营销产品，按其形态的不同分为________、________、________三大类。

13. 网络间接销售的五大关键因素包括________、________、________、________、________，也称为________。

14. 网络顾客的服务策略过程包含________、________、________。

15. 现代顾客对企业的需求由低到高一般可分为四个层次：________、________、________、________。

五、论述分析题

1. 网络市场与传统市场的差异是什么？

2. 网络营销市场细分的作用有哪些?
3. 网络营销所定位的目标市场应具备什么条件?
4. 企业为什么要保护网络品牌?
5. 网络直销的缺点是什么? 如何解决?
6. 网络商品交易中介机构为什么会存在?
7. 网络营销的特点是什么?
8. 马斯洛的需求层次理论如何解释虚拟环境的消费需求?
9. 请简单解释下图表示的意思。

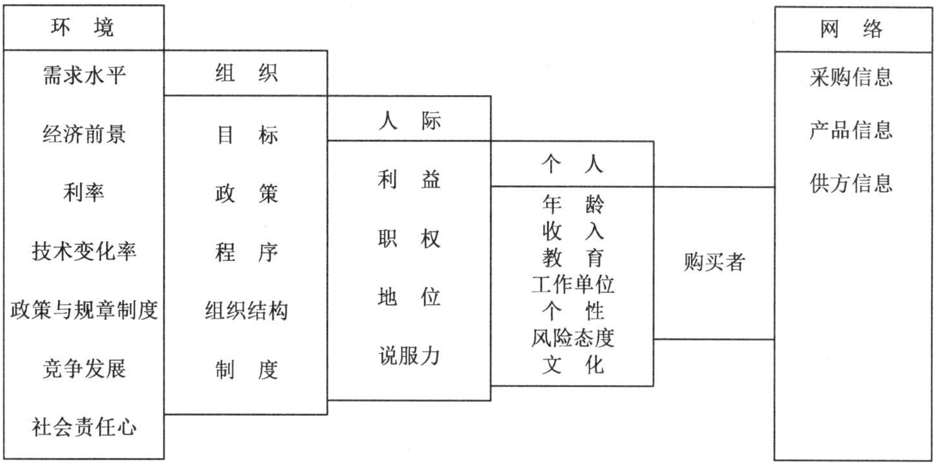

10. 网络顾客服务策略是什么?

第六章
电子商务的物流配送

一、单项选择题

1. 关于物流中的“物”说法正确的是（　　）。

A. 指用于生产性消费的劳动资料

B. 指用于人们最终消费的生活资料

C. 指用于社会生产和社会消费的各种自然资源

D. 指所有的物质资料

2. 柔性化本来是为实现（　　）理念而在生产领域提出的，但要真正做到柔性化，即真正地能根据消费者需求的变化来灵活调节生产工艺，没有配套的柔性化的物流系统是不可能达到目的的。

A. 以顾客为中心　　B. 以成本为中心

C. 以生产效率为中心　　D. 以上答案都不对

3. 目前在中国，大多数网上书店、竞拍网站、体育用品网站是利用（　　）物流模式实现物品配送的。

A. 专业性物流企业　　B. 第四方物流

C. 第三方物流模式　　D. 自营物流

4.（　　）不是物流的主要活动。

A. 存储　　B. 运输　　C. EDI 操作　　D. 包装

5. 物流和储运的关系是（　　）。

A. 物流比储运的范围更宽　　B. 物流比储运的范围更窄

C. 一样的　　D. 以上答案都不正确

6. 全球定位系统简称为（　　）。

A. GIS　　B. GPS　　C. POS　　D. DSS

7.（　　）不是物流的基本要素。

A. 运输　　B. 储存　　C. 包装　　D. 营销

8. 以下关于配送描述错误的是（　　）。

A. 运输成本和运输距离成正比例关系

B. 整车装运的每吨成本高于零担装运

C. 每单位距离的运输成本随距离的增加而减少

D. 定时配送比定量配送效率高

9. 配送中心的功能不包括（　　）。

A. 为特定的用户服务　B. 中长距离的运费低廉
C. 配送功能健全　D. 完善的信息网络
10. 以仓储运输业为主体的配送中心最强的能力是(　　)。
A. 运输量极大的货物、运费低、节能等　B. 运输速度快
C. 固定设施方面投资较少　D. 运输配送能力
11. 配送中心的货物储存与仓库储存的区别是(　　)。
A. 配送中心运输速度快
B. 配送中心运输成本高
C. 仓库的存储水平较低
D. 配送中心以配送为主，仓库以储存为主
12. 在现代制造业中，物流环节在(　　)超过制造环节的加工成本。
A. 物料运行时间成本　B. 运输与仓储成本
C. 功能作业成本　D. 物料运行时间成本和功能作业成本
13. 信息控制技术为物流创造了(　　)功能实现技术环境。
A. 虚拟　B. 实体　C. 配送　D. 集装
14. (　　)配送是指按照规定的批量，在一个指定的时间范围内进行配送。
A. 定线路配送　B. 定时配送　C. 即时配送　D. 定量配送
15. (　　)不是电子商务物流信息技术。
A. 条码技术　B. 射频技术　C. GPRS 技术　D. GPS 技术
16. 物流信息系统是(　　)的集合体。
A. 物流控制软件　B. 物流程序运行
C. 物流执行网络　D. 物流控制软件和物流执行网络
17. 与普通商务流程相比，电子商务物流流程在企业内部的微观物流流程上是相通的，都具有从(　　)的物流体系。
A. 进货到配送　B. 包装到销售
C. 生产到运输　D. 以上都不对
18. 生产企业配送的配送主体是(　　)。
A. 配送企业　B. 生产企业
C. 配送企业和生产企业　D. 以上都不正确
19. 物流和电子商务的关系是(　　)。
A. 电子商务是物流的组成部分　B. 电子商务和物流没有关系
C. 物流是电子商务的组成部分　D. 以上都不对
20. 下列关于物流配送中心描述正确的是(　　)。
A. 增加质量保护措施　B. 配送中心以配送为主要功能
C. 配送中心完全可以取代仓库　D. 配送中心的集货程度不高
21. 条码是由一组宽度不同、反射率不同的条和空按规定的编码规则组合起来的，用以表示(　　)。
A. 产品技术参数　B. 一组数据和符号
C. 商品成本　D. 供需数量
22. 射频技术(Radio Frequency，RF)是利用无线电波对记录媒体进行读写的一种

(　　)。

A. 写操作　　B. 读操作　　C. 识别操作　　D. 以上都不对

23. GIS的基本功能是将表格型数据转换为(　　)。

A. 地理图形显示　　B. 数字显示　　C. 文字显示　　D. 图形显示

24. 下列选项中不属于物流中心特点的是(　　)。

A. 物流配送作业分散化　　B. 物流配送功能集结化

C. 物流配送作业规范化　　D. 物流配送服务系列化

25. 按照采用模式的不同,(　　)不是物流配送的类型。

A. 集货型配送模式　　B. 半载型配送模式

C. 散货型配送模式　　D. 混合型配送模式

26. 仓库搬运作业管理的核心是(　　)。

A. 减少货物在库内的周转次数　　B. 减少搬运次数

C. 增加货物的活性指数　　D. 增加搬运作业时间

27. 物流包装的主旨是(　　)。

A. 降低库存空间　　B. 增加商品的流通

C. 保证商品运输的安全　　D. 以上都不对

28. 仓库对储存商品划分的重要方法是(　　)保管。

A. 分区　　B. 分类　　C. 分区、分类、定位　　D. 固定货运

29. 自动化立体仓库与普通仓库相比较,占地面积(　　)、所需工作人员(　　)、成本(　　)。

A. 小　少　低　　B. 大　少　低　　C. 小　多　高　　D. 大　多　低

30. (　　)公司需要采用公共仓储。

A. 流通型　　B. 批发型　　C. 零售型　　D. 新型、中小型

二、多项选择题

1. 我国现有的物流企业有(　　)。

A. 中央直属的专业性物流企业　　B. 地方专业性物流企业

C. 兼营性物流企业　　D. 专营物流

2. 信息流包括(　　)。

A. 物流本身的信息

B. 询价单、报价单、付款通知单、转账通知单等商业贸易单证

C. 交易方的支付能力、支付信誉

D. 信用证、汇票、现金通过银行在各层次的买方与卖方及其代理人之间的流动

3. 现代物流系统需要对各个物流环节中的各种物流作业信息进行(　　),并向货主提供各种作业明细信息及咨询信息。

A. 实时采集　　B. 分析　　C. 存储　　D. 传递

4. 物流特点是(　　)。

A. 信息化　　B. 自动化　　C. 网络化　　D. 智能化

5. 在运输过程中,运输会利用到(　　)资源。

A. 时间　　B. 资金　　C. 环境　　D. 信息

三、判断改错题

1.“物流”一词来源于英国。（　　）

2. 运输包括供应及销售物流中的车、船、飞机等方式的运输，生产物流中的管道、传送带等方式的运输。（　　）

3. 在物流中，运输是用来改变商品的时间状态的。（　　）

4. 流通加工是物流中具有一定特殊意义的物流形式，是每一个物流系统必需的功能。（　　）

5. 柔性化的物流要求物流配送中心根据消费需求“多品种、小批量、多批次、短周期”的特色，灵活组织和实施物流作业。（　　）

6. 企业物流、生产物流、供应物流、销售物流、回收物流、废弃物物流、生活物流等都是宏观物流。（　　）

7. 完整的电子商务包括了信息流、资金流和物流。（　　）

8. 仅仅在传统的贸易方式下，生产是商品流通的开始，而商品生产的顺利进行需要各类物流活动的支持。（　　）

9. 在电子商务交易环境下，交易的结果必须由相应的物流活动来执行完成。（　　）

10. 物流是电子商务中实现以“以顾客为中心”理念的最终保证。（　　）

11. 电子商务使企业物流业务的采购行为实现了电子化、信息化和无纸化。（　　）

12. 条码是由一组宽度不同、反射率不同的条和空按规定的编码规则组合起来的，用以表示一组数据和符号。（　　）

13. 典型的 RF 系统由电子标签、读写器以及数据交换、管理系统组成。（　　）

14. 射频系统的缺点是局限于视线，识别距离比光学系统近。（　　）

15. GIS 的基本功能是将关系型数据转换为地理图形显示。（　　）

16. 完整的 GIS 物流分析软件集成了车辆路线模型、最短路径模型、分配集合模型和设施定位模型等。（　　）

17. 配送中心配送的配送主体是专职配送中心，规模比较小。（　　）

18. 配送业务中，除了送货外，没有其他业务内容。（　　）

19. 电子商务与传统商务的本质区别就是它以数字化网络为基础进行商品、货币和服务交易，目的在于减少信息社会的商业中间环节，缩短周期，降低成本，提高经营效率，提高服务质量，使企业有效地参与竞争。（　　）

20. 传统物流配送整个环节极为繁琐，在网络化的新型物流配送中心里可以大大缩短这一过程。（　　）

21. 在电子商务的环境下，新型物流配送服务提供者对上游、下游的物流配送需求的反应速度越来越快。（　　）

22. 全球定位系统由空间部分、地面监控部分和客户接收机三大部分组成。（　　）

23. 物流配送的持续时间在网络环境下会大大缩短。（　　）

24. 生产企业配送的主体是配送中心，尤其是进行多品种生产的生产企业。（　　）

25. 物流配送中心可分为两种：一种是有存储功能的配送中心，另一种是仅有配送功能而没有存储功能的配送中心。（　　）

26. 散货是为了满足配送货物数量及品种的需求，必须通过物流运输系统从生产厂家或

仓库向配送中心调运大量的货物。（　　）

27. 推行信息化配送制，发展信息化、自动化、现代化的新型物流配送业是我国发展和完善电子商务服务的一项重要内容。（　　）

28. 按运营主体的不同，物流配送中心可以分为四种类型：以制造商为主体的配送中心、以批发商为主体的配送中心、以零售业为主体的配送中心和以仓储运输业为主体的配送中心。（　　）

29. 为了完成空间和时间的快速转移，配送中心通常从加快货物周转时间和增加储货能力两方面入手。（　　）

30. PDT 存储器中的数据可随时通过射频通信技术传送到主计算机。（　　）

四、填空题

1. 按照运营主体分类，物流系统可分为以________为主体的物流系统、以________为主体的物流系统、以________为主体的物流系统、以________为主体的物流系统。

2. 电子商务中的任何一笔交易，都包含着________、________、________和________。

3. 电子商务物流系统的原则有________、________、________、________。

4. 物流信息化表现为物流信息的________、物流信息收集的________和________、物流信息处理的________和计算机化、物流信息传递的标准化和________、物流信息存储的________等。

5. 物流的网络化是指________和________。

6. 物流系统由________、仓储________、装卸搬运、________、配送和信息处理七个环节构成。

7. 电子商务物流模式一般包括________、________和________。

8. ________是在计算机的应用实践中产生和发展起来的一种________技术，它是为实现对信息的________而设计的，是实现快速、准确而可靠地采集数据的有效手段。

9. EDI 标准主要分为基础标准、________、________、________、管理标准、应用标准、________、________。

10. ________具有在海、陆、空进行________能力。

11. 新型电子商务供应链的目标是实现________。

12. 新型电子商务供应链必须________，采用________的经营方式，以________刺激、促进和拉动________。

13. “品质经营”，即强调________，其核心在于________的及时性、________的及时性、________的及时性和________的及时性。

14. ________功能是物流体系的核心功能，现代配送中心的仓库根据统一配送的要求，不仅有________的功能，还要兼有________、________等多种功能。

15. 配送中心基本的经济方面的功能主要有四个：________、________、________、________。

五、论述分析题

1. 什么是物流配送中心？有哪些特征？

2. 物流信息有什么作用？分为几种类型？

3. 论述物流中心信息系统的功能组成。
4. 试结合工作实际，说明如何组织物流信息系统的实施工作。
5. 物流的概念是什么？简述其特点和分类。
6. 试述在国际多式联运业务中，多式联运经营人的责任形式。
7. 第四方物流在现实的运作过程中表现出哪些功能特点？
8. 简述物流配送的特点、种类和目的。
9. 试述第三方物流与传统物流的不同。
10. 电子商务与物流的关系是什么？

第七章
消费者电子商务应用

一、单项选择题

1. 关于拍卖的概念，下列表述不正确的是（　　）。
A. 最早的拍卖网站是由欧米达在 1995 年建立的
B. 拍卖是通过私下竞价成交的
C. 拍卖是一种典型的中介型电子商务形式
D. 目前常见的网上拍卖方式有英式、荷兰式、封标拍卖

2.（　　）是指投标者利用 E-mail 秘密投标，且一旦提供投标就没有机会更新。
A. 第一价格封标拍卖　　B. 无保留价拍卖
C. 双向拍卖　　D. 荷兰拍卖

3.（　　）是一种公开的减价拍卖，多适用于易腐易烂的物品的拍卖，如鲜花、新鲜食物等。
A. 英式拍卖　　B. 荷兰式拍卖　　C. 封标拍卖　　D. 公开保留价

4. 对于下面（　　）进行开团有好处。
A. 奢侈品　　B. 建材　　C. 品牌产品　　D. 以上都是

5.（　　）是网络购物中最突出的问题。
A. 网上支付问题　　B. 信誉度问题　　C. 物流配送问题　　D. 以上都不正确

6. 我国《拍卖法》明确规定了个人不能进行拍卖，拍卖企业注册资金至少应为（　　）。
A. 50 万元　　B. 200 万元　　C. 100 万元　　D. 300 万元

7. 国内最早的团购网站是（　　）。
A. 美团网　　B. 拉手网　　C. 糯米网　　D. 窝窝团

8.（　　）成为目前网上购物市场的主要人群。
A. 儿童　　B. 老年人　　C. 中年人　　D. 年轻人

9. 根据调查，我国网上消费者以（　　）居多。
A. 女性　　B. 中青年　　C. 文化水平较高者　　D. 中西部地区

10. 影响消费者网上购买的因素主要是（　　）。
A. 商品的价格　　B. 购物的时间
C. 购物的地区　　D. 商品的新颖性

11. 消费者网上购买的商品的价格往往（　　）一般商品。
A. 高于　　B. 低于　　C. 等于　　D. 说不清

12. 下面（　　）属于第三方 B2B 电子商务平台。
A. 当当网　　B. 环球资源网　　C. PayPal　　D. 淘宝网

13. 网上商店采用的送货方式不包括(　　)。

A. 快递　　B. 门店取货　　C. 邮寄　　D. 送货上门

14. 拍卖人把卖家的要约(从最低价开始上升)和买家的要约(从最高价开始下降)进行匹配的拍卖方式是(　　)。

A. 密封递价拍卖　　B. 英式拍卖　　C. 荷兰式拍卖　　D. 双重拍卖

15. 下列不属于在线零售和邮购的相同之处的是(　　)。

A. 价格都比较低廉

B. 受欢迎的零售商品种类相似

C. 省时方便

D. 大多数邮购商和在线零售商都没有传统的仓库和零售商店

16.(　　)不属于手机出版形式。

A. 短信　　B. 蓝牙　　C. 彩信　　D. WAP 方式

17. 在线商店每天通常的营业时间是(　　)。

A. 8 小时　　B. 12 小时　　C. 16 小时　　D. 24 小时

18.(　　)不属于网络出版物的阅读方式。

A. 在线阅读　　B. 移动阅读　　C. 手机阅读　　D. 下载阅读

19. 下列网上拍卖四种形式中,符合拍卖法的是(　　)。

A. 不进行集体议价　　B. 接受委托拍卖特定物品

C. 个人竞价　　D. 集体竞价

20. 容易受店内广告影响并很容易改换要采购的产品的购买行为类型是(　　)。

A. 专门计划购买　　B. 简单计划购买

C. 完全无计划购买　　D. 提醒者购买

21. 出价从高价开始,一直降到有出价人接受这个价格为止,这种拍卖形式是(　　)。

A. 英式拍卖　　B. 荷兰式拍卖　　C. 密封递价拍卖　　D. 双重拍卖

22. 从低价开始,出价增加到没有出价人愿意出更高的价格为止,属于(　　)。

A. 维氏拍卖　　B. 荷兰式拍卖

C. 密封递价最高价拍卖　　D. 英式拍卖

23. 以下最适合在线销售的商品是(　　)。

A. 玩具　　B. 收藏品　　C. 服装　　D. 图书

24. 著名的 eBay 拍卖网站最常用的拍卖方式是计算机版的(　　)。

A. 荷兰式拍卖　　B. 维氏拍卖

C. 英式拍卖　　D. 开放出价双重拍卖

25. 目前的电子商务中,购物者通过(　　)方式来指定所选物品。

A. 基于表的订购　　B. 发送邮件订购

C. 通过虚拟商店订购　　D. 电子购物车

26. 网络出版的狭义定义是指具有合法出版资格的出版机构,以国际互联网为载体和流通渠道出版并销售(　　)的行为。

A. 畅销书籍　　B. 音像产品　　C. 无形产品　　D. 数字出版物

27.(　　)不是网络游戏的类别。

A. 联机类　　B. 休闲类　　C. 角色扮演类　　D. 棋牌类

28. 网上拍卖的正向竞价模式是指(　　)。

A. 竞价拍卖　　B. 竞价拍买　　C. 个人议价　　D. 集体议价

29. 旅游产品适合于网上销售,是因为它具有(　　)。

A. 易逝性　　B. 灵活性　　C. 服务性　　D. 可调整性

30. 网络教育使得人们足不出户就能平等地获得优质的教育和自我提高的机会,但目前还不能完全克服传统教育限制的是(　　)。

A. 空间限制　　B. 时间限制　　C. 教育年龄限制　　D. 师生沟通限制

二、多项选择题

1. 电子商务对消费者购买行为的影响有(　　)。

A. 提供售后服务　　B. 货比多家　　C. 选择广告　　D. 价格低廉

2. 网络出版物的缺陷是(　　)。

A. 网络出版物少　　B. 网上购买书籍的人少

C. 不能直接阅读　　D. 盗版

3. 目前,团购网站相对成熟,其主要的盈利模式有(　　)。

A. 商品直销　　B. 活动回扣　　C. 广告服务　　D. 分站加盟

4. 影响消费者行为的消费者自身因素包括(　　)。

A. 环境因素　　B. 动机因素　　C. 心理因素　　D. 行为因素

5. 网络出版的优势是(　　)。

A. 价格低　　B. 物流成本低　　C. 搜索方便　　D. 节省资源

三、判断改错题

1. 网上拍卖具有拍卖的实质特点,而网上竞价买卖只具有形式上的特点。(　　)

2. 可以 24 小时全天候向顾客开放是 Internet 赋予企业的竞争优势。(　　)

3. 网络拍卖的竞价形式有正向竞价和逆向竞价,竞价拍卖属于逆向竞价。(　　)

4. 目前对包括网上拍卖在内的电子商务应采取的税收对策已经达成了初步的共识:必须坚持税制便利、易于遵从的原则,必须坚持税收公平的原则,必须坚持税收中性的原则。(　　)

5. BBS 是互联网上最新的发展潮流,是继 E-mail、博客、ICQ(IM)之后出现的第四种网络交流方式,它具有即时、互动、开放、个人化、多媒体性等特点。(　　)

6. 在所有与网络出版有关的技术领域中,网页的存储和管理是最早利用、最有价值的技术之一。(　　)

7. 网络多媒体出版是指网络环境下的多媒体出版,这种网络出版形式是网络通信技术和多媒体技术的有机结合。(　　)

8. 对于团长开团来说,团员不需要与商家谈判,只需要直接跟团就可以。(　　)

9. 网络游戏没有广义和狭义之分,它为现实中的人们提供了一个展现、思索和回顾自我的机会。(　　)

10. 角色扮演类游戏就是游戏玩家把自己当作游戏中的人物操控游戏。(　　)

11. 网络游戏实质上属于电子游戏范畴,是电子游戏借助于互联网技术所衍生出来的一种新型的游戏类型。(　　)

12. 目前对包括网上拍卖在内的电子商务应采取的税收对策已经达成了初步的共识：暂时不征税。 （　）

13. 网上拍卖的中介机构是拍卖网站，它对买卖双方的拍卖行为承担法律责任，在网上拍卖中所遇到的风险由买卖双方共同承担。 （　）

14. 在网上拍卖中，买者和卖者可以方便地通过网络参与拍卖过程，不受时间和空间的限制，他们的参与成本降低了，而且拍卖仲裁人可以由先进的网上拍卖程序来代替，不仅方便快捷、不易出错，而且可以 24 小时仲裁拍卖。 （　）

15. 荷兰拍是一种创新的网上拍卖方式，通过 Internet 集合买家的购买力从而使得集合中的每个成员都可以获得价格折扣。 （　）

16. 逆向拍卖是一种可以使个人或者组织能够以最高价格获得商品或服务的专门拍卖方式。 （　）

17. 所谓封标，就是秘密投标、不公开投标。一种是第一价格封标拍卖，投标者利用 E-mail 秘密投标，且一旦提供投标就没有机会更新；另一种是第二价格封标拍卖。 （　）

18. 网上拍卖不仅是网络时代消费者定价原则的体现，更重要的是拍卖网站营造了一个供需有效集结的市场，成为消费者和生产商各取所需的场所，因此是一种典型的中介型电子商务形式。 （　）

19. 网络购物主要的客户是上网的网民，从数量上明显会多于传统商店的购物客户。 （　）

20. 团购是一种集体购物的形式。 （　）

21. 与传统购物相比，网络购物具有很多优势，但是这种新兴的商业模式同样也存在不容忽视的不足之处。 （　）

22. 网上的商品与传统商场相比相对便宜，因为网络可以省去很多传统商场无法省去的相关费用，所以商品的附加费用很低，商品的价格也就低了。 （　）

23. 作为网络商店，它仅仅 12 小时对客户开放，只要用户在需要的时间登录网站，就可以挑选自己需要的商品。而在传统商店中，消费者大多要受到营业时间的限制。 （　）

24. 对于已经确定了一个固定品牌的产品，而这个品牌基本上没有经销商，只有自营店，那么团购也还是有用的。 （　）

25. 由于网上市场不同于传统市场，网上消费者有着区别于传统市场的消费需求特征，但是几乎所有的产品都适合在网上销售和开展网上营销活动。 （　）

26. 吸引用户网上购物的前三个因素分别是：购买方便，价格比实体商店便宜，能买到本地没有的东西。 （　）

27. 30～50 岁年龄段成为目前网上购物市场的主要人群。 （　）

28. 网络购物是交易双方从洽谈、签约到贷款支付、交货通知等整个交易过程通过 Internet、Web 和购物界面技术化的 C2C 模式一并完成的一种新型购物方式，是电子商务的一个重要组成部分。 （　）

29. 可供网上购物的首选网站共分为三大类：主要进行网上零售的 B2C 网站、拍卖网站以及门户网站。 （　）

30. 网络购物作为一种新兴的商业模式，与传统购物模式没有大的差别。 （　）

四、填空题

1. 团购分为________和________两种。
2. 对消费者行为的专门研究始于________。
3. 消费者行为具有________、________、________的特点。
4. 影响消费者行为的环境因素有________、________、________、________、________。
5. 不同阶层的消费者行为存在________、________、________以及________的差异。
6. 团购的盈利模式有________、________、________、________、________和________六种模式。
7. 吸引用户网上购物的前三个因素分别是:________、________、________。
8. 网络商店中很多商品一般是在客户下订单后再进行商品调配,不需要很多________,从而减少________的积压。
9. ________问题是网络购物中最突出的问题。无论是买家还是卖家,________都被看成是交易过程中最大的问题。
10. 目前常见的网上拍卖方式有:________、________、________,此外还有________、________。
11. ________年,美国________作为网上拍卖先驱,创下电子商务事业的骄人业绩。
12. ________明确规定了个人不能进行拍卖,拍卖企业注册资金至少应为 100 万元,拍卖文物的注册资金应在 1 000 万元之上。
13. 根据游戏运行平台的不同,可将电子游戏分为________、________、________、________和________。
14. 狭义的________是指具有合法出版资格的出版机构以国际互联网为载体和流通渠道出版并销售数字出版物的行为。
15. ________译为网络日志,是一种表达个人思想和网络链接,内容按照时间顺序排列,并且不断更新的出版方式。

五、论述分析题

1. 消费者网络购物的决策如何制定?
2. 请对网上消费者的特征作一分析。
3. 列举适合参与团购的产品的特点。参与团购的好处表现在哪几个方面?
4. 什么是网络出版?
5. 什么是网上拍卖? 网上拍卖在网络营销中有什么作用?
6. 团购的流程是什么?
7. 请比较网络购物与传统购物的优劣。
8. 简述英式拍卖及其特点。
9. 网上拍卖的主要特点有哪些? 请简单论述。
10. 网上拍卖的征税问题如何解决?

第八章
企业电子商务应用

一、单项选择题

1. 我们经历了农业社会、工业社会后，已步入(　　)。

A. 发达工业社会　　B. 信息化社会

C. 文明社会　　D. 共产社会

2. 在客户关系管理中，可以根据不同的维度去细分客户群，可以根据客户的价值进行划分，可以根据客户与企业的关系划分，可以根据客户的状态划分，以下四个选项中(　　)跟另外三个是不同类的。

A. 企业客户　　B. 内部客户

C. 渠道分销商和代理商　　D. VIP 客户

3. 在客户关系管理中，客户的满意度是由(　　)两个因素决定的。

A. 客户的期望和感知　　B. 客户的抱怨和忠诚

C. 产品的质量和价格　　D. 产品的性能和价格

4. 在客户关系管理中，(　　)不是客户忠诚的表现。

A. 对企业的品牌产生情感和依赖

B. 重复购买

C. 即便遇到对企业产品不满意的情况，也不会向企业投诉

D. 有向身边的朋友推荐企业产品的意愿

5. 客户关系管理体现了制造商对客户的重视，这一切源自(　　)概念的推广和普及。

A.“关系营销”　　B.“忠诚客户”　　C.“顾客是上帝”　　D. 以上都不对

6. 客户关系管理是一种(　　)的经营理念，它借助于信息技术在企业的市场、销售、技术支持、客户服务等各个环节的应用，以改善和增进企业与客户的关系，实现以更优质、更快捷、更富个性化的服务保持和吸引更多客户的目标。

A. 生产效率最高　　B. 服务质量提高

C. 成本最低　　D. 以客户为中心

7. 对客户进行(　　)是市场细分的基本要求。

A. 客户满意度分析　　B. 客户忠诚度分析

C. 差异性分析　　D. 客户成本分析

8. 客户对供电公司所提供的电力服务的使用是基于(　　)。

A. 垄断忠诚　　B. 亲友忠诚　　C. 惰性忠诚　　D. 信赖忠诚

9. CRM 研究的是(　　)。

A. 客户忠诚度　B. 客户利益　C. 客户流失关系　D. 客户关系

10. 满意度和忠诚度之间的关系，在(　　)中表现得最为紧密。

A. 行业竞争激烈的企业客户关系　B. 实施客户积分计划的企业客户关系

C. 退出成本/门槛高的企业客户关系　D. 专利技术产品企业客户关系

11. 在客户关系管理理念中，客户价值的预测通常是采用(　　)方式进行。

A. 客户的长期价值或终身价值

B. 客户消费量最高的时期所产生的价值

C. 客户从新客户到流失客户期间所产生的价值

D. 客户从潜在客户到真正的企业客户期间所产生的价值

12. 关系营销产生的根本原因是买卖双方存在各自利益上的(　　)。

A. 排斥性　B. 互补性　C. 兼容性　D. 以上都不正确

13. 企业实施客户关系管理的最终目的是(　　)。

A. 把握客户的消费动态

B. 针对客户的个性化特征提供个性化服务，极大化客户的价值

C. 做好客户服务工作

D. 尽可能多的收集客户信息

14. 以下对 CRM 的描述(　　)是不正确的。

A. CRM 是一套智能化的信息处理系统

B. CRM 将企业的经验、管理导向"以客户为中心"的一套管理和决策方法

C. CRM 把收集起来的数据和信息进行存储、加工、分析和整理(数据挖掘)，获得对企业决策和支持有用的结果

D. CRM 系统通过了解客户的需求整合企业内部生产制造能力，提高企业生产效率

15. 目前，电子化采购的实践和理论研究还处于(　　)。

A. 初始阶段　B. 发展阶段　C. 成熟阶段　D. 衰退阶段

16. 处于核心地位的企业称作供应链的(　　)。

A. 核心企业　B. 上游企业　C. 下游企业　D. 重要企业

17. 在供应链管理模式下，供应商的建立应该是(　　)。

A. 没有矛盾的、无利益冲突的　B. 短期的、实验性的

C. 慎重的、长期的、信任的　D. 发散的、随意的

18. 供应链管理的最终目标是(　　)。因此，对供应链流程进行集成以及积极地重组行动的目的，应该在于提升横跨供应链成员的总体流程的高效性和有效性。

A. 为了充分利用社会资源

B. 为了满足顾客需求和盈利能力实现最大化

C. 为了满足生产企业的需要

D. 为了满足第三方物流管理的需要

19. 在以顾客为中心的供应链管理中，顾客需求对整条供应链起到(　　)作用。

A. 带动　B. 推动　C. 拉动　D. 启动

20. 供应链管理覆盖从(　　)的全部过程。

A. 原材料供应商到客户　B. 生产商到零售商

C. 生产商到批发商　D. 以上都不对

21. 供应链管理按照牵涉的范围不同可分成三个层次：(　　)、产业供应链和全球化网络供应链。

A. 企业内部供应链　　B. 企业外部供应链

C. 国内供应链　　D. 以上都不正确

22. 供应链管理必须以(　　)为中心，使整个供应链成为一个具有高度竞争力的、能为消费者提供最大价值的源泉。

A. 用户　　B. 客户　　C. 顾客　　D. 供应商

23. 与客户关系相比较，供应商关系是处于第(　　)位的。

A. 一　　B. 二　　C. 三　　D. 四

24. 企业信息化的含义是：对企业销售、供应、生产、库存、质量、成本、财务等主要事务活动的过程管理实施(　　)，用数据交换实现企业管理。

A. 电子化管理　　B. 无人化管理　　C. 集中化管理　　D. 信息化管理

25. 电子商务是企业信息化建设的(　　)。

A. 最后一步　　B. 成熟期的产物　　C. 早期产物　　D. 第一步

26. (　　)不是电子化供应链的新特点。

A. 快速客户响应　　B. 供应链和物流高度集成

C. 市场信息集中分析　　D. 中转库存消失

27. 企业资源规划主要用于解决(　　)，它使得复杂的流程做到自动化处理。

A. 企业外部数据传输问题　　B. 企业外部组织结构的问题

C. 企业内部数据传输问题　　D. 企业内部组织结构的问题

28. 把供应链上的成员整合起来，像一个企业一样，但各成员又是完全独立的，决策权属于自己。这种与供应商的关系形式称为(　　)。

A. 联盟型　　B. 长期目标型　　C. 纵向集成型　　D. 渗透型

29. 在供应链管理中，对下游企业来讲，供应链上游企业的功能不是简单地提供物料，而是要用最低的成本提供最好的服务。这反映了供应链管理是以(　　)作为目标的服务化管理的基本特征。

A. 整体效益　　B. 满足生产企业的需要

C. 充分利用社会资源　　D. 顾客满意度

30. 对于电子商务企业来说，(　　)是最重要的资源。

A. 信息技术体系中的主体技术　　B. 物流成本

C. 客户基础　　D. 以上都不正确

二、多项选择题

1. 现代企业管理理念包括(　　)。

A. 强化成本控制　　B. 效率优先

C. 重视顾客需求　　D. 全面合作的意识

2. 产生客户忠诚的因素主要包括(　　)。

A. 产品和服务的特性　　B. 避免购买风险

C. 降低客户的相关购买成本　　D. 符合客户的心理因素

3. 电子化供应链的主要优势有(　　)。

A. 提高供应链企业间的运作效率　　B. 提高客户服务水平
C. 显著降低企业成本　　D. 加快资金的流动

4. 赢得客户满意的具体措施包括(　　)。

A. 从客户的现实和潜在的需求出发,设计和开发新产品
B. 不断提高客户服务水平,加快客户服务的响应速度
C. 不断完善客户反馈系统,虚心接受客户的意见和建议
D. 竭力留住老客户,构建与客户要求相适应的企业组织

5. 集成化供应链管理流程设计与重组中,节点企业内部集成化主要包括(　　)三大核心作业流程的设计与重组。

A. 客户需求管理流程　　B. 生产计划流程
C. 客户订单完成管理流程　　D. 客户运输配送计划流程

三、判断改错题

1. 电子商务的实行涉及信息基础设施、社会环境、信用关系、物流配送、支付手段等因素,还涉及积极参与商务交易的企业、消费者和政府等方方面面的利益关系。(　　)

2. 实施企业信息化最本质的是对企业的基本业务实施过程进行优化。(　　)

3. 在信息管理系统下,基础数据总是处于分散、孤立、滞后的状态。(　　)

4. 企业信息化主外,电子商务主内。(　　)

5. 电子商务企业相对于传统企业最大的优势在于能实现零库存和低成本。(　　)

6. 企业生存的核心是核心技术。(　　)

7. 进入电子商务时代后,消费者的消费行为和消费需求将发生根本性的变化。(　　)

8. "直接经济"的实质就是减少中间费用、库存和流动资金,使生产"直达"消费。(　　)

9. 企业信息化不是一步达成的,企业信息化可以分成三个阶段:利用计算机实现对产品生产制造过程的自动控制;利用计算机系统实现企业内部管理的系统化;利用互联网开展的电子商务。(　　)

10. 电子商务的发展要求财务管理从静态的事后核算向实时动态的、参与经营过程的财务管理方向发展。(　　)

11. 没有良好的客户关系管理,企业就无法争取到忠实的顾客群,也不可能取得长期、持续的发展。(　　)

12. 电子商务已经使企业从"一对一"消费模式转向"一对多"消费模式。(　　)

13. 企业信息化建设是电子商务发展的基础,电子商务是企业信息化的重点。(　　)

14. 按照客户对企业的忠诚程度来划分,可把客户分成潜在客户、新客户、常客户、老客户和忠诚客户等。(　　)

15. 老客户是那些已经和企业建立起了长期、稳定、信任的关系,并愿意为企业提供的产品和服务支付合适价格的客户。忠诚的客户是企业最为重要的资源。(　　)

16. 电子商务时代,客户的搜索成本和转移成本都和原来持平。(　　)

17. 只有低要求的客户才能成为忠诚的客户。(　　)

18. 广义的关系营销,即企业与客户之间的关系营销。(　　)

19. 客户关系管理的功能包括客户服务与支持、销售、营销、呼叫中心、电子交易等部分。(　　)

20. 客户忠诚度只能采用一种指标进行评价。（　）

21. 企业的电子化采购一般是通过应用相关的硬件来实现的。（　）

22. 在传统的采购方式下，企业采购的周期较短。（　）

23. 关系营销产生的根本原因是买卖双方存在各自利益上的互斥性。（　）

24. 产业供应链又称作动态联盟供应链，它是指企业内部供应链向外延伸，成为面向全行业的产业链。（　）

25. 与传统的供应链相比，基于网络技术的电子化供应链具有较为明显的优势，具体表现在以下三个方面：提高供应链企业间的运作效率、提高客户服务水平、显著降低企业成本。（　）

26. 供应链管理按照牵涉的范围不同可分成三个层次：企业内部供应链、产业供应链和全球化网络供应链。（　）

27. 电子化供应链中的订单基本是在线生成、在线处理、在线交付。（　）

28. 应用链管理技术主要经过了三个阶段：企业资源规划阶段、专门化的供应链解决方案阶段、基于互联网的供应链信息集成阶段。（　）

29. 当企业追求总成本领先战略时，往往会选择同行业中的中间者作为合作伙伴。（　）

30. 网络的介入使采购流程得到优化，并在降低成本、提高效率、增加采购透明度等方面都可使采购企业和供应商双方受益，实现“双赢”。（　）

四、填空题

1. 管理信息系统是在________、________、________等的基础上发展起来的综合性边缘科学。

2. 企业经营过程重构的英文缩写是________。

3. 可行性研究也称________，包括________和________两个方面。

4. MIS开发的生命期模型通常被称作________模型。

5. 信息在一定条件下可以转化为________、________、时间及其他。

6. 信息是经过加工的，能对接收者的行为和决策产生影响的________。

7. 企业信息化的含义是：对企业________、________、________、________、________、________、________等主要事务活动的过程管理实施信息化，用数据交换实现企业管理。

8. 按照客户对企业的忠诚程度来划分，可把客户分成________、________、________、________、________等。

9. 产生客户忠诚的因素主要包括以下四点：________、________、________、________。

10. 客户关系管理应用的四个步骤是：________、________、________、________。

11. 电子化采购就是通过________，借助计算机管理________，实现采购信息共享。

12. 供应链是由________、________、________、________、________组成的一个网络，以实现由顾客需求提出到符合顾客所需要的产品或服务的提供，顾客需求最终得到满足的一个过程。

13. 供应链上的企业主要由供应商、制造商、仓库、配送中心和零售商等组成，处于核心地位的企业称作________。

14. 供应链管理按照牵涉的范围不同可分成三个层次：________、________、________。

15. 供应链管理随着电子商务的发展为越来越多的企业所重视。对我国大多数企业来说，供应链管理与电子商务可以________、________。

五、论述分析题

1. 简述客户忠诚度的概念。
2. 试述客户忠诚的几种类型，以及它们的特征。
3. 论述关系营销的目的。如何实现关系营销？
4. 简述电子商务对公司或供应链削减成本的影响。
5. 简述供应链管理涉及的内容和供应链管理目标。
6. 简述 CRM 的内涵。
7. 简述 CRM 的基本技术。
8. 如何能够有效地实施供应链管理？
9. 与传统的供应链相比，电子化供应链具有哪些明显的优势？
10. 简述电子化采购的流程。

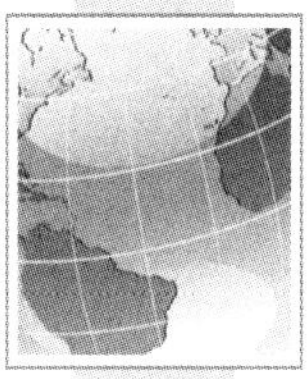

第九章
电子商务的其他应用

一、单项选择题

1. 下面(　　)不属于网上证券交易风险中的技术风险。

A. 黑客入侵　　B. 电脑系统中病毒

C. 网络数据传输中断　　D. 过失删除信息

2. 资金转移过程中出现故障或者错误,这种风险属于(　　)。

A. 技术风险　　B. 财务风险　　C. 泄密风险　　D. 信息风险

3. (　　)不属于网络教育的主要方式。

A. 视频广播　　B. 视频点播　　C. 白板　　D. 多媒体课件

4. 电子政务最早是由(　　)提出来的,指的是政府机构应用现代信息和通信技术,将管理和服务通过网络技术进行集成,在互联网上实现政府组织结构和工作流程的优化重组,超越时间和空间及部门之间的分隔限制,向社会提供优质和全方位的、规范而透明的、符合国际水准的管理和服务。

A. 比尔·盖茨　　B. 比尔·克林顿　　C. 卡尔·基德　　D. 以上都不正确

5. 下列不属于移动商务应用的是(　　)。

A. 短信网址　　B. 定位服务　　C. EDI　　D. 企业移动办公

6. (　　)是网络教育的主要方式。

A. 视频广播　　B. 视频点播　　C. Web 教材　　D. 以上都是

7. 电子政务建设的指导思想之一是适应改革开放和现代化建设对政务工作的需要,转变(　　),提高工作效率和监管的有效性,更好地服务于人民群众。

A. 管理方式　　B. 政府职能　　C. 经济体制　　D. 政治体制

8. 电子政务狭义表述是(　　)。

A. 政务工作电子化　　B. 党务工作电子化

C. 营销工作电子化　　D. 安全工作电子化

9. 信息化就是在经济和社会活动中,通过普遍采用(　　)和电子信息设备,更有效地开发和利用信息资源,推动经济发展和社会进步,使由于利用了信息资源而创造的劳动价值在国民经济生产总值的比重逐步上升至占主导地位的过程。

A. 信息技术　　B. 数码技术　　C. 光电技术　　D. 多媒体技术

10. 电子政务的目的是以(　　)为基本手段,面向政府机构的业务模式、管理模式和服务模式的优化和扩展,将信息技术在政府机构的应用从简单的取代手工劳动提高到工作方式的新层次。

A. 网络技术　B. 通信技术　C. 广播技术　D. 电视技术

11.（　）是电子政务建设的前提条件。

A. 信息收集　B. 信息分析　C. 信息传递　D. 信息安全

12. 电子政务应用在建设过程中需要关注的重点环节是（　）。

A. 审批制度的改革　B. 实现流程的优化

C. 建设费用问题　D. 防止重复建设

13.（　）是实现电子政务的基础。

A. 档案管理系统建设　B. 政府与因特网连接

C. 政府办公自动化系统建设　D. 电子邮件建设

14. 信息标准化体系在电子政务体系建设中的地位是（　）。

A. 基础　B. 核心　C. 关键　D. 保证

15.（　）是开展移动电子商务的核心技术之一。

A. WWW　B. WAP　C. HTML　D. CDMA

16. 移动 IP 通过在（　）改变 IP 协议，从而实现移动计算机在 Internet 中的无缝漫游。

A. 物理层　B. 数据链路层　C. 应用层　D. 网络层

17. 能使学生在时间与空间不统一的条件下，能与教师进行交流并完成学习任务的是（　）。

A. 计算机辅助教学　B. 现代远程教育

C. 网络　D. 实时传播系统

18.（　）不属于网上证券的优点。

A. 交易成本低　B. 不受时空限制

C. 热键导航　D. 便捷

19. 相比传统教育，网络教育存在诸多问题，以下（　）属于网络教育的不足之处。

A. 教育模式　B. 师资队伍　C. 教学设施　D. 以上都是

20. 关于现代教育技术的功能和作用，以下说法不正确的是（　）。

A. 能充分开发学生右脑的潜能，使左右脑的潜能得到平衡发展

B. 能克服教师自身的局限性，减轻教师的劳动强度，教师只需播放课件即可

C. 能有效进行个别化教学，真正做到因材施教

D. 能扩展教育或学习的空间

21. 网络在教育中有利于培养创新精神和促进信息能力发展的发现式学习，因而特别适合学生进行（　）式学习。

A. 自主发现，自主探索　B. 主动启发，被动接受

C. 超前自学，课后辅导　D. 自助学习，辅助探索

22. 远程教育大致可分为（　）。

A. 以群体为基础的体系和以个体为基础的体系

B. 学历教育服务体系和非学历教育服务体系

C. 以学生为基础的体系和以成人为基础的体系

D. 以上都不正确

23. GPRS 是（　）移动通信系统。

A. 1G　B. 2G　C. 3G　D. 2.5G

24.(　　)不是相对于传统教育来说的网络教育优势。

A. 能提供时空上的方便

B. 数字化学习可以使课堂学习内容探究具有多层次性

C. 能缓和教师资源不平衡的矛盾

D. 有利于节约成本

25. 经过2.5G发展到3G之后，无线通信产品将为人们提供速率高达(　　)的宽带多媒体业务，支持高质量的话音、分组数据、多媒体业务和多用户速率通信，这将彻底改变人们的通信和生活方式。

A. 128kb/s　　B. 512kb/s　　C. 1Mb/s　　D. 2Mb/s

26.(　　)不是电子政务开展的先决条件。

A. 经济发达的国家才比较适合开展电子政务

B. 电子政务是必须借助于电子信息化硬件系统、数字网络技术和相关软件技术的综合服务系统

C. 电子政务是处理与政府有关的公开事务、内部事务的综合系统

D. 电子政务是新型的、先进的、革命性的政务管理系统

27. 一个完整的电子政务系统应该能够在政府部门(　　)进行信息交流及服务。

A. 内部　　B. 外部

C. 内部之间及外部　　D. 以上都不正确

28. 以下不属于现代远程教育优点的是(　　)。

A. 有利于个体化学习　　B. 可以自由选择学习内容

C. 可以充分发挥教师的主导作用　　D. 师生之间可以进行充分交流

二、多项选择题

1. 与基于有线网络的电子商务相比，属于移动商务的特点的是(　　)。

A. 用户数众多，占绝对优势　　B. 更加个性化的服务

C. 更好的定位服务　　D. 更严密的安全性

2. 网上保险的优势主要体现在(　　)。

A. 方便快捷　　B. 信息广泛，选择自由

C. 保护隐私，安全性高　　D. 成本低廉

3. 在未来，网络旅游发展的主要趋势是(　　)。

A. 旅游电子商务合作胜过竞争

B. 网上旅游与网下旅游并驾齐驱

C. 自助式和家庭型旅游将会成为网上旅游的主流方式

D. 旅游市场前景广阔

4. 网络教育的优势主要体现在(　　)。

A. 时空的便捷性　　B. 缓解资源的不平衡

C. 节约成本　　D. 资源重复利用

5. 电子政务与传统政务在办公手段上的区别主要体现在(　　)。

A. 信息资源的数字化　　B. 信息交换的网络化

C. 信息资源少　　D. 信息交换安全性好

三、判断改错题

1. 移动商务将会取代电子商务。（　　）
2. 目前智能手持设备的显示屏将有所改善，但是表格输入和原始数据输入依然成问题。（　　）
3. 移动商务的主打业务是在企业应用的移动业务。（　　）
4. 手机上网必须经过 Wi-Fi 无线连接。（　　）
5. 与蓝牙技术相比，Wi-Fi 的有效连接范围更大。（　　）
6. 短信业务和手机上网业务都必须遵循 WAP 协议标准。（　　）
7. 蓝牙技术只能在手机或电脑之间建立无线连接。（　　）
8.“电子政务”等同于“办公自动化”。（　　）
9.“电子政务”等同于“政府上网”。（　　）
10.“一站式”服务成为政府电子化公共服务发展的新模式，政府门户网站的建设成为主流。（　　）
11. 1999 年 1 月，40 多个部委的信息主管部门共同倡议发起了“政府上网工程”。（　　）
12. G2B 模式旨在打破各政府部门的界限，实现业务相关部门资源共享，简化工作流程和审批手续，提高效率，更好地为企业服务。（　　）
13. G2B 是指政府对公民的电子政务。（　　）
14. 从我国电子政务建设发展状况看，存在着偏差和不足，表现为：重管理、轻技术，重软件、轻硬件，重流转、轻留存，重长远、轻现行，重整体、轻局部等。（　　）
15. 初步形成电子政务网络与信息安全保障体系，建立规范的培训制度，逐步完善与电子政务相关的法规和标准是“十五”期间我国电子政务建设的发展目标之一。（　　）
16. 一般来说，政府机关的办公系统包括公文管理、视频会议、事务处理、日程管理、信息服务、档案管理、个人工作、系统管理等几项功能。（　　）
17. 电子政务的发展需要技术基础、法制基础、政府管理基础、人力资源基础、信息资源基础、信息基础设施等做支撑。（　　）
18. 电子政务技术构成要素主要包括：硬件子系统、软件子系统、应用软件、信息资源子系统、安全系统和电子政务的标准化系统等。（　　）
19. 广域网的覆盖范围很广，但网络之间的通信需要利用原有的公共通信线路。（　　）
20. 远程教育是指师生凭借通信线路所进行的非面对面的教育。（　　）
21. 中国尚没有开展国家承认学历、授予学位的网络教育。（　　）
22. 网络教学常常使用超文本结构，它实际上是一种由节点和链构成的信息网络。（　　）
23. 移动广告无法提供非常有针对性的广告服务。（　　）
24. 经过长期的发展，我国企业的电子商务应用水平已比较高。（　　）
25. 基础设施建设的滞后仍然是阻碍我国电子商务发展的重要因素。（　　）
26. 技术已不是阻碍移动商务发展的主要因素。（　　）
27. 移动电子商务是电子商务的类型之一。（　　）
28. 网络远程化教育是电子商务的一种特殊服务，它可以为学生提供个性化的教育。（　　）

四、填空题

1. 各种移动电子商务解决方案都包括三种基本服务功能：______、______、______。

2. 网上证券交易也称________，是指证券公司利用互联网等网络技术，为投资者提供证券交易所的及时报价、查找各类金融信息、分析市场行情等服务，并帮助投资者完成网上________、________、________、________和________等证券交易的全过程，实现实时交易。

3. 保险业是与人们生活紧密相关的产业，它也具有________的特点。

4. 目前，网上保险的主要模式有企业对________和________两种。

5. 网络教育又称________。

6. 从网络教育服务的市场定位来看，一种是________，另一种是________。

7. 我国的网络教育始于________年实施________，目前已有了一定的发展。

8. 狭义的网络旅游是指在旅游业中利用 Internet、Intranet 和 Extranet 来实现________与________的总称。

9. 电子政务最早是由________提出来的，指的是政府机构应用现代信息和通信技术，将管理和服务通过网络技术进行集成，在互联网上实现政府组织结构和工作流程的优化重组，超越时间和空间及部门之间的分隔限制，向社会提供优质和全方位的、规范而透明的、符合国际水准的管理和服务。

10. 根据电子政务参与和服务的对象来看，主要有________、________和________。

11. 电子政务主要有以下三种模式：________、________、________。

12. 相对于国外的电子政务，我国的电子政务起步比较________，但是发展________。

13. 移动电子商务也可以称为移动商务，是近年来一种新兴的商务模式，它是随着________、________、________等智能移动设备成为人们的生活和工作中的必备之物而出现的，由________的概念衍生而来。

14. 网络旅游的特点包括________、________、________和________。

15. 经过________发展到________之后，无线通信产品将为人们提供速率高达 2Mb/s 的宽带多媒体业务，支持高质量的话音、分组数据、多媒体业务和多用户速率通信，这将彻底改变人们的通信和生活方式。

五、论述分析题

1. 移动电子商务的特点是什么？
2. 移动电子商务主要提供哪些服务？
3. 网上证券有哪些特点？
4. 网上证券的流程如何？
5. 网上证券交易有哪些风险？
6. 简述网上保险的概念。
7. 网络教育的主要方式有哪些？
8. 网络教育相对于传统教育来说，优势主要体现在哪些方面？
9. 网络旅游相对于传统旅游的特点是什么？
10. 分析我国电子政务的发展趋势。

答案解析

第一章

一、单项选择题

1. B	2. A	3. C	4. C	5. C	6. B	7. A	8. D
9. C	10. B	11. D	12. D	13. C	14. D	15. C	16. A
17. B	18. C	19. B	20. B	21. D	22. A	23. B	24. B
25. C	26. B	27. B	28. B	29. C	30. C		

二、多项选择题

1. ABCD　2. ABCD　3. ABCD　4. BD　5. ABCD

三、判断改错题

1. 错误。计算机在我国发展的时间大概是 40 年，而电子商务才发展了 10 年左右。
2. 正确。
3. 错误。电子商务是发生在多个角色之间的商务，可以是个人，可以是企业，也可以是政府。
4. 正确。
5. 错误。电子商务的最大特点是贸易流程快捷、成本低。
6. 错误。电子商务可以取代传统的贸易，可以完成传统贸易的所有流程。
7. 正确。
8. 错误。是信息传递方式催生了电子商务方式的形成。
9. 正确。
10. 正确。
11. 正确。
12. 错误。电子商务应用层主要是电子商务具体应用流程的体现和参与者直接接触。
13. 正确。
14. 正确。
15. 正确。
16. 错误。EDI(Electronic Data Interchange)的中文意思是电子数据交换，它是电子商务发展早期的主要形式。EDI 指票据传送的电子化。
17. 正确。
18. 错误。Internet 的高速发展在环境、技术和经济上都为电子商务创造了条件。
19. 错误。电子商务的影响作用不仅仅在交易的过程中，而且在很大程度上改变了市场的结构。
20. 错误。现阶段我国电子商务发展得不平衡、不成熟，也不规范。
21. 正确。

22. 正确。
23. 正确。
24. 正确。
25. 正确
26. 错误。电子商务的技术工作比较专业化，同时也要讲究团队合作。
27. 正确
28. 正确。
29. 错误。网络服务提供商不是电子商务应用的提供者。
30. 错误。一个电子商务网站应尽可能地突出它的主要功能和特点，这样才能称之为优秀。

四、填空题

1. EDI 的电子商务应用　三金工程　互联网电子商务发展　务实发展
2. 金关　金卡　金税
3. 内部管理　协同处理
4. 交易前准备　交易谈判和签订合同　办理交易进行前手续　合同履行和索赔
5. 网络层　多媒体消息/信息发布层　一般业务服务层　电子商务应用　国家政策及法律、法规　技术标准和网络协议
6. 网络商品交易中心
7. 银行业务项目　商务服务　信息发布
8. 统一集中　多形式　多层次
9. 接收登记请求　保存登记信息和公开密钥
10. 供需直接见面　环节少　速度快　费用低
11. 企业电子商务　社会电子商务　市场电子商务
12. 中国公用计算机互联网(CHINANET)
13. 物料流　信息流　资金流
14. 政府采购　收缴税费
15. 个人　商户　中介　政府

五、论述分析题

1. 简述电子商务的概念。

电子商务是利用现有的计算机硬件设备、软件和网络基础设施，通过一定的协议连接起来的电子网络环境进行各种各样商务活动的方式。因此，对于电子商务概念的科学理解应包括以下几个基本方面：

(1)电子商务是整个贸易活动的自动化和电子化。

(2)电子商务是利用各种电子工具和电子技术从事各种商务活动的过程。其中电子工具是指计算机硬件和网络基础设施(包括 Internet、Intranet、各种局域网等)，电子技术是指处理、传递、交换和获得数据的多技术集合。

(3)电子商务渗透到贸易活动的各个阶段，因而内容广泛，包括信息交换、售前售后服务、销售、电子支付、运输、组建虚拟企业、共享资源等。

(4)电子商务的参与者包括消费者、销售商、供货商、企业雇员、银行或金融机构以及政府等各种机构或个人。

(5)电子商务的目的就是要实现企业乃至全社会高效率、低成本的贸易活动。

2. 简述电子商务的概念模型。

电子商务的概念模型是对现实世界中电子商务活动的一般抽象描述，它由电子商务实体、电子市场、交易

事务和信息流、商流、资金流和物流等基本要素构成。在电子商务概念模型中，电子商务实体是指能够从事电子商务活动的客观对象，它可以是企业、银行、商店、政府机构、科研教育机构和个人等；电子市场是指电子商务实体从事商品和服务交换的场所，它由各种各样的商务活动参与者，利用各种通信装置，通过网络连接成一个统一的经济整体；交易事务是指电子商务实体之间所从事的具体的商务活动的内容，例如询价、报价、转账支付、广告宣传、商品运输等。

3. 说明电子商务与传统商务的基本区别。

(1)参与的形式不同；

(2)参与的流程不同；

(3)交易的方式不同。

4. 简述电子商务的优势。

(1)树立企业良好的形象；

(2)增强成本竞争优势；

(3)创造新的市场机会；

(4)缩短产品周期；

(5)提高顾客满意程度。

5. 比较传统商务的运作过程与电子商务的运作过程的异同。

(1)传统商务的运作流程

传统商务交易过程中的实务操作由交易前的准备、贸易磋商过程、合同签订与执行、支付过程等环节组成。

交易前的准备就是供需双方如何宣传或者获取有效的商品信息的过程。交易前的准备实际上就是一个商品信息的发布、查询和匹配过程。

贸易磋商实际上是贸易双方进行口头磋商或纸面贸易单证的传递过程。

在磋商过程完成后，交易双方必须要以书面形式签订具有法律效应的商务合同，来确定磋商的结果和监督执行。

(2)电子商务的运作流程

电子商务流程是指消费者从其客户端上网寻找产品、服务信息到售后服务与支持的全过程。在电子商务环境下，商务实务的运作过程虽然也有交易前的准备、贸易的磋商、合同的签订与执行、支付过程等环节，但是交易具体使用的运作方法是完全不同的。电子商务一般交易过程大致可分为以下四个阶段：交易前的准备、交易谈判和签订合同、办理交易前的手续、交易合同的履行和索赔。

6. 电子商务的实质应用有哪些？

(1)市场电子商务应用，包括 EDI 业务、网上银行、网上购物、广告宣传；

(2)企业电子商务应用，包括从市场需求出发利用网络将企业的销、产、供、研等活动串在一起，实现企业网络化、数字化管理，以最大限度地适应网络时代市场需求的变化；

(3)社会电子商务应用，包括电子政府、税务电子化等。

7. 简述电子商务的一般框架。

电子商务的一般框架由四个层次和两个支柱构成。四个层次分别是：网络层、多媒体消息/信息发布层、一般业务服务层、电子商务应用。两个支柱分别是国家政策及法律法规、各种技术标准和网络协议。

(1)网络层。这个层次主要是电子商务的硬件基础设施。网络基础设施主要是信息传输系统，它包括远程通信网、有线电视网、无线电通信网和 Internet 等。目前大部分电子商务应用建构在 Internet 上。

(2)多媒体消息/信息发布层。目前，在网上最流行的发布信息的方式是以 HTML(超文本链接语言)的形式将信息发布在 WWW 上，通过 HTML 可以将多媒体内容组织得易于检索和富于表现力。

(3)一般业务服务层。是为方便交易所提供的通用的业务服务，是所有企业、个人在网上进行贸易时都会用到的服务。它主要包括保证商业信息安全传输的方法、买卖双方合法性的认证、电子支付工具与商品目录服务等。

(4)电子商务应用。在上述基础上,我们可以一步一步地建设实际的电子商务应用,如网上购物、网上银行、视频点播电子广告、家庭购物等。但这些应用都必须有国家政策、法律法规、各种技术标准和网络协议的支持和保障。

(5)国家政策及法律法规。国家政策包括围绕电子商务的税收制度、信息的定价、信息访问的收费、信息传输成本、隐私问题等,需要政府制定政策。

(6)各种技术标准和网络协议。技术标准定义了用户接口、传输协议、信息发布标准、安全协议等技术细节。技术标准是信息发布和传递的基础,是网络上信息一致性的保证。就整个网络环境来说,标准对于保证兼容性和通用性是十分重要的。

8. 简述电子商务的分类。

电子商务有多种不同的分类方式。按照交易对象分类,电子商务可以分为 B2B 电子商务、B2C 电子商务和 B2G 电子商务。按照商务活动形式分类,电子商务可以分为间接电子商务和直接电子商务。按照使用网络类型分类,电子商务可以分为 EDI 商务、互联网商务、内联网商务和移动电子商务。按照服务行业类型分类,可以分为金融电子商务、旅游电子商务、娱乐电子商务等。

9. 讨论网络时代信息传播模式的变化。

(1)双向的信息传播模式

在网络环境下,信息的传播逐步演变成一种双向的信息需求和传播模式。

(2)推拉互动的信息供需模式

推(push)模式:信息源推出所有节目素材上网;

拉(pull)模式:用户主动地上网搜寻所需要的信息。

(3)多媒体信息传播模式

视频信息+音频信息+文字信息,三者在网络上统一。

第二章

一、单项选择题

1. B	2. B	3. B	4. C	5. B	6. C	7. D	8. B
9. A	10. C	11. B	12. B	13. C	14. A	15. B	16. D
17. B	18. A	19. A	20. A	21. C	22. B	23. A	24. B
25. A	26. B	27. C	28. B	29. A	30. B		

二、多项选择题

1. ABC　2. ABCD　3. ABC　4. ABCD　5. ABC

三、判断改错题

1. 错误。国际上和各国内部的政治、经济、文化、法律等环境对电子商务的发展有着显著的影响,同时电子商务的发展也对传统的经济、法律、文化提出了挑战。

2. 正确。

3. 正确。

4. 错误。由于电子商务市场具有天生的竞争性,而电子商务的发展又呈现出日新月异的特征,因此,应当为电子商务营造一个市场经济的氛围,用价格机制、竞争机制和供求机制来自发调节电子商务的发展,使市场经济体制更适合电子商务发展。

5. 错误。总就业率高的经济环境中,电子商务的发展很可能受到人才瓶颈的限制,与其他产业的人才竞争会尤为激烈。总就业率低的经济环境中,电子商务发展还要受到国家的总体经济状况、人口教育状况及风俗习惯的影响，具体分析时要考虑多方面的因素。

6. 错误。近年来，由于世界性的经济衰退，电子商务的发展，尤其是中国电子商务的发展，必然要受到通货紧缩的影响。

7. 正确。

8. 正确。

9. 错误。电子商务企业的发展需要一个好的监督环境。监督环境可以分为企业内部的监督环境和企业外部的监督环境。内部监督环境由电子商务企业根据自身发展的需要进行建设，一般由技术环节和制度环节共同构成，以保障电子商务的安全。外部监督环境则在企业外部产生，它由多个部分组成，如外部安全提供者(CACA 认证中心等)、信用监督者、外部监督法规、企业间协议等。

10. 正确。

11. 正确。

12. 错误。2001 年的《电子商务签名法》共 5 章，赋予电子签名与手写签名或盖章同等的法律效力，明确了电子认证服务的市场准入制度，对中国电子商务的发展会产生重大的影响。

13. 错误。电子商务和涉税问题并不是个别国家所能解决的问题，我们必须通过加强国际合作加以解决。

14. 错误。电子商务活动中存在的道德问题主要有：商业欺诈与陷阱问题、商业诽谤问题、隐私权问题、知识产权保护问题、商业信用问题、垃圾信息问题和流氓软件问题。

15. 正确。

16. 错误。电子商务道德主体应该尽可能避免对他人造成不必要的伤害，应提供安全而无害的商品、信息及服务。这是电子商务伦理体系必须严格遵守的最低道德标准。

17. 正确。

18. 正确。

19. 正确。

20. 错误。商务网站能够收集到访问者的浏览习惯、产品选择倾向和个人统计数据，但如果商务网站未经访问者的许可，就将这些涉及访问者个人信息的资料随意公开或有偿提供给他人，则是非法的。但是我们国家目前还没有法律和技术去控制个人隐私的泄露。

21. 错误。在网络媒体上发布广告是网站推广的一种常用方法。

22. 正确。

23. 正确。

24. 错误。电子商务人才缺口很大。

25. 错误。现有《消费者权益保护法》不适应于网上的电子商务市场，应当对消费者权益保护法进行修正，做到与时俱进。

26. 正确。

27. 错误。网络商务信息可以存储在多种媒质上。

28. 正确。

29. 正确。

四、填空题

1. 实际国民生产总值
2. 《电子商务示范法》
3. 电子银行
4. 国家的总体经济状况　人口教育状况　风俗习惯
5. 高风险　高回报
6. 技术环节　制度环节

7. 信用监督者　外部监督法规
8. 资产负债比率　盈利能力　技术专有性
9.《电子商务示范法》
10. 文字　图形
11. 诋毁产品
12. 隐私权
13. 支付手段中的信用　物流配送中的信用
14. 人格权　隐私权　知识产权
15. 快捷性　民主性　渗透性　虚拟与现实的并存性　全球性

五、论述分析题

1. 谈一谈一国宏观经济环境对电子商务的影响。

宏观经济是指站在国家、民族的体制角度对经济的总量和结构进行的分析和把握，它是基本国情之一，是国家社会经济发展的基础，也是开展电子商务的基础。

(1)GNP 总量：一般来说，实际国民生产总值大的国家对电子商务的投资支持力度会较大，这就使电子商务的发展具有了较好的基础，而国民生产总值折算和潜在国民生产总值与实际国民生产总值之间的差额，决定了电子商务的发展空间和发展速度。

(2)人口总量：对电子商务而言，一个国家的人口的基数大，那么潜在的上网资源就越丰富，电子商务的发展潜力也就越大。除了考察人口总量外，还需要考察人口年龄分布、地域分布、职业分布、失业率等重要指标，这些指标构成了支持电子商务发展的一个重要环境。

(3)经济增长率：经济发展的趋势和电子商务的发展趋势成正比例关系。

(4)人均总量/增长率：人均总量的经济指标和增长率可以从另一层面看出一个国家的经济水平，这也是决定电子商务如何发展的一个重要环境因素。

2. 消费者行为对开展电子商务的作用是什么?

消费者行为是说明消费者属性的一个重要部分。作为企业产品或服务的购买者和使用者，消费者的行为可以被分为两个部分，即购买行为和使用行为。其中，对企业影响较大的是购买行为，电子商务企业要潜心研究所面对的消费者的行为，应当充分掌握消费者行为各阶段的特征和相关信息，为企业决策提供依据。这也是消费者行为作为企业面临的消费者经济环境对企业的重要意义所在。

3. 为什么说法律法规是企业开展电子商务的保障?

电子商务的发展不仅需要良好的经济环境作为保障，而且还需要健全的政策法规作为保障。一个健全的法律法规制度是创造企业宽松的进入电子商务环境的重要保障。1996 年 12 月 16 日，联合国国际贸易法委员会第 85 次全体大会通过了《电子商务示范法》，该法是第一个世界范围内的电子商务的统一法规，其目的是向各国提供一套国际公认的法律规则，以供各国法律部门在制定本国电子商务法律规范时参考，促进使用现代通信和信息存储手段，诸如电子数据互换、电子邮件和传真。其基础是建立“书写”、“签名”和“原件”等纸面化概念的等同功能。

4. 简述中国电子商务立法。

中国香港 2000 年颁布了《电子交易条例》。中国台湾 2001 年制定了《电子签章法》。2004 年，《中华人民共和国电子签名法》在全国人大常委会第十一次会议通过，该法赋予电子签名与手写签名具有同等的法律效率。

5. 文化差异对电子商务开展有何影响?

文化对电子商务的影响是广泛而深刻的，不同的文化自然地将人们划分为不同的类群，这种地域的、所属群体上的差别有使不同文化的群体相互疏远的倾向；另一方面，不同的文化也是人们沟通与交往中的障碍。因此，要求电子商务参与主体要接纳彼此的文化，而且要透过文化的差异无误地揭示、了解对方的目的与行为，并使自己被对方所接受，最终达成一致的协议。文化差异是客观存在的，个人或群体的态度倾向决定着文化差异的作用，它可以夸大文化的差异，也可以将文化差异引起的障碍降到最低点。人们在进行跨文化商务时，如果能克服文化障碍，知己知彼，入乡随俗，学会站在他人的角度上思考问题，那就能促进双方的了解，共同努力创造一个能适应双方的经济文化环境，以便走向成功。

6. 电子商务的基础设施主要包括哪些？

良好的电子商务基础设施是企业成功实施电子商务的根基，这一根基必须能够支持不断发展、日益复杂的交易过程。规划电子商务基础设施，以下四个方面不容忽视：首先，电子商务基础架构应该是"端对端"的基础架构。这里所说的"端对端"，不仅仅意味着台式机在一端而服务器在另一端，所有机器同属一个企业。它意味着更大的范围，甚至是整个世界的连接。各种各样的设备通过一个共同的网络相连，随时随地交换信息，每一个新的终端设备的背后都将有数以万计或更多的连接"部件"。其次，在"端对端"的基础上，需要一个统一的标准。基础设施必须是开放的、基于交叉工业标准的，这样才能连接数以百万的人和企业，才能连接数以百万的设备。再次，这些基础设施还必须以现实世界为本。在电子商务的现实世界里，没有任何一个产品或系统能够独立应对所有的工作任务。它应该用开放、灵活的现实世界基础设施来建立、拓展、集成和升级新的商务环境，同时它还必须保护企业在原有 IT 基础设施方面的投资。最后，还必须清楚地认识到，当今现存的基础架构技术还不够，当前现有的基础架构还无法承担和处理将要发生的事情。

7. 我国制定电子商务税收政策时应遵循什么指导思想？

为适应电子商务的发展、缩短与发达国家的差距，我国应借鉴国外先进经验，研究相关税收政策。在制定政策时，应遵循这样的指导思想：首先，我国目前还是发展中国家，在电子商务领域将长期处于净进口国的地位，因此，最大限度地保障国家的税收利益是重要的原则；其次，税收政策应遵循中性、公平税负的原则，不能阻碍电子商务的健康发展；再次，尽量运用既有税收政策；最后，针对电子商务的税收政策必须考虑到电子商务发展的特点，以保持税收政策的相对稳定。

8. 网络文化对现代社会带来什么影响？

（1）对社会道德的影响

首先，网络限制和改变了人们的传统的交往方式和感情方式，产生了诸如孤独、网瘾、网恋等社会问题。其次，网络带来了个人隐私与社会服务和安全之间的矛盾问题。最后，网络使一些文化垃圾迅速传播，如淫秽的、色情的、暴力的视频和电影等。

（2）对传统文化的影响

①对传统文化的积极影响。网络文化内容借助于网络文化时代的载体得到了更广泛的传播。同时，网络文化对传统文化的继承和发展也会使人们的文化生活发生变化，形成新的文化生产和消费方式。

②对传统文化的消极影响。网络文化在形成过程中，自身没有过滤系统，所以不能理想地按照社会和谐发展的要求对传统文化进行选择和过滤。与传统文化一样，网络文化也是精华和糟粕共存，为媚俗文化提供了扩散的渠道。

③对社会稳定的影响。网络为各种思想意识的多元化创造了一个繁衍的天地，这给社会带来了种种问题。从个人来讲，人人可以在网络上表达他的思想，造成信息传播的无政府状态，有可能传播异端思想和歪理邪说，扰乱社会思想，造成不稳定因素。另外，网络为许多原来即将消亡的宗教、哲学思想开辟了一个新的空间，这将影响人们的思想意识和社会安宁。

9. 电子商务活动中会出现哪些道德问题？

电子商务中出现的道德问题主要有网络欺诈问题、商业诽谤问题、网上隐私问题、商业信息安全问题、知识产权问题、商业信用问题和流氓软件问题等。

10. 政府在企业电子商务化上应该给予什么样的政策环境？

从中小型企业信息化方面，政府应当给予适当的经济补助和优惠，这样才会为"中国制造"转为"中国设计"提供条件。首先，企业本身进行信息化的改造，必须要增加大量的硬件。这需要大量的资金支持。然而以中小型企业在融资难方面也没有得到更好解决的前提下，很难令企业家们走出实际性的一步。所以对希望能进行信息化改造的企业，政府给点补贴或者出台相关的优惠政策，就企业而言就相当于"雪中送炭"。其次，企业在职能部门的变动上，很可能会遇到种种问题。当然这种变动是有必要的。因为最起码要适应现代化企业的管理标准。所以在没有专门顾问的情形下，这就需要政府提供更好的指导。

第三章

一、单项选择题

1. B	2. A	3. A	4. B	5. B	6. C	7. D	8. B
9. B	10. B	11. C	12. D	13. A	14. A	15. A	16. A
17. B	18. A	19. D	20. C	21. A	22. D	23. A	24. A
25. D	26. D	27. A	28. B	29. D	30. A		

二、多项选择题

1. ABC　2. ABC　3. ABD　4. BCD　5. ACD

三、判断改错题

1. 错误。计算机网络是计算机技术和通信技术相结合的产物，始于20世纪50年代。
2. 正确。
3. 正确。
4. 正确。
5. 错误。互联网和万维网是不一样的。
6. 正确。
7. 错误。星型结构的网络拓扑结构采用的是广播式的传播方式。
8. 错误。超文本是一种全局性的信息结构，它将文档中的不同部分通过关键字建立链接，使信息得以用交互方式搜索。
9. 错误。计算机网络是用来实现资源共享和数据通信的，网络中的一台计算机可以同时向外提供信息，并且接收信息。
10. 错误。网络上的计算机彼此之间可以实现资源共享，包括硬件、软件和数据。
11. 正确。
12. 正确。
13. 错误。“金关工程”是由经贸部负责领导开发的外贸处理信息化系统，主要包括配额许可证管理系统、出口退税管理系统、出口收汇和进口付汇核销管理系统、进出口统计系统。
14. 正确。
15. 错误。信息的完整性包括信息在存储中不被篡改和破坏，以及在传输过程中收到的信息和原发送信息的一致性。
16. 错误。防火墙是位于两个(或多个)网络之间执行安全策略的一组组件的集合，它包括硬件和软件，目的是保护内部网络不被攻击。
17. 错误。数据加密的基本过程就是对原来为明文的文件或数据按某种算法进行处理，使其成为不被认知的密文，还原的过程根据加密的算法不同而有所不同。
18. 正确。
19. 错误。目前计算机病毒的种类繁多，可以通过不同途径来传播，不同的计算机病毒的破坏行为和结果也不一样，可以采取主动防御的方法，当然也可以被动防御。
20. 正确。
21. 错误。防止信息否认就是指防止信息的发送方否认发送过信息，同时也要防范接收方否认接收到信息。

22. 错误。采取主动防范是对付计算机病毒积极而有效的措施。

23. 正确。

24. 正确。

25. 正确。

26. 错误。不是所有的电子商务在最后都必须通过拥有各种运输工具的物流配送系统来完成，比如电子书籍等无形的商品。

27. 正确。

28. 错误。商家可利用网页和电子邮件在全球范围内做广告宣传，客户借助网上的检索工具迅速地找到所需商品信息。

29. 正确。

30. 错误。数字证书又称数字凭证，是用电子手段来证实一个用户的身份和对网络资源的访问的权限。

四、填空题

1. 个人数据过度收集　个人数据二次开发利用　个人数据交易

2. IP 地址　网关　域名服务器

3. PING

4. 网络层　多媒体消息/信息发布层　一般业务服务层

5. TCP/IP

6. 软件　硬件　通信网络

7. 数据元　数据段　标准报文

8. 网络技术

9. 由一些使用公共语言相互通信的计算机连接而成

10. 电子邮件　文件传输　远程登录　网络信息

11. SMTP(简单邮件传输协议)　POP3(邮局协议第 3 版)

12. 虚拟主机　主机或服务器托管

13. 至少两台分离、自治的计算机　它们之间有些需要共享的资源　连接这些计算机的通信线路或设备　一些能保证计算机之间相互通信的规则

14. 广播式网络　点到点网络

15. 网络中的节点与通信线路之间　网络结构　各实体　总线型　星型　环型

五、论述分析题

1. 计算机网络的主要功能有哪些?

计算机网络的功能主要体现在三个方面:信息交换、资源共享、分布式处理。

(1)信息交换

这是计算机网络最基本的功能，主要完成计算机网络中各个节点之间的系统通信。用户可以在网上传送电子邮件、发布新闻消息。所谓的资源是指构成系统的所有要素，包括信息、电子购物、电子贸易、远程电子教育等。

(2)资源共享

包括软、硬件资源，如计算处理能力、大容量磁盘、高速打印机、绘图仪、通信线路、数据库、文件和其他计算机上的有关信息。由于受经济和其他因素的制约，这些资源并非(也不可能)所有用户都能独立拥有，所以网络上的计算机不仅可以使用自身的资源，也可以共享网络上的资源，因而增强了网络上计算机的处理能力，提高了计算机软硬件的利用率。

(3)分布式处理

一项复杂的任务可以划分成许多部分，由网络内各计算机分别协作并行完成有关部分，使整个系统的性能大为增强。

2. 什么是 EDI? 简述 EDI 的工作过程。

EDI 是英文 Electronic Data Interchange 的缩写，中文可译为“电子数据互换”，中国港、澳及海外华人地区称作“电子资料联通”。它是一种在公司之间传输订单、发票等作业文件的电子化手段。它通过计算机通信网络将贸易、运输、保险、银行和海关等行业信息，用一种国际公认的标准格式，实现各有关部门或公司与企业之间的数据交换与处理，并完成以贸易为中心的全部过程，它是 20 世纪 80 年代发展起来的一种新颖的电子化贸易工具，是计算机、通信和现代管理技术相结合的产物。国际标准化组织(ISO)将 EDI 描述成“将贸易(商业)或行政事务处理按照一个公认的标准变成结构化的事务处理或信息数据格式，从计算机到计算机的电子传输”。而 ITU-T(原 CCITT)将 EDI 定义为“从计算机到计算机之间的结构化的事务数据互换”。又由于使用 EDI 可以减少甚至消除贸易过程中的纸面文件，因此 EDI 又被人们通俗地称为“无纸贸易”。EDI 将所有贸易单证的传送由 EDI 通信网络实现，并且买卖双方单证的处理全部(或大部分)由计算机自动完成。EDI 的工作流程可以划分为三大部分：

(1)文件的结构化和标准化处理

用户首先将原始的纸面商业或行政文件，经计算机处理，形成符合 EDI 标准的，具有标准格式的 EDI 数据文件。

(2)传输和交换

用户用自己的本地计算机系统将形成的标准数据文件，经过 EDI 数据通信和交换网，传送到登录的 EDI 服务中心，继而转发到对方用户的计算机系统。

(3)文件的接收和自动处理

对方用户计算机系统收到发来的报文之后，立即按照特定的程序自动进行处理，越是自动化程度高的系统，人的干预越少，如有必要，则输出纸面文件。

3. 电子商务活动中存在哪些安全威胁? 电子商务的安全需求可归纳为哪几方面?

电子商务活动存在的安全威胁：

(1)对销售者而言，面临的安全威胁主要有：中央系统安全性被破坏，竞争者检索商品递送状况，客户资料被竞争者获悉，被他人假冒而损害公司的信誉，虚假订单，获取他人的机密数据。

(2)对购买者而言，面临的安全威胁主要有：虚假订单，付款后不能收到商品；客户可能将秘密的个人数据或自己的身份数据(如 PIN、口令等)发送给冒充销售商的机构，这些信息也可能会在传递过程中被窃听；攻击者可能向销售商的服务器发送大量的虚假订单来穷竭它的资源，从而使合法用户不能得到正常的服务。

(3)对银行服务而言，面临的安全威胁主要有：网络系统自身存在的安全方面的漏洞；地震、雷击、风灾等自然灾害和火灾、停电等意外事故都有可能造成网络问题或主机工作的不稳定，从而严重影响网上银行的安全；工作人员的失职、失误造成网络系统的异常；网络的开放性，使得各种病毒在网络上流传，从而使得系统特别是网络系统遭到破坏；黑客通过 Internet 非法入侵网上银行网站，从而使系统和数据遭到破坏；高智商罪犯利用网上银行进行经济犯罪；来自银行内外部的恶意试探和攻击。

电子商务的安全需求：

(1)有效性：电子商务以虚拟的数字形式取代了传统的单据，那么保证这种数字形式的商务信息的有效性则是开展电子商务的前提。

(2)机密性：电子商务作为贸易的一种手段，其信息直接代表着个人、企业或国家的商业机密。

(3)完整性：电子商务简化了贸易过程，减少了人为的干预，同时也带来维护贸易各方商业信息的完整、统一的问题。

(4)密钥管理：加密信息的安全可靠依赖于密钥系统。

(5)可靠性/不可抵赖性/鉴别：电子商务可能直接关系到贸易双方的商业交易，如何确定要进行交易的贸易方正是进行交易所期望的贸易方这一问题则是保证电子商务顺利进行的关键。

(6)认证：用数字签名和数字证书来安全识别电子商务的参与方。

(7)安全管理:为了确保系统的安全性,除采用上述技术手段外,还必须建立严格的内部安全机制。

4. 简述防火墙应满足的基本条件。

概括地说,防火墙是位于两个(或多个)网络之间执行安全策略的一组组件的集合。它包括硬件和软件,目的是保护内部网络不被Internet用户侵扰。因此,防火墙应该满足如下基本条件:(1)内部网络和外部网络之间的所有信息流都应该经过防火墙。(2)只有符合防火墙安全策略的信息流才能通过防火墙。(3)自身要具有较高的可靠性,不易受到各种网络攻击的影响。(4)人机交互界面良好,用户使用方便,系统管理员可以方便地对防火墙进行配置。同时,为了实现保护内部网络的目的,必须为防火墙制定安全策略。

5. 什么是数字证书?数字证书有什么作用?数字证书包括哪些类型?

数字证书又称数字凭证,是用电子手段来证实一个用户的身份和对网络资源的访问权限。在交易支付过程中,参与各方必须利用认证中心签发的数字证书来证明各自的身份。数字证书是唯一用来确认安全电子商务交易双方身份的工具。由于它由证书管理中心做了数字签名,因此任何第三方都无法修改证书的内容。任何信用卡持有人只有申请到相应的数字证书,才能参加安全电子商务的网上交易。数字证书一般有四种类型:客户证书、商家证书、网关证书及CA系统证书。

6. 目前常用的电子商务安全交易协议有哪些?说出它们之间的区别。

目前常用的电子商务安全交易协议有SSL和SET两种。这两种都是应用于电子商务用的网络安全协议,都能保证交易数据的安全性、保密性和完整性。

SSL叫安全套接层协议,是国际上最早用的,已成工业标准,但它的基点是商家对客户信息保密的承诺,因此有利于商家而不利于客户。SSL提供了两台机器间的安全连接。支付系统经常通过在SSL连接上传输信用卡卡号的方式来构建,在线银行和其他金融系统也常常构建在SSL之上。虽然基于SSL的信用卡支付方式促进了电子商务的发展,但如果想要电子商务得以成功地广泛开展的话,必须采用更先进的支付系统。SSL被广泛应用的原因在于它被大部分Web浏览器和Web服务器所内置,比较容易被应用。

SET叫安全电子交易协议,是为了在互联网上进行在线交易时保证信用卡支付的安全而设立的一个开放的规范。因它的对象包括消费者、商家、发卡银行、收单银行、支付网关、认证中心,所以对消费者与商家同样有利。它越来越得到众人认同,将会成为未来电子商务的规范。SET协议是由VISA和MasterCard两大信用卡公司于1997年5月联合推出的规范。SET主要是为了解决用户、商家和银行之间通过信用卡支付的交易而设计的,以保证支付信息的机密、支付过程的完整、商户及持卡人的合法身份以及可操作性。SET中的核心技术主要有公开密匙加密、电子数字签名、电子信封、电子安全证书等。目前公布的SET正式文本涵盖了信用卡在电子商务交易中的交易协定、信息保密、资料完整及数字认证、数字签名等。这一标准被公认为全球网际网络的标准,其交易形态将成为未来电子商务的规范。

7. 对称加密和非对称加密有哪些异同点。

对称加密,或专用密钥(也称作常规加密),指由通信双方共享一个秘密密钥,发送方在进行数学运算时使用密钥将明文加密成密文,接收方使用相同的密钥将密文还原成明文。RC4算法、数据加密标准(DES)、国际数据加密算法(IDEA)以及Skipjack加密技术都属于对称加密方式。非对称加密,或公用密钥,指通信各方使用两个不同的密钥,一个是只有发送方知道的专用密钥,另一个则是对应的公用密钥,任何人都可以获得公用密钥。专用密钥和公用密钥在加密算法上相互关联,一个用于数据加密,另一个用于数据解密。公用密钥加密技术允许对信息进行数字签名。数字签名使用发送一方的专用密钥对所发送信息的某一部分进行加密。接收方收到该信息后,使用发送方的公用密钥解密数字签名,验证发送方身份。用户方证书可以被存放在拨号客户PC中,或存放在外部智能卡中。无论哪种方式,如果用户不能提供没有一定形式的用户识别信息(PIN号或用户名和口令),就无法访问证书。

8. 在制定网络安全策略时有以下两种思想方法:

方法1:凡是没有明确表示允许的就要被禁止。

方法2:凡是没有明确表示禁止的就要被允许。

你认为这两种方法中,哪一种对制定网络安全策略是适用的?为什么?

在网络安全策略设计中,一般采用第一种方法。第一种方法明确限定了用户在网络中访问的权限与能够使用的服务。它符合网络管理中规定用户在网络访问的“最小权限”的原则，即给予用户能完成他的任务所“必要”的访问权限与可以使用的服务类型，这样便于网络的管理。网络服务类型很多，新的网络服务功能将不断出现。采用第一种思想方法所表示的策略只规定了允许用户做什么，而第二种思想方法所表示的策略只规定了用户不能做什么。那么在一种新的网络应用出现时，对于第一种方法如允许用户使用，它将明确地在使用规定中表述出来；而按照第二种思想方法，如不明确表示禁止，那就意味着允许用户使用。因此，从网络应用发展与网络管理的角度，第二种方法有可能造成网络管理的混乱。

10. Web 技术有什么特点？

(1)Web 是图形化的和易于导航的

Web 非常流行的一个很重要的原因就在于，它可以在一页上同时显示色彩丰富的图形和文本的性能，在 Web 之前 Internet 上的信息只有文本形式。

(2)Web 与平台无关

无论你的系统平台是什么，你都可以通过 Internet 访问 WWW，浏览 WWW 对你的系统平台没有什么限制。

(3)Web 是分布式的

大量的图形、音频和视频信息会占用相当大的磁盘空间，这些信息在物理上可以存储在不同的计算机或者服务器上，但是从用户来看这些信息是一体的。

(4)Web 是动态的

由于各 Web 站点的信息包含站点本身的信息，信息的提供者可以经常对站上的信息进行更新。这一点是由信息的提供者保证的。

(5)Web 动态的特性还表现在 Web 是交互的

Web 的交互性首先表现在它的超链接上，用户的浏览顺序和所到站点完全由他自己决定。另外通过 FORM 的形式可以从服务器方获得动态的信息。用户通过填写 FORM 可以向服务器提交请求，服务器可以根据用户的请求返回相应信息。

第四章

一、单项选择题

1. B	2. A	3. C	4. C	5. B	6. D	7. B	8. C
9. B	10. A	11. A	12. B	13. D	14. A	15. B	16. C
17. C	18. C	19. B	20. A	21. A	22. B	23. D	24. D
25. A	26. A	27. D	28. C	29. A	30. B		

二、多项选择题

1. BC　2. ABCD　3. BCD　4. ABC　5. AB

三、判断改错题

1. 正确。

2. 错误。认证是网上支付顺利实施的基本条件，认证的实现需要第三方认证机构的参与，目前认证体系主要由基于证书的认证来实现。

3. 错误。网上支付的工作环境是互联网这样一个开放的平台，而传统支付则在较为封闭的系统中运作。

4. 正确。

5. 正确。

6. 错误。保证支付过程的安全可靠是电子商务系统的核心。一个安全可靠的网上支付系统首先必须具有一个安全可靠的通信网络，其次是必须保证数据服务的绝对安全，既保证电子商务支付过程的安全，又保证消费者和商家各自的保密信息不致外泄。

7. 错误。用户用现金服务器账号中预先存入的现金来购买电子货币证书，这些电子货币就有了价值，可以在商业领域中进行流通。

8. 正确。

9. 错误。网上银行从机构层面上讲是指通过信息网络开办业务银行；从业务层面上讲是指银行通过信息网络提供的金融服务，包括传统银行业务和因信息技术应用带来的新兴业务。

10. 正确。

11. 正确。

12. 错误。与其他行业相比，金融产品的交易以虚拟资本为交易对象，不是实物的交换，这就使得金融与构筑虚拟活动空间的信息网络具有天然的结合基础，使得银行服务无纸化程度大大增强，服务效率大大提高。

13. 错误。网上银行已经成为"一站式服务"的金融超市，客户不仅可以得到各种银行服务，而且可以在网上银行的平台上进行各类证券投资，购买不同的保险产品，甚至可以获得其他行业的交易信息。

14. 错误。网上银行不仅会改变银行与客户之间的关系，而且会改变银行服务的传递方式、产品推销方式和交易处理方式等一系列银行营销方式。

15. 正确。

16. 错误。要使网上交易成功，参与交易的人首先要能确认对方的身份，确定对方的真实身份与对方在网上交易的身份是否一致。

17. 错误。电子支付简化了贸易过程，减少了人为的干预，同时也带来维护贸易各方商业信息完整、统一的问题。

18. 错误。对于个人消费者来说，可能在网络上使用信用卡进行支付时恶意透支，或使用伪造的信用卡骗取卖方的货物。

19. 错误。国外网上银行的发展速度很快，尽管受到全球经济衰退和网络泡沫破灭的冲击，但网上银行的发展势头依然良好，每年交易额、交易量都有成倍的增长，已经在银行业务中占有相当大的比例。

20. 正确。

21. 正确。

22. 错误。随着计算机技术的发展，电子支付的方式越来越多。这些支付方式可以分为三大类：一是电子货币类；二是电子信用卡类；三是电子支票类。这些方式各有自己的特点和运作模式，适用于不同的交易过程。

23. 错误。Digicash 是可记录的匿名电子现金支付系统。

24. 正确。

25. 正确。

26. 正确。

27. 正确。

28. 正确。

28. 正确。

29. 正确。

30. 正确。

四、填空题

1. 电子货币类　电子信用卡类　电子支票类

2. CPU　个人识别码(PIN)　"自爆"

3. 数字信息　银行服务器　因特网

4. 现钞　网络　互通性　数字签字技术

5. 纸张支票　数字传递
6. 用户识别　标准报文　数据验证
7. 借记支票　债权人　收款　债务人　贷记支票　债务人　支付　债权人
8. 贷记划拨　借记划拨　债务人　债权人
9. 小额电子资金划拨系统　大额电子资金划拨系统　广大消费者个人　货币　黄金　外汇　时间性　安全性
10. 开放网络环境　智能卡　安全协议　加密　认证
11. 卡基支付　RSA　DES　HASH 算法
12. 对称密钥　非对称密钥　数字签名技术　数字信封
13. 备份　软硬件的备份　数据的备份　定期
14. 建设银行　2017 年最佳手机银行功能奖
15. 数据完整性

五、论述分析题

1. 网上银行有什么特点？主要业务有哪些？

网上银行具有 3A 式的特点，即任何时间、任何地点、任何方式都可使用，非常方便。可以针对客户的具体需要制定个性化服务，有利于企业和个人进行理财，有利于降低经营成本，提高资金的周转时间。

网上银行是基于电子商务平台和银行支付系统的网上金融服务系统，用户使用网上银行可以在网上实现银行账户资金查询、银企对账、银企转账、银行账号挂失、公共信息查询等(包括存贷款利率、外汇牌价、银行各项业务介绍……)，可以通过网上银行实现网上购物、网上缴费等应用。由 CTCA 提供网上安全认证服务，可保证网上交易的安全性和不可抵赖性，将极大地方便你的生活和工作，提高你的工作效率。目前电话银行和网上银行被广大客户使用。个人或企业客户可以足不出户地通过网上银行或电话银行办理从查询、转账、汇款、缴费到证券、外汇、基金等一系列业务，享受更贴身、更值得信赖的金融服务。

2. 阐述网上银行产生的原因。

(1)网上银行是网络经济发展的必然结果

由于电子商务活动无时间和空间的限制，国界也将在某种程序上消失，经济全球化的结果也带来金融业务全球化，世界金融业的竞争更加激烈。同时，电子商务需要处理好信息流、商流、资金流和物流中的各个环节，才能健康运行和发展民用工业，才能真正体现电子商务的效率。资金流作为电子商务以及传统商务流程中的一个关键环节，高效率、低成本、安全可靠的运作是商务发展的需求。

(2)网上银行是电子商务发展的需要

无论是对于传统的交易，还是新兴的电子商务，资金的支付都是完成交易的重要环节。在电子商务中，作为支付中介的商业银行扮演着举足轻重的角色，无论是网上购物还是网上交易，都需要银行借助电子手段进行资金的支付和结算。

(3)网上银行是银行自身发展并取得竞争优势的需要

3. 什么是对称密码体制？其特点是什么？

对称密码术(也称作秘钥密码术)早已被人们使用了数千年，它有各种形式：从简单的替换密码到较复杂的构造方式。不过，数学的发展和计算能力的不断进步使得创建牢不可破的密码成为可能。对称系统通常非常快速，却易受攻击，因为用于加密的密钥必须与需要对消息进行解密的所有人一起共享。加密密钥与解密密钥是相同的。密钥必须通过安全可靠的途径传递，由于密钥管理成为影响系统安全的关键性因素，使它难以满足系统的开放性要求。

4. 电子支付的方式主要有哪几种？

根据不同的分类方法，电子支付有不同的模式。

按照加密方法，分为以下几种方式：

(1)支付系统无安全措施的模式；

(2)通过第三方经纪人支付的模式;

(3)电子现金支付模式;

(4)支付系统使用简单加密的模式;

(5)SET 模式。

按照支付使用的媒介,分为以下几种方式:

(1)在线支付——目前电子商务行业最普遍也是被行业公认的支付方式;

(2)电话支付——一种可以在线支付也可以离线支付的支付方式,用户可以通过网站下订单然后通过打电话支付,也可以通过电话下订单电话支付;

(3)汇款支付——对于不具备网上支付和电话支付条件的用户(比如没有银行卡支付的用户),可以通过汇款的方式进行支付;

(4)其他,例如银行卡托收、银行卡包月订阅、非银行卡在线支付等。

5. 简述电子钱包的特点及使用过程中要注意的问题。

电子钱包(E-wallet)是一个可以由顾客用来进行安全电子交易和储存交易记录的特殊计算机软件,就像生活中随身携带的钱包一样。电子钱包本身并不能用于支付,而用选择存放在电子钱包里面的自己的各种电子货币(如数字现金)或电子金融卡(信用卡、IC 卡)等来进行支付结算。

电子钱包的特点如下:

(1)安全。通过技术手段确保安全,不在个人电脑上存贮任何个人资料,从而避免了资料泄露的危险。

(2)自由。当外出旅游或公务时,不用再随身携带电子钱包资料,即可进行网上支付。

(3)方便。消费者可通过链接直接进入商户站点进行购物。

(4)快速。完成一笔支付指令的正常处理,只需 10~20 秒。

电子钱包的使用:

(1)注册电子钱包;

(2)添加银行卡;

(3)银行卡支付。

6. 分析第三方在线支付平台的概念和发展过程。

第三方支付平台实际上就是买卖双方交易过程中的"中间件",也可以说是"技术插件",是在银行监管下保障交易双方利益的独立机构。同传统的银行支付方式比较,第三方支付平台的出现杜绝了电子交易中的欺诈行为。国内市场上早在 1998 年就有了第一家第三方支付公司。目前,国内网上支付平台服务比较知名的提供商主要有首信"易支付"、易达信动、云网等。其中,首信、易达信动等平台服务商的服务范围已跨越 B2B、B2C、C2C 等多个领域,在国内外积累了一定的固定用户数量,占据了先天的业务背景优势。而云网则通过网络游戏虚拟货币为切入点,随着网络游戏在国内的兴起而迅速走红,成为电子支付行业的一匹黑马。

7. 网上银行相对于传统银行有哪些优势?

(1)物理位置的无关性,改变了传统的店面形式;

(2)允许以很低的成本进行跨国的金融服务;

(3)网上银行可以移动物理位置而不会影响与客户既有的关系;

(4)淡化了传统银行与客户之间的长期的紧密联系;

(5)提供网上支票报失、查询服务,维护金融秩序,最大限度减少国家、企业的经济损失;

(6)服务采用了多种先进技术来保证交易的安全等。

8. 简述网上支付的概念及其特点。

网络支付是指电子交易的当事人,包括消费者、网商和金融机构,以计算机和通信技术为手段,通过计算机网络系统,以电子信息传递形式实现的货币支付与资金流通。主要包括电子货币类、电子信用卡类、电子支票类。网络支付具有安全性、认证性、信用性的特点。

9. 电子支付有哪些功能?

(1)即时结算功能。网上支付系统的目的是实现网上交易的即时支付,从而使消费者与商家的交易与正常购物交易时一样，这是网上支付系统存在的前提条件也是电子商务支付系统最基本的功能。这一功能要求网上支付系统应该在保证安全支付的前提下尽量快速地处理交易信息，尽量缩短交易时间，只有这样才能鼓励更多的人进行网上支付。

(2)安全保密功能。安全可靠是对网上支付系统最基本的要求。保证支付过程的安全可靠是电子商务系统的核心。一个安全可靠的网上支付系统首先必须具有一个安全可靠的通信网络，其次是必须保证数据服务的绝对安全，既保证电子商务支付过程的安全，同时保证消费者和商家各自的保密信息不致外泄。

(3)信用评估功能。网上支付系统作为提供金融服务的系统，应能够向消费者和商家提供有关的信用评估信息，或以自己的信用提供相应的担保，从而保证和维护消费者与商家的利益。

(4)使用方便。使用方便指的是网上支付系统不应要求消费者和商家掌握更多的技巧，因为复杂的支付操作程序将丧失电子商务的优势。

(5)金融业务功能。作为金融中介机构，网上支付系统应具有其他金融业务的功能，比如账户查询、交易清单查询、转账操作、纠纷仲裁等。

总之，网上支付系统不应仅仅满足网上购物即时支付的要求，其服务范围应该要广泛得多。

10. 简述 SET 方式电子交易的流程。

一个符合 SET 标准的网上安全支付应用软件系统由 4 个子系统组成，根据 SETCO 的规定，它们分别称为持卡人钱包、商家服务器、支付网关以及认证机构。

持卡人钱包：在网上消费者的电脑上运行，产生能够被 SET 商家服务器、支付网关与认证机构子系统接受的 SET 协议消息。

商家服务器：运行在电子商务网站商家的服务器上，处理支付卡交易与认证。它与其他 3 个子系统通信。

支付网关：运行在收单银行的电脑上，处理商家的认证与支付信息，并提供与专用金融网络的接口。

认证机构(CA)：运行在发卡银行的电脑上，发放与验证由其他 3 个子系统要求提供的数字证书。在上述有关的电脑上运行相应的 SET 网上支付子系统后，网上购物的流程与实际购物的流程就变得十分接近。具体的流程为：持卡人在商家的 Web 服务器上浏览商品—持卡人在电子商场选购商品—持卡人填写订单—持卡人选定付款方式—持卡人向商家发送订单与付款指令—SET 将这些信息加密，保证商家看不到持卡人的账号—商家接收到订单后向持卡人发回订单确认信息—商家向持卡人发货。

第五章

一、单项选择题

1. A	2. C	3. D	4. C	5. A	6. C	7. C	8. D
9. D	10. B	11. D	12. D	13. A	14. C	15. A	16. D
17. C	18. D	19. C	20. A	21. B	22. C	23. A	24. B
25. C	26. A	27. B	28. A	29. D	30. A		

二、多项选择题

1. ABC　2. ABD　3. ABCD　4. AD　5. ABCD

三、判断改错题

1. 错误。网络营销和传统营销的基本营销目的是一致的。

2. 错误。网络营销作为新的营销方式和营销手段，与传统营销方式在理念上和操作上有非常大的区别。

3. 正确。

4. 错误。网上用户作为一个特殊的消费群体，在购买需求动机、购买心理动机、购买行为方式、购买过程等方面与传统市场上的消费群体在特征上有明显的区别。

5. 正确。

6. 正确。

7. 正确。

8. 错误。网络营销和传统营销之间不存在相互取代的关系。

9. 正确。

10. 正确。

11. 正确。

12. 错误。马斯洛的需求层次理论可以解释虚拟市场中许多消费者的购买行为，但是在新的网络形式下还需要非常多的补充。

13. 正确。

14. 正确。

15. 正确。

16. 错误。市场定位是在20世纪70年代由美国营销学家艾·里斯和杰克特劳特提出的。

17. 错误。网络营销的市场定位是双向的。

18. 正确。

19. 正确。

20. 正确。

21. 正确。

22. 错误。网络顾客服务始于对顾客行为和特性的深入分析。

23. 正确。

24. 正确。

25. 正确。

26. 错误。网络中的讨论区中有民间自发性质的，也有商业性质的。

27. 正确。

28. 正确。

29. 正确。

30. 错误。在互联网上，虚体产品和实体产品的销售是不一样的。

四、填空题

1. 网络整合营销　网络软营销　网络直复营销

2. 产品策略　服务策略　信息策略

3. 现代营销理论　网络、通信和数字媒体技术　科技发展、顾客价值变革、市场竞争　信息社会化的必然产物

4. 公众的注意力和页面点击率

5. 以顾客为焦点的竞争形态

6. 架起生产企业和顾客之间的信息交流之桥　使价值的交换更充分、更有效率

7. 营销测度

8. 计划　组织　实施　协调　控制

9. 信息更安全　交易虚拟化　交易透明化　交易成本低　交易快捷化

10. 可识别　差异性　增长性

11. 核心利益层次　基本产品层次　期望产品层次　附加产品层次　潜在产品层次

12. 实体产品　软体产品　服务产品

13. 成本　信用　覆盖　特色　连续性　5C

14. 信息提供　信息反馈　顾客关系管理

15. 产品信息索取　接触企业人员　要求问题解答　了解整个过程

五、论述分析题

1. 网络市场与传统市场的差异是什么？

(1)传统市场

在传统市场环境下，顾客所见的是实物，并且通过视觉、触觉、嗅觉等感官系统对商品形成直觉印象。之后，顾客亲身市场调研，综合各种因素，如厂家信誉度、商品质量、价格比等，决定是否购买产品，购置何种品牌、型号。

(2)网络市场

网络市场是虚拟市场，因此顾客难凭自己感官系统做出正确判断，需综合商家在网页中介绍产品的所有信息和平时对该公司声誉、技术能力、售后服务等必要资料再做决断。促使顾客做决定的主要因素在于商家的商品能否打动顾客，其售后服务能否赢得顾客。产品成交与否在很大程度上取决于商家的描述以及该商家的可信度。相对于传统市场，网络市场有相当的虚拟性，可以称之为虚拟市场。在网络营销中，顾客所见的并不是实物，而是商家(大部分情况下是网站)对该商品的描述，成交与否在很大程度上取决于商家的描述以及该商家的可信度。而传统营销的市场中，顾客是通过视觉、触觉、嗅觉等感官系统对商品形成一个直觉印象，通过综合各种因素从而决定买不买该产品。

2. 网络营销市场细分的作用有哪些？

有利于企业发掘和开拓新的市场，以形成新的目标市场；有利于企业提高适应能力与应变能力，能根据市场的变化及时调整经营方向；有利于企业扬长避短，发挥优势，不断提高竞争能力；有利于企业在经营中提高经济效益；有利于分配市场营销预算。

3. 网络营销所定位的目标市场应具备什么条件？

一般来说，一个细分市场要能成为企业的目标市场，必须具备以下三个条件：(1)拥有一定的购买力，有足够的销售量及营业额。(2)有较理想的尚未满足的消费需要，有充分发展的潜在购买力，以作为企业市场营销发展的方向。(3)市场竞争还不激烈，竞争对手未能控制市场，有可能乘势开拓市场营销并占有一定的市场份额，在市场竞争中取胜。所以，选择目标市场就是选择一个或一个以上有利于本企业扩大产品销售，保持市场的相对稳定，而不是越多越好。另外，目标市场内所有的人必须具备一至二条基本相同的条件，比如收入、受教育的程度、职业、消费习惯等，这样才能明确地划分出目标市场的范围。目标市场必须具备一定的规模。因为，太小的目标市场，购买力相应也小，如果投资过大，就会得不偿失。

4. 企业为什么要保护网络品牌？

一个公司可能在一个国家拥有该商标权，另一个公司则可能在另一个国家拥有该商标权。但因特网是全球性的，只允许在世界范围内有一个独立的域名。由于因特网的全球性，那些原本在不同行业使用同样商标而能合法共存的公司，也不能使用相同的名称作为域名。域名对商标权的侵犯在网络上是相当严重的。

5. 网络直销的优缺点是什么？如何解决？

网络直销的优点：

(1)网络直销促成产需直接见面，对买卖双方都有直接的经济利益；

(2)营销人员可以利用网络工具开展各种形式的促销活动，迅速扩大产品的市场占有率；

(3)企业能够通过网络及时了解到用户对产品的意见和建议，并针对这些意见和建议改善经营管理。

网络直销的缺点：

网络直销也有自身的缺点。由于越来越多的企业和商家在因特网上建站，将用户置于无所适从的尴尬境地。面对大量分散的企业域名，网络访问者很难有耐心一个个去访问制作平庸的企业主页。这个问题的解决，必须从两方面入手：一方面需要尽快组建具有高水平的专门服务于商务活动的网络信息服务站点，另一方面则需要从网络间接分销渠道中寻找出路。

6. 网络商品交易中介机构为什么会存在？

网络商品中介交易简化了市场交易过程；网络商品交易中介机构的撮合功能有利于平均订货量的规模

化;网络商品中介交易使得交易活动常规化;网络商品中介交易便利了买卖双方的信息收集过程。

7. 网络营销的特点是什么?

(1)交互性

企业通过网络向顾客发布产品信息和相关资料,进行市场调查、产品设计调查、产品测试与消费者满意度调查、售后服务等营销活动;消费者了解和比较所需信息,理智地选择商品,做出购物决策。

(2)跨时空

通过互联网进行交易,企业突破了营业场所大小、地域、距离、营业时间和国别的限制,可以用低廉的价格开展全球营销;消费者也突破了地域和距离的制约,拥有了更多的灵活性,更多的选择时间和空间。

(3)个性化

网络营销具有鲜明的个性化特征,其促销和交易方式是一对一的、理性的、消费者主导的,与以强势推销为主要的传统营销方式有很大的区别。

(4)整合性

互联网络上的营销可由商品信息的收集和发布至收款、售后服务一气呵成,因此也是一种全程的营销渠道,因此网络营销具有整合的特点。

(5)经济性

在互联网上无论是存储信息、处理信息、发布信息、获得信息、渠道费用,与传统方式进行比较,其成本都是非常低廉的。

(6)高效性

网络营销的高效性主要表现在网络海量的数据存储能力、快速准确的数据处理和传输能力、信息的可测量性和交互能力。

(7)成长性

网络营销所具备的一对一营销能力正符合个性化营销与直复营销的未来趋势。

(8)技术性

网络营销是建立在高技术作为支撑的互联网络的基础上的,它包括网络通信技术、信息处理技术、多媒体技术、数据库技术、人工智能技术等计算机硬件和软件技术,极大地丰富了网络营销的手段和表现形式。

(9)可测试性

能明确地知道营销的效果,是公司调整、改进营销管理决策的基础。

(10)智能性

由于网络营销天然的高技术性,必然促进企业决策系统、专家系统、数据挖掘、商业智能等各种优化方法的使用,使网络营销的手段逐步智能化,使网络营销的手段再上一个台阶。

8. 马斯洛的需求层次理论如何解释虚拟环境的消费需求?

虚拟社会人们联系的基础实质上是人们希望满足虚拟环境下三种基本的需要:兴趣、聚集和交流。

兴趣。分析畅游在虚拟社会的网民,可以发现,网民之所以热衷于网络漫游,是因为对网络活动抱有极大的兴趣。这种兴趣的产生,主要出自于两种内在驱动力:一是探索的内在驱动力,二是成功的内在驱动力。

聚集。虚拟社会提供了具有相似经历的人们聚集的机会,这种聚集不受时间和空间限制,并形成富有意义的个人关系。通过网络聚集起来的群体是一个极为民主性的群体。在这样一个群体中,所有成员都是平等的。

交流。聚集起来的网民,自然产生交流的需求。随着信息交流的频率的增加,交流的范围也在不断地扩大,从而产生示范效应,带动对某些种类的产品和服务有相同兴趣的成员聚集在一起,形成商品信息交易的网络,即网络商品交易市场。

9. 请简单解释下图表示的意思。

该图是影响业务购买行为主要因素的模式图解。一般来说,对业务采购者的各种影响分为 5 个主要群体:环境、组织、人际、个人和 B2B 网站因素,分别阐述如下:

(1)环境因素

业务购买者受当前经济环境或预期经济环境诸因素的重大影响，同样，业务采购者也受到技术因素、政治/法律因素以及经济环境中竞争发展因素的影响，他们必须密切注视所有这些环境作用力，测定这些力量将如何影响采购者，并设法使问题转化为机会。

(2)组织因素

每一个采购组织都有具体目标、政策、程序、组织结构及制度。组织机构的工作制度又可划分为信息传递制度、管理职权制度、职务委派制度、报酬制度和工作流程制度五种。

(3)人际因素

采购中心通常包括一些有不同利益、职权、地位和说服力的参与者。

(4)个人因素

购买决策过程中每一个参与者都带有个人动机、直觉与偏好，这些因素受决策参与者的年龄、收入、教育、工作单位、个性以及风险态度和文化的影响，采购人员明确表现出其不同的购买类型。

(5)B2B 网站因素

目前，许多大公司纷纷通过电子商务增值战略方案，采用一体化的电子采购系统。从而降低了劳动力、打印和邮寄成本。采购人员也有更多的时间致力于合同条款的谈判，并注重和供应商创立稳固的供销关系。

10. 网络顾客服务策略是什么？

(1)FAQ 的设计策略

网络顾客服务的重要内容之一，是为顾客提供有关公司产品和服务等各方面的信息。鉴于众多公司能够提供的信息以及面对众多的顾客可能需要的信息，企业最佳切入点是在网站上建立顾客常见问题解答，即 FAQ。

(2)电子邮件的管理策略

电子邮件是互联网上使用最为频繁的功能，它已成为企业为顾客服务的强大工具。顾客电子邮件管理的基本目标是：企业必须通过一定的组织与管理确保每一位顾客的电子邮件都得到认真而及时的答复。

(3)电子论坛的运用策略

网络的这些讨论区中，既有民间自发性质的，如校园 BBS、Usenet 等，又有许多商业性质的。不论是民间性质的还是商业性质的电子论坛，其中都会包含许多针对某一公司或某一些产品的讨论区，参加者自然是某一公司的顾客或是某一类产品的使用者。这些讨论区的存在，进一步拓宽了企业顾客服务的范畴。

第六章

一、单项选择题

1. D	2. A	3. C	4. C	5. A	6. B	7. D	8. B
9. B	10. D	11. D	12. A	13. A	14. D	15. C	16. D
17. A	18. B	19. C	20. B	21. B	22. C	23. A	24. A
25. B	26. A	27. C	28. C	29. A	30. D		

二、多项选择题

1. ABCD　2. ABC　3. ABD　4. ABCD　5. ABC

三、判断改错题

1. 错误。“物流”一词来源于美国。
2. 正确。
3. 错误。在物流中，存储是用来改变商品的时间状态的。
4. 错误。流通加工是物流中具有一定特殊意义的物流形式，但不是每一个物流系统必需的功能。

5. 正确。

6. 错误。企业物流、生产物流、供应物流、销售物流、回收物流、废弃物物流、生活物流等都是微观物流。

7. 正确。

8. 错误。在所有贸易方式下，生产都是商品流通的开始，而商品生产的顺利进行需要各类物流活动的支持。

9. 错误。在传统交易环境下，交易的结果必须由相应的物流活动来执行完成。

10. 正确。

11. 正确。

12. 正确。

13. 正确。

14. 错误。射频系统的优点是不局限于视线，识别距离比光学系统远。

15. 错误。GIS 的基本功能是将图表形数据转换为地理图形显示。

16. 正确。

17. 错误。配送中心配送的配送主体是专职配送中心，规模比较大。

18. 错误。配送业务中，除了送货之外，在活动内容中还有“拣选”、“分货”、“包装”、“组配”、“配货”等工作。

19. 正确。

20. 正确。

21. 正确。

22. 正确。

23. 正确。

24. 错误。生产企业配送的主体是生产企业，尤其是进行多品种生产的生产企业。

25. 正确。

26. 错误。集货是为了满足配送货物数量及品种的需求，必须通过物流运输系统从生产厂家或仓库向配送中心调运大量的货物。

27. 正确。

28. 正确。

29. 正确。

30. 正确。

四、填空题

1. 制造商　批发商　零售业　仓储运输业

2. 信息流　商流　资金流　物流

3. speed(速度)　safety(安全)　surely(可靠)　low(低费用)

4. 商品化　数据库化　代码化　电子化　实时化　数字化

5. 物流系统的计算机通信网络化　物流组织的网络化

6. 运输　包装　流通加工

7. 自营物流　物流联盟　第三方物流

8. 条码技术　自动识别　自动扫描

9. 代码标准　报文标准　单证标准　通信标准　安全保密标准

10. 全球定位系统　全方位实时三维导航与定位

11. 供销一体化

12. “以顾客需求为中心”　“拉动式”　消费需求　商品供给

13. “时效性”　服务　产品　信息　决策反馈

14. 运输　集货　备货　送货
15. 集中　整理分类　加工　储存

五、论述分析题

1. 什么是物流配送中心？有哪些特征？

物流配送中心是在商品流通领域中组织商品流通的一种形式，主要从事物资、商品的配备和组织以及对用户的送货，以高水平实现销售或供应的现代流通。

特征：物流配送反应速度快；物流配送功能集成化；物流配送服务系列化；物流配送作业规范化；物流配送目标系统化；物流配送手段现代化；物流配送组织网络化；物流配送经营市场化；物流配送流程自动化。

2. 物流信息有什么作用？分为几种类型？

物流系统是由多个子系统组成的复杂系统。它们通过物质实体的运动联系在一起，一个子系统的输出是另一个子系统的输入。合理组织物流活动就是使各个环节相互协调，根据总目标的需要，适合、适量地调度系统内的基础资源。通过物流信息的作用才能使物流各环节组成一个有机统一的系统，而不是各个孤立物的活动。物流信息对提高经济效益起着非常重要的作用。物流信息管理的目的就是在信息系统的支撑下，要把物流涉及企业的各种具体活动综合起来，加强整体的综合能力。因此必须对物流信息及其管理有足够的认识。

物流信息系统的类型：

(1)按系统功能性质分类：①操作型系统；②决策型系统。

(2)按系统配置分类：①单机系统；②计算机网络系统。

3. 论述物流中心信息系统的功能组成。

物流中心信息系统的功能主要有：

(1)订货管理。订货管理主要包含客户订单接受与处理、客户订货确认两个功能模块部分。(2)入库管理。其主要功能应当包括接受货物入库、货物储存计划及储存确认、数据库系统的数据更新、入库确认、生成相应的财务数据信息等。(3)配货管理。配货作业是物流中心在员工对客户订单的相关信息(如商品名称、数量、到货时间等)进行与配货有关的处理时做出相关的作业指示。(4)在库管理。其核心工作在于确定货物的保管位置、数量和入库日期，使在库数据与实际货物保持一致。(5)接受货物。该环节主要确认客户的订货是否到货或入库。(6)入库保管。对货物的入库保管作业来说，信息系统的应用不仅在于提高作业效率和精度，而且在于最大限度地利用有限的商品储存空间，尽量避免缺货或货物出库后货位空闲所造成的巨大损失和资源浪费。(7)货物盘点。货物盘点是指作业人员对在库货物实数与信息系统的在库数据进行核实并做相应更正。(8)出库管理。货物出库管理包含出库计划、出库指示和未能出库等内容。(9)配送管理。配送管理既是最后一个主要环节，也是全部配送工作中的核心业务。(10)配送路线选择。物流中心应在利用计算机系统进行货物配送路线的大量模拟基础上，选择适宜的配送路线。(11)配送车辆安排。可利用一些车辆配送安排的软件模型作为决策的参考依据。(12)财务会计系统。(13)营运、绩效管理系统。

4. 试结合工作实际，说明如何组织物流信息系统的实施工作。

(1)按总体设计方案购置和安装计算机网络系统。此项工作只需按总体设计的要求和可行性分析报告对财力资源的分析，选择适当的设备，通知供货商按要求供货并且安装。硬件的购置及安排包括购置计算机及其外围设备、网络设备、环境和电源等辅助设备以及机房设备等。购置设备过程中根据设备性能特点选择专门的技术人员参与和承担。(2)程序设计和软件购置。程序设计人员按照系统设计的要求和程序说明书的规定，采用某种程序设计语言来实现各个功能模块的程序编写工作。软件购置主要包括系统软件、辅助软件、应用软件和应用软件包的购置。(3)人员培训。人员培训是系统实施阶段必须完成的一项工作。人员培训的内容包括管理信息系统知识的教育、计算机操作培训等。人员培训的过程也是考查及检查系统结构、硬件设备及应用程序的过程。通过操作人员对系统的不断认识与了解，就会发现各种各样的问题，他们及时地向技术人员提出，以便及时地对系统加以改进和完善。这样，就有利于实现系统目标。(4)数据和系统转换。按新系统的要求对现行系统中存在的许多需要继续使用的数据进行重新组织编排和录入，这些工作就称为数据转换工作。当系统基本开发完成后，就要进行系统转换工作，使新系统代替旧系统。

5. 物流的概念是什么？简述其特点和分类。

物流是指物品从供应地向接收地的实体流动过程，根据实际需要，将运输、储存、装卸、搬运、包装、流通加工、配送、信息处理等基本要素实施有机结合。物流具有信息化、自动化、网络化、智能化和柔性化的特点。物流的种类有一般物流、特殊物流、第三方物流、第四方物流、社会物流、区域物流等。

6. 试述在国际多式联运业务中，多式联运经营人的责任形式。

目前，在国际多式联运业务中，多式联运经营人的责任形式主要有两种：(1)统一责任制。所谓“统一责任制”，是指多式联运经营人对货物灭失损害负责赔偿的一种制度，按照该种形式的责任制，由签发多式联运单证的人对货物受损人按统一的责任限制负责赔偿。在能查清货物灭失损害实际发生的运输区段时，多式联运经营人在赔偿后，可向该运输区段的实际承运人追偿。多式联运经营人在采用统一责任制时，应注意以下两个问题：①如何确定多式联运经营人的赔偿责任原则；②采用统一责任制，其责任内容必须统一到各种单一运输公约中最严格的责任原则上去。(2)网状责任制。所谓“网状责任制”，是指由签发多式联运单证的人对全程负责，但其损害赔偿的责任与统一责任制不同，它是按造成该货损的实际运输区段的责任限制予以赔偿。在各运输区段中作为依据的法律有：①公路运输——根据国际公路货运公约或内国法；②铁路运输——根据国际铁路货运公约或内国法；③海上运输——根据《海牙规则》或内国法；④航空运输——根据《华沙航空公约》或内国法。

7. 第四方物流在现实的运作过程中表现出哪些功能特点？

提供了一整套完善的供应链解决方案；执行、承担多个供应链职能和流程的运作；通过影响整个供应链来增加价值。

8. 配送的特点、种类和目的。

配送的特点：(1)配送是从物流据点至用户的一种送货形式；(2)配送不是单纯的运输或输送，而是运输与其他活动共同构成的组合体；(3)配送不是一般概念上所讲的组织物资订货、签约、进货及对物资处理分配的供应，而是以供给者送货到户的服务性供应；(4)配送是在全面配货基础上，完全按用户要求，包括种类、品种搭配、数量、时间等方面的要求所进行的运送，是“配”和“送”的有机结合形式。

配送的种类：(1)按配送组织者可分为企业内部配送、企业之间配送、企业对消费者配送；(2)按配送时间及数量可分为定时配送，准时制物流配送，定量配送，定时、定路线配送，共同配送。

配送的目的：(1)为了降低费用；(2)为了车辆满载，避免交叉、重复、迂回和空驶；(3)为了减少配送网点，节约设施费用支出；(4)为了减轻交叉交通拥挤和废气公害，保护环境。

9. 试述第三方物流与传统物流的不同。

传统的对外委托形态只是将企业物流活动的一部分，主要是物流作业活动，如货物运输、货物保管交由外部的物流企业去做，而库存管理、物流系统设计等物流管理活动以及一部分企业内物流活动仍然保留在本企业；物流企业是站在自己物流业务经营的角度，接受货主企业的业务委托，以费用加利润的方式定价，收取服务费；提供系统服务的物流企业也是以使用本企业的物流设施、推销本企业的经营业务为前提，而并非是以货主企业物流合理化为目的来设计物流系统。

第三方物流企业则是站在货主的立场上，以货主企业的物流合理化作为设计物流系统运营的目标。而且，第三方物流企业不一定要有物流作业能力，也就是说可以没有物流设施和运输工具，不直接从事运输、保管等作业活动，只是负责物流系统设计并对物流系统运营承担责任，具体的作业活动可以再采取对外委托的方式由专业的运输、仓库企业等去完成。从美国情况来看，即使第三方物流企业保有物流设施，也是将使用本企业设施的比例控制在二成左右，以保证向货主企业提供最适宜的物流服务。第三方物流企业的经营效益直接同货主企业的物流效率、物流服务水平以及物流效果紧密联系在一起。

10. 电子商务与物流的关系是什么？

物流在电子商务中起到了重要的作用——是生产过程的保障，服务于电子商务，是实现“以顾客为中心”理念的根本保证，是电子商务最重要的环节。

电子商务对物流起到了促进作用——有助于优化企业产品销售、拓展企业信息流并完善企业物流管理，能实现企业物流管理的“三流合一”。

总之，电子商务与物流之间是相辅相成的关系，只有大力发展物流，才能进一步推广电子商务，而电子商务能够为高效的物流管理提供保障。

第七章

一、单项选择题

1. B	2. A	3. B	4. D	5. B	6. C	7. A	8. D
9. B	10. A	11. B	12. B	13. B	14. A	15. D	16. B
17. D	18. D	19. D	20. D	21. C	22. D	23. D	24. C
25. D	26. D	27. A	28. A	29. C	30. D		

二、多项选择题

1. BCD　2. ABCD　3. ABCD　4. BC　5. ABCD

三、判断改错题

1. 错误。网上拍卖具有拍卖的实质特点，网上竞价买卖同样具有拍卖的实质特点。
2. 正确。
3. 错误。网络拍卖的竞价形势有正向竞价和逆向竞价，竞价拍卖属于正向竞价。
4. 正确。
5. 错误。博客是互联网上最新的发展潮流，是继 E-mail、BBS、ICQ(IM)之后出现的第四种网络交流方式，它具有即时、互动、开放、个人化、多媒体性等特点。
6. 错误。在所有与网络出版有关的技术领域中，数据库的存储和管理是最早利用、最有价值的技术之一。
7. 正确。
8. 正确。
9. 错误。网络游戏有广义和狭义之分，它为现实中的人们提供了一个展现、思索和回顾自我的机会。
10. 正确。
11. 正确。
12. 错误。目前对包括网上拍卖在内的电子商务应采取的税收对策已经达成了初步的共识：必须坚持税制便利、易于遵从的原则，必须坚持税收公平的原则，必须坚持税收中性的原则。
13. 错误。网上拍卖其中介机构则是拍卖网站，它不对买卖双方的拍卖行为承担法律责任，在网上拍卖中所遇到的风险由买卖双方共同承担。
14. 正确。
15. 错误。集体竞拍是一种创新的网上拍卖方式，通过 Internet 集合买家的购买力从而使得集合中的每个成员都可以获得价格折扣。
16. 错误。逆向拍卖是一种使个人或者组织能够以最低价格获得商品或服务的专门拍卖方式。
17. 正确。
18. 正确。
19. 错误。网络购物主要的客户是上网的网民，从数量上明显会少于传统商店的购物客户。
20. 正确。
21. 正确。
22. 正确。
23. 错误。网络商店 24 小时对客户开放，只要用户在需要的时间登录网站，就可以挑选自己需要的商品。而在传统商店中，消费者大多要受到营业时间的限制。

24. 正确。

25. 错误。由于网上市场不同于传统市场，网上消费者有着区别于传统市场的消费需求特征，而且不是所有的产品都适合在网上销售和开展网上营销活动的。

26. 正确。

27. 错误。15～30 岁年龄段成为目前网上购物市场的主要人群。

28. 错误。网络购物是交易双方从洽谈、签约到货款支付、交货通知等整个交易过程通过 Internet、Web 和购物界面技术化的 B2C 模式一并完成的一种新型购物方式，是电子商务的一个重要组成部分。

29. 正确。

30. 错误。网络购物作为一种新兴的商业模式，与传统购物模式很有大的差别。

四、填空题

1. 开团　跟团
2. 19 世纪末 20 世纪初
3. 多样性　复杂性　可引导性
4. 社会文化　社会阶层　社会群体　家庭　消费流行
5. 支出模式　休闲活动　信息接收和处理　购物方式
6. 销售返点　现场团购　商品直销　广告服务　售会员卡　分站加盟
7. 购买方便　价格比实体商店便宜　能买到本地没有的东西
8. 库存　资金
9. 信誉度　信誉度
10. 英式　荷兰式　封标拍卖　双向拍卖　逆向拍卖
11. 1995　eBay
12.《拍卖法》
13. 游戏机游戏　单机版 PC 游戏　互动电视游戏　在线游戏　手机游戏
14. 网络出版
15. Blog(Web log)

五、论述分析题

1. 消费者网络购物的决策如何制定?

网上消费者在完成对商品的比较选择后，便进入购买决策阶段。网上购买决策是指网上消费者在购买动机的支配下，从两件或两件以上的商品中选择一件满意商品的过程。购买决策是网上消费者购买活动中最主要的组成部分，它基本上反映了网上消费者的购买行为。与传统的购买方式相比，网上购买者的购买决策有许多独特之处。首先，网上购买者理智动机所占比重较大，而感情动机的比重较小，这是因为消费者在网上寻找商品的过程本身就是一个思考的过程。他有足够的时间仔细分析商品的性能、质量、价格和外观，从容地作出自己的选择。其次，网上购买受外界影响较小。购买者常常是独自坐在计算机前上网浏览、选择，与外界接触较少，决策范围有一定的局限性，大部分购买决策是自己作出的或是与家人商量后作出的。因此，网上购物的决策行为较之传统的购买决策要快得多。

网上消费者在决策购买某种商品时，一般必须具备三个条件：

第一，对厂商有信任感；

第二，对支付有安全感；

第三，对产品有好感。

所以，树立企业形象、改进货款支付办法、完善商品邮寄办法，以及全面提高产品质量，是每个参与网络营销的厂商必须重点抓好的三项工作。

2. 请对网上消费者的特征作一分析。

(1)男性居多

统计资料表明,无论是在国内还是在国外,在过去几年里,网上购物者多为男性。耐用消费品和不动产,如汽车、摩托车、房屋等,都是男性关注的对象。值得指出的是,这种局面正在被打破,男性为主的网上消费者市场格局将不会持续太久。最近一项研究表明,女性控制着75%的家庭消费资金,而且家庭80%的消费计划也都是由女性作决定。因此,根据女性的消费习惯分析,专家认为,在以后的几年时间里,女性网上购物(尤其在大众消费商品)人数将后来居上,超过男性,开始全面主导网上消费者市场。

(2)中青年为主

中青年消费者,尤其是青年消费者在上网者中占有绝对的比重。这批人一般都崇尚创新、自由等特质,很容易被新事物所影响,而且接受新观念、新知识快。他们也很愿意在网络上购物,因此青年人所喜欢的电脑、CD唱片、游戏软件、体育用品等都是网上的畅销商品。这类市场目前是网络市场最拥挤的地方,也是商家最为看好的一个市场。

(3)具有较高的文化水准

Internet要求其使用者熟悉计算机及网络操作及快速阅读的能力。因此,文化水准较高的人士上网比例较高。

(4)中等收入阶层

上网用户大多属于中等收入水平,否则难以维持上网费用。近两年来,随着Internet的普及,上网费用有所降低,但对低收入阶层来说,网上消费仍然有一段距离。

(5)主要集中于少数几个经济发达地区

美国的上网者约占全世界网民总数的1/3,在我国,北京、上海、广东、江苏是4个上网人数最多的地区,其网民就占了全国上网人数的51.3%,其中,北京网民占全国网民总数的1/5。

综上所述,网上购物与网上消费者的整体特征及个人可支配的消费金额有很大关系,而目前网上购物的主力是年龄分布在20~35岁且受过较高学历教育、经济收入较宽裕、地理上高度集中于少数经济发达地区的男性网上个人用户。这些特征表明,网上消费者更注重自我,个性化需求突出;他们有自己的想法,对自己的判断力非常自负,而且头脑冷静,擅长理性分析,不易为广告或潮流所左右;同时,他们反应敏锐,对新事物有着孜孜不倦的追求,并且接受迅速;他们兴趣十分广泛,有强烈的好奇心,喜欢追根问底;好胜而缺乏耐心也是目前网上消费者的一个显著特征,如果浏览一个站点很费时间,他们会很轻易地去访问别的站点。

3. 列举适合参与团购的产品的特点。参与团购的好处表现在哪几个方面?

适合参与团购的产品特点包括:(1)具有较高的品牌知名度;(2)占有较大的市场份额;(3)一般曾经多次获得各类奖项;(4)属于行业龙头或业内领先者;(5)服务体系完善,售后服务好;(6)产品质量稳定,经得起时间检验;(7)能提供完整的企业和产品信息,包括执照、准产证、合格证、检验报告、获奖证明等。

团购的好处主要表现在两个方面:一是团购价格低于产品市场最低零售价,二是产品的质量和服务能够得到有效的保证。

4. 什么是网络出版?

网络出版是以互联网为传播平台、以数字化技术为基础的出版过程,它同时也继承和发扬了传统出版尤其是电子出版的长处。所以与传统出版相比,网络出版具有快速、便捷、低定价、低成本、无需仓储、无需运输等优势。在资源利用上,它不需要纸张、不需要油墨等,是一种纯粹的环保、绿色产品。这些优点给网络出版的发展开拓了更广阔的空间。网络出版具有产品的数字化、流通的网络化、交易的电子化等特性,目前主要有在线阅读、电子图书、按需印刷等形式。网络出版有别于传统出版的重要特征之一,是它必须有先进的技术平台作为支撑。越来越多的出版社开始采取自主出版的模式,采取技术提供商提供的出版工具自主开展网络出版业务。对于技术供应商的选择,出版社应该注意:版权保护上是否保护出版社和作者的利益,商务模式是否保护各个环节参与者的利益,技术上是否有持续的研发能力、良好的品牌。目前,在我国,虽然互联网全面介入出版业还存在许多具体的困难,但是一些意识超前的出版社已经在网络出版或者电子商务上迈出了一大步。

5. 什么是网上拍卖？网上拍卖在网络营销中有什么作用？

网上拍卖是电子商务领域比较成功的一种商业模式，是个人对个人电子商务（C2C）的一种具体表现形式，国外一些知名网站如 eBay 等已经取得了很好的经营业绩，国内的易趣等具有较大的规模和知名度。网上拍卖作为网络营销方法之一，其主要作用是开展网上销售。网上拍卖是一种常见的在线销售模式。早期的拍卖以二手商品交易为主，并且仅限于个人对个人的交易，通常只能按照拍卖的形式来进行，即出价高者获得购买权。现在的一些在线拍卖网站如易趣等实际上已经不仅仅是个人物品拍卖这一种形式，也包括固定价格模式，还可以开设网上商店，这些都比较适用于小型企业的产品在线销售，其方法与网上商店类似。

6. 团购的流程是什么？

团购分开团和跟团两种，开团者称为团长，是组织团购的一方；跟团者称为团员，是参加团购的一方。除团长和团员以外，还有提供商品的一方，称为商家。

团长开团，其流程为：

(1)团长找到开团的商品，确定团购要求人数、商品品牌、型号及商品团购的价格等。

(2)召集团员。可以在网上发布信息寻找，也可以找周围的亲戚朋友等。为了更好地确定团员人数，有些团长会向团员要求订金。

(3)团员人数达到团购要求的人数后，团长就会组织向商家进行统一购买。如果团员未达到团购要求，则开团失败。

对团员来说，团员不需要和商家接触，不需要讨价还价等，只需按照以下流程操作：

(1)团员看到了团长的帖子，或者被周围开团的亲戚朋友说动，觉得对开团的商品很感兴趣，参与团购。

(2)团员人数达到团购要求的人数后，向团长付款，领取商品，索要相关票据、质保书等，团购结束；如果团员未达到团购要求，则跟团失败。

7. 请比较网络购物与传统购物的优劣。

网络购物作为一种新兴的商业模式，与传统购物模式有很大差别。网络购物和传统商业模式的差别也十分明显，二者各有自己的优缺点。第一，网络商店中的商品种类多，没有商店营业面积限制。在传统商店中，无论其店铺空间有多大，它所能容纳的商品都是有限的，而对于网络来说，它是商品的展示平台，是一种虚拟的空间，只要有商品，就可以通过网络平台进行展示，可以把世界各类知名品牌全部放在上面展示。第二，网络购物没有任何时间限制。第三，购物成本低。第四，网上商品价格相对较低。第五，商品容易查找。网络商店中基本都具有店内商品的分类、搜索功能，通过搜索，购买者可以很方便地找到需要的商品。与传统购物相比，网络购物具有很多优势，但是，这种新兴的商业模式同样也存在不容忽视的不足之处。第一是信誉度问题。无论是买家还是卖家，信誉度都被看成是交易过程中最大的问题。第二是银行卡网上支付问题。第三是网络安全问题。在网络购物中，网民对网络安全也有很大担忧，诸如用户的个人信息、交易过程中银行账户密码、转账过程中资金的安全等问题。第四是商品信息虽然发布快，但商品不能及时到位。第五是配送问题。第六是商品信息描述不清。第七是网络购物者缺少直接购物体验，可能减少了购物带来的快乐和立刻得到商品的满足感。

8. 简述英式拍卖及其特点。

英式拍卖是最普通的一种拍卖方式，其形式是：在拍卖过程中，拍卖标的物的竞价按照竞价阶梯由低至高依次递增，当到达拍卖截止时间时，出价最高者成为竞买的赢家(即由竞买人变成买受人)。拍卖前，卖家可设定保留价，当最高竞价低于保留价时，卖家有权不出售此拍卖品。当然，卖家亦可设定无保留价，此时，到达拍卖截止时间时，最高竞价者成为买受人。网上英式拍卖与传统英式拍卖有所区别。传统拍卖对每件拍卖品来说，不需要事先确定拍卖时间，一般数分钟即可结束拍卖；而对于网上拍卖来说，则需要事先确定拍卖的起止时间，一般是数天或数周。例如，在 eBay 拍卖站点，拍卖的持续时间一般是 7 天。由于网上拍卖的持续时间较长，这使得许多网上竞买人具有“狙击”(Sniping)情况，即直到拍卖结束前的最后数分钟才开始出价，试图提交一个能击败所有其他竞买人的出价，并使得其他竞买人没有时间进行反击。英式拍卖的缺点是：既然获胜的竞买人的出价只需比前一个最高价高一点，那么每个竞买人都不愿马上按照其预估价出价。另外，竞买人要冒一定的风险,他可能会被令人兴奋的竞价过程吸引,出价超出了预估价,这种心理现象称为“赢者诅咒”(Winner's Curse)。

9. 网上拍卖的主要特点有哪些?请简单论述。

(1)拍卖标的范围不同。网上拍卖物品的价格区间非常有弹性,从几元到上万元不等,拍卖物品的种类极其繁多。

(2)参与拍卖活动的空间不同。网上拍卖中,参加拍卖的投标者分布在世界各地,并且一般都是进行异步投标,它更自由灵活。

(3)拍卖活动结束方式不同。网上拍卖中,一般是以规定预定的截止时间的方式来结束拍卖,确定获胜者。

(4)拍卖活动的成本不同。在网上拍卖中,买者和卖者可以方便地通过网络参与拍卖过程,不受时间和空间的限制,他们的参与成本降低了。

(5)中介机构的服务不同。网上拍卖中介机构是拍卖网站,它一般不对买卖双方的拍卖行为承担法律责任,在网上拍卖中所遇到的风险由买卖双方共同承担。

10. 网上拍卖的征税问题如何解决?

(1)制定相关法律规范网上拍卖。目前的《拍卖法》规定至少要在拍卖前7天在新闻媒体上发布公告,有2天以上的展示时间,拍卖会由取得拍卖师资格证书的拍卖师主持,而网上拍卖既无拍卖公告,也无展示时间,更无拍卖师主持。又如《拍卖法》严格规定:拍卖要签委托合同书、成交确认书等。而现在的PAP和PRAP网上拍卖只提供平台,网站在拍卖活动中不充当角色。网上拍卖未改变拍卖活动的本质特性,所以该规范的还是要规范。对于拍卖法中不适于网上拍卖的部分,要实事求是地加以解决。比如在网上拍卖中,当事人法律关系和责任如何确定,电子文书、电子签名如何认定等。

(2)修正一些国际税收的原则和简化税制。电子商务的出现对原有的一些国际税收原则提出了挑战,如常设机构概念,尽管国际上对如何修正这些原则并没有最终定案,但我们认为,针对网上拍卖这种模式而言,可以认定其服务器为常设机构。根据OECD的初步意见,服务器是否判定为某地的常设机构,要考虑该服务器的功能,并分析通过该服务器达成交易的性质。对于网上拍卖网站的服务器而言,它具有自动完成实质性交易的功能,完全可以被认定为常设机构。

(3)银行加强对资金流的控制。正如前面提到的,网上支付将成为以后交易的主要支付手段,银行将在资金流的控制方面发挥重大作用,不但能够在资金转移的过程中根据交易的性质代扣税款。而且通过对资金流向的监控,也有助于税务机关对交易实质的把握。对此,我们认为,利用目前建立银行存款实名制的契机,加快网站、银行和税务机关的联网,并进一步建立电子身份证系统,最终做到网上的一个用户名对应一个身份证号、一个信用卡号、一个税款支付账户,这样也有助于税收征管和增加网上身份的确定性。

(4)加强国际合作,实现信息的相互沟通。电子商务的发展,进一步加快了世界经济全球化、一体化的进程,国际社会应为此进行更广泛的税收协调,以消除因各自税收管辖权的行使而形成的国际贸易和资本流动的障碍。此外,加强国际税收协调与合作,还能有效地减少避税的可能性。产生电子商务避税问题的根本原因在于网上经济活动的高度流动性与各个国家之间信息不对称之间的矛盾。

第八章

一、单项选择题

1. B	2. D	3. A	4. C	5. A	6. D	7. C	8. A
9. D	10. A	11. A	12. B	13. B	14. D	15. A	16. A
17. C	18. B	19. C	20. C	21. A	22. B	23. B	24. D
25. A	26. D	27. C	28. A	29. A	30. D		

二、多项选择题

1. ABCD　2. BC　3. ABC　4. ABCD　5. AC

三、判断改错题

1. 正确。
2. 错误。实施企业信息化最本质的是对企业的基本业务实施过程进行管理。
3. 错误。在传统的交易系统下，基础数据总是处于分散、孤立、滞后的状态。
4. 错误。企业信息化主内，电子商务主外。
5. 正确。
6. 错误。企业生存的核心是客户。
7. 正确。
8. 正确。
9. 正确。
10. 正确。
11. 正确。
12. 错误。电子商务已经使企业从“一对多”消费模式转向“一对一”消费模式。
13. 正确。
14. 正确。
15. 错误。忠实客户是那些已经和企业建立起了长期、稳定、信任的关系，并愿意为企业提供的产品和服务支付合适价格的客户。忠诚的客户是企业最为重要的资源。
16. 错误。电子商务时代，客户的搜索成本和转移成本都大为降低。
17. 错误。只有满意的客户才能成为忠诚的客户。
18. 错误。狭义的关系营销即企业与客户之间的关系营销。
19. 正确。
20. 错误。客户忠诚度可以采用多种指标进行评价。
21. 错误。企业的电子化采购一般是通过应用相关的软件来实现的。
22. 错误。传统的采购方式下，企业采购的周期较长。
23. 错误。关系营销产生的根本原因是买卖双方存在各自利益上的互补性。
24. 正确。
25. 正确。
26. 正确。
27. 正确。
28. 正确。
29. 错误。当企业追求总成本领先战略时，往往会选择同行业中的强者作为合作伙伴。
30. 正确。

四、填空题

1. 管理科学　系统科学　计算机科学
2. BPR
3. 可行性分析　可能性　必要性
4. 瀑布模型
5. 物质　能量

6. 数据
7. 销售　供应　生产　库存　质量　成本　财务
8. 潜在客户　新客户　常客户　老客户　忠诚客户
9. 产品和服务的特性　避免购买风险　降低客户的相关购买成本　符合客户的心理因素
10. 识别你的客户　对客户进行差异性分析　与客户保持良性接触　调整产品或服务以满足每一个客户的需求
11. 互联网络　采购业务
12. 原材料和零部件的供应商　产品或服务的提供商　分销商　零售商　最终用户
13. 供应链的核心企业
14. 企业内部供应链　产业供应链　全球化网络供应链
15. 同步实施　相互促进

五、论述分析题

1. 简述客户忠诚度的概念。

(1)态度取向

态度取向代表了顾客对企业产品积极取向的程度,也反映了顾客将产品推荐给身边的人的意愿。客户忠诚是指企业的营销行为或品牌个性与消费者的生活方式或价值观念相吻合,消费者对企业或者品牌产生情感,甚至引以为傲,并将它作为自己的精神寄托,进而表现出持续购买的欲望。

(2)行为重复

行为重复是指消费者在实际购买行为上能持续购买某一企业产品的可能性,以顾客购买产品的比例、购买的顺序、购买的可能性等指标来衡量。这种持续购买行为可能出自对企业产品的好感,也可能出自购买冲动、企业促销活动、顾客的购买习惯、转移成本过高、企业的市场垄断地位过高、买不到其他产品或者不方便购买其他产品等与感情无关的因素。

2. 试述客户忠诚的几种类型,以及它们的特征。

(1)垄断忠诚

企业或者产品在行业中处于垄断地位,消费者无论满意与否,只能长期使用这些企业的产品或服务。典型的例子就是城市居民用的自来水以及电力服务等。

(2)亲缘忠诚

企业的员工甚至员工的亲属对企业产品或服务的使用,在这种情况下,员工是基于企业文化的熏陶,因为忠诚于企业所以忠诚于企业的产品。即便他对产品不满意,但他还是愿意使用,并且会向自己的企业提出产品和服务的意见。

(3)利益忠诚

这种忠诚源自企业给予的额外的利益,比如价格刺激、促销活动等。在这种情况下,一般价格敏感型的客户会对同质产品中价格相对低的企业所提供的产品服务表现出忠诚。

(4)惰性忠诚

有些客户出于方便或者因为惰性会长期保持一种忠诚,如很多人会固定地光顾临近的超级市场购物。

(5)信赖忠诚

客户对产品或者服务满意,并逐步建立一种信赖关系,随着时间的推移,这种信赖就成为一种忠诚。这种忠诚相对可靠、持久性高。这种忠诚是企业实施 CRM 所追求、研究的忠诚。

3. 论述关系营销的目的。如何实现关系营销?

所谓关系营销,是指在某一利益点上,建立、维持并强化同顾客以及其他合作者的关系,以实现有关各方的目标。关系营销强调的是关系,其产生的根本原因是买卖双方存在各自利益上的互补性。企业提供产品和服务给客户,并从中获取长期的、稳定的利润;客户则通过支付货币,从企业那里购买到质量可靠、价格合理的产品,享受到满意、体贴的服务。因此,关系营销的出发点和归宿都是为了追求“双赢”,而不希望出现“你输我赢”的不平衡结局。

关系营销作为客户关系管理的理论基础，它的实现与客户关系管理的实施有着相似之处。只不过关系营销更强调一种营销理念的贯彻，而客户关系管理更侧重于技术的实现。

关系营销的实现可分成以下几步：

(1)分析、寻找客户；

(2)向客户提供有关产品和服务的承诺；

(3)不折不扣地履行承诺；

(4)加强与客户的交流、沟通；

(5)千方百计留住老顾客。

4. 简述电子商务对公司或供应链削减成本的影响。

(1)降低产品的管理成本，可以通过缩短供应链的环节来实现；(2)将产品的差异化延迟至订单发出之后发生；(3)通过可下载产品节省输送成本和时间；(4)降低设施和加工成本；(5)通过集中化降低库存成本；(6)通过信息共享提高供应链的协调性。

5. 简述供应链管理涉及的内容和供应链管理目标。

供应链管理既包括供应链上各企业的全部活动，还包括渠道联盟的建立、信息和通信技术支持、业务预测、联合产品设计、定价和促销、需求与供应计划、寻找货源和原料获取、制造以及物流管理。

管理目标：

(1)持续不断地提高企业在市场上的领先地位；

(2)不断地对供应链中的资源及各种活动进行集成；

(3)根据市场需求的扩大，不断地满足顾客的价值；

(4)根据市场的不断变化，缩短产品从生产到送达消费者手中的时间；

(5)根据市场的不确定性，缩短供应与需求的距离；

(6)根据物流在整个供应链中的重要性，企业要消除各种损耗降低物流成本和物流费用；

(7)提高供应链中所有活动的运作效率，降低供应链的总成本。

6. 简述 CRM 的内涵。

(1)CRM 首先是一种新的管理理念及管理技术，其核心思想是将企业的客户(包括最终客户、分销商和合作伙伴)作为最重要的企业资源，通过完善的客户服务和深入的客户分析来满足客户的需求，保证实现客户的终生价值。

(2)CRM 又是一种旨在改善企业与客户之间关系的新型管理机制，它实施于企业的市场营销、销售、服务与技术支持等与客户相关的领域。通过向企业的销售、市场和客户服务的专业人员提供全面、个性化的客户资料，并强化跟踪服务、信息分析的能力，使他们能够协同建立和维护一系列与客户和生意伙伴之间卓有成效的“一对一关系”，从而使企业得以提供更快捷和周到的优质服务、提高客户满意度、吸引和保持更多的客户，从而增加营业额；另一方面则通过信息共享和优化商业流程来有效地降低企业经营成本。客户关系管理的实施，要求以“客户为中心”来构架企业，完善对客户需求的快速反应的组织形式，规范以客户服务为核心的工作流程，建立客户驱动的产品/服务设计，进而培养客户的品牌忠诚度，扩大可盈利份额。

(3)CRM 也是一种信息技术，它将数据挖掘、数据仓库、一对一营销、销售自动化以及其他信息技术与最佳的商业实践紧密结合在一起，为企业的销售、客户服务和决策支持等领域提供了一个业务自动化的解决方案，使企业有了一个基于电子商务的面对客户的前沿，从而顺利实现由传统企业模式到以电子商务为基础的现代企业模式的转化。

(4)CRM 又是一种实实在在的软件。CRM 软件体现糅合了 CRM 的思想、观念、技术，并以软件形式加以体现。

7. 简述 CRM 的基本技术。

(1)以客户为中心的企业管理技术

所谓以客户为中心的企业管理技术，是一种以客户为企业行为指南的管理技术。在这种管理技术中，企业管理的需要以客户需要为基础,而不是以企业自身的某些要求为基础。这是一种把企业与客户一体化的管理思想付诸实施的管理技术。

(2)智能化的客户数据库技术

要实行以客户为中心的企业管理技术,必须有现代化的技术,原因就是现代企业所处的是信息时代。以客户为中心的企业管理技术中,智能化的数据库技术是所有其他技术的基础。从某种意义上说,智能化的数据库是企业发展的基本能源。

(3)信息和知识的分析技术

以客户为中心的管理思想的实现是建立在现代信息技术之上的。没有现代信息技术,就无法有效地实现以客户为中心的管理技术。为了实现这种管理技术,企业必须对智能化的客户数据库进行有效的开发和利用,这种开发的基本与核心技术就是信息和知识的分析处理技术。只有经过分析和处理的信息,才是企业需要的知识。

8. 如何能够有效地实施供应链管理?

(1)正确分析企业所处的竞争环境

最大限度地满足客户需求是供应链管理的根本出发点,因此,供应链管理的第一步就应从客户的需求出发,分析企业当前所处的竞争环境,以便明确企业实施供应链管理的目的和方向。

(2)制定切实可行的竞争战略

对企业自身所处的市场竞争环境有比较全面的认识后,就应根据企业所具有的竞争优势制定切实可行的竞争战略,以便据此选择合适的竞争伙伴。对核心企业来说,供应链管理注重的是企业的核心竞争力,企业凭借自身的核心竞争力与其他企业共同构建供应链。

(3)选择合适的供应商

从某种程度上来说,供应链管理是一个供应商的评估、选择和合作的过程,核心企业应建立起严格的供应商评估程序,确定科学的评估标准,选择最理想的供应商,并与其建立起长期的信任、合作关系。

(4)逐步完善网络基础

供应链管理的实施必须以完善的网络设施为前提,特别是企业内联网、外联网和因特网的集成是保证供应链高效运作的基本条件。

(5)加强协作,及时化解各种矛盾

供应链管理涉及众多的企业和组织,但由于各自目标和利益的不同,在运作过程中出现各种矛盾和冲突是在所难免的。作为供应链管理中的各参与方,还应注意加强学习和反馈,及时发现供应链管理中出现的各种问题,共同分享成功的经验和承担失败的教训,使供应链管理切实成为提高企业经营管理水平、增强企业竞争力的重要手段。

9. 与传统的供应链相比,电子化供应链具有哪些明显的优势?

(1)提高供应链企业间的运作效率

借助于网络上的搜索引擎,企业可以迅速地搜寻到新的供应商,物色潜在的客户;下游客户可以自助地从在线供应商目录中查找、选择理想的供应商并直接订购商品,而不需要任何人为联络;供应链上不同企业有关配送延迟、缺货、计划装运日期变更、推迟到达等各种临时变更信息可以实时地为各企业所共享,以便以最快的速度作出调整,减少损失。

(2)提高客户服务水平

电子化供应链可以向全球范围内的客户提供每周 7 天、每天 24 小时的全天候服务,对客户服务问题有更快响应,减少服务成本和响应时间。

(3)显著降低企业成本

电子化供应链可以在三方面节约企业的经营成本:①因特网将使得供应链内各环节的交易更加直接、高效,在缩短交易时间的同时,使交易成本有效降低;②由于供应商和客户可以通过网络充分共享库存信息,及时安排供货与发货,这样可使存货成本进一步下降;③由于无纸化交易、即时化库存信息沟通使得采购效率显著提高,采购人员的数量将大大减少,采购成本随之降低。

10. 简述电子化采购的流程。

企业的电子化采购一般是通过应用相关的软件来实现的，不同的软件提供了不同的解决方案。这些解决方案各有其特点，但基本都包括如下流程：

(1)填写订购单；

(2)审核订购单；

(3)联系供应商；

(4)选择供应商；

(5)采购结算。

从上可见，在电子化采购的整个流程中，人工参与因素越来越少，信息的传递基本依赖网络进行，从而保证了采购过程的公正、公开、高效，对克服采购过程中的“黑箱操作”十分有效。

第九章

一、单项选择题

1. D	2. B	3. C	4. B	5. C	6. D	7. B	8. A
9. A	10. A	11. D	12. B	13. C	14. D	15. B	16. D
17. B	18. C	19. D	20. B	21. A	22. A	23. D	24. B
25. D	26. A	27. C	28. C				

二、多项选择题

1. ABC　2. ABC　3. ABCD　4. ABCD　5. AB

三、判断改错题

1. 错误。移动商务是电子商务的一种应用，但不会取代电子商务。
2. 正确。
3. 正确。
4. 错误。手机上网不需要经过 Wi-Fi 无线连接。
5. 正确。
6. 错误。手机上网业务都必须遵循 WAP 协议标准。
7. 错误。蓝牙技术可以在所有移动设备和电脑之间建立无线连接。
8. 错误。“电子政务”不能等同于“办公自动化”，“办公自动化”是电子商务最低级的应用。
9. 错误。“电子政务”不能等同于“政府上网”，“政府上网”只是电子政务的一方面。
10. 正确。
11. 正确。
12. 正确。
13. 错误。G2B 是指政府对企业的电子政务。
14. 错误。从我国电子政务建设发展状况看，存在着偏差和不足，表现为：重管理、轻技术，重硬件、轻软件，重流转、轻留存，重局部、轻整体等。
15. 正确。
16. 正确。
17. 正确。
18. 正确。
19. 正确。

20. 正确。
21. 错误。中国已经开展国家承认学历、授予学位的网络教育。
22. 正确。
23. 错误。移动广告可以提供非常有针对性的广告服务。
24. 错误。经过长期的发展，我国企业的电子商务应用水平仍然比较低。
25. 正确。
26. 错误。技术仍然是阻碍移动商务发展的主要因素。
27. 正确。
28. 正确。

四、填空题

1. 支付功能　访问功能　安全功能
2. 网络证券交易　网上开户　委托　支付　交割　清算
3. 无物流
4. 企业对消费者　企业对企业
5. 现代远程教育
6. 学历教育服务体系　是非学历教育体系
7. 1994 年　中国教育科研网示范工程
8. 旅游产品　服务交易活动
9. 美国前总统比尔·克林顿
10. 政府(Government)　企业(Business)　公民(Consumer)
11. 政府间的电子政务　政府对企业的电子政务　政府对公民的电子政务
12. 晚　快速
13. 手机　PDA　笔记本电脑　电子商务
14. 信息量大　方便快捷　灵活互动　个性化
15. 2.5G　3G

五、论述分析题

1. 移动电子商务的特点是什么?

(1)方便。移动终端既是一个移动通信工具，又是一个移动 POS 机、一个移动的银行 ATM 机。用户可在任何时间、任何地点进行电子商务交易和办理银行业务，包括支付。

(2)安全。使用手机银行业务的客户可更换为大容量的 SIM 卡，使用银行可靠的密钥，对信息进行加密，传输过程全部使用密文，确保了安全可靠。

(3)迅速灵活。用户可根据需要灵活选择访问和支付方法，并设置个性化的信息格式。

2. 移动电子商务主要提供哪些服务?

(1)银行业务。移动电子商务使用户能随时随地在网上安全地进行个人财务管理，进一步完善因特网银行体系。用户可以使用其移动终端核查其账户、支付账单、进行转账以及接收付款通知等。

(2)交易。移动电子商务具有即时性，因此非常适用于股票等交易应用。移动设备可用于接收实时财务新闻和信息，也可确认订单并安全地在线管理股票交易。

(3)订票。通过因特网预订机票、车票或入场券已经发展成为一项主要业务，其规模还在继续扩大。因特网有助于方便核查票证的有无，并进行购票和确认。移动电子商务使用户能在票价优惠或航班取消时立即得到通知，也可支付票费或在旅行途中临时更改航班或车次。借助移动设备，用户可以浏览电影剪辑、阅读评论，然后订购邻近电影院的电影票。

(4)购物。借助移动电子商务,用户能够通过其移动通信设备进行网上购物。即兴购物会是一大增长点,如订购鲜花、礼物、食品或快餐等。传统购物也可通过移动电子商务得到改进。例如,用户可以使用“无线电子钱包”等具有安全支付功能的移动设备,在商店里或自动售货机上进行购物。

(5)娱乐。移动电子商务将带来一系列娱乐服务。用户不仅可以从他们的移动设备上收听音乐,还可以订购、下载或支付特定的曲目,并且可以在网上与朋友们玩交互式游戏,还可以游戏付费,并进行快速、安全的博彩和游戏。

(6)无线医疗。医疗产业的显著特点是每一秒钟对病人都非常关键,这一行业十分适合移动电子商务的开展。在紧急情况下,救护车可以作为进行治疗的场所,而借助无线技术,救护车可以在移动的情况下同医疗中心和病人家属建立快速、动态、实时的数据交换,这对每一秒钟都很宝贵的紧急情况来说至关重要。在无线医疗的商业模式中,病人、医生、保险公司都可以获益,也会愿意为这项服务付费。这种服务是在时间紧迫的情形下向专业医疗人员提供关键的医疗信息。由于医疗市场的空间非常巨大,并且提供这种服务的公司为社会创造了价值,同时,这项服务又非常容易扩展到全国乃至世界,我们相信在这整个流程中,存在着巨大的商机。

(7)移动应用服务提供商(MASP)。一些行业需要经常派遣工程师或工人到现场作业。在这些行业中,移动MASP将会有巨大的应用空间。MASP结合定位服务技术、短信息服务、WAP技术,以及Call Center技术,为用户提供及时的服务,提高用户的工作效率。

移动电子商务作为一种新型的电子商务方式,利用了移动无线网络的优点,是对传统电子商务的有益补充。尽管目前移动电子商务的开展还存在安全与带宽等很多问题,但是相比于传统的电子商务方式,移动电子商务具有诸多优势,得到了世界各国普遍重视,发展和普及速度很快。

3. 网上证券有哪些特点?

(1)虚拟性。网上证券交易借助无所不在的国际互联网为载体,通过高速、有效的信息流动,从根本上突破了时空的限制,极大地缓解了券商地域分布不均的矛盾,将身处各地的投资者有机地聚集在无形的交易市场中,使得投资者能在全国甚至全球有网络的地方进行证券交易,并使那些有投资欲望却无暇或不便前往证券营业部进行交易的人士进行投资成为可能。

(2)便捷性。网上证券交易通过国际互联网,克服了传统市场上信息不充分的缺点,有助于提高证券市场的资源配置效率。它使投资者可以在网上主动、及时、有效地获取和筛选相关投资咨询信息,使客户对信息的获取从单向式被动获取向双向主动交互式信息获取转化。

(3)低成本性。网上证券交易可以降低证券交易的交易成本。网上交易的全面引入使得客户彻底突破传统远程交易的制约,无须投入附加的远程信息接收硬件设备,在普通的计算机上就可以全面把握市场行情和交易最新动态。另外,网上交易包容了证券活动的方方面面,使投资者足不出户就可以办理信息传递、交易、清算、交割等事务,节约了大量的时间和金钱。对券商而言,网上交易的大规模开展可以大幅度降低营业部的设备投入和日常的运营费用。

(4)优质服务、创新意识和技术进步变得更为重要。相对于传统的证券交易方式,网上证券交易综合了网络的优势,券商为投资者提供的信息增值服务就显得更为重要。同时网上证券交易过程中,技术始终是服务和业务的基础,拥有创新意识和先进的技术也是券商核心竞争力的体现。

4. 网上证券的流程如何?

(1)开户。委托开户必须到各证券营业部办理开户手续,并申请开通网上交易功能。以上手续办完后,投资者就可以开始使用网上证券交易系统。

(2)下单委托。进入网上交易系统以后,可以直接输入证券代码查看个股行情。从系统的“系统工具”中下单,通过输入资金账号、交易密码以及通信密码下单。在买入操作中,输入证券代码、委托价格和数量并确定后将返回一个合同编号;在卖出操作中,输入证券代码、委托价格和数量并确定后将发出卖出委托。在系统中还可以对委托进行撤销。

(3)清算交割。投资者可以通过E-mail的形式接收证券商发送的通知单,可以到证券商的Web主机上查询自己的交割单和对账单,可以通过远程文件传输的方式到证券商的FTP服务器上下载自己的成交回报。

款项的收付在证券的交易过程中逐笔结算，从网上资金账户中直接转账，在无纸化交易中完成过户。

5. 网上证券交易有哪些风险？

(1)技术风险：①通信线路繁忙或服务器负载过重，网上传输的行情信息及其他证券信息会出现中断、停顿、延迟、数据错误等异常情况。②黑客的入侵和攻击使网上证券委托系统出现故障，或接收到已被篡改的错误信息。③电脑系统因病毒出现造成的故障。

(2)泄密风险：如果投资者将股东账号、交易密码、CA证书使用密码和CA证书装载软盘或IC卡遗失，在使用网上证券委托系统进行交易时，投资者的身份可能会被仿冒，投资者的托管证券有可能被他人盗卖。

(3)银证转账的风险：为了防止网上委托数据受到非法窃取和篡改，一般的证券公司不直接向投资者提供网上银证转账业务。

(4)信息风险：证券公司通过网站发布的信息均会说明信息来源，信息的可靠性、真实性和正确性由信息提供者负责。而网上总有一些别有用心的人或机构受利益驱使，发布虚假信息，误导投资者，进行操纵市场的违法活动。

(5)财务风险：投资者在采用网上委托交易后，资金转移的过程中可能会出现故障及错误。应在交易当日同营业部进行账务核对，确认本人资金账户和证券账户的余额及当日发生额准确无误。

(6)自然灾害造成的风险：重大的自然灾害也会给网上证券交易带来无法抗拒的风险。

6. 简述网上保险的概念。

网上保险(Internet Insurance)也称网络保险，即在网上进行的保险，它是指保险公司或者保险中介机构以信息技术为基础，通过互联网和电子商务技术来支持保险经营管理活动及保险业务的经济行为。可以从狭义和广义两个方面来理解，狭义的网上保险是指保险公司或者保险中介机构利用互联网给客户提供保险信息，并通过网上支付的方式来实现保险产品的网上销售。广义的网上保险除了包括保险产品的网上销售，还有保险公司通过互联网进行内部的经营管理以及保险公司之间、与股东之间以及与工商、税务等机构之间的事务交流和实现。保险公司通过开展网上保险来扩大公司的知名度，发掘更多的潜在保险客户来增加客户数量，拓展市场业务，同时凭借网络信息技术为客户提供更多、更好、更全面的服务。这种方式很好地弥补了保险业传统的销售方式，为保险公司提供了更大的利润空间。目前，网上保险的主要模式有企业对消费者(B2C)和企业对企业(B2B)两种。前者主要是保险公司对个人投保人的电子商务平台，后者主要是保险公司对企业客户提供的电子商务平台。

7. 网络教育的主要方式有哪些？

网络教育依托网络，营造数字化的教育环境，综合利用各种教学方式，充分发挥它的优势，达到最好的教学效果。目前主要有以下几种方式：

(1)视频广播：由网络管理中心播放视频(实时视频或录像)。这种形式与电视或播放录像没有太大的区别，学生无法控制，实际上是一种直播课堂式的教学。它的好处是学习者不受地域和人数的限制，且占用带宽小，多用于名师授课、学术报告、重要会议的直播等。

(2)视频点播：学习者可以根据需要对服务器中的视频进行点播。内容可以是电视教学片，也可以是课堂实况录像。由于是非实时的点播，所以我们可以对其精心设计(插入图文、视频、动画等)。NVP(network video presenter)是VOD的一种，它的好处是在教学的视音频信息的基础上同步播放电子幻灯，是普通VOD基础上的二次开发，有利于教学信息传递更为有效。

(3)视频会议：视音频多向实时传输的形式。由于设备昂贵，应用不是很普遍，多用于教师答疑。

(4)Web教材：把教学内容做成网页的形式。其好处是编制难度不大，运行方便，因而使用普遍。

(5)多媒体课件：运用多媒体语言或课件开发工具开发的教材，一般下载到本机运行。

(6)BBS论坛：师生间、学习者间以电子公告板的形式相互交流和协作。

(7)聊天室(教学讨论区)：师生间、学习者间通过文字、语音等形式异地实时交流。

(8)E-mail：师生间、学习者间以电子邮件的形式相互交流。

8. 网络教育相对于传统教育来说，优势主要体现哪些方面？

(1)能提供时空上的方便。传统教育要求受教育者按时去上课，这对接受高等教育的全日制学生来讲不难实现，但是对于上班族而言，根本没有充足的时间去课堂，而远程网络教育则可以让受教育者通过网络在任何时间、任何地方进行学习。

(2)能缓和教师资源不平衡的矛盾。远程网络教育是通过先把讲课的过程录制下来并上传到网上，再让受教育者在网上在线"上课"的过程。由于讲课的时间比较灵活，讲课老师多数是名牌大学的优秀教师，有更丰富的教学经验，能取得更好的教学效果。

(3)远程网络教育能更好地把握学习的度，有利于重复利用学习资源。由于网络教育的课程有视频，而且不受访问次数的限制，受教育者对于复杂难懂的内容可以反复"上课"，直至消化理解。

(4)有利于节约成本。网络教育不用学校配置教学的硬件设备，只要每个学生有一个电脑终端就可以方便地进行学习，减少了学生的成本支出。

9. 网络旅游相对于传统旅游的特点是什么？

网络旅游是面对面的服务形式，免去了旅游者不必要的时间浪费和金钱负担。它不但减少了旅游经营者为旅游者提供旅游产品服务时的销售环节，而且还降低了产品成本，提高了经营效益，为旅游者提供了物美价廉质优的服务。网络旅游相对于传统旅游来说，有以下一些特点：

(1)信息量大。互联网的最大优势之一是提供了极为丰富的信息。网络旅游信息更是丰富多彩，应有尽有，给旅游者较大的选择余地。

(2)方便快捷。网络缩短了空间的距离。旅游者坐在家中或在旅途上，只要能上网，就可实现信息查询和网上预订。这种旅游方式将节省大量时间、精力和金钱，对于那些工作繁忙而经常使用网络的商务旅游者尤其适用。

(3)灵活互动。网络的一大特点是具有交互性。旅游者不仅能浏览信息，还可与网站进行交流。

(4)个性化。目前，国际旅游散客潮已经到来，散客旅游的目的不仅是观光，而且对舒适、自由、回归有着极高的要求。旅游市场需求已经从传统简单的满足观光游览需要的"到达型"，转变为"个性化旅游型"，网络旅游通过网络的双向交流作用，在便捷和实惠以外，还能提供"个性化"的旅游定制服务，以满足整个大众旅游消费口味的改变。

10. 分析我国电子政务的发展趋势。

(1)电子政务将走向协调发展阶段，顶层设计将在发达地区展开。电子政务将协调政府与其他各参与方之间的关系，凭借网络处理各方面的事务。由于我国各个地区经济发展不平衡，电子政务在各个地区开展的深度和广度不一致，在发达地区将走在电子政务的前列。

(2)为居民和企事业提供服务，将成为各地电子政务发展主旋律。加快政府的办事效率，特别是方便居民和企事业单位，将成为电子政务发展的核心。

(3)各地电子政务工作重心将转向对政务信息资源利用的分析研究。电子政务可以通过网络在政府内部、内部与外部之间进行信息的传递，使各地的信息资源能够达到最高的利用效率，这是提高效率的重点。

(4)政府网站将从主要承载信息公开逐步转变为主要承载公共服务。电子政务发挥的主要功能也在发生转换，在初期主要是实现政务信息公开，现在电子政务除了传递信息之外，还要在网上为公众、为企业提供相关的服务，实现网上事务处理。

(5)部门间信息共享意识将明显提高。电子政务是一个系统的工程，需要各个部门之间的合作，特别是信息资源上的合作。

(6)新建应用信息系统之间将实现互联互通。

(7)各地陆续启动目录体系与交换体系建设，建设统一的电子政务网络成为工作重点之一。